Web 2.0 Praxis

Web 2.0 Praxis

AJAX, Newsfeeds, Blogs, Microformats

FLORENCE MAURICE

Markt+Technik

Die Deutsche Bibliothek verzeichnet diese Publikation in der Deutschen Nationalbibliografie; detaillierte bibliografische Daten sind im Internet über *http://dnb.ddb.de* abrufbar.

Umwelthinweis:
Dieses Buch wurde auf chlorfrei gebleichtem Papier gedruckt.

10 9 8 7 6 5 4 3 2 1

09 08 07

ISBN 987-3-8272-4221-1

Umschlaggestaltung: webwo GmbH, Marco Lindenbeck, mlindenbeck@webwo.de
Lektorat: Brigitte Bauer-Schiewek, bbauer@pearson.de
Sprachlektorat: Petra Kienle
Fachlektorat: Daniel Koch
Herstellung: Claudia Bäurle, cbaeurle@pearson.de
Satz und Layout: mediaService, Siegen (www.media-service.tv)
Druck und Verarbeitung: Bercker, Kevelaer
Printed in Germany

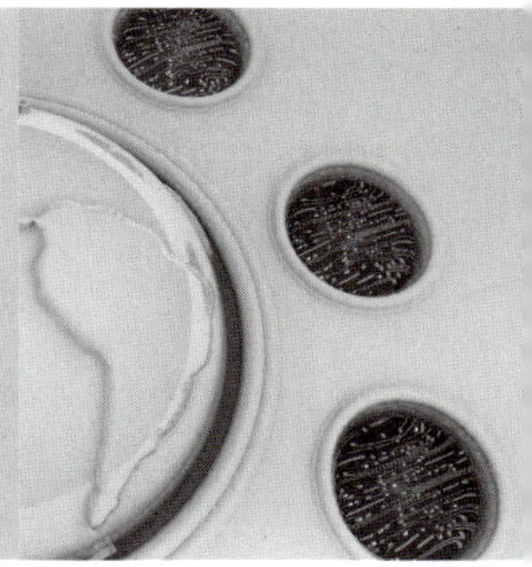

Inhaltsverzeichnis

1 Einführung und Vorbereitung

Web 2.0 ist in aller Munde, Google findet fast 176 Mio. Treffer zu diesem Thema und auch etablierte Print-Medien, die nicht unbedingt viel mit neuen Technologien am Hut haben, widmen dem Thema lange Artikelserien. Doch was genau verbirgt sich hinter dem Begriff »Web 2.0«?

Abbildung 1.1
Wofür steht Web 2.0? Die dazugehörigen Buttons gibt's zumindest schon mal ... gesehen auf *http://web2.0validator.com/*.

1.1 Web 2.0

Die Antwort darauf lässt sich nicht so ohne weiteres aus dem Ärmel schütteln. Klar ist immerhin, woher der Begriff stammt: Der Begriff »Web 2.0« fiel bei einem Brainstorming zwischen Tim O'Reilly und MediaLive International. Es ging um die neuen Internetfirmen nach dem Dot-Com-Kollaps und deren Erfolgsstrategien. »Interessante neue Anwendungsmöglichkeiten und Seiten tauchten mit erstaunlicher Regelmäßigkeit auf und die überlebenden Firmen schienen einige wichtige Dinge gemeinsam zu haben. Könnte es sein, dass der Dot-Com-Kollaps einen derartigen Wendepunkt markiert hatte, dass man diese Dinge nun mit einem Schlagwort wie *Web 2.0* bezeichnen durfte? Wir einigten uns darauf und damit war die *Web 2.0-Konferenz* geboren«, berichtet O'Reilly ein paar Jahre später in einem Artikel (*http://www.oreilly.de/artikel/web20.html*, deutsche Übersetzung unter *http://twozero.uni-koeln.de/content/e14/index_ger.html*).

Ein zentraler Punkt dieser »interessanten neuen Anwendungsmöglichkeiten« ist, dass es sich um Webseiten handelt, die ein ganz anderes Verständnis von der Rolle des Benutzers haben als viele klassische Internetanwendungen. Der Benutzer ist nicht passiver Besucher, sondern steuert den eigentlichen Inhalt bei.

Neben dieser sozialen Komponente von Web 2.0 gibt es auch noch eine technische. Aber erst einmal zu der sozialen Komponente – sehen wir uns hierzu ein paar bekannte Web 2.0-Dienste an.

1.1.1 Das Mitmach-Web

Paradebeispiele dafür, wie die Benutzer und nicht die Webseitenbetreiber die entscheidenden Inhalte beitragen, sind die Fotocommunity Flickr, die Social Bookmark-Dienste oder Wikipedia.

Social Bookmark-Dienste

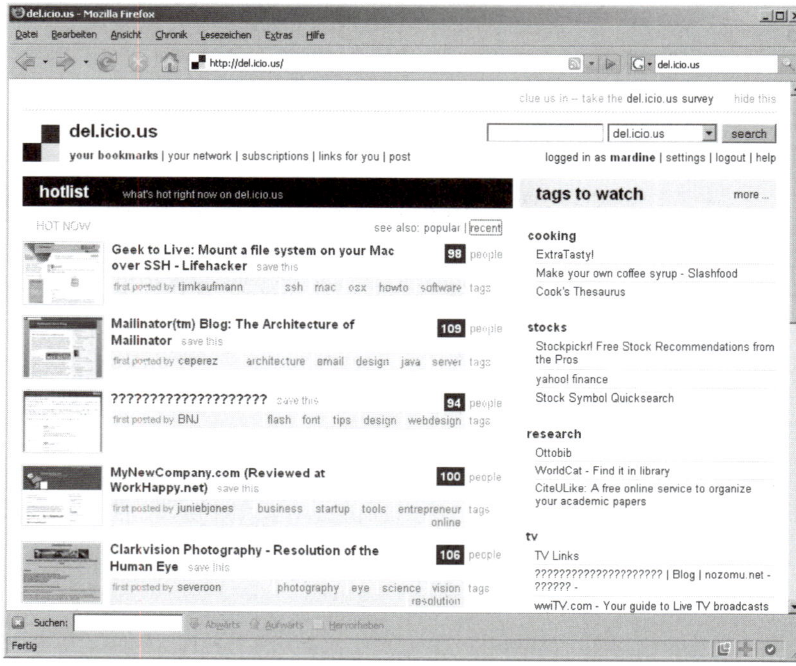

Abbildung 1.2 Lesezeichen verwalten und austauschen bei del.icio.us – hinter jedem Link sehen Sie die Anzahl an Personen, die das jeweilige Lesezeichen gespeichert haben. Unter dem Link stehen die vergebenen Schlagwörter, sogenannte »Tags«.

Bei Social Bookmark-Diensten wie dem englischsprachigen del.icio.us (*http://del.icio.us/*) oder dem deutschsprachigen Mister Wong (*http://www.mister-wong.de/*) können Benutzer nach einer Anmeldung ihre Lesezeichen speichern und verwalten. Standardmäßig sind diese Lesezeichen öffentlich, d.h. für andere einzusehen. Benutzer versehen die Lesezeichen mit Tags (Schlagwörtern), die man durchsuchen kann. Außerdem kann man sich automatisch über Newsfeeds – dazu gleich mehr – informieren lassen, welche neuen Lesezeichen von anderen zu einem bestimmten Thema aufgenommen wurden.

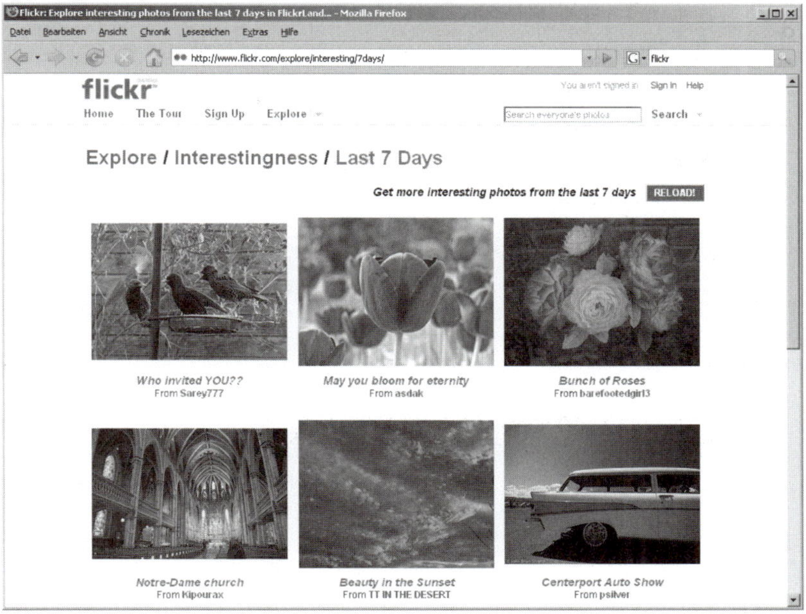

Abbildung 1.3
Flickr.com mit einer Auswahl von interessanten Fotos der letzten 7 Tage.

Fotos und mehr

Flickr (*http://www.flickr.com/*), die Fotocommunity, erlaubt es ihren Benutzern, digitale Fotos ins Netz zu stellen, zu kommentieren und mit Tags zu versehen, und bietet viele Möglichkeiten, sich untereinander auszutauschen. Jeder kann bei seinen Fotos selbst entscheiden, ob sie öffentlich oder privat sein sollen. Die meisten, entscheiden sich jedoch, ihre Fotos öffentlich zur Verfügung zu stellen – und das ist auch die Standardeinstellung. Da man auch fremde Fotos kommentieren oder einzelne Details mit Notizen versehen kann, entsteht ein reger Austausch. Außerdem kann man geschlossene oder offene Gruppen zu bestimmten Themen bilden.

Die Fotos lassen sich nach Tags durchsuchen, man kann sich automatisch über neue Fotos von bestimmten Personen oder zu bestimmten Themen informieren lassen. Ausgewählte Fotos lassen sich auch als Diashow betrachten. Dank dieser vielen verschiedenen Features ist Flickr, das 2005 von Yahoo aufgekauft wurde, mehr als ein Fotoforum.

Was Flickr für Fotos ist, ist YouTube (*http://www.youtube.com/*) für Videos: Hier können Benutzer kostenlos Videoclips ansehen und hochladen. Und Sie werden es sich vielleicht schon gedacht haben: Die Videos können kommentiert und mit Tags versehen werden. Ausgewählte Videos oder Videos zu bestimmten Tags lassen sich auch auf Webseiten einbinden. Seit Oktober 2006 gehört YouTube übrigens zu Google.

Abbildung 1.4
Videos satt auf YouTube

Eine Enzyklopädie als Gemeinschaftsprojekt: die Wikipedia

Abbildung 1.5
Wikipedia: Auch Sie können Artikel verbessern und zur Qualitätssteigerung beitragen

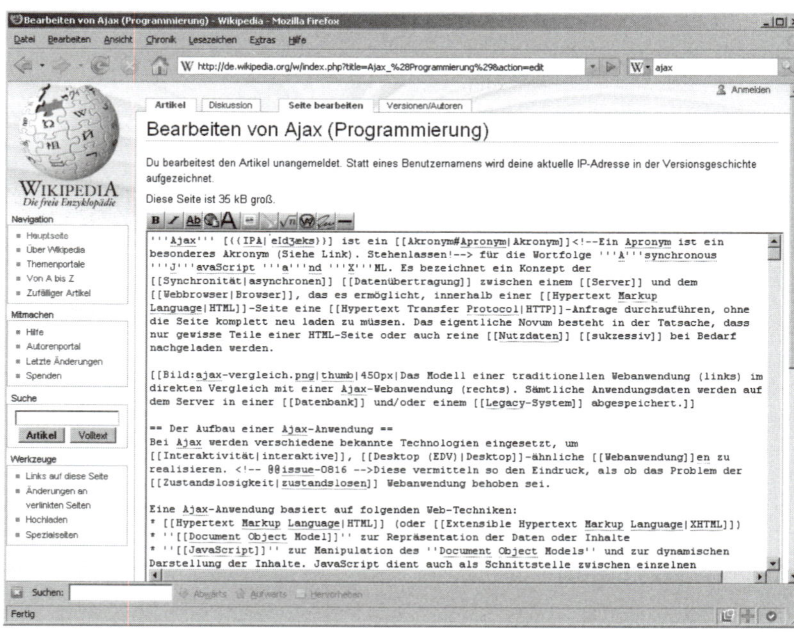

Die Wikipedia (*http://www.wikipedia.de/*) ist die freie Online-Enzyklopädie, bei der jeder mitschreiben, d.h. Artikel ändern oder neu anlegen kann. »Bestand hat, was von der Gemeinschaft akzeptiert wird« (*http://de.wikipedia.org/wiki/Wikipedia*). Die Anzahl der Autoren, die regelmäßig an der deutschsprachigen Version mitschreiben, betrug 7.000 im Frühjahr 2007.

Wie sieht es mit der Qualität aus? Kann ein Gemeinschaftsprojekt mit etablierten Enzyklopädien, die von Fachleuten erstellt werden, mithalten? Das ist natürlich schwer in der Gesamtheit zu überprüfen, aber nach einem 2005 in der Zeitschrift *Nature* veröffentlichten Vergleich schnitt die englischsprachige Wikipedia mit durchschnittlich rund vier Fehlern pro Artikel nicht wesentlich schlechter ab als die *Encyclopaedia Britannica* mit rund drei Fehlern pro Artikel. Auch der Test der Computerzeitung c't vom März 2007 zeigt ein ähnliches Bild: »Ein Blick in die Wikipedia lohnt immer. [...]«. Nach den Tests gab es nicht mehr Fehler als in den etablierten Enzyklopädien, allerdings scheinen die Artikel in der Wikipedia geschwätziger zu sein (c't, 6/2007, S. 145).

Die Wikipedia ist das prominenteste Beispiel für ein Wiki. Wikis sind eigentlich nur Ansammlungen von Seiten, die sich bearbeiten lassen, und das Wort leitet sich von Wikiwiki – dem hawaiischen Wort für »schnell« – ab. Wikis gibt es zu vielen Themen im Netz. Interessieren Sie sich für die Software, um selbst ein Wiki aufzuziehen, so finden Sie eine nützliche Auflistung unter *http://www.c2.com/cgi/wiki?WikiEngines*.

Vorhaben realisieren mit 43 Things

Abbildung 1.6
Was wollen Sie im Leben erreichen? Hier sehen Sie, was die deutschen Benutzer der Website 43 Things vorhaben.

Noch ein weiteres Beispiel zur Nutzerbeteiligung ist 43 Things (*http://www.43things.com/*). Hier speichern Surfer ihre Ziele, das, was sie sich in der nächsten Zeit oder überhaupt in ihrem Leben vorgenommen haben – oft sind es weniger als die magischen 43 Sachen. Sie können sich von 43 Things an Ihr Vorhaben erinnern lassen, Kommentare zu Ihren eigenen oder den Vorhaben von anderen verfassen und sich durch Fotos etc. darstellen. Klingt ungeheuer banal? Es ist erstaunlich, dass es so gut funktioniert? Ja, das denkt man, solange man dort noch nicht vorbeigeschaut und mitgemacht hat. Wenn man es ernst nimmt und seine eigenen Ziele – wie viele fallen Ihnen auf Anhieb ein? – dort formuliert hat, bekommt man einen anderen Blickwinkel darauf. Übrigens gibt es inzwischen auch einen deutschen Ableger von 43 Things unter *http://de.43things.com*. An einigen Punkten scheint die deutsche Übersetzung noch nicht fertiggestellt zu sein (zum Zeitpunkt der Drucklegung), aber an die Denglisch-Englisch-Deutsch-Mischung von vielen Webseiten ist man sowieso gewohnt.

Ein zweites Leben im Virtuellen

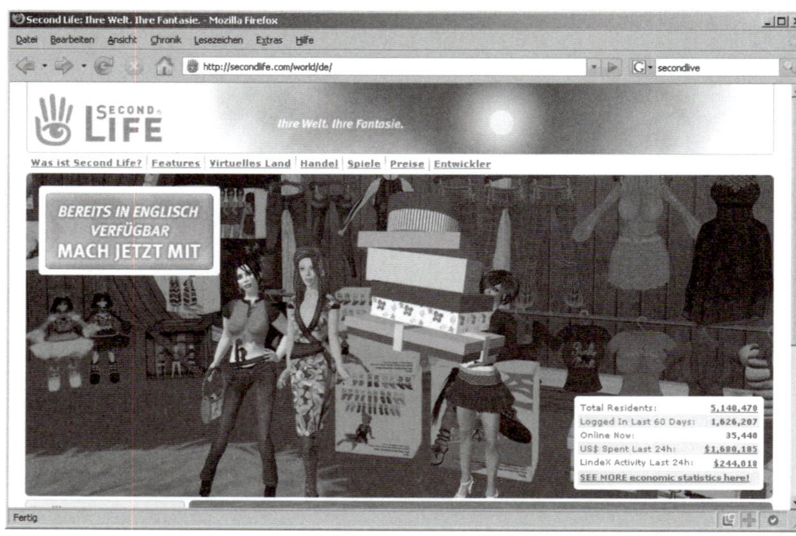

Abbildung 1.7 Second Life hat laut Webseite über 5 Mio. Einwohner und es wurden über 1 Mio. Dollar in den letzten 24 Stunden ausgegeben ….

»Second Life ist eine virtuelle Welt – eine dauerhaft bestehende 3D-Umgebung, die vollständig von ihren Bewohnern erschaffen und weiterentwickelt wird.« (*http://secondlife.com/world/de/whatis/*) – und viele Firmen sind inzwischen dort auch vertreten. So ist es nichts Ungewöhnliches, wenn man in einer E-Mail-Signatur neben der »normalen« Adresse einer Firma auch noch den URL auf die Präsenz in Second Live findet. Die Basisversion des Zugangs zu Second Live ist kostenlos, wer Land erwerben will oder Ähnliches, muss zahlen …

Wenn man die vorgestellten Beispielwebseiten Revue passieren lässt, stellt man fest, dass das Gemeinsame all dieser ganz unterschiedlichen Dienste ist, dass der eigentliche Wert durch die Benutzer entsteht: Der Lesezeichen-Verwaltungsdienst Del.icio.us ohne Benutzer wäre uninteressant, nicht anders ist das bei der Fotocommunity Flickr oder den anderen Diensten. Anders formuliert: Je mehr Benutzer es gibt, desto attraktiver ist das Ergebnis. Selbstverständlich sind alle vorgestellten Webseiten mit Ausnahme der Wikipedia kommerzielle Webseiten, aber das, was durch die Benutzer geschaffen wird, steht für sich und geht darüber hinaus.

Webtagebücher: Blogs

Ein weitere Erscheinung des Web 2.0, die im Zusammenhang mit der Benutzerbeteiligung steht, aber eine andere Ausrichtung als die bisher vorgestellten Webdienste hat, sind die Blogs – die in O'Reillys Artikel als Nachfolger der privaten Homepage genannt werden. Bei den Weblogs, den »Webtagebüchern« geht es nicht wie bei den gerade erwähnten Websites um typische Web 2.0-Dienste, sondern um eine neue Art zu publizieren. Blogs machen es Ihnen einfach, schnell neue Inhalte ohne Code-Fummelei ins Netz zu stellen. Bei Blogs können Leser zudem Kommentare hinterlassen, wodurch interessante Diskussionen entstehen können – und damit sind wir auch wieder bei der Benutzerbeteiligung.

Informationen über neue Beiträge in Blogs werden über Newsfeeds verbreitet. Kennzeichnend für Blogs ist außerdem die enge Vernetzung der einzelnen Blogs untereinander. In vielerlei Hinsicht entsprechen Blogs der eigentlichen Idee des Internets und werden auch von Suchmaschinen gerne besucht.

Tags, Newsfeeds ... ein paar Begriffe, die vorzugsweise im Zusammenhang mit Web 2.0-Diensten fallen, sollen nun erläutert werden.

1.1.2 Web 2.0-Begriffe: Tags, Folksonomy und mehr

Die mit Web 2.0 verbundenen Begriffe sind ganz unterschiedlicher Art: Bei Tags geht es um eine Form der Etikettierung; bei Folksonomy um das Prinzip hinter den Tags; Newsfeeds sind eine Art der Verbreitung von Neuigkeiten; Long-Tail ist eine Verkaufsstrategie; Mashup eine bunte neue Mischung bestehender Informationen ... aber kommen wir jetzt zu den Details.

Bei del.icio.us und Flickr fiel schon ein weiteres wichtiges Web 2.0-Wort: **Tags** und Tagging, das sich auf Deutsch mit »Schlagwörtern« bzw. »Schlagwörter vergeben« übersetzen ließe. In del.icio.us vergeben Sie zu einem einzelnen Lesezeichen Tags, also Schlagwörter, die das Lesezeichen beschreiben. Damit können Sie Ihre Lesezeichen leichter wiederfinden, aber auch für die anderen Benutzer bieten diese Tags eine wichtige Orientierung.

Ein einzelnes Lesezeichen oder ein Foto mit Labels zu versehen, d.h. ihm Begriffe zuzuordnen, steht im klaren Gegensatz zu strengen Klassifikationen nach »Schubladen«. Tags zu vergeben, ist wesentlich intuitiver, da beliebig viele, auch unterschiedliche Tags verwendet werden können. Natürlich hat das System auch Nachteile, man denke nur an Synonyme, wenn die einen als Tag *Auto*, die anderen *KFZ* vergeben, oder an unterschiedliche Schreibweisen von Wörtern. Hilfreich für ein benutzbares Tagging-System ist beispielsweise, dass bei del.icio.us beim Taggen von Lesezeichen die von anderen Benutzern angegebenen Tags sowie die eigenen bisher vergebenen Tags angezeigt werden.

Folksonomy: Dieses System, in dem die Schlagwörter von den Nutzern selbst vergeben werden, wird mitunter auch als Folksonomy bezeichnet. Folksonomy setzt sich aus Folk (Volk) und Taxonomy (Klassifikation) zusammen. Diese von Benutzern geschaffenen Folksonomien zur Etikettierung der Welt stehen in deutlichem Gegensatz zu wissenschaftlichen Ordnungssystemen und folgen dem Prinzip, dass man der Vernunft des Benutzers vertraut und seine Meinung Gewicht hat – eine Voraussetzung dafür, dass das Mitmach-Web überhaupt funktioniert.

Bei einem interessanten Blog möchten Sie sicherlich informiert werden, wenn es neue Artikel gibt. Genauso könnte es interessant sein zu erfahren, wenn eine bestimmte Person neue Fotos in Flickr hochlädt. Oder was es an neuen Lesezeichen zu einem bestimmten Thema gibt. Über all diese Dinge können Sie sich über **Newsfeeds** automatisch informieren lassen. Technisch gesehen sind Newsfeeds Informationen, die in einem standardisierten Format zur Verfügung gestellt werden. Praktisch gesehen können Sie Newsfeeds in Ihrem Browser oder einem Newsreader lesen und bleiben so immer auf dem Laufenden, ohne die jeweils entsprechende Webseite aufsuchen zu müssen.

Bei **Long Tail** geht es – so Tim O'Reilly – um die »kollektive Macht vieler kleiner Seiten, die den Hauptbestandteil des Webs bilden«. Er vergleicht in seinem Artikel zu Web 2.0 zwei grundlegende Werbestrategien: eine, die auf die größten, wichtigsten »Top«-Webseiten setzt und eine, bei der Werbung auch und gerade auf kleineren Webseiten platziert wird und dadurch eine wesentlich größere Verbreitung hat.

Von einem anderen Blickwinkel aus betrachtet, geht es bei **Long Tail** darum, dass man im Internet mit Nischenprodukten erfolgreich sein kann. Die Chance, dass sich über die Welt verteilt genügend Interessenten für das Produkt finden, besteht bei einer Plattform im Internet wesentlich eher als bei einem ortsgebundenen Angebot in einer realen Lokalität. Der Buchladen um die Ecke hat eine restriktivere Auswahl von Büchern als Amazon oder anders herum: Vielleicht macht Amazon manche Buchläden kaputt, aber das Prinzip Online-Shop ermöglicht auch die Existenz von Büchern mit ausgefallenen Themen.

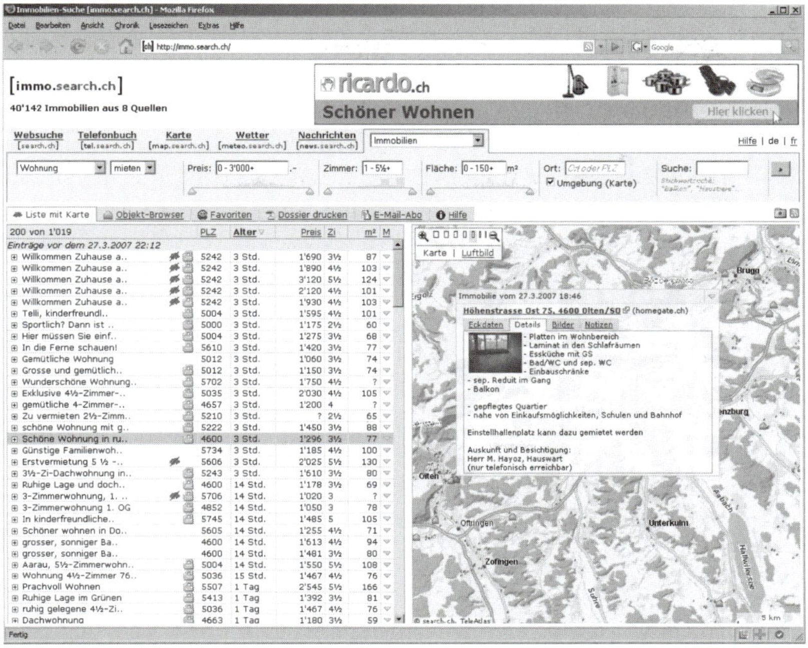

Abbildung 1.8
Mashup: Kartenmaterial mit Immobilieninformationen bei *http://immo.search.ch/*

Mashup wird von der Wikipedia als »Erstellung neuer Inhalte durch die nahtlose (Re-)Kombination bereits bestehender Inhalte« definiert (*http://de.wikipedia.org/wiki/Mashup*). Besonders beliebt als Basis von Mashups ist das Online-Kartenrepertoire von Google – Google Maps. Das Kartenmaterial kann perfekt mit weiteren Informationen angereichert werden, etwa mit Fotos zu den jeweiligen Orten, mit Kleinanzeigen, mit Immobilien usw. Technisch gesehen sind Mashups im Web 2.0 neue Anwendungen bzw. Dienste oder Seiten, die durch die Benutzung verschiedener offener Programmierschnittstellen erstellt werden.

Abbildung 1.9
Sehen Sie das kleine *BETA* unterhalb von Google bei Google Mail? Das ist typisch für Web 2.0-Dienste.

Alles **Beta** oder was? Es sieht manchmal fast so aus: Viele Web 2.0-Dienste schmücken sich mit der Kennzeichnung Beta wie mit einer Trophäe. Normalerweise sind Beta-Versionen von Software Testversionen, die noch nicht öffentlich sind, viele Web 2.0-Dienste sind hingegen in der Beta-Version im Einsatz. Dies liegt daran, dass die Dienste wesentlich schneller weiterentwickelt werden, gerade anhand der Erfahrungen, die man mit den derzeitigen Benutzern sammelt.

Abbildung 1.10
Sie sehen das durchgestrichene Beta? Auch das ist typisch: Beta ist so anerkannt, dass es selbst noch einen Platz erhält, wenn es eigentlich gar nicht mehr dahin gehört.

1.1.3 Eine neue Sprache für das Web 2.0 – AJAX

Wenn Sie den E-Mail-Dienst Google Mail (*http://mail.google.com/*) verwenden, könnten Sie vielleicht zeitweilig vergessen, dass Sie sich auf einer Weboberfläche befinden, weil Sie sich so wie bei der Benutzung Ihres E-Mail-Programms auf dem Desktop gefühlt haben. Beginnen Sie beispielsweise mit dem Eintippen einer E-Mail-Adresse, erscheinen Adressvorschläge, die mit diesen Buchstaben beginnen und aus Ihrem Adressbuch stammen – so etwas sehen Sie bei der klassischen Weboberfläche eines Mail-Programms eher selten.

Dahinter steckt AJAX, eine Technik, die ebenfalls mit Web 2.0 in Verbindung gebracht wird. Sie macht es möglich, Seiteninhalte mit serverseitigen Informationen zu aktualisieren, ohne dass dafür die ganze Seite neu aufgebaut werden muss. AJAX durchbricht das klassische Submit-Reload-Schema. Sind Sie dieses Warten leid, wenn die Internetverbindung gerade mal langsam ist? Wenn Sie ein Formular ausgefüllt haben und Däumchen drehen müssen, bis Sie weitermachen können? Genau dafür bietet AJAX Abhilfe. Hier wird im Hintergrund die Information vom Server angefordert, Sie können unterdessen die Webseite ganz normal weiter benutzen.

Damit haben wir schon mehrere Komponenten von Web 2.0:

- Desktop-Anwendung und Internetdienst werden einander ähnlicher.
- Die Rollen bei Webseiten, d.h., wer die Inhalte liefert und wer sie nutzt, sind nicht mehr klar vergeben.
- Und: Man vertraut dem Besucher, der kollektiven Intelligenz.
- Eine wichtige Komponente ist die Vernetzung – aber das ist natürlich grundsätzlich so im Internet, und das führt uns zum nächsten Punkt ...

1.1.4 Kritik (und Würdigung!) des Begriffs Web 2.0

Bisher haben Sie erfahren, mit welchen Anwendungen der Begriff Web 2.0 in Verbindung gebracht wird. Ob es aber gerechtfertigt ist, diese Dinge und mehr unter dem Label »Web 2.0« zusammenzufassen, ist durchaus umstritten.

Am Begriff Web 2.0 wird häufig kritisiert, er sei schwammig, ein Hype ohne Inhalt, und das eigentlich Neue habe es im sogenannten Web 1.0 schon gegeben.

Deutlich formuliert es Tim Berners-Lee, der »Erfinder« des Internets: »Web 1.0 was all about connecting people. It was an interactive space, I think Web 2.0 is of course a piece of jargon, nobody even knows what it means.« (Im Web 1.0 ging es auch schon um die Verbindung von Leuten. Es war ein interaktiver Raum, für mich ist Web 2.0 nur ein Jargonbegriff, von dem niemand genau weiß, was er eigentlich bedeutet; *http://www-128.ibm.com/developerworks/podcast/dwi/cm-int082206.txt*).

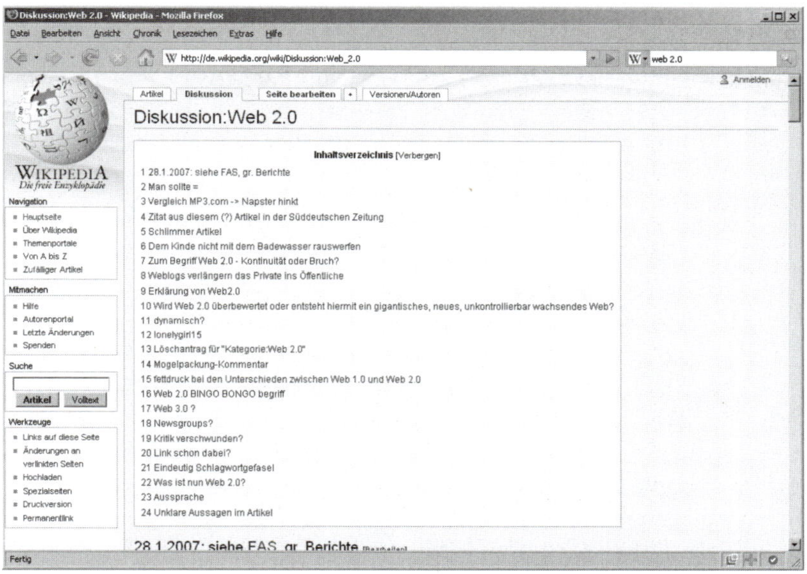

Abbildung 1.11
Heftige Diskussion beim Artikel zum Thema Web 2.0 in der Wikipedia – »eindeutig Schlagwortgefasel«, »Web 2.0 BINGO BONGO begriff« bis hin zu »Löschantrag für Kategorie Web 2.0«

Möchten Sie sich einen ersten Eindruck von der Diskussion um den Begriff »Web 2.0« verschaffen, so können Sie einmal die Diskussionsseite zu diesem Thema in der Wikipedia ansehen (*http://de.wikipedia.org/wiki/Diskussion:Web_2.0*). Es gab sogar einen Antrag, den Artikel zu löschen, dem dann aber doch nicht stattgegeben wurde.

Was sind die Probleme mit dem Begriff Web 2.0?

- Die Versionsnummer erweckt den Eindruck, man könne Web 2.0 genau definieren. Während man aber genau sagen kann, was Flash 8 ist oder Windows 3.1 war, geht das mit Web 2.0 keineswegs – auch wenn die Versionierung den Anschein vermittelt. Denn wer ist für die Versionsnummern des Webs verantwortlich und wem steht die Macht zu, den Begriff zu definieren? Deswegen lassen sich die Streitereien darüber nicht klären. Von wem auch? Dem World Wide Web-Konsortium? Den Browser-Herstellern? Hardware-Firmen? Den Nutzern selbst?
- Der Begriff Web 2.0 bewirkt eine implizite Herabstufung dessen, was davor war, des »Web 1.0«. Web 2.0 suggeriert, es handele sich um etwas Besseres als das, was bislang existiert hat.

- Interaktivität ist keineswegs eine neue Erfindung des Web 2.0 – diese Behauptung ist auch das, was Tim Berners Lee im eben zitierten Interview so aufregt. Interaktivität ist eine wichtige, wenn nicht entscheidende Komponente des Internets seit den Anfängen, man braucht nur an das Usenet zu denken. Und interaktive Rollenspiele gab es natürlich auch schon, die Parallelwelten in den MUDS (Multiple-User-Dungeons, auf Deutsch auch Mehrbenutzer-Dungeons). MUDs liefen allerdings größtenteils textbasiert ab. Da sieht Second Live ganz anders aus – ein Punkt, der gleich noch mal zur Sprache kommt.

Dem ist entgegenzuhalten: Der Begriff Web 2.0 entspricht sehr wohl einem Bedürfnis, einen Namen für die neuen Entwicklungen zu finden. Zeugnis hierfür ist seine erstaunliche Popularität – und die Fruchtbarkeit des Begriffs manifestiert sich auch in der mitunter recht heftigen Diskussion darüber.

In vielem ist das Web 2.0 nicht unbedingt ein Gegensatz zum Web 1.0, sondern führt das fort, was dort angelegt und eventuell noch nicht realisiert war. Es sind aber inzwischen in Bezug auf das Internet ganz andere Zeiten angebrochen, als zu den Anfängen des Web (1.0?) herrschten. Das merkt man deutlich an zwei glücklicherweise einmal messbaren Kennwerten: der Verbreitung des Internets und der Anzahl der Breitbandzugänge. Gerade Letztere machen Dienste wie Flickr oder Youtube erst möglich.

Geändert hat sich im Vergleich zu früher auch die Rolle, die Firmen im Internet spielen. In den MUDs, zumindest in den bekannteren, waren beispielsweise Firmenrepräsentationen nicht vorgesehen und es gab sie auch nicht – ganz anders in Second Life. Die kommerzielle Komponente ist bei manchen Web 2.0-Anwendungen nicht zu leugnen, auch wenn man es vielleicht nicht gar so düster sehen möchte wie Tim O'Reilly in einem Interview: »Web 2.0 wird ganz genauso enden. Es wird Firmen geben, die enorme Macht anhäufen. Und sie werden diese Macht missbrauchen. Dann wird die Entwicklung des Web 2.0 zum Stillstand kommen und die innovativen Kräfte unserer Gesellschaft werden sich neue Betätigungsfelder suchen.« (*http://www.berlinonline.de/berliner-zeitung/archiv/.bin/dump.fcgi/2007/0120/magazin/0002/index.html*)

So negativ muss man es aber nicht sehen und noch sind wir mitten in der Zeit, in der sich auch innovative Kräfte der Gesellschaft im Web 2.0 tummeln.

Abschließend lässt sich bemerken, dass die Existenz und der Erfolg von Blogs, Newsfeeds und Social Bookmark-Diensten für sich spricht. Nur: Ob diese Innovationen mit dem Label Web 2.0 sinnvoll zusammengefasst sind und ob man überhaupt ein Label braucht, ist umstritten. Andererseits entspricht es den Erfahrungen als Surfer, dass es Webseiten gibt, die auf diese Web 2.0-Ideen (auch wenn man es anders nennen möchte) setzen, und andere, die es (noch) nicht tun. Man sieht da Unterschiede und eigentlich ist es schön, wenn man sie benennen kann, auch wenn sich der Begriff nicht genau definieren lässt.

Worum geht es in diesem Buch? Es werden Komponenten vorgestellt, die Web 2.0 zugeschrieben werden, um es einmal vorsichtig zu formulieren. Sie erfahren, wie Sie einzelne Features auf Ihren Websites einsetzen können. Möchte man es ohne den Begriff Web 2.0 formulieren, könnte man auch sagen: »Ein Überblick über neue Trends in der Webentwicklung, die stark auf Vernetzung setzen, und wie Sie sie verwenden«. Wenn Sie das mehrmals schreiben oder sprechen, dann klingen die neuen Trends schon ganz behäbig altmodisch und dann sehnen Sie sich nach etwas Kurzem, Griffigem – so wie Web 2.0.

TIPP

Zum Einstieg können Sie schon einmal testen, wie Web 2.0-tauglich Ihre Website ist: Unter *http://web2.0validator.com/* finden Sie ein Prüftool. In bester Web 2.0-Manier entscheiden hier die Benutzer über die Kriterien für die Punktevergabe.

Übrigens – haben Sie fünf Punkte oder eventuell mehr: Gratulation! Sie sind in bester Gesellschaft! Fünf Punkte ist die Punktanzahl, die Flickr im April 2007 erreichte ;-)

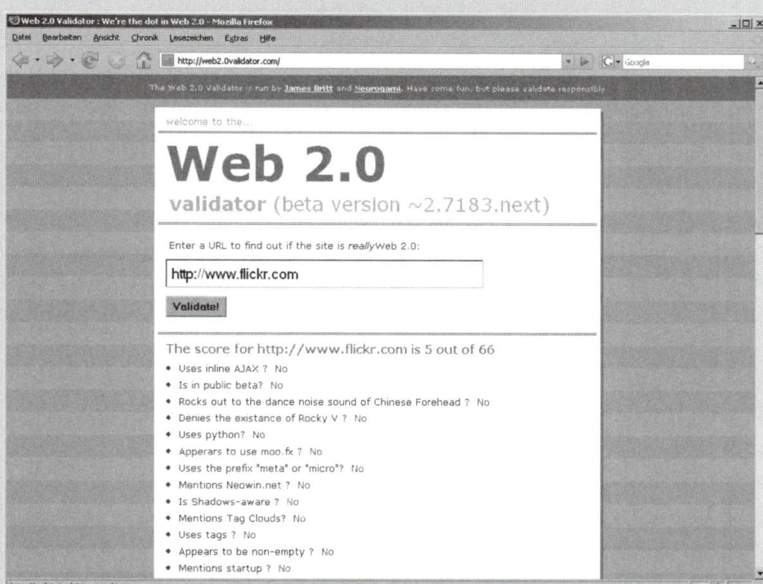

Abbildung 1.12: Der Web 2.0-Validator - natürlich ebenfalls beta

Aber jetzt wieder ernsthaft – im nächsten Abschnitt erfahren Sie die genauen Inhalte dieses Buchs.

1.2 Das erwartet Sie

Kapitel 1 – stimmt, da sind Sie schon mitten drin – führt den **Begriff Web 2.0** ein. Es erklärt, worum es im Buch geht, und im letzten Teil steigen Sie schon gleich ein in die Praxis und installieren sich die notwendige Entwicklungsumgebung, so dass Sie für alle weiter beschriebenen Techniken gewappnet sind. Die Software hierzu finden Sie auf der Buch-CD.

Das *Kapitel 2* dient zum **Warmwerden mit wichtigen Web 2.0-Themen**. Sie erfahren allerlei Nützliches, so z.B. wie Sie durch die richtigen Buttons Ihre Webseite an viele Web 2.0-Dienste anbinden, was es mit Tag Clouds auf sich hat und ob es eigentlich ein eigenes Web 2.0-Design gibt und wie dieses aussieht. So nebenbei erstellen Sie auch Ihre eigene Fotocommunity, wenn Sie Flickr Konkurrenz machen möchten.

In *Kapitel 3* geht es um eine schicke neue Technik, mit der Sie Webseiteninhalte so auszeichnen, dass sie von speziellen Suchmaschinen und Desktop-Anwendungen ausgewertet werden können. Klingt recht harmlos und es ist auch harmlos, was die technische Realisierung anbelangt. Gut wäre es, Sie würden HTML-Kenntnisse mitbringen. **Microformats**, um die es in diesem Kapitel geht, sind technisch gesehen unspektakulär, weil sie nicht mehr sind als ein bisschen HTML. Aber die Anwendungsmöglichkeiten, die sich hier ergeben, sind doch recht überzeugend, vielleicht sogar wegweisend. Lassen Sie sich überraschen!

Kapitel 4 behandelt **Newsfeeds** und wie Sie die Inhalte Ihrer Webseite verteilen oder die Inhalte anderer Webseiten einbinden, denn Newsfeeds sind aus dem Alltag eines Web 2.0-Anwenders nicht mehr wegzudenken. Bei Interesse können Sie sich auch einen Überblick über die verschiedenen XML-Formate verschaffen, auf denen Newsfeeds basieren. Nebenbei sei erwähnt, dass in *Kapitel 4* auch die »Pfeifen« (Pipes) von Yahoo vorkommen.

Einem weiteren wichtigen Thema widmet sich *Kapitel 5*: den **Blogs**. Was Blogs genau sind, wer bloggt und wie Sie bloggen – darum geht es an dieser Stelle. Genauer gesagt, erfahren Sie in diesem Kapitel detailliert, wie Sie die kostenlose Blogging-Software Wordpress installieren und konfigurieren. Sie lernen die unterschiedlichen Möglichkeiten kennen, wie Sie Beiträge verfassen, Ihren Blog mit zusätzlichen Funktionen (Plug-ins) ausstatten und an die gewünschte Optik anpassen. Wordpress finden Sie selbstverständlich auch auf der Buch-CD, so dass Sie gleich loslegen können.

Kapitel 6 handelt von **AJAX**. Endlich. Hier wird's nun etwas technischer. In diesem Kapitel erfahren Sie zuerst einmal, wer (oder was?) AJAX eigentlich ist und warum es sinnvoll sein kann, damit Bekanntschaft zu machen. Nach der Lektüre dieser Einführung kennen Sie die wichtigen Konzepte, Sie haben ein Beispiel in mehreren Varianten durchexerziert und dabei (hoffentlich!) einige tiefere Einblicke gewonnen. Neben AJAX haben Sie damit XMLHttp-Request näher kennengelernt sowie JSON und XML (kennen wir schon, stimmt) die Hand geschüttelt und den nervigen Browser-Cache zumindest aus der Ferne gegrüßt. Setzt dieses Kapitel Programmierkenntnisse voraus? Wenn Sie noch keine haben, dann erwartet Sie in diesem Kapitel sicher eine Menge Neues. Der Vollständigkeit halber sei noch erwähnt, dass als serverseitige Sprache PHP verwendet wird – in der Hauptsache wird es allerdings um die AJAX-Seite gehen.

In ***Kapitel 7*** erholen Sie sich von den Anstrengungen des letzten Kapitels. Sie erfahren, wie Sie andere für sich arbeiten lassen. Hier dreht sich alles um **AJAX-Frameworks** und zwei davon lernen Sie näher kennen: Prototype und Script.aculo.us.

In ***Kapitel 8*** lernen Sie einige sinnvolle Anwendungen von Google-APIs kennen. Zu Deutsch: wie Sie die schicken **Google Maps** in Ihre Webseiten einbinden und mit bunten Stecknadeln und Info-Sprechblasen versehen.

Im ***Anhang*** am Schluss finden Sie genauere Infos zu den CD-Inhalten, die natürlich auch im Buch beiläufig vorgestellt werden. Hier sehen Sie die Inhalte aber im kompletten Überblick. Das erspart Ihnen hoffentlich so manchen Download und das heißt: Sie können sofort starten.

Nachdem Sie jetzt wissen, was Sie so alles erwartet, können wir mit den Vorbereitungen beginnen.

1.3 Vorbereitung

Für die ersten Kapitel brauchen Sie nicht mehr als einen Texteditor, wie er in jedem Betriebssystem enthalten ist: Bei Windows XP finden Sie ihn beispielsweise unter START/ALLE PROGRAMME/ZUBEHÖR/EDITOR. Und Sie benötigen natürlich einen neueren Browser. Ich empfehle Ihnen, auf jeden Fall zusätzlich Firefox zu installieren: Auf Firefox basieren auch einige Erweiterungen, die nützlich im Zusammenhang mit Microformats, Newsfeeds und AJAX sind. Firefox und die Erweiterungen, die in den einzelnen Kapiteln vorgestellt werden, finden Sie selbstverständlich auch auf der Buch-CD. Firefox gibt es für alle gängigen Betriebssysteme und Sie können ihn zusätzlich zu Ihrem Lieblingsbrowser installieren. Ebenfalls empfehlenswert als Web 2.0-Browser ist Flock (*http://www.flock.com/download/*), der viele zusätzliche Features bietet, wie das direkte Bloggen, das Verwalten von Lesezeichen bei del.icio.us usw. Sie finden Flock ebenfalls auf der Buch-CD.

Um Wordpress, die in ***Kapitel 5*** beschriebene Blogging-Software, zu installieren, brauchen Sie einen Hoster mit PHP-Unterstützung. Oder aber Sie testen das Ganze erst einmal lokal, um ein Gespür dafür zu bekommen. Hierfür brauchen Sie einen lokalen Testserver mit PHP, MySQL und dem ganzen Pipapo.

HINWEIS

PHP steht für PHP Hypertext Preprocessor (offizielle Homepage: *http://www.php.net/*) und ist eine sehr beliebte serverseitige Programmiersprache. MySQL ist ein im Internet sehr häufig verwendetes Datenbankmanagement-System.

Wenn Sie die AJAX-Beispiele ausprobieren möchten, geht ebenfalls ohne PHP-Unterstützung nichts. Sie könnten zwar ebenfalls die serverseitige Komponente der Beispiele auf Ihren Webspace mit PHP-Unterstützung hochladen, aber wesentlich praktischer ist es auch hier, wenn Sie sich lokal eine Testumgebung eingerichtet haben. Auch in den anderen Kapiteln wie bei den Newsfeeds und Microformats werden PHP-Skripte vorgestellt, die Sie am besten lokal austesten. Also: Ein Server muss her. Besonders seitdem es praktische Komplettpakete gibt, die die Installation so vereinfachen, spricht alles dafür, einen Server lokal zu installieren.

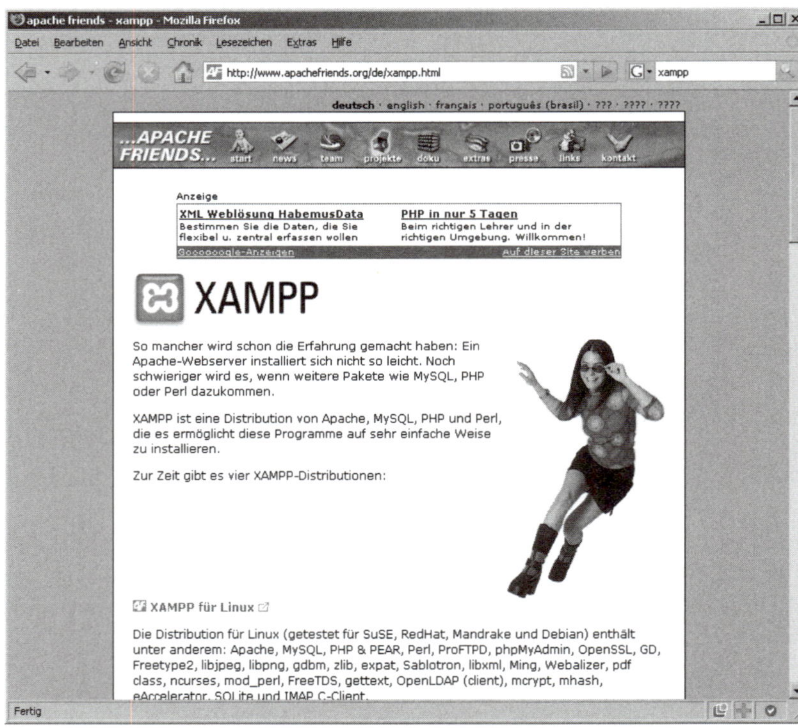

Abbildung 1.13
XAMPP macht die Installation eines Servers mit PHPipapo einfach.

Das bekannteste Komplettpaket für Windows, Linux und Mac OS kommt von den Apache-Freunden (*http://www.apachefriends.org/de/xampp.html*). Es beinhaltet unter anderem:

- den Webserver Apache
- PHP
- MySQL als Webdatenbank

- phpMyAdmin, ein Frontend zur komfortablen Verwaltung von MySQL-Datenbanken
- und noch vieles mehr

1.3.1 XAMPP für Windows installieren

Prinzipiell gibt es XAMPP für Windows in zwei Varianten: eine mit einem Installer, die andere nur als ZIP-Paket, das es zu entpacken gilt. Bei der Installer-Variante finden Sie einen Installationsassistenten, wie Sie ihn von anderer Software kennen, der Sie durch die einzelnen Schritte führt. Die zweite Variante, das Zip-Paket, ist etwas für »Puristen«. Sie sparen sich hier unnötige Einträge in der Windows-Registry.

Hier soll beispielhaft die »Installation« und Inbetriebnahme bei der zweiten Variante gezeigt werden.

Zuerst einmal müssen Sie das Paket herunterladen bzw. von der Buch-CD kopieren. Entpacken Sie es dann an einen Ort Ihrer Wahl, beispielsweise ins Programmverzeichnis. Automatisch wird der Ordner *Xampp* angelegt. In diesem Ordner finden Sie nun verschiedene Unterordner und Dateien und auch die Datei *setup_xampp.bat*. Führen Sie diese durch einen Doppelklick aus, sie ist notwendig, um die Pfade an den Installationsort anzupassen.

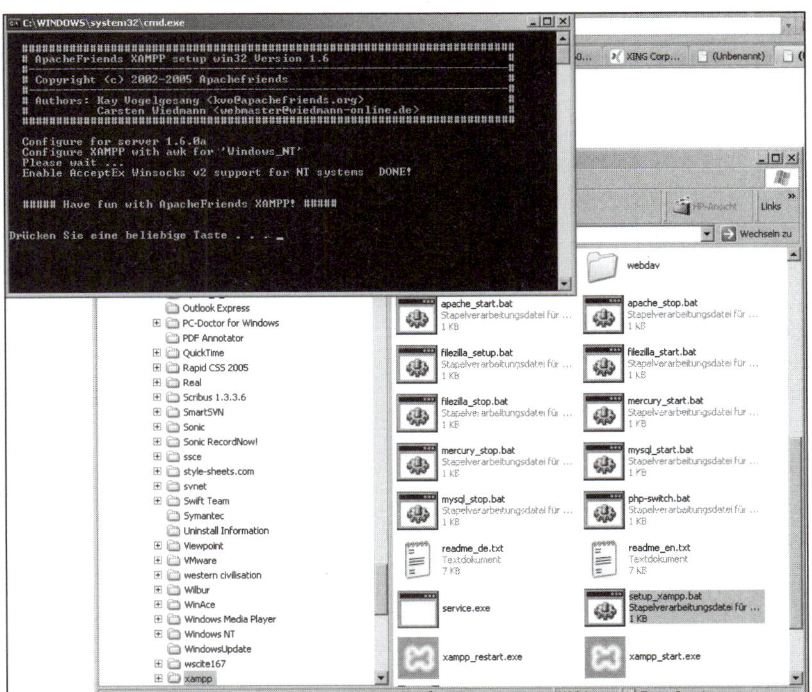

Abbildung 1.14 Damit die Pfade stimmen, müssen Sie einmal *setup_xampp.bat* ausführen durch Doppelklick.

Es öffnet sich ein DOS-Fenster, nach kurzer Zeit erscheint die Meldung, dass alles geklappt hat und Sie durch Drücken einer beliebigen Taste das Fenster schließen können.

Um den Webserver Apache und die anderen Dienste zu starten, öffnen Sie ebenfalls durch Doppelklick auf *xampp-controll.exe* das Control Panel. Hier können Sie Apache und MySQL aktivieren und starten.

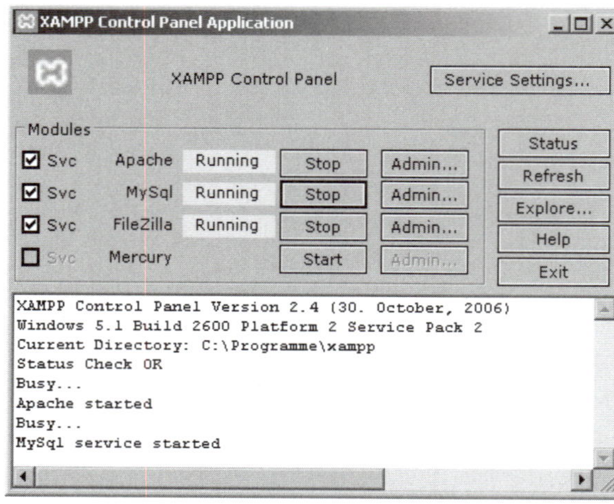

Abbildung 1.15 Das Bedienfeld, um die einzelnen Komponenten zu stoppen oder zu starten

1.3.2 XAMPP für Linux

Natürlich können Sie bei allen gängigen Distributionen die einzelnen Komponenten – Apache, PHP und MySQL – einzeln installieren. Aber auch hier bietet XAMPP eine Arbeitserleichterung und ist die richtige Wahl für Leute, die sofort einsteigen und nicht erst konfigurieren möchten (deren Anzahl nach den klassischen Vorurteilen aber mehr unter den Windows-Usern zu finden ist). Wenn Sie sich für XAMPP unter Linux entscheiden, finden Sie das Paket unter *http://www.apachefriends.org/de/xampp-linux.html* und auf der Buch-CD.

Öffnen Sie eine Konsole und werden Sie zu root über

```
su
```

Entpacken Sie das Paket über den folgenden Befehl:

```
tar xvfz xampp-linux-1.6.tar.gz -C /opt
```

Damit wird XAMPP unter `opt/lampp` installiert. LAMPP war der ursprüngliche Name des Projekts und stand für Linux, Apache, MySQL, PHP, Perl. Ihm entsprach WAMPP auf der Windows-Seite. Um von beiden gleichzeitig reden zu können, heißt das Projekt jetzt XAMPP.

Zum Starten dient der Befehl:

```
/opt/lampp/lampp start
```

1.3.3 XAMPP für Mac OS

Für Mac sind die Schritte ähnlich wie unter Linux. Nach dem Herunterladen des Pakets (*http://www.apachefriends.org/de/xampp-macosx.html* und auf der Buch-CD) müssen Sie zuerst unter SYSTEMPROGRAMME KONSOLE aufrufen und dann Folgendes eingeben:

```
sudo su
```

Nach der Eingabe des Kennworts können Sie das Paket über folgenden Befehl entpacken:

```
tar xfvz xampp-macosx-0.6.1.tar.gz -C /
```

Zum Starten dient wiederum zuerst

```
sudo su
```

und dann

```
/Applications/xampp/xamppfiles/mampp start
```

TIPP

Ganz ohne Befehle auf der Konsole einzugeben, geht es auch mit einem anderen Komplettpaket für Mac: *http://mamp.info/*. Das Praktische an dieser Lösung ist, dass keinerlei Systemdateien verändert werden und Sie auch zur »Deinstallation« nur den entsprechenden Ordner löschen müssen.

1.3.4 XAMPP benutzen

Wenn Sie nun im Webbrowser die Adresse *http://localhost/* aufrufen, sollte der Startbildschirm von XAMPP erscheinen, auf dem Sie die deutsche Benutzeroberfläche auswählen können.

Abbildung 1.16 Startbild von XAMPP. Es hat anscheinend geklappt.

Klicken Sie auf DEUTSCH und überprüfen Sie durch einen Klick auf den Link STATUS, welche Komponenten alle aktiv sind.

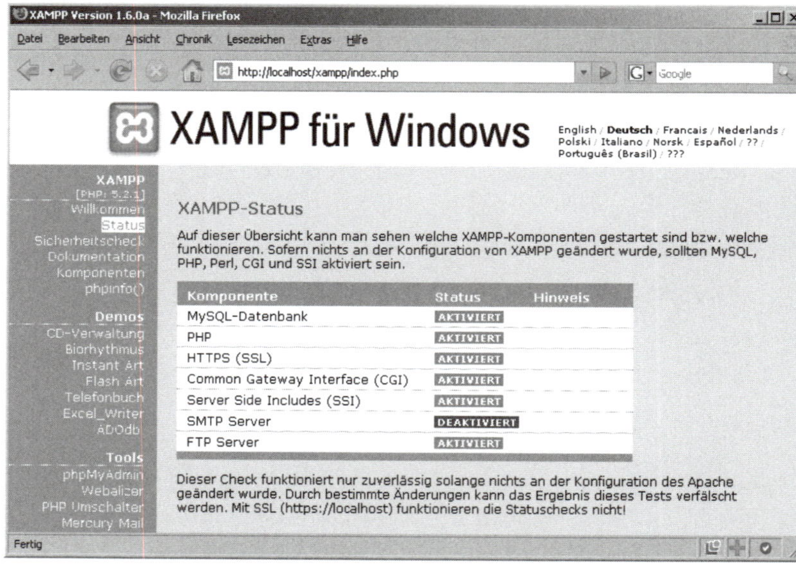

Abbildung 1.17
Diese Komponenten sollten aktiviert sein.

Um sich über die Konfiguration von PHP zu informieren, klicken Sie auf den Link PHPINFO(). Hier sind alle Einstellungen aufgelistet. Das ist wichtig, wenn Sie überprüfen möchten, ob Ihre lokale Installation bestimmte Voraussetzungen für ein Skript mitbringt.

Häufig benutzen werden Sie ebenfalls den Link PHPMYADMIN unter TOOLS. phpMyAdmin sind PHP-Skripte, die Ihnen die Verwaltung von MySQL-Datenbanken unter einer komfortablen Bedienoberfläche ermöglichen. In phpMyAdmin können Sie auch ganz einfach eine neue Datenbank anlegen. Sie brauchen das spätestens für ***Kapitel 5***, wenn Sie sich Wordpress lokal installieren möchten.

Starten Sie phpMyAdmin durch Klick auf den entsprechenden Link. Vergeben Sie auf der Startseite von phpMyAdmin unter NEUE DATENBANK ANLEGEN einen neuen Namen für Ihre Datenbank und klicken Sie auf ANLEGEN.

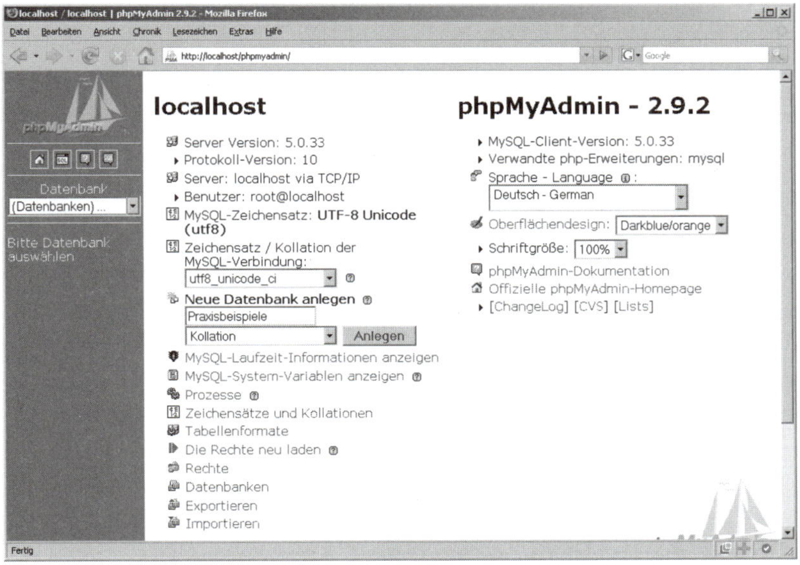

Abbildung 1.18
Neue Datenbank in phpMyAdmin anlegen

Ihre Datenbank wird im linken Bereich beim Drop-down-Feld unterhalb von DATENBANK aufgeführt. Die anderen Datenbanken, die Sie dort bereits vorfinden, werden für interne Zwecke von MySQL benötigt. Sie sollten sie so lassen, wie sie sind.

Damit Ihre eigenen PHP- oder sonstigen Skripte vom Server gefunden werden, müssen sie in einem besonderen Verzeichnis abgespeichert werden, im Ordner *htdocs* innerhalb Ihres XAMPP-Verzeichnisses. Dort finden Sie schon viele von XAMPP erstellte Dateien und Verzeichnisse. Um nicht mit diesen doch recht nützlichen Tools in Konflikt zu geraten, sollten Sie sich für Ihre Skripte unterhalb von *htdocs* ein neues Verzeichnis anlegen. Haben Sie dieses beispielsweise *praxis* genannt und ein Skript mit Namen *newsfeed.php* abgelegt, so erreichen Sie dieses Skript über die Adresse *http://localhost/praxis/newsfeed.php* in Ihrem Browser. Dieses PHP-Skript würde hingegen nicht funktionieren, wenn Sie in Ihrem Browser DATEI/ÖFFNEN wählen, weil es dann nicht über den Server aufgerufen wird.

Noch ein Hinweis zum Thema Sicherheit: XAMPP ist sehr praktisch zu installieren und zu benutzen – für lokale Zwecke. Bei einem »echten« Einsatz im Internet wären die Standardeinstellungen von XAMPP eine Katastrophe. Erste Hinweise, was alles für ein sichereres System zu tun wäre, gibt Ihnen der Link SICHERHEITSCHECK in der linken Leiste auf der XAMPP-Oberfläche.

Nach diesen unterschiedlichen Makro- und Metabetrachtungen geht es im nächsten Kapitel um nützliche Features wie Buttons, Tag-Wolken und ... das Erstellen einer eigenen Community.

2 Zum warm werden ...

... mit verschiedenen Web 2.0-Eigenheiten dient dieses Kapitel. Hier wird Ihnen Vermischtes geboten: Zum einen erfahren Sie, was die bunten Buttons auf vielen Seiten eigentlich bewirken und wie Sie es bewerkstelligen, dass Ihre Webseite leichter zu einem Social Bookmark-Dienst hinzugefügt wird. Dann geht es um eine bestimmte Art, Tags darzustellen, die sogenannten Tag-Clouds. Im Weiteren erfahren Sie, wie das typische Web 2.0-Design (eventuell) aussieht, und zum Schluss erstellen Sie, sofern Sie möchten, Ihre eigene Community-Site zum Austausch von Fotos, Videos, Gedanken, Diskussionen usw. Also los!

Abbildung 2.1
Bunte Buttons für besseres Page-Ranking – auch wenn sie eher wie die Karten eines Online-Memory-Spiels aussehen.

2.1 Bunte Buttons oder: mehr Popularität für Ihre Website

Eine wesentliche Komponente von Web 2.0 sind die Social Bookmark-Dienste, bei denen die Surfer ihre Lesezeichen/Bookmarks speichern und mit anderen teilen können. Interessant werden diese Lesezeichen vor allem dadurch, dass sie von Benutzern kommentiert und mit Tags (Schlagwörtern) versehen werden können. Diese Linklisten oder Linklisten zu speziellen Tags kann man auch als Newsfeed abonnieren (siehe hierzu auch ***Kapitel** 4*).

2.1.1 Seite zu del.icio.us hinzufügen

Natürlich sind diese Dienste daran interessiert, den Benutzern das Hinzufügen von Lesezeichen so einfach wie möglich zu machen. Del.icio.us (*http://www.del.icio.us/*) bietet beispielsweise bereits bei der Anmeldung die Installation eines dafür vorgesehenen Tools – bei Firefox eine entsprechende Erweiterung und für den Internet Explorer ein Button, der sich in der Symbolleiste integriert.

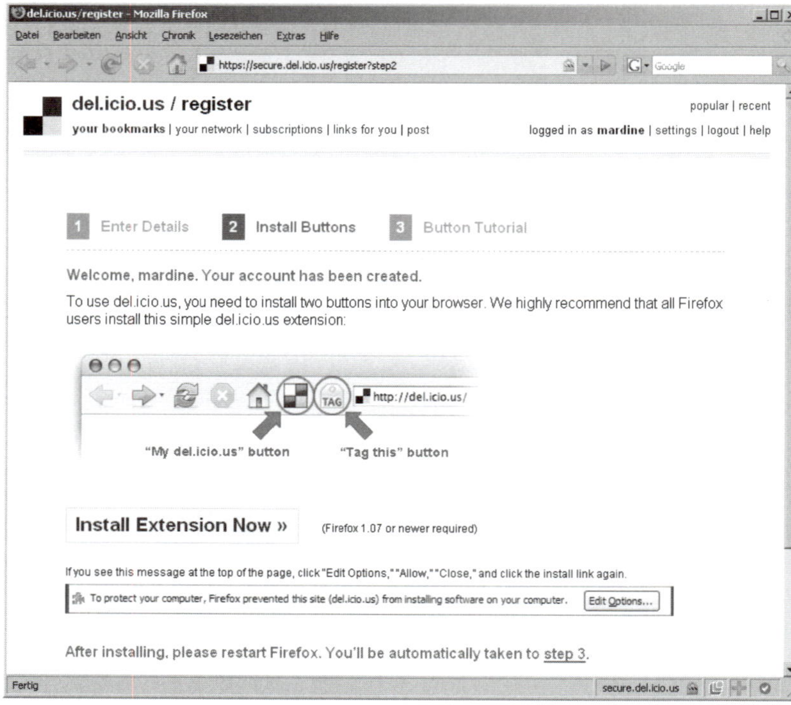

Abbildung 2.2
Wenn Sie sich bei del.icio.us anmelden, können Sie auch gleich praktische Buttons für die Symbolleiste Ihres Browsers erstellen – hier im Firefox.

Nach der Installation der Erweiterung stehen die Buttons zur Verfügung. Ist man auf einer Seite, die man in die Favoriten aufnehmen möchte, muss man nur auf POST TO DEL.ICIO.US klicken. Nun wird man zur Website von del.icio.us weitergeleitet, wo man sich anmelden muss, wenn man noch nicht angemeldet ist. Danach findet man ein schon teilweise vorausgefülltes Formular zu diesem Lesezeichen, das man nun noch durch Tags – Schlagwörter – ergänzen kann. Hat man seine Eingaben getätigt und auf SAVE geklickt, gelangt man wieder zurück zur eigentlichen Seite.

Für andere Browser und andere Dienste gibt es im Allgemeinen ähnliche Tools zum komfortablen Hinzufügen von Lesezeichen.

Für Website-Betreiber ist es natürlich attraktiv, wenn ihre Webseite zu einem dieser öffentlichen Lesezeichenverwaltungsdienste hinzugefügt wird. Denn diese Dienste speichern ja nicht nur Lesezeichen, sondern sie verbreiten sie auch – und tragen damit zu einer größeren Bekanntheit der jeweiligen Seite bei. Auch Suchmaschinen durchsuchen die bei diesen Diensten gespeicherten Lesezeichen. Durch Links von diesen Seiten können Sie das Page-Ranking und damit die Position Ihrer Website in den Suchergebnissen der Suchmaschinen verbessern.

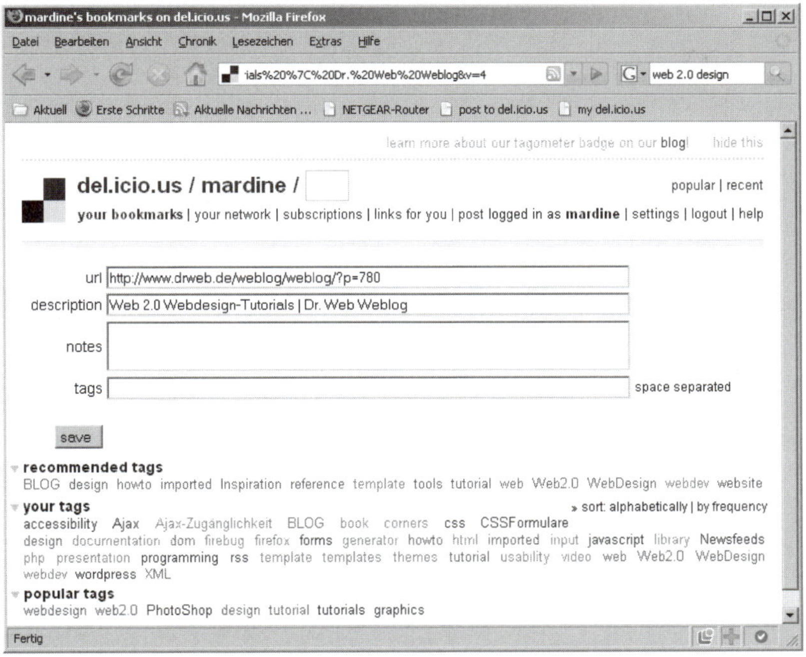

Abbildung 2.3
Das Formular ist schon vorausgefüllt mit den Daten der besuchten Website. Unter dem Formular sehen Sie, dass del.icio.us bereits von dem Benutzer selbst oder von anderen vergebene Tags vorschlägt und damit zu einem optimierten Tag-System beiträgt.

Um Besucher daran zu erinnern, dass sie Ihre Webseite als Lesezeichen bei ihrem Social Bookmark-Dienst aufnehmen können, können Sie dafür vorgesehene Buttons auf Ihrer Webseite einbauen. Diese funktionieren im Prinzip genauso wie die entsprechenden Browser-Tools, die von den Social Bookmark-Dienstleistern selbst zur Verfügung gestellt werden: Das heißt, bei einem Klick auf einen Button kommt man direkt zum Dienst, wo man – nach einer eventuell notwendigen Anmeldung – das Lesezeichen mit Tags und Kommentaren versehen und speichern kann.

Für del.icio.us sieht das Grundprinzip beispielsweise so aus, dass Sie den URL `http://del.icio.us/post` angeben und daran als Parameter hinter einem Fragezeichen `url=URL-der-Webseite` und nach einem `& title=Seitentitel` schreiben. Davor werden Sie normalerweise noch das del.icio.us-Logo einfügen.

Angenommen, der URL der Seite lautet `http://www.example.com/` und der Seitentitel ist `Add-Button`, so könnte das folgendermaßen aussehen:

```
<img src="delicious-small.gif" width="10" height="10" alt=
"Seite zu del.icio.us hinzufügen" />
<a href="http://del.icio.us/post?url=http://www.example.com/&amp;title=
Add-Button" title="Diese Seite direkt bei del.icio.us speichern">
Diese Seite speichern</a>
```

TIPP

Alle Code-Beispiele aus diesem Kapitel finden Sie gesammelt in einer Datei mit dem Namen *addbutton.html* auf der Buch-CD.

Im Beispiel wurde außerdem beim `a`-Element ein `title`-Attribut hinzugefügt, das einen weiteren Hinweis auf die Funktion dieses Links gibt. Den Inhalt des `title`-Attributs zeigen Browser als Art Tooltipp, wenn man mit der Maus über den Link fährt.

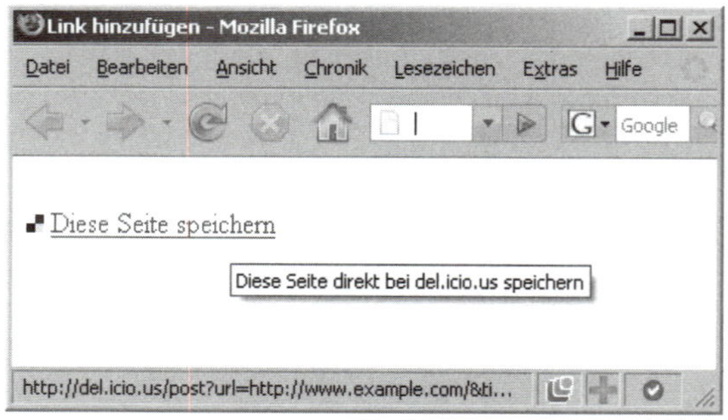

Abbildung 2.4
Link direkt zum Aufnehmen einer Webseite bei del.icio.us

HINWEIS

Diese Art, Informationen über einen URL zu übergeben, werden Sie auch im AJAX-Kapitel (*Kapitel 6*) wieder antreffen. Die Syntax sieht dabei folgendermaßen aus: Hinter dem URL folgt ein Fragezeichen und die einzelnen Schlüssel-Wert-Paare werden mit Ist-Gleich-Zeichen verbunden. Mehrere Schlüssel-Wert-Paare werden durch `&`-Zeichen aneinandergehängt – so wie im Beispiel:

```
http://del.icio.us/post?url=http://www.example.com/&title=Add-Button
```

Wenn Sie diese URLs innerhalb von HTML einsetzen möchten und das Dokument standardkonform sein soll, müssen Sie außerdem anstelle der `&`-Zeichen die entsprechende Entity-Referenz & verwenden. Damit sieht der URL im Beispiel so aus:

```
http://del.icio.us/post?url=http://www.example.com/&amp;title=Add-Button
```

Da es sich weiterhin, auch wenn Informationen angehängt sind, um einen URL handelt, müssen gewisse Regeln eingehalten werden. Beispielsweise dürfen keine Leer- oder Sonderzeichen geschrieben werden, diese müssen in einer besonderen Weise kodiert werden. `%20` steht beispielsweise für ein Leerzeichen – zuerst wird ein Prozentzeichen geschrieben, dann folgt der hexadezimale Wert des Zeichens.

Anstelle des Texts *Diese Seite speichern* können Sie natürlich auch das Bild selbst verlinken.

```
<a href="http://del.icio.us/post?url=http://www.example.com/&amp;title=
Add-Button" title="Diese Seite direkt bei del.icio.us speichern">
<img src="delicious-small.gif" width="10" height="10" alt=
"Seite zu del.icio.us hinzufügen" style="border: none" />
</a>
```

Im Beispiel eben wurden der URL der Webseite sowie der Seitentitel direkt eingetragen. Alternativ dazu können Sie JavaScript benutzen und diese Informationen automatisch auslesen lassen.

```
<a href="http://del.icio.us/post" onclick="location.href=
'http://del.icio.us/post?url='+encodeURIComponent(location.href)+
'&amp;title='+encodeURIComponent(document.title); return false;">
Diese Seite speichern</a>
```

Gleichzeitig kümmert sich die JavaScript-Funktion `encodeURIComponent()` darum, dass eventuelle Sonderzeichen automatisch im korrekten Format erscheinen.

Der JavaScript-Code wird hier über den sogenannten Event-Handler `onclick` aufgerufen – d.h. beim Klicken mit der Maus. Am Schluss des JavaScript-Codes steht `return false`. Dies sorgt dafür, dass die normale Funktion des Links deaktiviert wird – aber nur bei aktiviertem JavaScript. Als Wert von `href` findet sich hingegen weiter der normale Link. Damit ist sichergestellt, dass die normale Funktion des Links bei ausgeschaltetem JavaScript weiter funktioniert – nur sind dann Link und URL nicht besetzt, d.h., der Surfer muss nach dem Log-in den URL selbst im Formular eintragen.

Dieser Code lässt sich natürlich noch variieren. Bei folgendem Beispiel werden URL und Seitentitel automatisch ermittelt und außerdem öffnet sich ein neues Fenster, wenn man auf den Link klickt.

```
<a href="http://del.icio.us/post" onclick="window.open('http://del.icio.us/
post?v=4&amp;noui&amp;jump=close&amp;url='+encodeURIComponent(location.href)+
'&amp;title='+encodeURIComponent(document.title), 'delicious','toolbar=
no,width=700,height=400'); return false;">Diese Seite speichern</a>
```

2.1.2 Seite bei Mister Wong speichern

del.icio.us ist – wie so viele Web 2.0-Anwendungen – ein englischsprachiger Dienst. Aber inzwischen gibt es selbstverständlich deutschsprachige äquivalente Anwendungen, wie beispielsweise Mister Wong – auch wenn man es diesem Namen nicht ansieht (*http://www.mister-wong.de/*). Im April 2007 sind es bereits über 1,4 Mio. Lesezeichen, die von Mister Wong gespeichert werden.

Der Code, um eine Seite automatisch zu Mister Wong hinzufügen zu lassen, sieht ganz ähnlich aus. Im Beispiel dient ein Icon direkt als Link.

```
<a href="http://www.mister-wong.de/add_url/" onclick="location.href=
'http://www.mister-wong.de/index.php?action=addurl&amp;bm_url=
'+encodeURIComponent(location.href)+'&amp;bm_description=
'+encodeURIComponent(document.title);return false" title=
"Diese Seite zu Mister Wong hinzufügen">
<img src="http://www.mister-wong.de/img/wong.gif" alt="Diese Seite zu
Mister Wong hinzufügen" border="0" /></a>
```

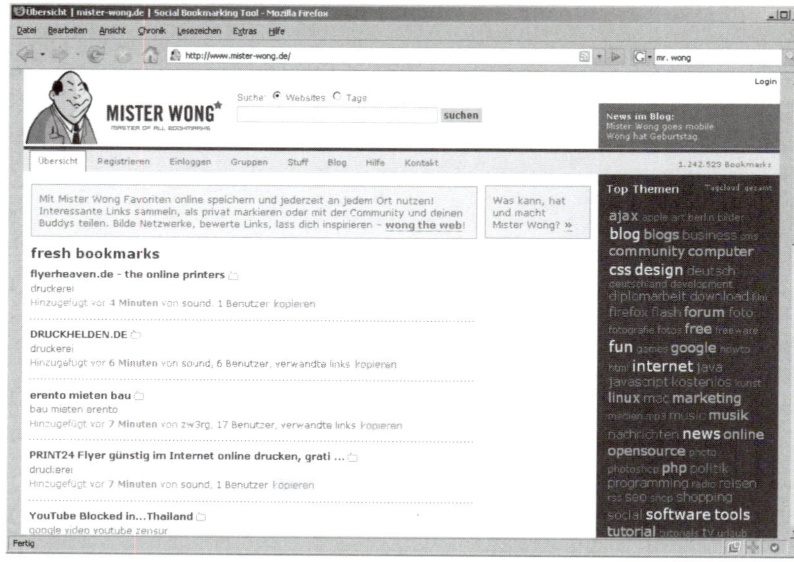

Abbildung 2.5 Mister Wong verwaltet Ihre Favoriten online und der freundliche Asiate spricht perfekt Deutsch.

Ganz ohne JavaScript und mit händischem Eintragen des URL und des Titels der Seite sieht es folgendermaßen aus:

```
<a href="http://www.mister-wong.de/add_url/?action=addurl&amp;
bm_url=http://www.example.com/&amp;bm_title=Add_Buttons" title=
"Diese Seite zu Mister Wong hinzufügen"><img src="http://www.mister-wong.de/
img/wong.gif" alt="Diese Seite zu Mister Wong hinzufügen" border="0" /></a>
```

Abbildung 2.6 Der Mister Wong-Button

2.1.3 Social Content-Webseiten: digg und Y!GG.de

digg ist eine Social Content-Webseite: Welche Inhalte bei digg auf der Startseite erscheinen, entscheidet die digg-Community. Ein Benutzer kann eine Seite vorschlagen und erstellt eine kurze Zusammenfassung des Inhalts. Die anderen Benutzer können diese Information mit Hilfe von sogenannten »diggs« positiv bewerten oder auch negative Punkte verteilen – Letzteres wird bury »begraben« genannt.

Wenn eine Webseite genügend positive Bewertungen erhalten hat, kommt sie in ihrer Kategorie auf die Startseite und wird von einer großen Community wahrgenommen. digg fungiert gleichermaßen als Filter in einer Flut von neuen interessanten News. Aber im Unterschied zu einer klassischen Online-Zeitung ist es nicht ein Team von Redakteuren, das die Auswahl trifft, sondern die Benutzer selbst.

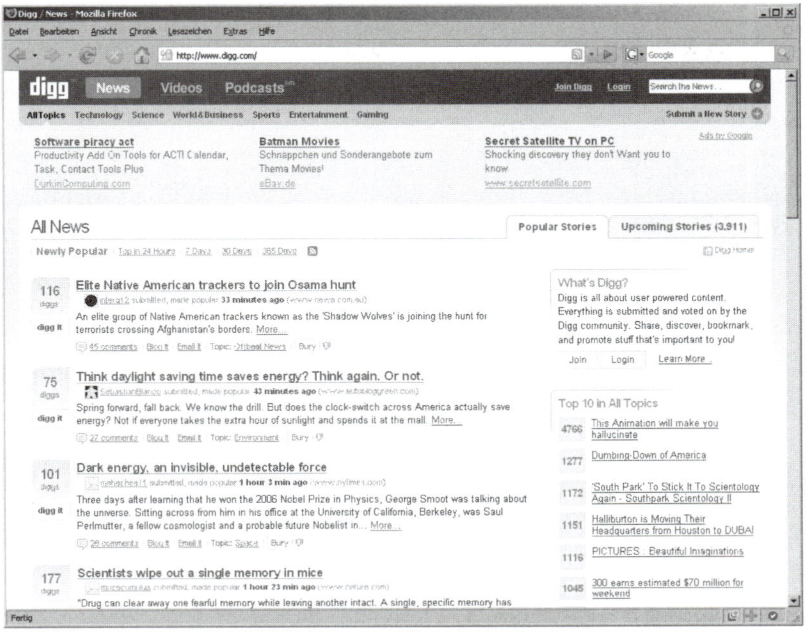

Abbildung 2.7
Die Startseite von digg mit den von den Benutzern ausgewählten Top-News.

Wenn Ihre Webseite bei digg aufgenommen wurde, so hat das für Sie natürlich den Vorteil, dass ihr dort eventuell große Aufmerksamkeit zuteil wird.

digg stellt eine JavaScript-Datei zur Verfügung, auf die Sie für den Standard-Button und für die Standardfunktionalität nur verlinken müssen:

```
<script src="http://digg.com/tools/diggthis.js" type=
"text/javascript"></script>
```

Abbildung 2.8
Der Standard-Button zum bequemen Hinzufügen einer Webseite zu digg.com

Wie Sie in Abbildung 2.8 sehen, wird hier auch automatisch die Anzahl der diggs angezeigt, d.h. die Punkte, die den Rang einer Webseite bestimmen und damit die Chancen, auf die Startseite zu kommen.

TIPP

Diese JavaScript-Datei funktioniert jedoch nur, wenn Sie die Webseite, auf der Sie sie integrieren, wirklich auf einem Server im Internet abgespeichert haben.

Möchten Sie hingegen den Hinzufügen-Button selber bestimmen oder einen Textlink verwenden, so können Sie folgenden Code benutzen, bei dem Sie `example.com` durch den `URL`, `TITLE` durch den Titel der Webseite und `DESCRIPTION` durch eine Beschreibung ersetzen. `TOPIC` muss eines der bei *digg.com* aufgeführten Topics sein – Sie können aber auch die genaueren Informationen den Surfern überlassen und nur den URL übergeben. Alle Daten müssen wie üblich url-kodiert sein.

```
http://digg.com/submit?phase=2&amp;url=example.com&amp;title=TITLE&amp;
bodytext=DESCRIPTION&amp;topic=TOPIC
```

Dann könnte ein digg-Button nur mit übergebenem URL folgendermaßen aussehen – mehr Buttons unter *http://digg.com/tools/buttons*:

```
<a href="http://www.digg.com/" onclick="location.href='http://www.digg.com/
submit?phase=2&amp;url='+encodeURIComponent(location.href); return false" >
<img src="http://digg.com/img/badges/80x15-digg-badge.gif" width="80"
border="0" height="15" alt="digg it!" />
```

Abbildung 2.9
Ein anderer digg-it-Button

Sie stören sich daran, dass digg ein englischsprachiger Dienst ist und damit deutsche Seiten wohl keine guten Chancen haben, hier aufgenommen zu werden? Da haben Sie gar nicht so Unrecht. Aber dafür gibt es ja Y!GG.de. Y!GG.de (*http://www.yigg.de/*) folgt demselben Prinzip wie digg: Auch hier bestimmen die User, was auf die Startseiten der einzelnen Rubriken kommt.

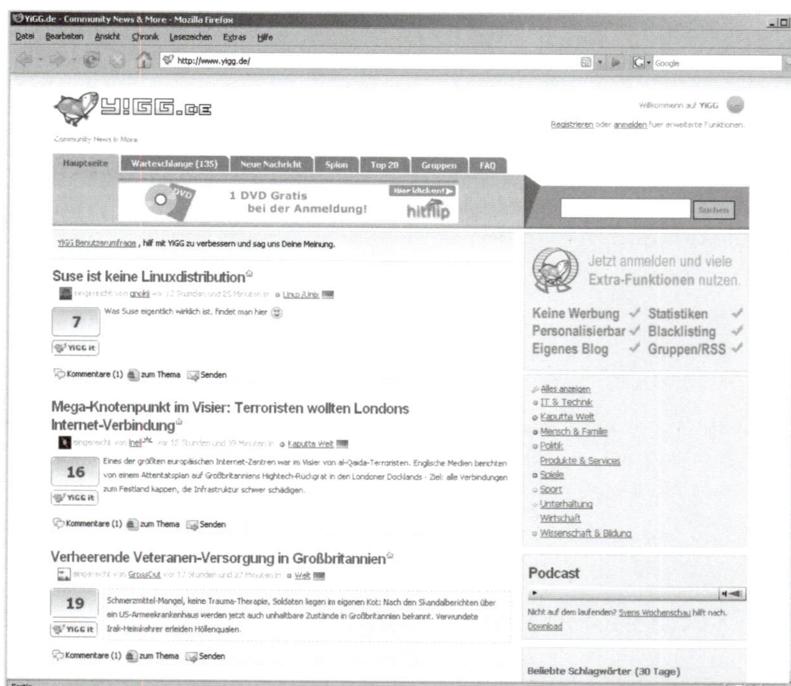

Abbildung 2.10
Die von den Y!GG.de-Nutzern ausgewählten Top-Schlagzeilen. Übrigens kommt man bei der ersten Nachricht »Suse ist keine Linuxdistribution« zu einem Foto eines Prospekts, bei dem eine ältere Suse-Version mit dem Label »PC-Spiel« versehen ist. Anhand der geringeren Punktezahl, die für einen Platz auf der Startseite ausreicht, erkennen Sie, dass das deutschsprachige Y!GG.de im April 2007 noch nicht die Popularität von digg erreicht hat.

Und hier ein Beispiel für den Code zur Einbindung eines Buttons auf der Webseite:

```
<a href="http://yigg.de/" onclick="location.href='http://yigg.de/
neu?exturl='+encodeURIComponent(location.href);return false" >
<img src="http://yigg.de/images/yiggit.png" border="0" /> yigg it</a>
```

Abbildung 2.11
Die dringende Aufforderung, die Webseite zu »yiggen« oder wie auch immer das auf Deutsch heißt ...

Weitere Buttons finden Sie unter *http://www.yigg.de/hilfe?show=yiggitbuttons.*

TIPP

Übrigens: Sollten Ihnen die Buttons hier nicht zusagen oder Sie auf der Suche nach speziellen Buttons sein – machen Sie sie doch selber unter *http://kalsey.com/tools/buttonmaker/.*

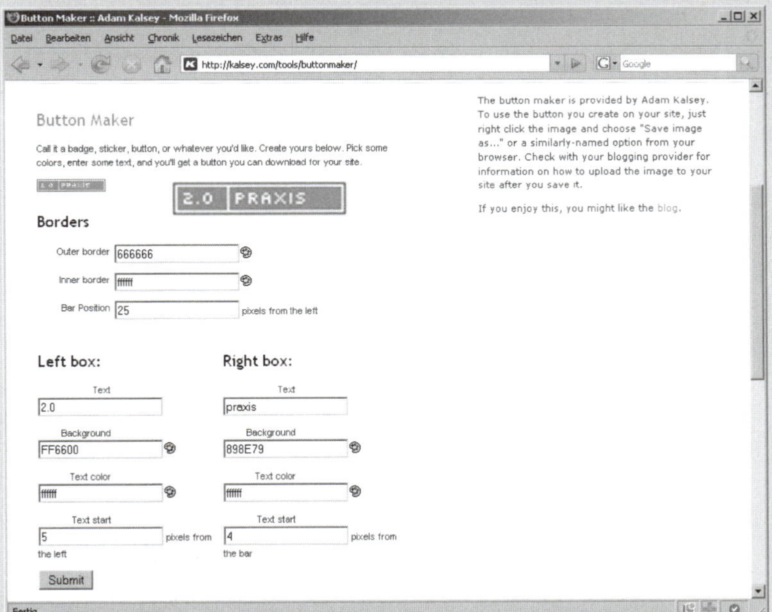

Abbildung 2.12: Buttons selber machen ...

2.1.4 Noch mehr Buttons

Natürlich gibt es Buttons zu wesentlich mehr Social Bookmark- und sonstigen Social Software-Diensten. Eine Liste des dafür benötigten Codes finden Sie auf der deutschsprachigen Seite *http://www.zerbit.de/artikel/show.asp?id=59* oder mit sehr vielen englischsprachigen Diensten auf *http://3spots.blogspot.com/2006/02/30-social-bookmarks-add-to-footer.html.*

Abbildung 2.13
Viele bunte Buttons, um eine Webseite direkt bei einem der Online-Dienste zu speichern – hier von *http://www.zerbit.de/artikel/show.asp?id=59*. Im Zweifelsfall eignen sich solche Ansammlungen auch für den ultimativen Web 2.0-Quiz im Freundeskreis: Wie fit bist du in Web 2.0-Angelegenheiten? Wofür stehen die einzelnen Buttons?

Neben dieser Methode, die Buttons für die Dienste einzeln aufzuführen, existieren noch andere Konzepte wie die Ein-Button-Für-Alle-Methode, die beispielsweise von *http://www.addthis.com/* angeboten wird. Der Vorteil liegt auf der Hand: Sie müssen nicht viele verschiedene Buttons integrieren (was auch ein Platzproblem darstellen kann), sondern nur einen. Benutzen lässt sich der Dienst *Add this!* einfach: Nach einer Registrierung erhalten Sie den notwendigen Quellcode, den Sie auf Ihrer Webseite einbinden.

Das Prinzip: Der Surfer findet einen Button vor.

Abbildung 2.14
Nur noch ein Button

Klickt er darauf, öffnet sich ein neues Fenster mit einer Auswahl von Diensten und er kann den gewünschten auswählen und auch diese Einstellung per Cookie speichern lassen.

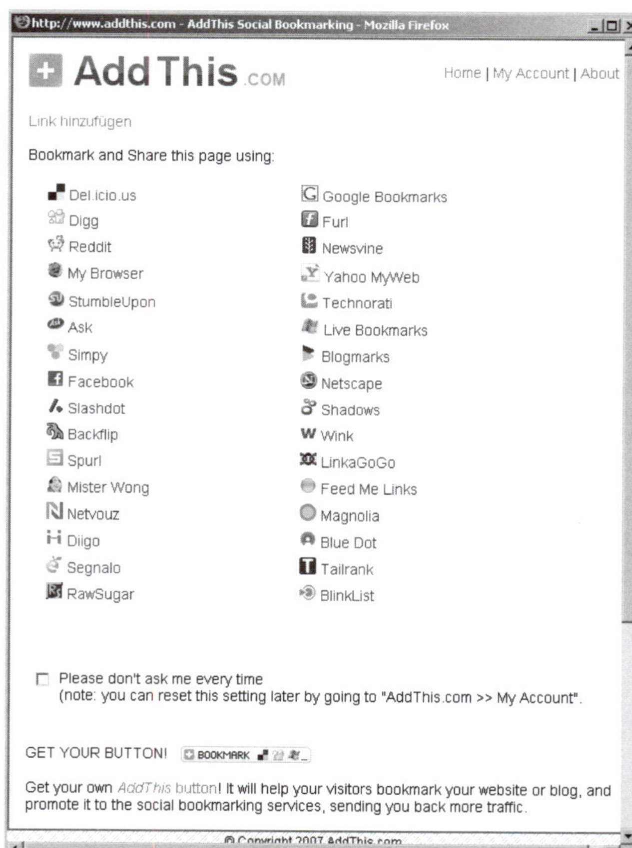

Abbildung 2.15
Es öffnet sich eine Liste mit Diensten, unter denen der Surfer nun auswählen kann.

Der Nachteil dabei ist, dass Sie damit auf eine fremde Webseite verlinken und keine Kontrolle über die Buttons haben, die dort angezeigt werden. Außerdem funktioniert das Ganze ohne JavaScript nicht. Die anderen aufgeführten Beispiele hingegen waren so konstruiert, dass bei deaktiviertem JavaScript zumindest der Surfer zur gewünschten Seite weitergeleitet wird, wenn auch ohne voreingetragenen URL.

TIPP

Sie finden hier in der Auflistung und auch auf den genannten Webseiten bestimmte Buttons nicht, die Sie gesehen haben, beispielsweise den *Add-to-Google*-Button oder Ähnliches? Das stimmt, aber diese Buttons machen etwas anderes: Sie dienen zum Abonnieren des Newsfeed. Auch diese werden selbstverständlich behandelt. Sie finden sie in *Kapitel 4*.

2.1.5 Button oder nicht Button – das ist hier die Frage

Dieser Abschnitt befasste sich mit der Integration von Buttons, die es Surfern erleichtern, Ihre Webseite zu einem der schicken Online-Web 2.0-Dienste hinzuzufügen – sei es ein Social Bookmark-Dienst wie Mister Wong oder ein Nachrichtenverteiler wie Y!GG.de. Sind die Buttons aber auf jeder Webseite richtig angebracht? Und wie viele davon sollte man einsetzen?

Es gibt natürlich auch Stimmen gegen die bunten Buttons. Üblicherweise werden hier zwei Argumente angeführt:

- Die Buttons sind an sich nicht notwendig, da beispielsweise Social Bookmark-Dienste wie Mister Wong etc. selbst schon Tools zur Verfügung stellen, um Seiten leicht zu speichern. Das sind Tools, die im Browser des Benutzers installiert werden.
- Wer diese Dienste nicht kennt, wird durch die Buttons nur irritiert.

Dem lässt sich entgegnen, dass nicht jeder trotz der Existenz dieser speziellen Tools stets in seiner »normalen« Umgebung surft. Es kann auch sein, dass man am Arbeitsplatz surft oder an anderen Orten, wo man diese Tools eben gerade nicht installiert hat. Und andererseits: Auch wer die Tools installiert hat, wird durch die Buttons gegebenenfalls noch einmal erinnert, dass er doch die Webseite speichern könnte.

Und bezüglich des zweiten Arguments: Meiner Erfahrung nach werden diese und ähnliche Buttons meist nur von Surfern wahrgenommen, die sie bereits kennen. Wenn ich in Kursen Teilnehmer auf diese oder ähnliche Dinge hinweise und sage »Vielleicht haben Sie schon einmal bemerkt ...«, dann hat meist niemand bisher »darauf geachtet«. Erst danach fallen sie den Teilnehmern auf. Das scheint ein Hinweis, dass sich die Irritierung der unbedarften Nutzer in Grenzen hält.

Gleichzeitig heißt das natürlich keineswegs, dass diese Buttons immer und überall angebracht sind – zu manchen Webseiten passen sie mehr, zu anderen weniger. Sie suggerieren ein Zugehörigkeitsgefühl zu einer wie auch immer geformten Web 2.0-Community. Sie weisen darauf hin, dass es im Interesse der Webseitenbetreiber ist, dass ihre Webseite gebookmarkt wird. Sie können unruhig und bunt in einem strengen Layout aber auch unpassend sein: Entscheiden Sie sich je nach Projekt für oder gegen die bunten Buttons. Selbstverständlich kann man die Funktionalität auch ganz unbunt ohne Button durch einen einfachen Textlink zur Verfügung stellen.

Abbildung 2.16
So macht es zum Beispiel die SZ (*http://www.sueddeutsche.de/*). Nützlich ist sicher der Link WAS IST DAS? für die noch nicht ganz so Web-2.0 bewanderten Leser.

2.2 Schlagwörter darstellen über Tag-Clouds

Im Rahmen von Web 2.0 entstand eine neue Art der Darstellung von Schlagwörtern: die Tag-Clouds. Bei diesen Wortwolken (unter diesem Begriff führt es die Wikipedia) werden die einzelnen Begriffe in alphabetischer Reihenfolge angeordnet, wobei – das ist das Entscheidende – wichtiger oder häufiger verwendete Begriffe hervorgehoben werden, üblicherweise durch eine größere Schrift und zusätzlich zur besseren Orientierung auch in einer anderen Farbe. Diese Art, Gewichtung durch eine größere Schrift darzustellen, ist natürlich intuitiv, aber ob deswegen ein Benutzer bei der ersten Tag-Cloud sofort versteht, worum es hier geht, ist eine andere Frage.

Der Begriff Tag, der in der Bezeichnung Tag-Clouds auftaucht, fiel hier bereits ein paar Mal. Tag heißt so viel wie Label oder Etikett und ein getagter Eintrag ist ein Eintrag, dessen Inhalt mit Schlagwörtern, üblicherweise also mehreren Tags, versehen ist.

Auch beim Blog von *http://www.einfach-fuer-alle.de/* wird die Verlinkung zu den Blog-Einträgen zu den verschiedenen Themen über eine Tag-Cloud realisiert (Abbildung 2.17). Sie sehen, *Webstandards* und *CSS* werden bei »Einfach für Alle« großgeschrieben. Konkret heißt das, dass es mehr Einträge im Blog zum Thema Webstandards gibt als beispielsweise zu *eCommerce*.

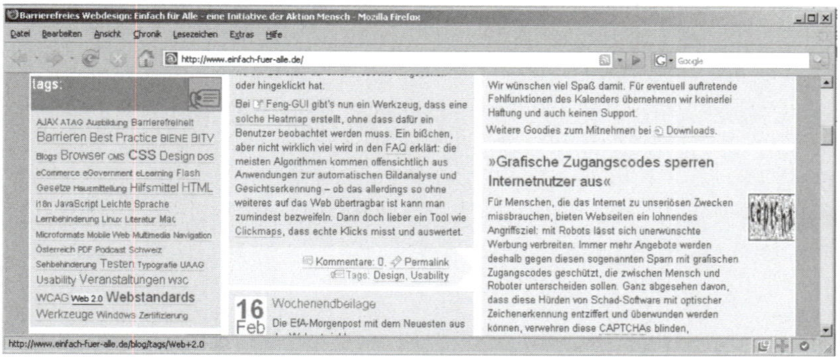

Abbildung 2.17
Links die Tags als Tag-Cloud dargestellt. Tag-Clouds sind im Gegensatz zu anderen Wolken manchmal rechteckig.

Wenn Sie sich überlegen, selber Tag-Clouds einzusetzen, so gibt es natürlich hier hilfreiche Skripte. Zuallererst stellt sich aber die Frage, auf welcher Basis die Tag-Cloud generiert werden soll.

Aufgrund der Häufigkeit der auf einer Seite verwendeten Wörter erstellt *http://www.rawis.de/tagcloud.php* eine Wortwolke – hier ist der Ausdruck Wortwolke angebracht, da keine Unterscheidung in wesentliche Begriffe und Hilfswörter wie Präpositionen etc. erfolgt. Die hier erstellte Wortwolke könnte ein Hilfsmittel sein zur Suchmaschinenoptimierung, bei der es unter anderem darum geht, die Dichte, d.h. die Häufigkeit, von bestimmten Suchbegriffen zu erhöhen.

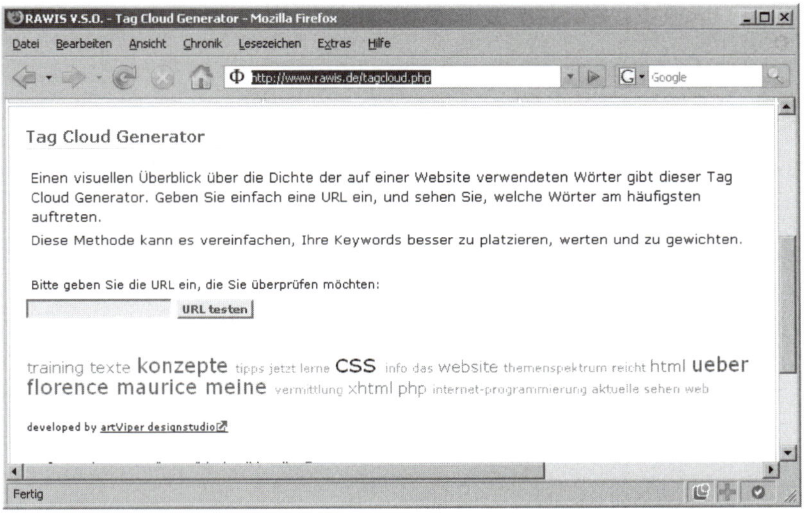

Abbildung 2.18
Bei *http://www.rawis.de/* wird aufgrund der Häufigkeit von einzelnen Wörtern auf einer Webseite eine Tag-Cloud erstellt: Dabei werden Hilfswörter wie *ueber* und *meine* genauso gewertet wie Begriffe – beispielsweise *CSS* oder *konzepte*.

Bei der Verwaltung Ihrer Bookmarks mit dem Online-Dienst *http://del.icio.us/* ordnen Sie Ihren Bookmarks üblicherweise Tags zu. Diese Tags können Sie ganz einfach als Tag-Cloud anzeigen lassen und dann auf Ihrer Webseite einbinden.

Sie müssen sich hierfür bei del.icio.us registrieren und öffentliche Bookmarks neu anlegen oder Bookmarks aus Ihrem Browser importieren. Gehen Sie dann auf SETTINGS und wählen Sie in der Rubrik BLOGGING den Punkt TAG ROLLS.

Sie gelangen auf eine Seite zur Gestaltung Ihrer Tag-Cloud, können die Schriftgröße und die Farben variieren, die Sortierung bestimmen und einen Titel vergeben (Abbildung 2.19). Passt alles, kopieren Sie sich den JavaScript-Code und binden Sie ihn in Ihre Webseite ein. Klickt ein Besucher auf einen der angegebenen Begriffe, landet er direkt bei Ihren unter diesem Begriff abgelegten del.icio.us-Bookmarks.

Abbildung 2.19
Gestalten Sie Ihre Tag-Cloud der del.icio.us-Tags.

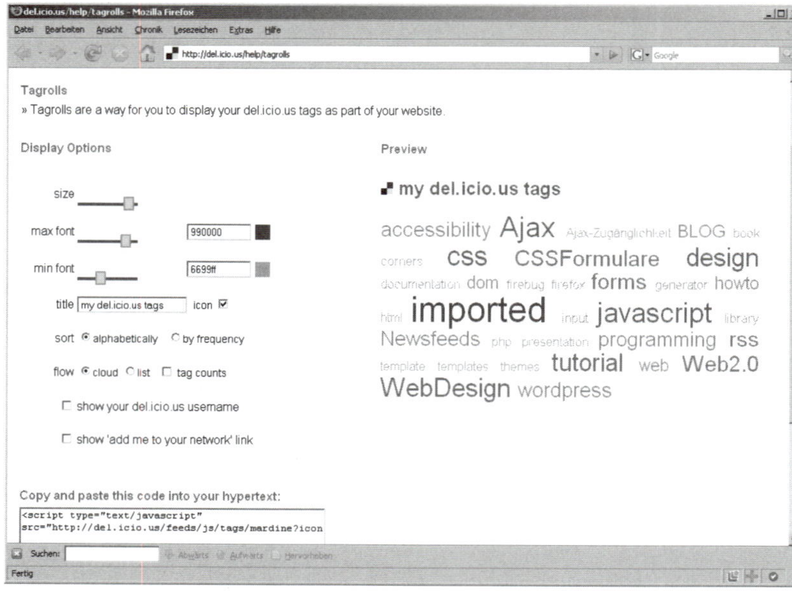

Einen weiteren interessanten Einsatz von Tag-Clouds zeigt Abbildung 2.20. Hier werden die häufigsten Suchbegriffe bei einer seiteninternen Suche als Tag-Cloud dargestellt und verlinkt. Kostenlos finden Sie das entsprechende Modul für das Webshop XT-Commerce unter *http://www.suchmaschinenoptimierung-hamburg.de/Kostenlos_Web_2_0_Tag_Cloud_xt_Commerce_Modul.145.0.html.*

Abbildung 2.20
Häufig eingegebene Suchbegriffe als Tag-Cloud dargestellt, gesehen auf *http://www.shop-for-shop.de/*

Um Tag-Clouds automatisch zu erstellen, gibt es weitere Möglichkeiten:

- Sie können Tag-Clouds aus Newsfeeds erstellen lassen: *http://zoomclouds.egrupos.net/* – mehr über Newsfeeds erfahren Sie in ***Kapitel 4.***
- Ein PHP-Skript zur Erstellung von Tag-Clouds aus Daten, die in einer MySQL-Datenbank vorliegen, finden Sie unter *http://www.ayom.com/faq/tag-cloud-erstellen-a-748.html*

2.3 Ein eigenes Design fürs Web 2.0?

Was hat denn nun Design mit Web 2.0 zu tun? Erst einmal gar nichts. Web 2.0 hat eine soziale und eine technische Komponente, nicht aber eine Design-Komponente: Trotzdem gibt es typische Design-Elemente, die Sie gerade bei Web 2.0-Anwendungen häufig sehen. Das heißt aber keineswegs, dass diese Elemente eine Web 2.0-Anwendung schon zu einer solchen machen und dass alle Web 2.0-Anwendungen an einem bestimmten Design festzumachen sind.

Sie finden hier eine Auflistung dieser dem Web 2.0-Design zugeschriebenen Komponenten, die Ihnen sicher dann beim Surfen häufiger begegnen werden – und Sie können sich selbst eine Meinung bilden, ob diese Designelemente häufiger bei Web 2.0-Seiten auftreten als bei anderen.

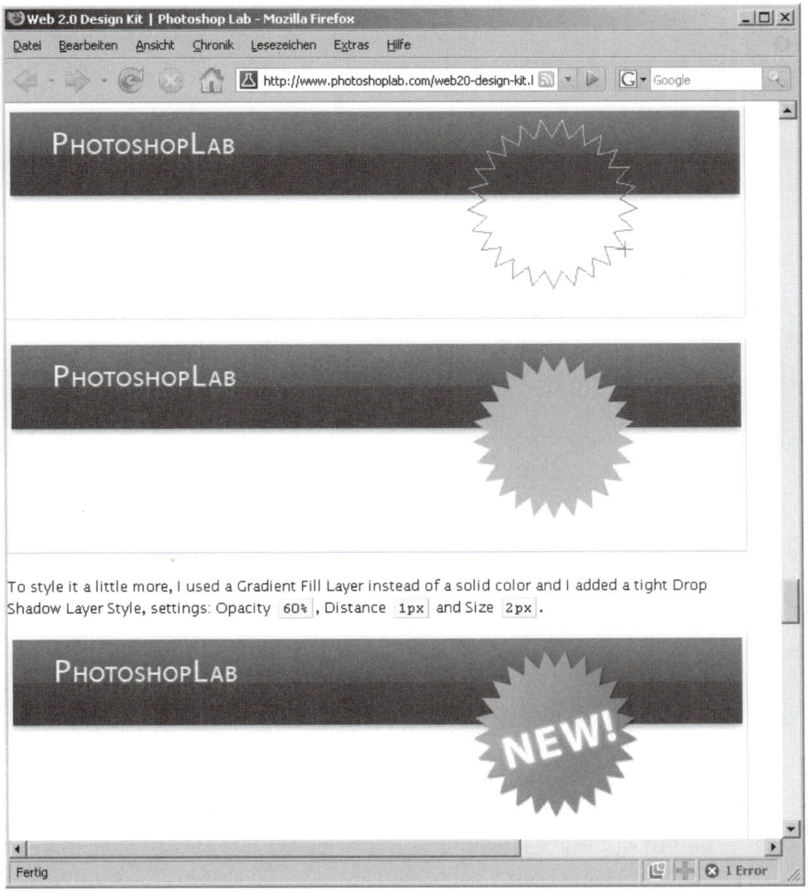

Abbildung 2.21
So geht's in Photoshop: *http://www.photoshoplab.com/web20-design-kit.html*

- **Zentriert:** Die meisten dieser Webseiten setzen nicht auf browserfüllende oder in der linken Ecke angeordnete Designs, sondern zentrieren die Inhalte auf der Webseite (vgl. Abbildung 2.22, Abbildung 2.23, Abbildung 2.24 oder Abbildung 2.27).

- **Sterne:** Gern gesehen sind Sterne, die ein bisschen an »Besonders-Günstig«-Preisschilder erinnern, aber hier besonders oft das Label »Beta« tragen (vgl. Abbildung 2.22, Abbildung 2.24 oder Abbildung 2.27).

Abbildung 2.22
Auch hier typische Elemente eines Web 2.0-Designs: Man beachte die Spiegelungen von 2.0, das zentrierte Layout und den Stern mit »and how not to«.

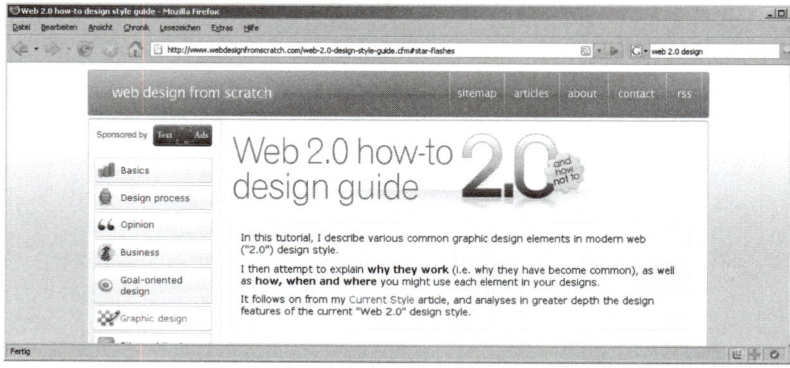

- **Große Schrift:** Die Schrift ist gerne etwas größer (vgl. Abbildung 2.23).
- **Einfach einfach:** Das Layout ist einfacher und weniger überladen. Auch die Navigation ist erstaunlich einfach (vgl. Abbildung 2.23).
- **Icons:** Klare Icons werden ebenfalls bevorzugt (vgl. Abbildung 2.22 oder Abbildung 2.23).

Abbildung 2.23
Nein, hier wurde nichts an den Standardeinstellungen verändert: Die Schrift beim typischen Web 2.0-Layout ist eher groß. Typisch sind auch die klaren Icons.

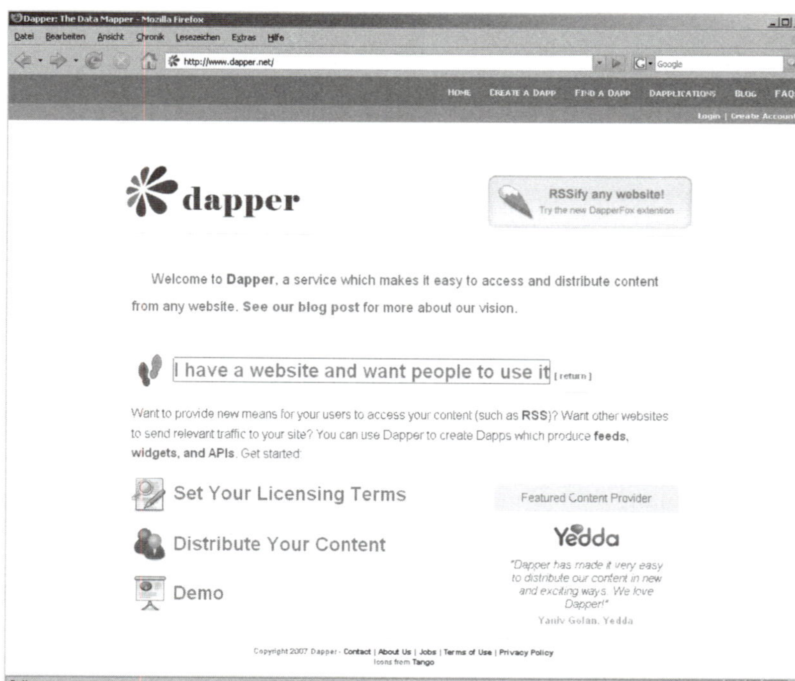

- **Spiegelungen/Reflexionen/Schatten:** Ebenfalls gerne gesehen; auch oft bei Logos, aber keineswegs ausschließlich (siehe Abbildung 2.24 und Abbildung 2.25)

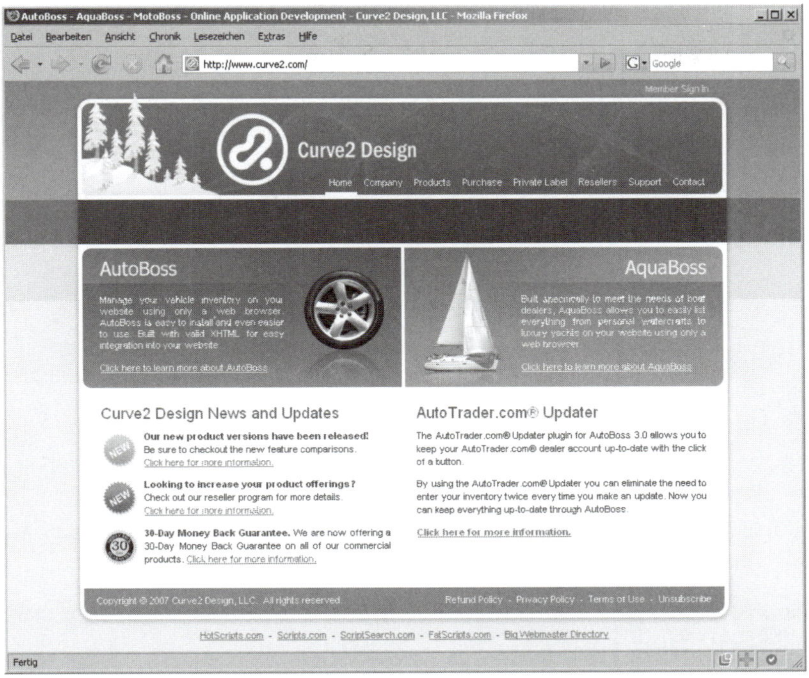

Abbildung 2.24
Sehen Sie die Spiegelungen beim Rad und beim Segelboot? Abbildung 2.25 zeigt das Rad noch einmal vergrößert. Und – das ist Ihnen sicher auch schon aufgefallen – gleich drei Sterne. Wenn das nicht ein bisschen inflationär wird ...

Abbildung 2.25
Spiegelung, Spiegelung auf der Webseite ...

- **Farben:** Das sehen Sie hier in den Abbildungen leider nicht, aber die Farben sind tendenziell auch eher kräftig. Im Hintergrund und auch sonst gibt es häufig schöne Farbverläufe. Ein Beispiel für einen Farbverlauf im Hintergrund zeigt Abbildung 2.22.
- **Der Kopfbereich** ist ebenfalls deutlich hervorgehoben (vgl. beispielsweise Abbildung 2.26).

Abbildung 2.26 Auch hier typische Elemente: der hervorgehobene Kopfbereich, eine einfache Navigation, Icons und ein zentriertes Layout.

Für ganz Ungeduldige: Unter *http://www.web20generator.com/* können Sie sich in ein paar Minuten Ihr Web 2.0-Design zusammenklicken.

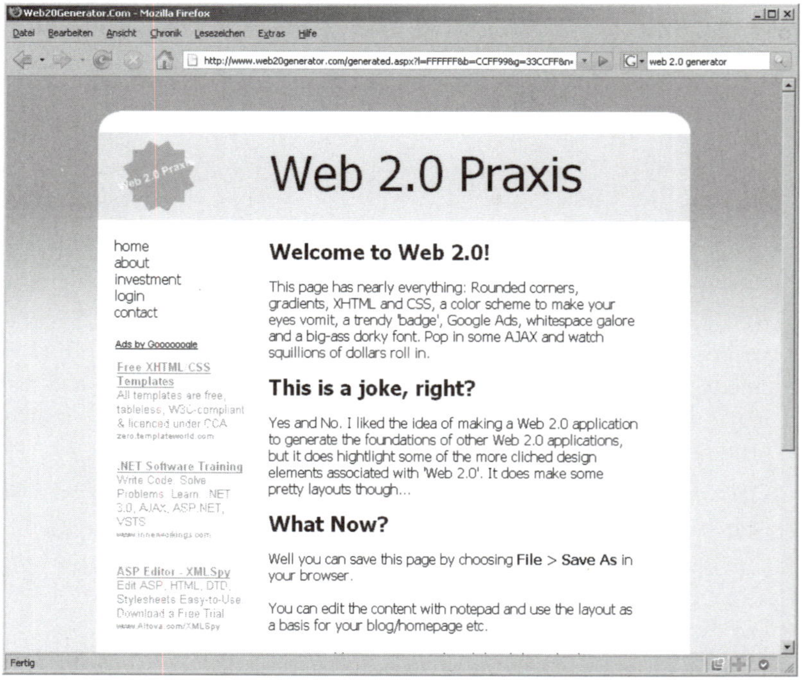

Abbildung 2.27 Eins, zwei, drei: ein Web 2.0-Design rasch im Web2.0generator zusammengeklickt.

Jetzt aber wieder ernsthaft: Mehr Informationen zum Web 2.0-Design finden Sie unter *http://www.webdesignfromscratch.com/web-2.0-design-style-guide.cfm*. Eine Linksammlung zu vielen Tutorials bietet Ihnen Dr. Web unter *http://www.drweb.de/weblog/weblog/?p=780*.

2.4 Ning-Dynastie: selbst eine Community aufziehen mit ein paar Mausklicks

Das Mitmach-Web hat viele Varianten: viele verschiedene Communities, in denen Sie als Benutzer mitmachen und damit zum wesentlichen Bestandteil werden. Aber das Mitmachen geht noch weiter und führt zum Selbermachen.

Der englischsprachige Dienst Ning unter *http://www.ning.com/*, der unter anderem vom Netscape-Mitgründer Marc Andreessen mitbegründet und finanziert wird, bietet das Erstellen einer Community mit ein paar Mausklicks. Natürlich ist es mit einer Plattform nicht getan, danach brauchen Sie noch die Mitglieder, um das Ganze mit Leben zu füllen. Und selbstverständlich benötigen Sie als Erstes ein Thema für die Community.

Abbildung 2.28
Get Your Own Social Network (Erstell deine eigene Community) - das Motto von Ning.

Für einen ersten Eindruck surfen Sie doch einmal durch die Ning-Netzwerke. Das Themenspektrum ist breit gefächert, von einem französischsprachigen Club von Bibliophilen, über Warcraft-Spieler, Fanclubs usw.

Zur Erstellung einer Community müssen Sie sich erst auf der Startseite unter *http://www.ning.com/* kostenlos registrieren lassen (SIGN UP AND GET STARTET...). Im nächsten Schritt vergeben Sie einen Namen für Ihre Community und wählen sich eine Adresse. Im kostenlosen Standardpaket ist die Adresse immer eine Subdomain von *ning*, d.h. der URL Ihrer Community-Website lautet *http://Name-der-Community.ning.com/*. Wie bei den meisten Diensten, gibt es auch eine Premium-Variante, bei der Sie gegen Entrichtung eines bestimmten Obolus die Community auch unter einer eigenen Domain betreiben können.

Abbildung 2.29
Einen Namen vergeben, eine Adresse wählen ...

Im nächsten Schritt vergeben Sie ein Motto (TAGLINE), das im Kopfbereich erscheinen wird, eine Beschreibung und Schlüsselwörter. Außerdem können Sie ein Icon hochladen. Dieses erscheint ebenso bei den Übersichtsseiten über mehrere Netzwerke.

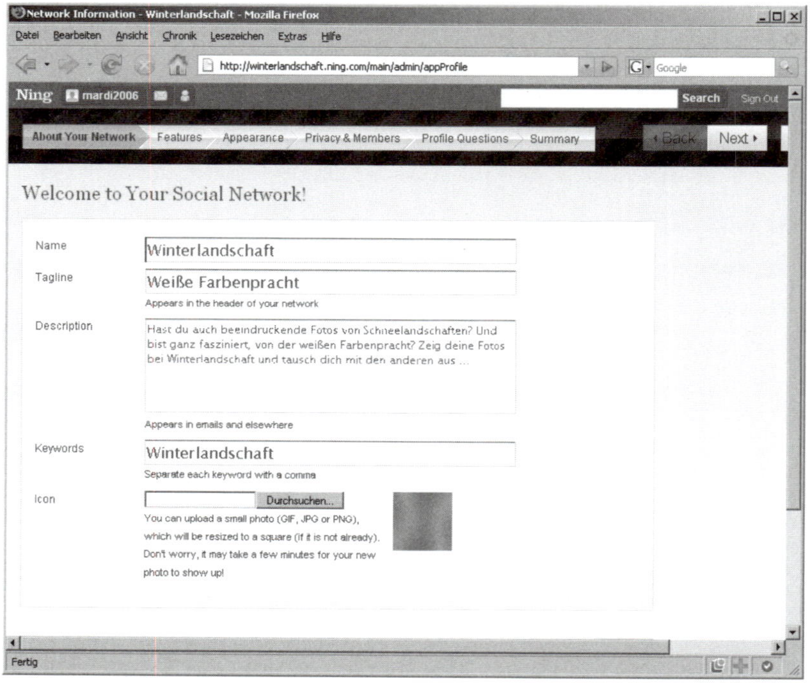

Abbildung 2.30
Name und Motto vergeben

Im nächsten Schritt bestücken Sie Ihre Community-Webseite mit den gewünschten Funktionen. Diese können Sie direkt per Drag&Drop aus dem linken Bereich in die Seitenvorschau im rechten Bereich ziehen. Ebenso einfach lassen sich einzelne Funktionen auch wieder entfernen, indem Sie sie in den grau schraffierten Kasten links ziehen. Auch die Reihenfolge lässt sich durch Ziehen verändern. Alle Einstellungen, die Sie jetzt vornehmen, können Sie im Nachhinein auch wieder ändern.

Standardmäßig haben Sie die Wahl zwischen mehreren Modulen:

- PHOTOS oder VIDEOS: Mitglieder können Fotos oder Videos hochladen.
- DESCRIPTION: Ihre Beschreibung, die Sie eben eingegeben haben
- BLOG: ein Weblog, das heißt eine einfache Möglichkeit für Sie, regelmäßig Texte zu publizieren. Mehr zu Blogs im Allgemeinen finden Sie in ***Kapitel 5***.
- RSS: Newsfeeds – hier können Sie zum Thema passende News von anderen Seiten integrieren. Was genau Newsfeeds sind und mehr über ihre Einsatzmöglichkeiten, erfahren Sie in ***Kapitel 4***.
- FORUM: Platz für Diskussionen und Austausch
- MEMBERS: die aktivsten Mitglieder Ihrer Community
- Den rechten Bereich können Sie nicht bearbeiten. In der kostenlosen Variante wird dort, wo ADS steht, später Werbung sein.

Übrigens steht hinter dieser sehr komfortablen Art, die Seite per Drag&Drop zusammenzustellen, AJAX (siehe ***Kapitel 6***).

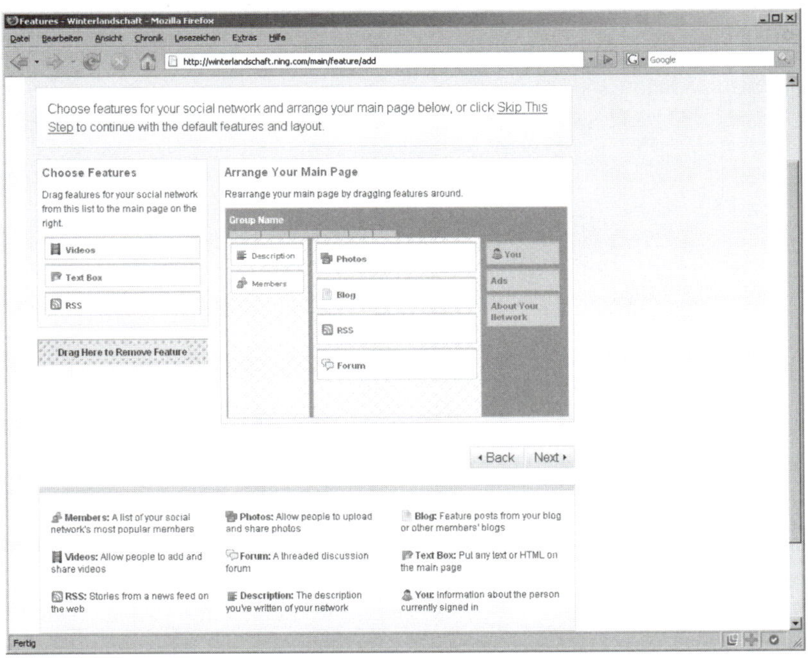

Abbildung 2.31
Komponenten und Aufbau der Community-Site festlegen

Im nächsten Bild bestimmen Sie das Erscheinungsbild Ihrer Community. Im oberen Teil wählen Sie das Basislayout, das dem gewünschten am nächsten kommt. Dieses lässt sich im unteren Teil weiter anpassen. Andere Farben bestimmen Sie jeweils per Klick auf das Farbfeld. Im Farbfeld wird nur eine Auswahl von möglichen Farben angezeigt, weitere Farben geben Sie im Hexadezimalcode an. Zudem lassen sich ebenfalls eigene Hintergrundbilder hochladen. Wenn Sie auf das Bildsymbol klicken, sehen Sie das derzeitige Bild und können stattdessen ein eigenes hochladen.

Abbildung 2.32
Alles fürs richtige Outfit

Im nächsten Schritt legen Sie fest, ob es eine private oder öffentliche Community sein soll. Bei einer öffentlichen Community können Sie zusätzlich noch bestimmen, was Nichtmitglieder sehen dürfen. Ferner können Sie sich entscheiden, ob Fotos oder Videos (wenn Sie das entsprechende Feature eingebunden haben) vor dem Erscheinen erst von Ihnen genehmigt werden müssen.

An dieser Stelle können Sie jetzt schon per E-Mail Mitglieder einladen und bei INVITATION MESSAGE den Text eingeben, der in der Einladungs-Mail steht.

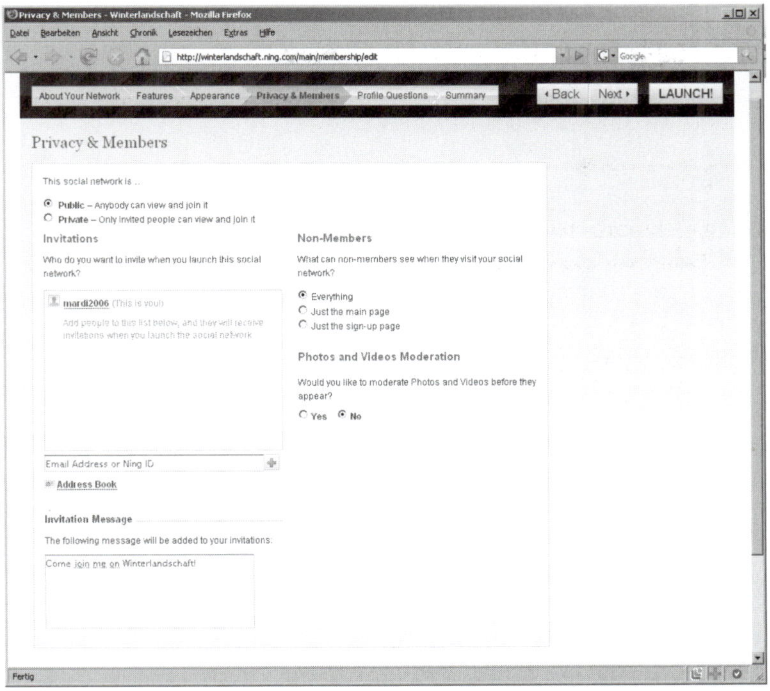

Abbildung 2.33
Status der Community: öffentlich oder privat?

Bei PROFILE QUESTIONS geben Sie Fragen an, die jedem neuen Mitglied gestellt werden.

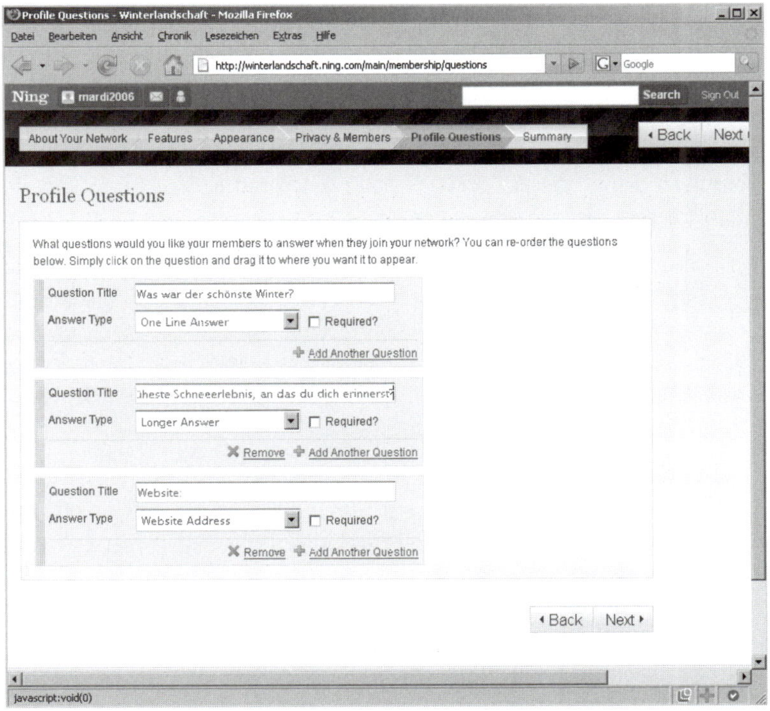

Abbildung 2.34
Fragen an neue Mitglieder

Der letzte Bildschirm zeigt eine Zusammenfassung. Mit Launch wird Ihre Community erstellt. Nun sehen Sie ein erstes Bild Ihrer Community-Website, aber noch ohne Inhalt – ein guter Moment, Fotos hochzuladen, einen ersten Blog-Eintrag zu verfassen oder die Diskussion im Forum mit einem ersten Beitrag zu eröffnen. Übrigens können Sie auch direkt Fotos aus Flickr importieren.

Haben Sie das Newsfeed-Modul RSS gewählt, können Sie jetzt einen Newsfeed auswählen. Gehen Sie zur Website RSS-Scout *http://www.rss-scout.de/* und geben Sie einen passenden Suchbegriff ein. Wenn Sie fündig geworden sind, klicken Sie auf XML und kopieren Sie sich dann den URL, der in der Adresszeile Ihres Browser angezeigt wird. Diese geben Sie beim RSS-Modul ein, wenn Sie auf Edit klicken. (Ausführliche Informationen zu Newsfeeds erhalten Sie, wie gesagt, in ***Kapitel 4***.)

Abbildung 2.35
Newsfeed hinzufügen

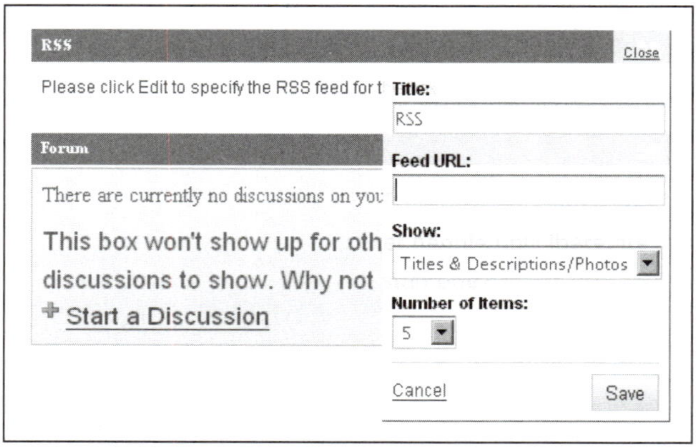

Möchten Sie im Nachhinein Komponenten entfernen, bestehende anders platzieren oder das Äußere ändern, erreichen Sie die Verwaltungsoberfläche über den Button Manage Your Network auf der rechten Seite. Über diesen laden Sie auch weitere Mitglieder ein.

HINWEIS

Das Übersetzen der Menüs erfordert Handarbeit. Mehr Informationen finden Sie in Ihrer Verwaltungsoberfläche oder Advanced Customization und hier unter dem Punkt I want to translate my social network into another language (*http://docs.ning.com/page/page/show?id=492524%3APage%3A6*). Nur am Rande: Flickr ist bis heute ein rein englischsprachiger Dienst.

Falls Sie sich mit CSS gut auskennen, können Sie das Aussehen der Community-Website auch über Ihre eigenen Stylesheet-Angaben steuern. Stylesheet-Angaben können Sie direkt im Appearence-Bereich im Tab Advanced notieren. Selbstverständlich müssen Sie dafür wissen, welche Bereiche wie benannt sind und wie das Ganze aufgebaut ist. Derzeit gibt es hierzu leider keine Dokumentation. Abhilfe leistet die Firefox-Erweiterung Firebug (*http://*

www.getfirebug .com/), die Sie auch auf der Buch-CD finden, um die Website zu inspizieren.

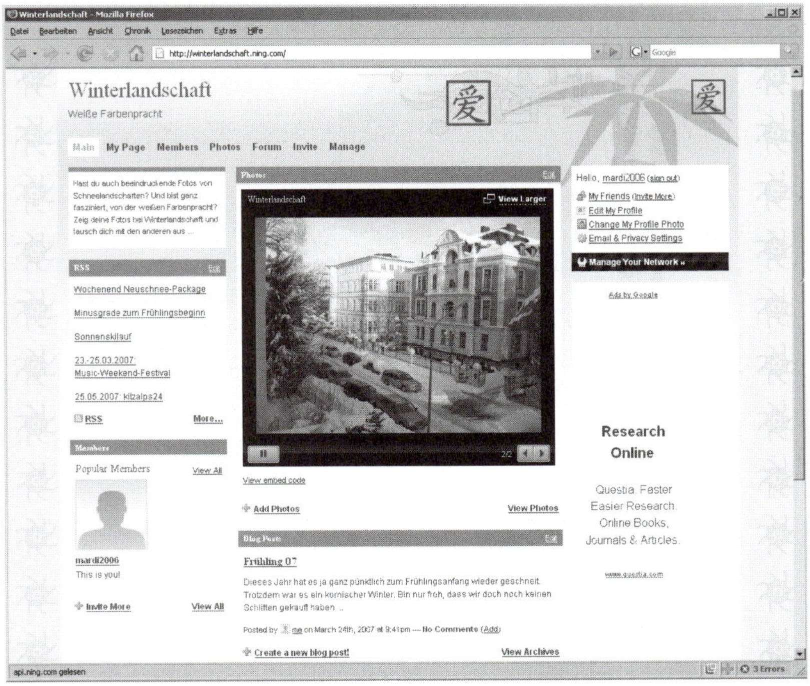

Abbildung 2.36
Die Community-Website mit ersten Inhalten

TIPP

Eine ähnliche Funktionalität – das Editieren von CSS-Angaben – bietet übrigens auch die Web Developer Toolbar für den Internet Explorer. Diese kostenlose Erweiterung ist derzeit zwar noch im Betastadium, lässt sich aber bereits gut nutzen. Sie finden sie bei *http://www.microsoft.com/downloads/* – geben Sie hier im Suchfeld »DevToolbar« ein.

Klicken Sie bei installiertem Firebug zuerst auf INSPECT und dann auf HTML. Jetzt werden Ihnen die Bereiche, über die Sie im oberen Bereich mit der Maus fahren, unten im Quellcode angezeigt und rechts passend dazu sehen Sie die Stylesheet-Angaben.

Darüber hinaus zeigt Ihnen der Tab CSS das verwendete Stylesheet. Hier können Sie auch direkt Änderungen live testen, beispielsweise: Was passiert, wenn ich die Schriftgröße von 65% auf 90% hochsetze? Gefällt Ihnen eine Änderung, notieren Sie sie in der Verwaltungsoberfläche von Ning unter APPEARENCE/ADVANCED. Es ist so eingerichtet, dass Ihre Angaben automatisch die ursprünglich gesetzten überschreiben.

Abbildung 2.37
Hilfreicher Firebug: Unten wird der Quellcode zum Element angezeigt und rechts die CSS-Stile.

Abbildung 2.38
Bei APPEARENCE im Reiter ADVANCED können Sie direkt CSS-Angaben notieren und darüber Ihre Community-Site mit einem individuelleren Aussehen versehen.

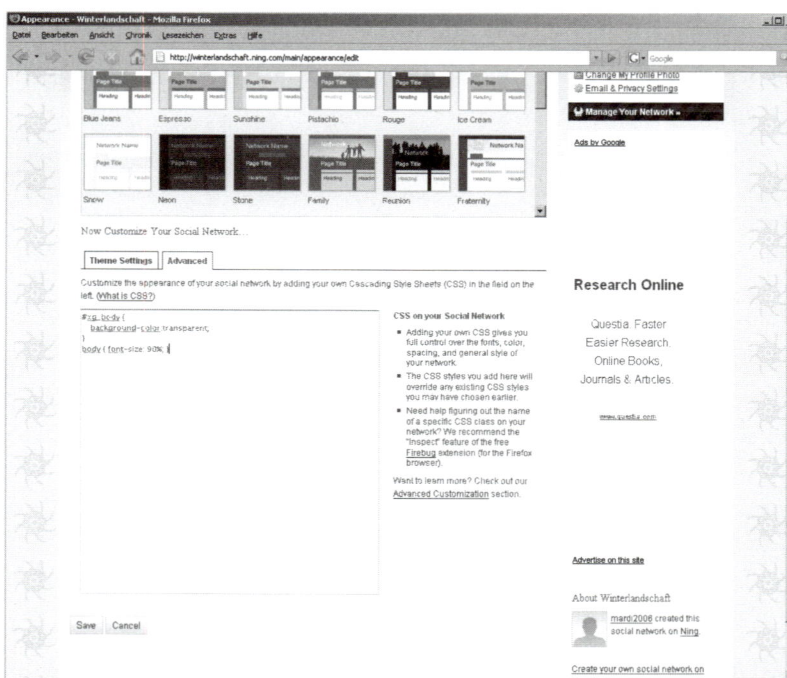

Nach diesem Kapitel mit vermischten Web 2.0-Themen geht es im nächsten Kapitel ganz gezielt um ein Thema: die sogenannten Microformats. Oder wie Sie gleich lesen werden – um das semantische Web für Praktiker.

3 Semantisches Web für Praktiker: Microformats

Microformats bieten eine bestechend einfache Möglichkeit, zu kennzeichnen, worum es sich bei den auf Webseiten dargestellten Informationen eigentlich handelt, ob es Kontaktdaten, Termine, Rezensionen, Kleinanzeigen etc. sind. Nach den so ausgezeichneten Daten kann man dann in speziellen Suchmaschinen gezielt suchen. Spezielle Informationen wie Veranstaltungsdaten oder Kontaktangaben lassen sich zudem in Programme wie Outlook exportieren.

Abbildung 3.1
Das Symbol für Microformats sind drei abgerundete Quadrate.

3.1 Microformatierte Inhalte

Die Auszeichnungssprache HTML, genauso wie XHTML in der XML-Geschmacksrichtung, eignet sich wunderbar für die Strukturierung von Dokumenten. Texte lassen sich unterteilen in Überschriften verschiedener Ordnung (`h1` bis `h6`), in Absätze (`p`), Zitate (`blockquote`), Aufzählungen, seien sie nummeriert (`ol`) oder unnummeriert (`ul`) etc. Gleichzeitig kann man über HTML jedoch keine Hinweise darüber geben, was genau in einem Absatz drin steht, ob das eine Buchbesprechung ist oder ob es sich um Kontaktdaten, Termine usw. handelt.

Surfer erkennen selbstverständlich, um was es bei der entsprechenden Information geht. Wenn diese Information jedoch auch noch gleichzeitig formal kodiert wird, hätte das einige Vorteile. Browser könnten nützliche Optionen für Kontaktdaten anbieten, wie deren Export oder die Anzeige der Adresse auf einer Landkarte. Auch Suchmaschinen könnten diese Informationen auswerten: So könnte man dann gezielt nach einer Person suchen – nicht nur danach, wo sie erwähnt wird, sondern nach Stellen, wo sie mit ihren Kontaktdaten eingetragen ist.

Microformats, ein neue aufkommende Technik, machen genau das möglich. Microformats erweitern HTML durch festgelegte Attributwerte, die die in den Elementen enthaltenen Informationen auszeichnen, d.h., Microformats bringen Semantik in die HTML-Elemente. Und das Gute daran: Sie sind kompatibel zu HTML. Und deswegen spricht nichts dagegen, dieses fortgeschrittene Feature schon heute einzusetzen.

Hinter den offenen Microformats stehen in der Webentwicklung bekannte Namen wie Dan Cederholm oder Tantek Çelik (genau, der von dem aus CSS bekannten Tantek-Hack). Alle wichtigen Informationen zu Microformats finden Sie auf der offiziellen Webseite *http://microformats.org/*.

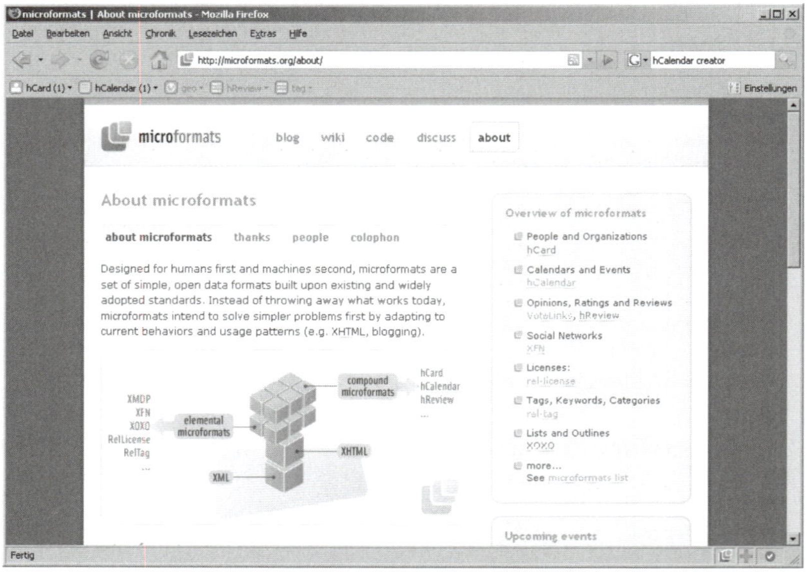

Abbildung 3.2
http://microformats.org - die offizielle Webseite

HINWEIS

Microformats sind Teil des »semantic web«, des semantischen Webs. Dieser Begriff wird hier bewusst kleingeschrieben, um es vom großen Konzept des »Semantic Web«, des Semantischen Webs (*http://de.wikipedia.org/wiki/Semantisches_Web*) abzugrenzen. Im Gegensatz zum Semantischen Web in Großbuchstaben beschränken sich Microformats darauf, einzelne klar umrissene Probleme zu lösen. Sie sind heute schon einsatzbereit.

Am häufigsten benutzt wird bei Microformats das Attribut `class`, das sonst in Verbindung mit CSS verwendet wird. Daneben kommen aber auch die sonst weniger gebräuchlichen Attribute `rel` und `rev` zum Einsatz.

Nehmen wir einmal an, Sie haben auf Ihrer Webseite einen Termin angegeben, dann sieht dieser im klassischen HTML beispielsweise folgendermaßen aus:

```
<p>Workshop zu Web 2.0, am 25. Juli, 15 Uhr</p>
```

Dass es sich beim Inhalt des Absatzes um einen Termin handelt, ist formal nicht erkennbar. Anders verhält es sich, wenn Sie das für Termine vorgesehene Microformat `hCalendar` verwenden. Dann erhält erst einmal das umfassende `p`-Element die `class="vevent"`. Damit wird gekennzeichnet, dass es sich beim Inhalt um einen Termin handelt:

```
<p class="vevent">
```

Die zwei weiteren Informationen zum Thema der Veranstaltung und zur Uhrzeit werden ebenfalls über `class`-Attribute ausgezeichnet. Da in diesem Beispiel keine Elemente zur Aufnahme der `class`-Attribute zur Verfügung stehen, werden welche ergänzt:

```
<abbr class="dtstart" title="20070725T1500">25. Juli, 15 Uhr</abbr>,
<span class="summary">Workshop zu Web 2.0</span>
```

`class="dtstart"` kennzeichnet, wann ein Termin/Ereignis anfängt, `class="summary"` benennt den Titel/das Thema der Veranstaltung.

So sieht das Beispiel nun in seiner Gesamtheit aus:

```
<p class="vevent">
  <abbr class="dtstart" title="20070725T1500">25. Juli, 15 Uhr</abbr>,
  <span class="summary">Workshop zu Web 2.0</span>
</p>
```

Zu den Details folgt natürlich gleich noch mehr. Sie erfahren dann auch, wie Sie weitere Informationen eingeben.

Wenn Termine per `hCalendar` ausgezeichnet sind, hat das zwei prinzipielle Vorteile:

- Was macht man mit Terminen? Wenn Sie ein Termin interessiert, tragen Sie ihn in Ihren Kalender ein. Genau das kann ein Besucher machen, sofern er über die geeigneten Tools (derzeit noch: die richtige Browser-Erweiterung) verfügt: Dann lassen sich hCalendar-Daten beispielsweise direkt als Termin in Outlook importieren.
- Die Information ist maschinell auswertbar und damit können Suchmaschinen nach Terminen durchsucht werden. Man könnte mithilfe einer Suchmaschine herausfinden, welche Veranstaltungen es in nächster Zeit zum Thema Web 2.0 gibt. Ein Ergebnis dieser Suche in der Blog-Suchmaschine Technorati (*http://kitchen.technorati.com/*) zeigt Abbildung 3.3. Stellen Sie sich hingegen einmal vor, Sie wollten in Google nach Terminen zu Web 2.0 suchen. Was geben Sie neben Web 2.0 als Suchbegriff ein? Veranstaltung? Vortrag? Kongress? Workshop?

Abbildung 3.3
Termine zu Web 2.0 gefunden durch Technorati

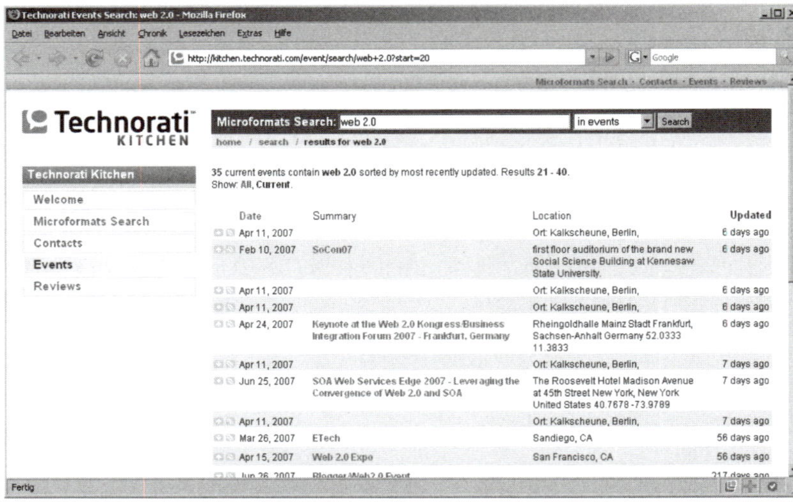

Abbildung 3.4
Und eines der Ereignisse als Termin in Outlook exportiert ...

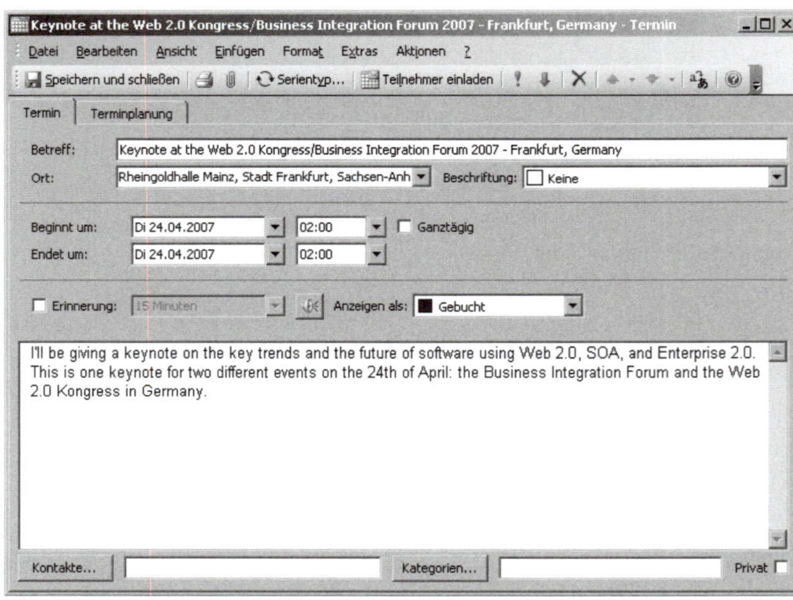

Abgesehen davon, dass Microformats praktische Optionen bieten, haben sie noch einen weiteren Vorteil: Wie Sie sehen, ist ein HTML-Dokument, das Microformats enthält, trotzdem noch ein ganz normales HTML-Dokument. Sie müssen nicht XHTML 2 oder HTML 5 oder wie auch immer die Markup-Sprachen der Zukunft heißen, einsetzen, um Microformats zu verwenden. Microformats folgen dem Prinzip, auf bereits bestehende Standards zu setzen und nicht eine neue Sprache zu kreieren, und so fügen sie sich nahtlos in die erprobte Auszeichnungssprache HTML ein. Dass Microformats auf etablierte Standards setzen, zeigt sich auch daran, dass beispielsweise das hCalendar-Format auf dem iCalendar-Standard (*http://tools.ietf.org/html/rfc2445*) basiert.

Ein weiteres Ziel von Microformats ist es, ein bestimmtes Problem so einfach wie möglich zu lösen. So gibt es auch Microformats nur für bestimmte, klar umrissene Themen, darunter die folgenden – von denen einige erst noch Vorschläge sind (eine stets aktuelle vollständige Liste finden Sie unter *http://microformats.org/wiki/Main_Page*):

- Kontaktdaten oder Adressen von Organisationen: hCard
- Termine und kalendarische Informationen: hCalendar
- Beziehungen zu anderen Personen: XFN (XHTML Friends Network)
- Lizenzen von Texten: rel-license
- Rezensionen oder Besprechungen: hReview
- Lebensläufe für Bewerbungen: hResume
- Tags und Kategorien: rel-tag
- Lesezeichen: xFolk
- Blog-Einträge und News: hAtom
- Kleinanzeigen: hListing

Infos zu Microformats

Die erste Anlaufstelle für Informationen ist die offizielle Webseite *http://www.microformats.org/* mit dem dort angeschlossenen Wiki, das eine Fülle von Informationen bietet. Sie finden hier genaue Details und Beispiele zu jedem einzelnen Format. Sie erfahren, welche Tools und Implementierungen es gibt.

Auch einen deutschsprachigen Blog zu Microformats gibt es inzwischen unter *http://mikroformate.de/*.

Bei Dr. Web finden Sie eine Liste von Links zu Microformats: *http://www.drweb.de/weblog/weblog/?p=757*.

Eine Übersicht über die wichtigsten Microformats mit ihren Komponenten bietet der Spickzettel von *http://suda.co.uk/projects/microformats/cheatsheet/microformats.cheatsheet.pdf*.

3.2 Tools für Microformats

Firefox 3 soll die wichtigsten Microformats nativ unterstützen. Bis dahin gibt es mehrere nützliche Firefox-Erweiterungen, die die Microformat-Informationen für Sie aufbereiten. Am praktischsten ist die Erweiterung Operator, die eine sehr endnutzerorientierte Aufbereitung bietet.

Operator (*https://addons.mozilla.org/firefox/4106/*) zeigt zu allen unterstützten Microformats, sofern sie auf einer Seite vorhanden sind, mögliche Aktionen, so z.B.:

- Kalenderdaten oder Kontaktdaten lassen sich in Outlook und ähnliche Programme exportieren.
- Bei mit Geodaten ausgezeichneten Orten können Sie sich deren Lage in Google Maps anzeigen lassen.
- Ist der Inhalt einer Webseite über Tags kategorisiert, können Sie weitere Links oder Bilder zu diesem Thema bei del.icio.us oder Flickr suchen.

CD-ROM

Sie finden Operator auch auf der Buch-CD.

Operator, der sich als weitere Symbolleiste in Firefox integriert, können Sie in zwei verschiedenen Modi nutzen: AKTIONEN und MIKROFORMATE.

Für Normalsterbliche sind Einträge wie HCARD oder HCALENDAR oder TAGS nur verwirrend, diese wählen die Anzeigeart AKTIONEN, die auch die Defaulteinstellung ist. Dann werden mögliche Aktionen angezeigt.

Abbildung 3.5
Aktionen-Ansicht im Operator

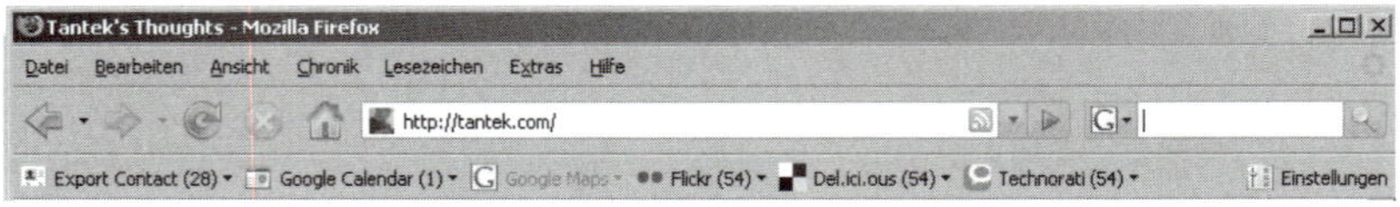

Wenn Sie sich hingegen gerade mit Microformats beschäftigen (und damit nicht mehr zu den Normalsterblichen zählen), wollen Sie sich die einzelnen Microformats anzeigen lassen. Hierfür gibt es den Modus MIKROFORMATE, in dem die Einträge in der Symbolleiste den Namen der Microformats entsprechen.

Abbildung 3.6
Operator hier in der Microformat-Ansicht

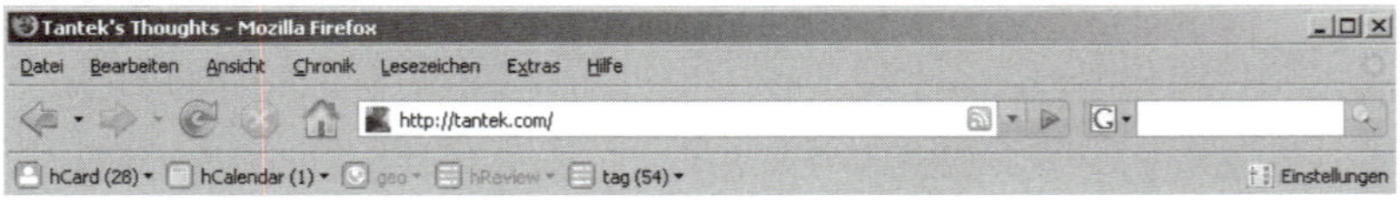

Den Modus stellen Sie über EINSTELLUNGEN rechts in der Operator-Symbolleiste ein.

Abbildung 3.7
Operator an die eigenen Wünsche anpassen

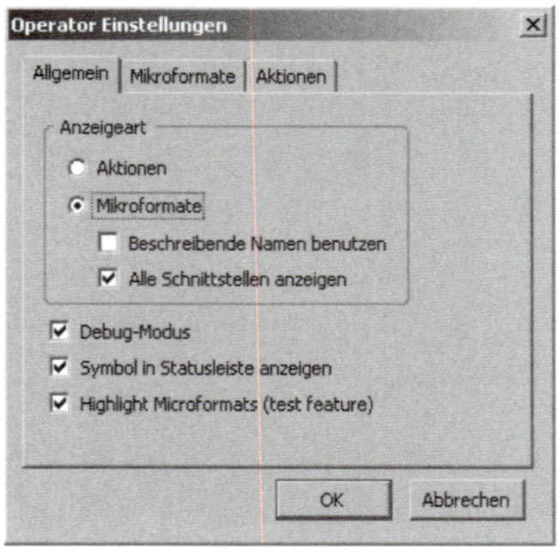

Außerdem können Sie in den EINSTELLUNGEN weitere Optionen auswählen, die für die Entwicklung von Microformats nützlich sind, wie z.B. das Hervorheben von Microformats (HIGHLIGHT MICROFORMATS). Wenn Sie oben in der Symbolleiste eine Aktion zu einem Microformat ausgewählt haben, sehen Sie dann unten auf der Webseite den Bereich umrandet, wo diese Information eigentlich steht. Ebenfalls sehr nützlich: Der DEBUG-MODUS zeigt falsche Microformats an.

Neben Operator gibt es weitere interessante Erweiterungen für Firefox: Tails (*http://blog.codeeg.com/tails-firefox-extension-03/*) und Tails Export (*https://addons.mozilla.org/firefox/2240/*). Sie kennzeichnen durch farbige Microformats-Buttons in der Statusleiste, dass auf einer Seite Microformats integriert sind. Klicken Sie darauf, sehen Sie alle auf der Webseite vorhandenen Microformats, über Tails Export lassen sich Kalender- und Termindaten auch exportieren. Leider gibt es Tails Export jedoch derzeit (April 2007) nicht für Firefox 2.0, so dass man hier doch besser zu Operator greift.

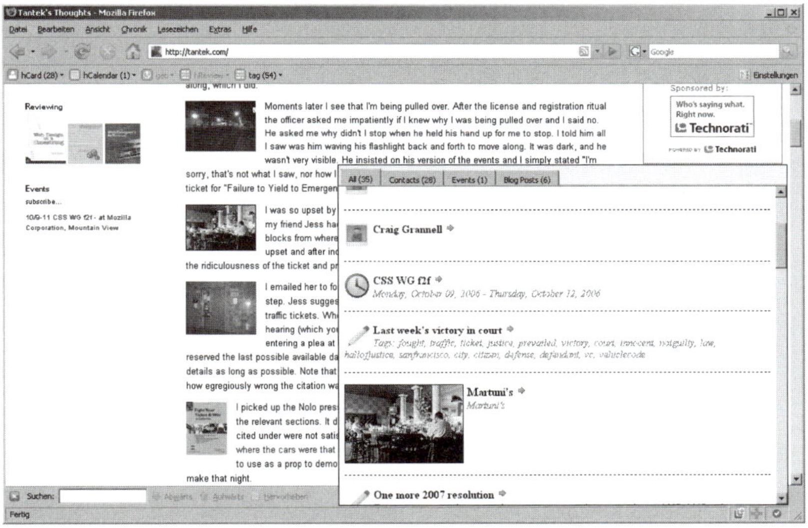

Abbildung 3.8
Firefox-Erweiterung Tails liest die Microformat-Informationen auf einer Webseite aus und zeigt sie an.

Und noch eine Erweiterung ist im Frühjahr 2007 hinzugekommen: WebCards (*http://www.whymicroformats.com/webcards/index.html*).

ACHTUNG

Leider verhielt sich Firefox nach der Aktivierung der Erweiterung etwas seltsam, der Inhalt von anderen Webseiten wurde nicht mehr an der normalen Position angezeigt, so dass von einem Einsatz in der derzeitigen Version – Webcards 0.3 – noch abzuraten ist. Probleme, die sicher in der nächsten Version behoben sein werden, die Entwickler beschreiben den Bug in ihrem Blog selbst »with scarlet cheeks ;)« (schamrot).

Sind auf einer Webseite Microformats, kann man sich mit Webcards unten eine Leiste einblenden lassen, wenn man die Maus über die Statusleiste bewegt. Hier werden dann die verschiedenen Kategorien People (Kontaktinformationen), Events (Termine) oder Tags (Schlüsselbegriffe) aufgeführt. Lässt man sich die Details anzeigen, wird der Rest des Browser-Fensters verdunkelt und Sie haben die Wahl zwischen INFORMATION, die zu finden ist, APPLICATION zum Exportieren in geeignete Anwendungen und RELATED, um beispielsweise direkt eine Google-Suche durchzuführen. Schicke Optik!

Abbildung 3.9 Aufwändige Optik: Microformat-Daten in Webcards. Bei Terminen wird gleich noch ein Kalender eingeblendet. Praktisch!

Suchen Sie hingegen eine komfortable Möglichkeit, Microformats zu erstellen, und arbeiten Sie mit Dreamweaver, dann sollten Sie sich die entsprechende Dreamweaver-Erweiterung ansehen. Sie unterstützt die Formate hCalendar, hCard, rel-license, rel-tag und XFN. Sie finden sie unter *http://www.webstandards.org/action/dwtf/microformats/*. Die Erweiterung integriert sich als Einfügeleiste in Dreamweaver. Sie erlaubt eine dialoggesteuerte Eingabe der jeweiligen Daten und erstellt dazu die notwendigen Auszeichnungen.

ACHTUNG

Derzeit (Stand April 2007) ist diese Erweiterung jedoch noch im Betastatus und führt mitunter – die Autorin kann es bestätigen – zu Dreamweaver-Abstürzen, also unbedingt Dokumente vorher sichern.

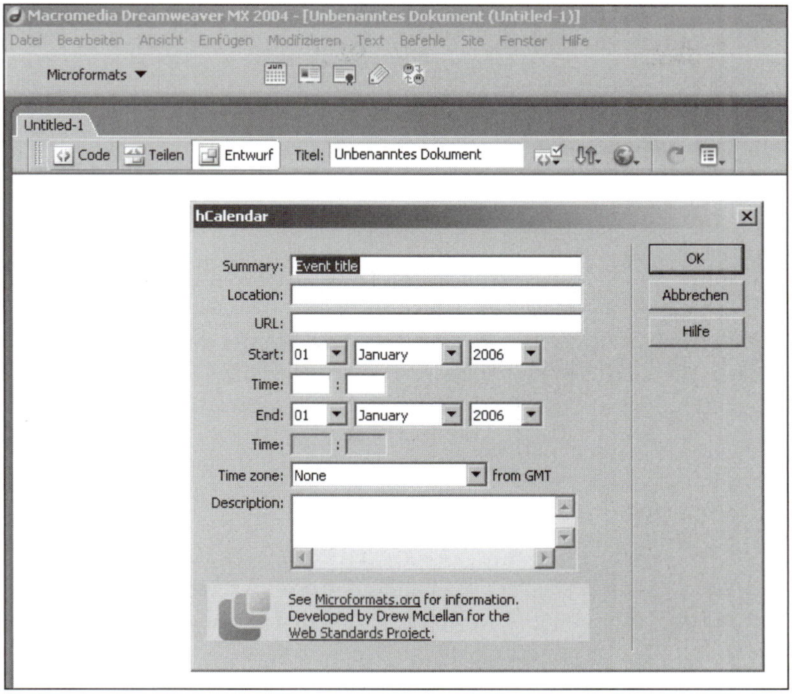

Abbildung 3.10
Mit der richtigen Erweiterung kann auch der Dreamweaver Microformats erstellen.

Weitere nützliche Tools werden bei den einzelnen Microformats vorgestellt.

3.3 Einfache Microformats: Lizenzen, Beziehungen und mehr

Es gibt einfache und zusammengesetzte Microformats. Einfache Microformats verwenden nur ein Attribut an einer bestimmten Stelle. hCalendar, das Sie eben kennengelernt haben, ist hingegen ein zusammengesetztes Microformat: Beispielsweise wird `class="vevent"` im HTML-Element eingesetzt, das den ganzen Termin umfasst, und innerhalb dieses Elements stehen dann weitere Elemente mit weiteren Attributen für die Details der Veranstaltung. Sehen wir uns jetzt zuerst einmal die einfachen Microformats an, bevor wir zu den Interna der komplexeren wie hCalendar kommen.

3.3.1 Lizenzen

Zur Angabe der Lizenz eines Textes, also ob und inwieweit ein Text weiterverwendet werden darf, dient rel-license. Um die Lizenz eines Textes anzugeben, benutzen Sie einen Link zur Beschreibung dieser Lizenz und notieren im `a`-Element zusätzlich `rel="license"`:

```
<a href="http://creativecommons.org/licenses/by/2.0/"
rel="license">Some rights reserved. CC by-2.0</a>
```

HINWEIS

Das Attribut `rel` kennzeichnet in HTML die Beziehung (relationship) eines Hyperlinks zum angegebenen Ziel. Sicher am häufigsten benutzt wird `rel` zur Einbindung eines externen Stylesheet über das `link`-Element:

```
<link rel="stylesheet" type="text/css" href="stilvoll.css" />
```

Diese Codezeile besagt, dass die beim Attribut `href` angegebene Datei ein Stylesheet für das aktuelle Dokument ist. Ebenso gibt `rel="license"` an, dass es sich beim angegebenen Link um eine Lizenz zum aktuellen Dokument handelt.

Google bietet beispielsweise bei der erweiterten Suche auch eine Suche nach Medien mit bestimmten Lizenzen (*http://www.google.de/advanced_search?hl=de* – Informationen dazu unter *http://www.google.com/support/bin/answer.py?answer=29508*) und ebenso bietet auch Yahoo! unter *http://search.yahoo.com/cc* eine Suche nach Dokumenten unter verschiedenen Lizenzen.

3.3.2 Microformat für Tags

Dass Lesezeichen bei del.icio.us oder Fotos bei Flickr mit Tags versehen werden können, wurde bereits in ***Kapitel 1.1*** erwähnt. Aber auch Inhalte von Webseiten können getaggt werden.

Abbildung 3.11
Tags, Tags, Tags ... und viele Optionen in der Firefox-Erweiterung Operator

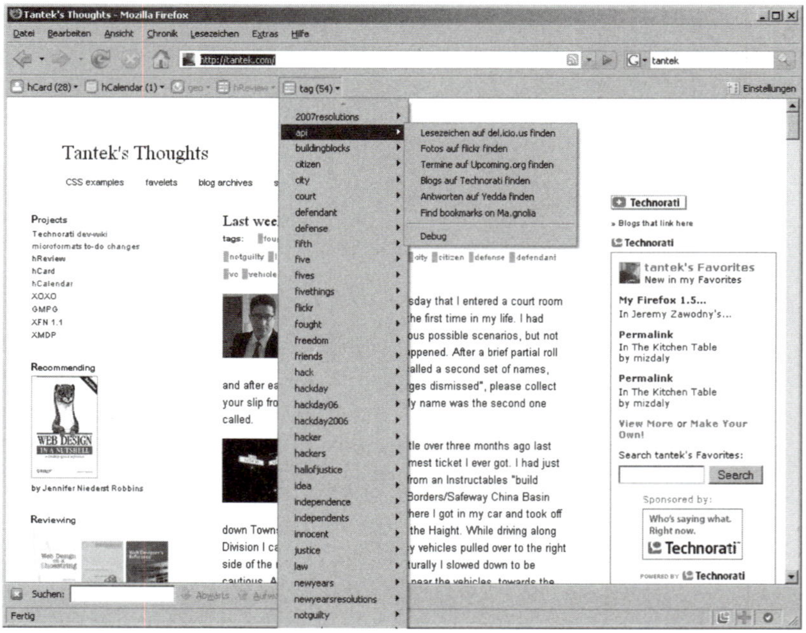

Es gibt ein eigenes Microformat für Tags, das passend `rel="tag"` "lautet und ebenfalls bei Hyperlinks verwendet wird. Der Hyperlink zeigt dabei auf einen

Tagging-Space wie beispielsweise bei Technorati, Wikipedia etc. oder auf eine Seite im eigenen Webauftritt, die alle Artikel zum angegeben Tag umfasst:

```
Tags: <a href="http://www.beispieldomain.de/css" rel="tag">CSS</a>
```

Wichtig ist dabei der Aufbau des URL: Der letzte Teil hinter dem / beinhaltet das Tag.

Werden Webseiten auf diese Art kategorisiert, bietet die Operator-Erweiterung von Firefox die Option, weitere Links zum Thema bei del.icio.us zu finden oder passende Bilder bei Flickr.

3.3.3 Abstimmungen: VoteLinks

Die Motivation für das Microformat VoteLinks ist einleuchtend: Suchmaschinen werten alle externen Links auf Webseiten als Unterstützung für die Webseite, auf die verlinkt wird. Dabei verlinkt man mitunter ja auch auf Seiten, deren Meinung man gerade nicht teilt, um sie zu diskutieren oder infrage zu stellen (*http://microformats.org/wiki/vote-links*). Hilfe kommt von VoteLinks: Sie können über VoteLinks kennzeichnen, ob Sie die Meinung einer anderen Webseite teilen oder nicht. Diese Microformat-Kennzeichnung steht ebenfalls in Hyperlinks, dieses Mal jedoch im Attribut `rev`:

```
<a href="http://anderewebseite.de/" rev="vote-against">
Sperrstunde für Biergärten</a>
```

Neben `vote-against` kann `rev` noch die Werte `vote-for` (für etwas sein) oder `vote-abstain` (Enthaltung) annehmen.

HINWEIS

Das Attribut `rev` ist das genaue Gegenstück zu `rel`: Es kennzeichnet eine Rückwärtsbeziehung bei Verweisen. Ein Beispiel: In einem Dokument steht bei einem Hyperlink `rel="help"` zur Kennzeichnung, dass es sich bei der Datei, auf die Sie verweisen, um eine Hilfsdatei zur aktuellen Datei handelt. Dann kann in der Hilfedatei hingegen ein Verweis auf das Dokument stehen, auf das sich die Hilfe bezieht. Und da wäre jetzt `rev` das richtige Attribut: `rev="help"`.

3.3.4 Beziehungen ausdrücken über XFN – XHTML Friends Network

Mit XFN können Sie genau angeben, wie Sie zu den Personen hinter anderen Webseiten stehen, ob Sie der betreffenden Person einmal begegnet sind, vielleicht sie sogar zur Ihren Freunden zählen oder ob es sich um einen Kollegen handelt.

Das XHTML Friends Network ist ebenfalls ein einfaches Microformat, die Angaben haben einen vorgegebenen Platz: die Links (`a`-Elemente) und nur ein mögliches Attribut, nämlich `rel`. Als Wert von `rel` geben Sie die Beziehung zur anderen Person an, auf deren Homepage Sie verweisen. Um zu formulieren, dass Sie einen anderen Blogger kennen und ihm auch begegnet sind, könnten Sie Folgendes angeben:

```
<a href="http://befreundeter_blog.de/" rel="contact met">befreundeter Blog</a>
```

Sie sehen, bei `rel="contact met"` werden mehrere Attributwerte hintereinander geschrieben. Das wird Ihnen auch bei anderen Microformats begegnen und ist in HTML möglich.

Sind Sie hingegen mit dem anderen Blogger befreundet, ersetzen Sie `contact` durch `friend`. Natürlich gibt es hier noch weitere mögliche Angaben, insgesamt Folgende:

- Freundschaftliche Beziehung: `contact` (Kontakt), `acquaintance` (Bekannter), `friend` (Freund)
- Physischer Kontakt: `met` (bereits begegnet)
- Verwandtschaft: `child` (Kind), `parent` (Elternteil), `sibling` (Bruder/Schwester), `spouse` (Ehegatte/Ehegattin), `kin` (Verwandte allgemein)
- Beruflich: `co-worker` (jemand, der in derselben Firma wie Sie arbeitet), `colleague` (Kollege, d.h. jemand, der im selben Bereich/derselben Disziplin arbeitet)
- Geografisch: `co-resident` (wohnt in der Nähe), `neighbor` (Nachbar)
- Liebesbeziehung: `muse` (Muse), `crush` (jemand, in den man verknallt ist), `date` (jemand, mit dem man ausgeht), `sweetheart` (in fester Beziehung)
- `me` hingegen kennzeichnet, dass es sich um eine weitere Adresse von Ihnen selbst handelt.

Bei einigen Begriffen können Sie mehrere pro Kategorie auswählen, wie bei denen der Liebesbeziehung (Ihre feste Freundin kann beispielsweise durchaus Ihre Muse sein ;-), bei der verwandtschaftlichen Beziehung schließen sich die einzelnen hingegen logischerweise aus. Gerade die Kennzeichnungen der Liebesbeziehung kommen jedoch verständlicherweise weniger häufig zum Einsatz.

Am besten erstellen Sie Ihre ersten Links mit dem XFN-Creator unter *http://www.gmpg.org/xfn/creator*: Geben Sie den Namen der Person (Linktext) und den URL des Links an. Zur Charakterisierung der Beziehung klicken Sie die entsprechenden Felder an.

Am häufigsten verwendet wird XFN bei den Blogrolls, das ist die Liste von Blogs, die ein Blogger angibt (siehe auch ***Kapitel** 5*).

Wenn Sie XFN benutzen, sollten Sie noch eine weitere Modifikation vornehmen, die Angabe des entsprechenden Profils im `head`-Element:

```
<head profile="http://gmpg.org/xfn/11">
```

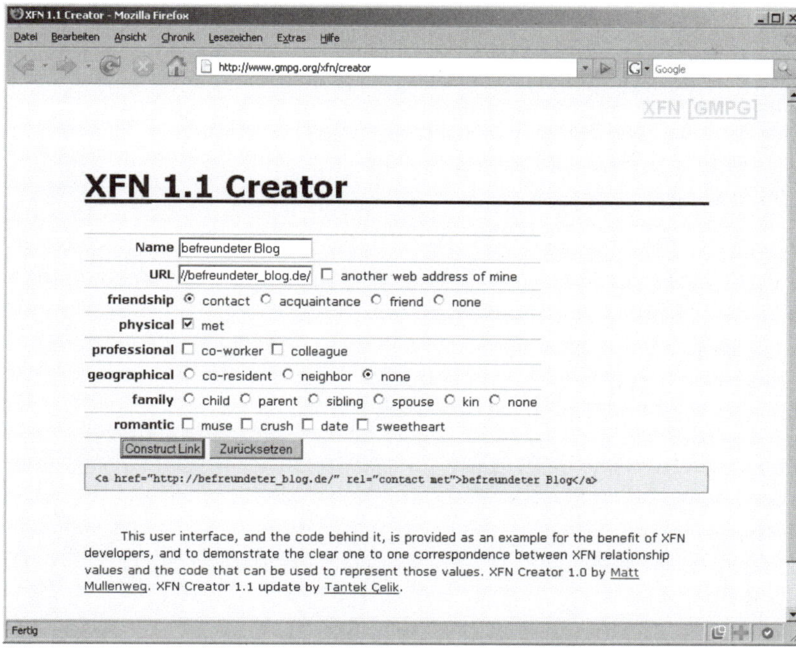

Abbildung 3.12
Beziehungen zu anderen Personen lassen sich über XFN beschreiben – hier der praktische Online-Generator, wenn auch auf Englisch

HINWEIS

Das Attribut `profile` im `head`-Element führt auch eher ein Schattendasein, sprich, es wird nicht häufig eingesetzt. Hinter `profile` können Sie einen Pfad zu weiteren Infos über die Metadaten angeben. Bei XFN wird es auf diesen vorgegebenen Wert gesetzt.

Für XFN-Informationen gibt es eine eigene Suchmaschine mit dem schönen Namen Rubhub (*http://rubhub.com/*). Sie können hier eine Webseite eingeben und erhalten – sofern diese Webseite XFN verwendet – eine Liste von Links zu anderen Webseiten, zu denen die Person der ursprünglichen Homepage in Beziehung steht. Klicken Sie auf einen dieser Links, erhalten Sie wieder weitere Links angezeigt, zu anderen befreundeten Webpages usw. Und so surfen Sie rasch einmal um die Welt und zurück.

Wenn Sie XFN verwenden, sollten Sie dafür sorgen, dass Ihre Webseite hier auch berücksichtigt wird. Teilen Sie Rubhub (*http://rubhub.com/main/add/*) den URL mit, wenn Sie Ihre Links mit Beziehungsinformationen angereichert haben.

Weitere nützliche Tools für XFN finden Sie unter *http://www.gmpg.org/xfn/tools*. So beispielsweise ein Bookmarklet, das Ihnen die XFN-Informationen einer Webseite ausliest und in einem Extrafenster anzeigt.

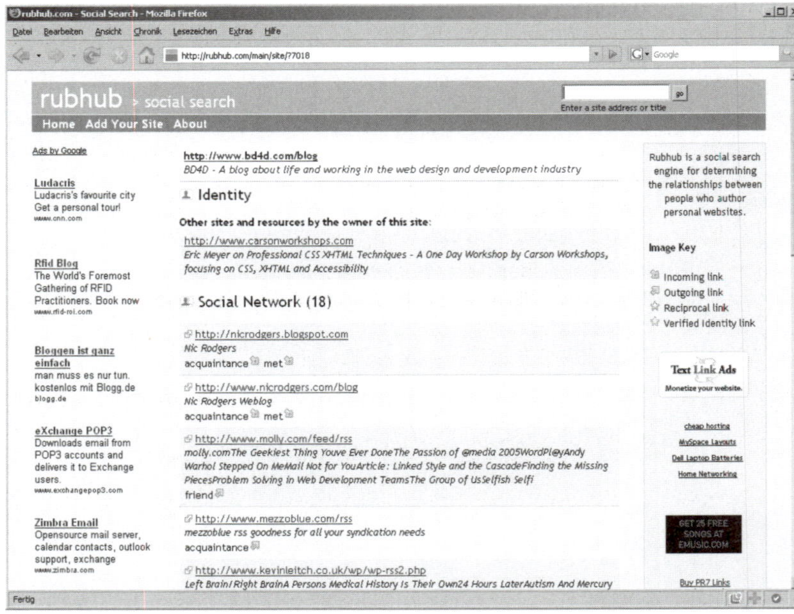

Abbildung 3.13 Beziehungen zwischen den Webseiten – wer wen kennt

3.3.5 nofollow und die Folgen

Von Suchmaschinen wie Google und Yahoo! eingeführt wurde die Kennzeichnung `rel="nofollow"` bei Verlinkungen.

```
<a href="http://www.tolle_webseite.de/" rel="nofollow">Tolle Webseite</a>
```

Die Seiten, auf die mit derart ausgezeichneten Hyperlinks verwiesen wird, werden von den Suchmaschinen Yahoo!, Google und MSN/Live nicht in den Index aufgenommen und die Webseiten erhalten keine zusätzlichen Punkte für das Page-Ranking. Verfolgt werden solche Links jedoch trotzdem – sowohl von Suchmaschinen als auch von Besuchern, weswegen die Bezeichnung etwas unglücklich gewählt ist. Das Ziel war, Kommentarspam in Foren und Gästebüchern zu vermeiden. Heute wird `nofollow` besonders bei Blogs eingesetzt.

Inzwischen ist `nofollow` jedoch massiv in die Kritik geraten, da es nicht den erwünschten Effekt zeigt – Spam wird keineswegs vermieden –, sondern eigentlich nur dazu dient, vernünftige Links in Kommentaren in Blogs abzustrafen (eine detaillierte Argumentation hierzu unter *http://www.no-nofollow.net/*). Mehr hierzu auch beim Thema Blogs in ***Kapitel 5***.

3.4 Komplexe Microformats: Termine und Kontaktdaten

Die bisher vorgestellten Microformats bestanden immer nur aus einem Attribut, das an geeigneter Stelle mit einem oder mehreren möglichen Standardwerten eingesetzt wird. Die nun vorgestellten Microformats sind zusammengesetzte Microformats, mit denen sich komplexere Informationen beschreiben lassen.

3.4.1 Termine und Veranstaltungen: hCalendar

Ein kleines Beispiel für hCalendar zur Beschreibung von Terminen hatten Sie bereits gesehen. Hier kommt noch einmal ein ausführlicheres:

Listing 3.1: Veranstaltungen per hCalendar (*hcalendar.html*)

```
<div class="vevent">
  <a class="url" href="http://www.example.com/">
  <abbr class="dtstart" title="20070807T1500">
    7. August 2007 - 15:00 </abbr> -
  <abbr class="dtend" title="20070807T1900">19:00</abbr> -
  <span class="summary"> Diskussionen zu Web 2.0</span> in
  <span class="location">München, Englischer Garten</span></a>
  <p class="description">
    Diskussionen zu Web 2.0 und wie es weiter geht. ...
  </p>
</div>
```

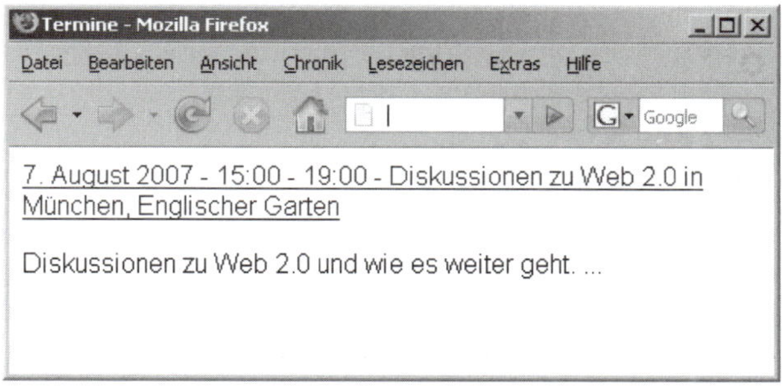

Abbildung 3.14 Die Darstellung von Listing 3.1 im Browser - von den Microformats sieht man nichts, aber die Informationen können selbstverständlich per CSS gestaltet werden (siehe *Abschnitt 3.5*)

Eingesetzt werden hier folgende Attributwerte:

- `class="vevent"` haben Sie bereits kennengelernt, es steht im Element, das den ganzen Termin umfasst.
- `class="url"` verweist auf eine Webseite mit weiteren Informationen.
- `class="dtstart"` sagt, wann der Termin anfängt.
- `class="dtend"` informiert darüber, wann er aufhört.
- `class="summary"` beinhaltet den eigentlichen Titel.
- `class="location"` nennt den Ort.
- `class="description"` liefert eine ausführlichere Beschreibung.

Eingesetzt wird bei hCalendar durchwegs das `class`-Attribut, das Sie wahrscheinlich normalerweise zur Zuweisung von Formatierungen per CSS verwenden.

TIPP

Wenn Sie einem Element bereits eine Klasse zugewiesen haben, können Sie problemlos die für hCalendar benötigte Klasse ergänzen. Hat das `div`-Element mit dem Termin bereits die Klasse `aktuell`, so ergänzen Sie einfach `vevent`.

```
<div class="vevent aktuell">
```

Mehrere Werte hinter `class` werden durch ein Leerzeichen getrennt hintereinander geschrieben, wie auch bei mehreren Werten bei XFN zur Definition einer Beziehung.

Sehen wir uns aber noch einmal die Datums-/Uhrzeitangabe genauer an. Hier stehen Sie vor der Herausforderung, dass Sie diese Informationen zum einen maschinengerecht und zum anderen benutzergerecht angeben müssen. Das lässt sich durch den zusätzlichen Einsatz des `title`-Attributs bewerkstelligen: Dieses erhält das Datum im `YYYY-MM-DDThh:mm:ss`-Format, die menschenlesbare Variante hingegen erscheint zwischen den Anfangs- und Endtags des Elements.

```
<abbr class="dtstart" title="20070807T1500">7. August 2007 - 15:00</abbr>
```

Und beim Endtermin wird dem Surfer nur die Uhrzeit angezeigt, hier enthält hingegen `title` ebenfalls wieder das vollständige Datum.

```
<abbr class="dtend" title="20070807T1900">19:00</abbr> -
```

Und warum wurde das `abbr`-Element eingesetzt? Meistens können Sie sich bei `class`-Attributen frei entscheiden, zu welchen HTML-Elementen Sie Microformats-Informationen hinzufügen. Für Datumsangaben ist `abbr` aber das empfohlene Element – genau wie bei anderen Abkürzungen steht der ausgegebene Text zwischen den Start- und Endtags und die ausführliche Variante wird in das `title`-Attribut integriert.

TIPP

`abbr`-Elemente werden standardmäßig im Browser unterpunktet dargestellt. Diese Formatierung können Sie per CSS über `border-style: none` entfernen.

Abbildung 3.15
hCalendar erstellen lassen zu vorgegebenen Daten

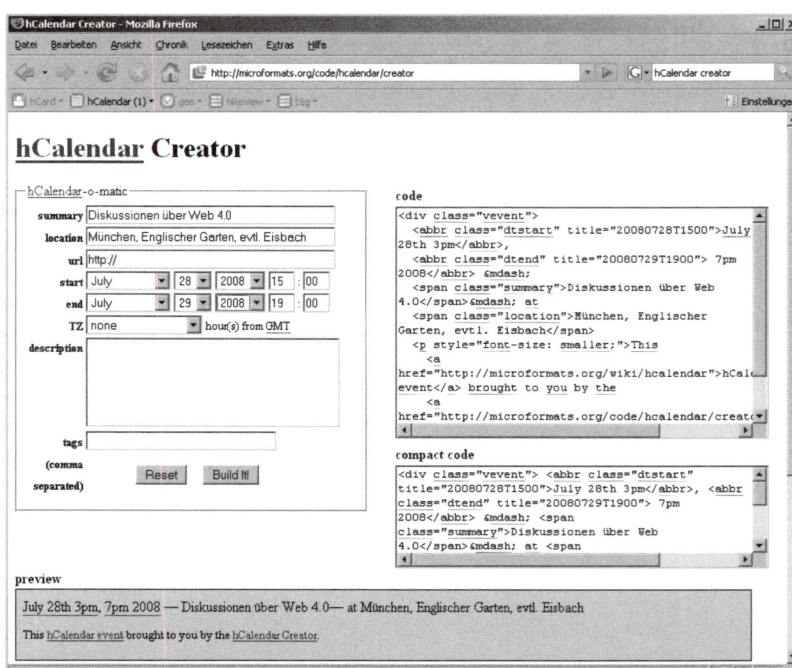

Obligatorisch für hCalendar-Daten sind `vevent`, `dtstart` und `summary`, alle weiteren Angaben sind fakultativ. Eine vollständige Liste von weiteren hCalendar-Komponenten finden Sie unter *http://microformats.org/wiki/hcalendar-cheatsheet*.

Um mit hCalendar warm zu werden, können Sie diese automatisch über einen Online-Creator erzeugen lassen (*http://microformats.org/code/hcalendar/creator*).

Und ja: Exportieren in Outlook & Co. lassen sich diese Termine über die Operator-Erweiterung für Firefox.

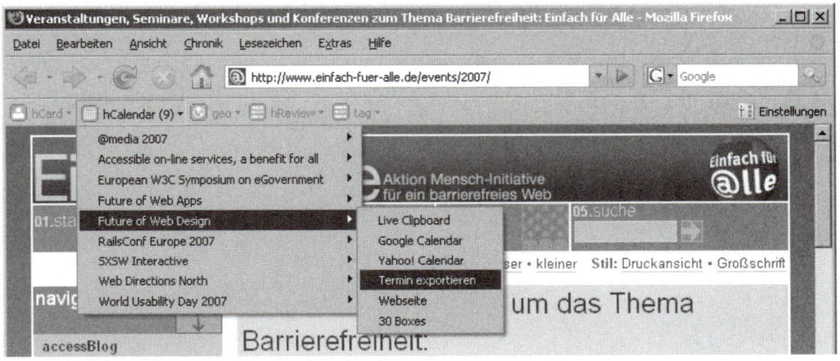

Abbildung 3.16
Termine lassen sich mit Operator in verschiedene Online-Kalender oder in den Desktop-Kalender exportieren.

Möchten Sie hingegen die mit hCalendar ausgezeichneten Daten in das für Desktop-Kalender benötigte Format iCalendar umwandeln und diese Datei Ihren Besuchern zum Download anbieten, so können Sie den entsprechenden Dienst von Technorati unter *http://www.technorati.com/events/* benutzen.

HINWEIS

Die Firefox-Erweiterung Operator bietet auch die Option »Live Clipboard« bei hCalendar-Daten. LiveClipboard ist eine Technologie von Microsoft, mit der es möglich sein soll, beispielsweise Formulardaten zwischen verschiedenen Applikationen und zwischen Web und Desktop hin- und herzukopieren. Eingesetzt werden hierfür ebenfalls Microformats. Mehr Infos zu LiveClipboard finden Sie unter *http://www.liveclipboard.org/*.

3.4.2 hCard – Kontaktdaten

Vielleicht enthält nicht jeder Webauftritt Termine, aber Kontaktdaten sollte seit der Impressumspflicht jeder Webauftritt haben. Das hierfür vorgesehene Microformat hCard basiert auf dem Standard für elektronische Visitenkarten vCard (*http://tools.ietf.org/html/rfc2426*). Eingeleitet werden die Kontaktinformationen über `class="vcard"`, im so gekennzeichneten Element werden die weiteren Informationen in Unterelementen untergebracht.

Das folgende Listing zeigt ein hCard-Beispiel mit dem Namen der Kontaktperson, der mit dem URL der Homepage verbunden ist, dem Firmennamen, der Adresse und der Telefonnummer:

Listing 3.2: Kontaktdaten mit hCard angereichert (*hcard.html*)

```
<div class="vcard">
  <a class="url fn" href="http://www.example.com/">Werner Weberknecht</a>
  <div class="org">Beispielfirma</div>
  <div class="adr">
    <div class="street-address">Holzweg 3</div>
    <span class="postal-code">12345</span>
    <span class="locality">Netzingen</span>
  </div>
  <div class="tel">000 123456</div>
</div>
```

Abbildung 3.17 Listing 3.2 im Browser

`class="fn url"` zeigt wieder den Einsatz von mehreren Attributwerten bei einem `class`-Attribut: `fn` steht dabei für `formatted name` und `url` für den URL der Homepage. Die Angabe bei `fn` wird in der Form *Vorname Nachname* oder *Nachname, Vorname* erwartet. Sie können die einzelnen Namensbestandteile auch explizit angeben, müssen dafür aber im umfassenden Element noch zusätzlich `n` ergänzen:

```
<a class="url fn n" href="http://www.example.com/">
  <span class="given-name">Werner</span>
  <span class="family-name">Weberknecht</span>
</a>
```

`class="org"` gibt den Firmennamen an. Verwenden Sie hCard für eine Firma, ohne eine Kontaktperson zu spezifizieren, würden Sie `class="org fn"` schreiben.

`class="adr"` kennzeichnet die Adresse und beinhaltet weitere Angaben wie `class="street-address"` für die Straße und `class="locality"` für den Ort und `class="postal-code"` für die Postleitzahl.

Nicht immer sind die Kontaktinformationen so einfach aufgebaut wie im obigen Beispiel. So gibt man üblicherweise mehr als eine Nummer ein: sei es die Handy- und die Festnetznummer oder zusätzlich noch eine Faxnummer. Und eventuell gibt es auch verschiedene Adressen, eine postalische und eine andere.

Selbstverständlich können Sie `class="tel"` beliebig oft bzw. genau so oft, wie Sie es brauchen, einsetzen. Aber damit lässt sich noch nicht ermitteln, welches die Fax- und welches die andere Telefonnummer ist. Deswegen gibt es hierfür das Attribut `type`, dem Sie für die Faxnummer den Wert `Fax` geben. Die Telefonnummer selbst steht dann in einem Element mit `class="value"`:

```
<span class="tel">
  <span class="type">Fax</span>:
  <span class="value">+49 123 123456789</span>
</span>
```

Neben Fax können Sie bei `type` auch noch `home` (privat), `work` (Arbeit), `pref` (bevorzugt), `cell` (Handy) oder `pager` (Pager) angeben. `cell` wäre aber im Deutschen komisch und nicht verständlich, deswegen müssen Sie hier zu einem weiteren Trick greifen. Die Angabe der Art der Telefonnummer wird in ein `title`-Attribut verlagert, dahinter im Element steht die deutsche Übersetzung.

```
<span class="tel">
  <span class="type" title="cell">Handy</span>:
  <span class="value">+ 40 123 123456789</span>
</span>
```

Den Inhalt von `title`-Attributen zeigen Browser als Tooltipp an, sobald Sie die Maus über das Element bewegen.. Stört es Sie, dass hier das englische `cell` erscheint, so müssen Sie ein weiteres Element ergänzen:

Listing 3.3: Mehrere Nummern angeben (*hcard_nummern.html*)

```
<span class="tel">
  <span class="type" title="cell">
    <span title="Handy" lang="de" xml:lang="de">Handy</span>
  </span>:
  <span class="value">+49 123 123456789</span>
</span>
```

In den Beispielen haben Sie die wichtigsten Bestandteile von hCards kennengelernt, eine vollständige Liste bietet *http://microformats.org/wiki/hcard#In_General.*

Auch für hCard gibt es wie für hCalendar oder XFN ein Online-Tool zur automatischen Erstellung unter *http://microformats.org/code/hcard/creator*. Sie müssen die Reihenfolge der ausgegebenen Daten dann noch umstellen: Es wird beispielsweise die Postleitzahl nach dem Ort angegeben, im Deutschen erwartet man sie hingegen davor.

Die Firefox-Erweiterung Operator erlaubt ebenfalls die Weiterverarbeitung von Kontaktdaten. Und Technorati Kitchen bietet eine spezielle Suche nach Kontaktdaten unter *http://kitchen.technorati.com/contact/*.

Möchten Sie, dass Ihre per hCard ausgezeichneten Daten von Technorati berücksichtigt werden, so sollten Sie Technorati den URL mitteilen. Links hierzu bietet die Seite *http://kitchen.technorati.com/contact/*. Bei Technorati finden Sie noch weitere interessante Optionen, so können Sie hCard-Daten in vCard umwandeln lassen *http://www.technorati.com/contacts*. Soll diese Konvertierung hingegen dynamisch durchgeführt werden, verwenden Sie einen Link mit dem URL. Dadurch erhalten Ihre Besucher stets die aktuellen Daten in vCard konvertiert:

```
<a href="http://www.technorati.com/contacts/http://www.example.com/
kontakt.html"> vCard herunterladen</a>
```

Ersetzen Sie hier nur `http://www.example.com/kontakt.html` durch den URL der Webseite mit den Kontaktdaten.

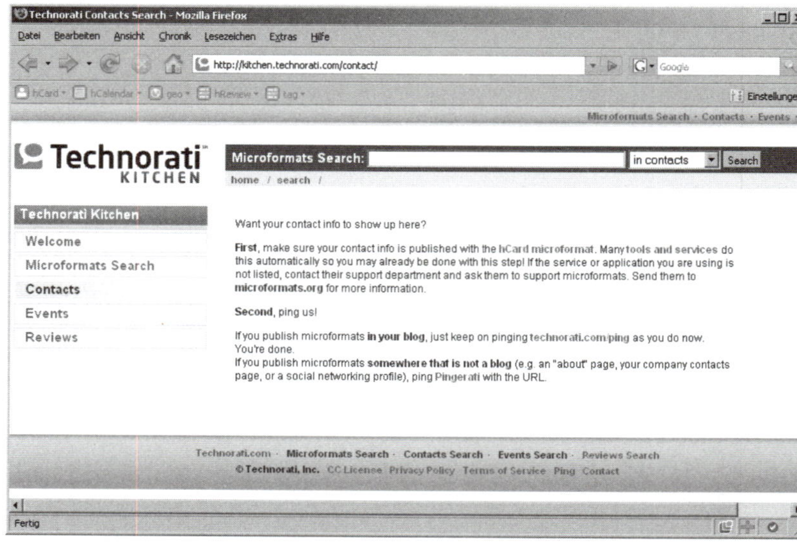

Abbildung 3.18
Das Web lässt sich bei Technorati gezielt nach Kontaktdaten durchsuchen.

Auch bei großen bekannten Webseiten wird hCard verwendet: So setzt beispielsweise Flickr (*http://flickr.com/*) hCards auf den profile-Seiten ein. Und auch Yahoo Local (*http://local.yahoo.com/*) unterstützt hCards.

HINWEIS

Ein PHP-Skript zum Erstellen von vCards finden Sie unter: *http://www.bitfolge.de/phpvcard-en-nojs.html*.

3.4.3 Koordinaten von Adressen: geo

Für die Koordinaten von Adressen und Ähnlichem existiert ein eigenes Microformat: geo. Dieses kann gut mit hCard kombiniert werden. Der Aufbau ist einfach, Sie benötigen nur den Breitengrad und den Längengrad der Adresse:

```
<div class="geo">
  <span class="latitude">48.1371</latitude>
  <span class="longitude">11.5754</span>
</div>
```

Breiten- und Längengrad von einer Adresse können Sie sich von *http://www.travelgis.com/geocode/* ermitteln lassen (siehe hierzu auch ***Kapitel 8***).

TIPP

Um den geografischen Ort einer ganzen Webseite und nicht nur einer einzelnen Information auf einer Webseite anzugeben, können Sie die Geo-Meta-Tags einsetzen. Der Vorteil hiervon ist es, dass Suchmaschinen, die eine lokale Suche anbieten, diese Informationen berücksichtigen können. Sucht jemand beispielsweise nach einem Fahrradreparaturladen, interessieren ihn nur Reparaturläden, die sich in seiner Nähe befinden. Über Geo-Meta-Tags wird die dafür notwendige Information bereitgestellt. Diese können beispielsweise wie folgt aussehen:

```
<meta name="geo.region" content="DE-BY" />
<meta name="geo.placename" content="M&uuml;nchen" />
<meta name="geo.position" content="48.134228;11.554772" />
<meta name="ICBM" content="48.134228, 11.554772" />
```

Wie alle Meta-Tags werden diese Angaben in den `head`-Bereich der HTML-Seite integriert.

Unter der Adresse *http://www.geo-tag.de/generator/de.html* finden Sie ein Formular, um automatisch Geo-Meta-Tags zu erzeugen, außerdem stehen dort auch ausführlichere Erklärungen.

Die Firefox-Erweiterung Operator bietet den Surfern bei derartig ausgezeichneten Daten die Option, den Ort direkt in Google Maps oder Yahoo! Maps anzeigen zu lassen.

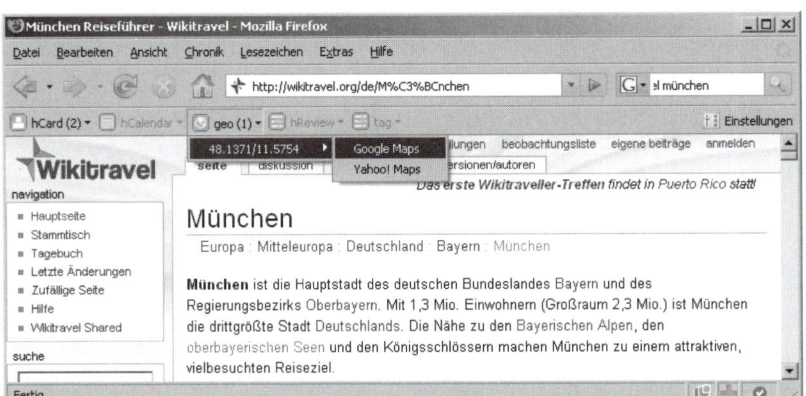

Abbildung 3.19
Wikitravel verwendet geo-Daten

Abbildung 3.20
Und einen Klick später ist man schon im Herzen von München.

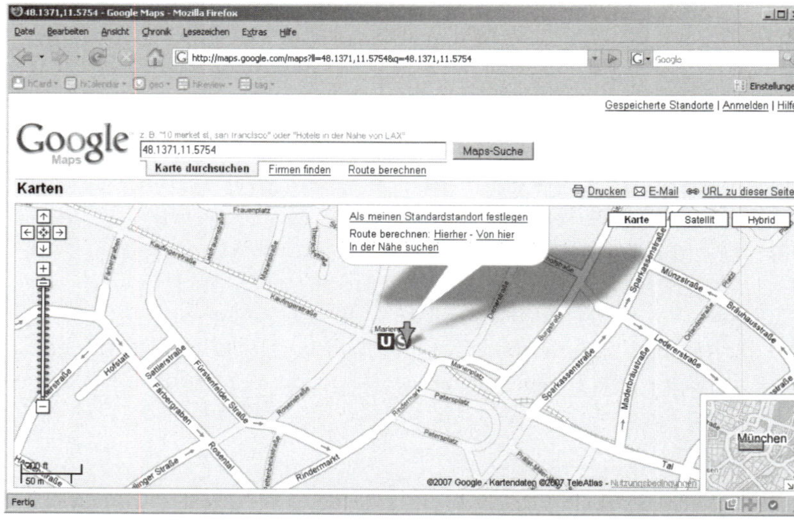

Und viele weitere Anwendungen setzen ebenfalls auf das Microformat geo wie beispielsweise die Fotocommunity Flickr.

Abbildung 3.21
Flickr setzt nicht nur auf hCard, sondern verwendet auch geo. So kann man sich Fotos nach bestimmten Orten ansehen.

3.5 Hübsch formatierte feine Formate: Microformats mit CSS gestalten

Wenn Sie Microformats verwenden und das Beispiel dann im Browser betrachten, werden Sie natürlich keinerlei Unterschiede erkennen, da sich der Einsatz der Attribute `class`, `rel` oder `rev` nicht automatisch optisch auswirkt. Das ist natürlich auch praktisch, denn auf diese Art lassen sich Microformats problemlos bei einem bereits fertigen Webprojekt benutzen.

Mitunter kann es aber auch sein, dass Sie die mit Microformats versehenen Informationen passend gestalten möchten. Naheliegend wäre es beispielsweise, Kontaktinformationen mit hCard wie eine Visitenkarte zu gestalten.

Microformats, die auf das Attribut `class` setzen, lassen sich wie gewohnt per CSS formatieren. Um beispielsweise alle Elemente mit `class="vcard"` anzusprechen, verwenden Sie den CSS-Selektor `.vcard`:

```
/* Kontaktinformationen erhalten einen Rahmen */
.vcard { border: 1px dotted; }
/* Veranstaltungen erhalten eine graue Hintergrundfarbe */
.vevent { background-color: #333; }
```

Um Microformats zu formatieren, die auf `rev` oder `rel` setzen, können Sie diese ebenfalls gezielt ansprechen. Sie benötigen hierfür die CSS-Attributselektoren:

```
/* Links zu Seiten, gegen die man stimmt, erhalten eine rote Schrift */
a[rev="vote-against"] { color: red; }
/* Links zu Seiten, für die man stimmt, erhalten eine grüne Schrift */
a[rev="vote-against"] { color: green; }
```

Auch mit Tag versehene Schlüsselwörter können Sie mit dem richtigen Selektor gezielt ansprechen.

```
/* Getaggte Schlüsselwörter sollen fett hervorgehoben werden */
a[rel="tag"] { font-weight: bold; }
```

Neuere Browser wie Firefox oder Opera unterstützen diese CSS-Attributselektoren, der Internet Explorer jedoch erst ab Version 7.

Um sich Inspirationen für die Formatierung von Microformats zu holen, können Sie sich die Stylesheets von Jon Hicks (*http://www.hicksdesign.co.uk/journal/highlight-microformats-with-css*) oder von John Allsop unter *http://24ways.org/2006/styling-hcards-with-css* ansehen.

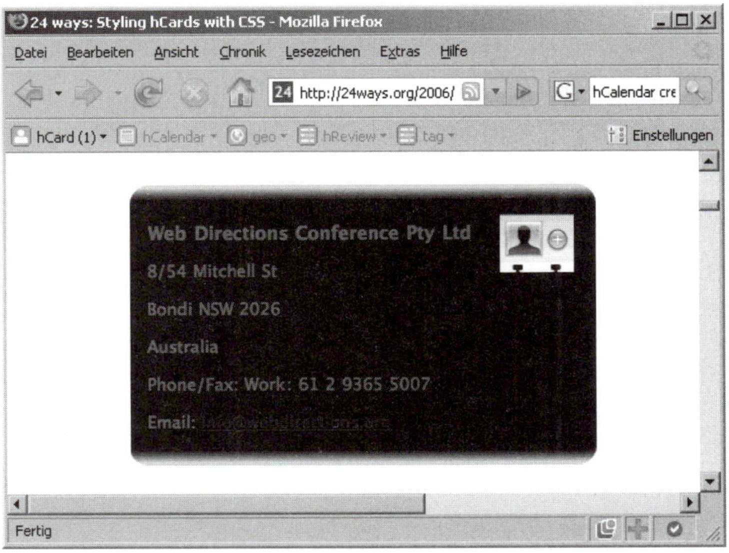

Abbildung 3.22
hCard wie eine Visitenkarte per CSS gestaltet - hier von John Allsop

Abbildung 3.23
Eine andere Art, die hCard-Informationen zu gestalten, von Jon Hicks

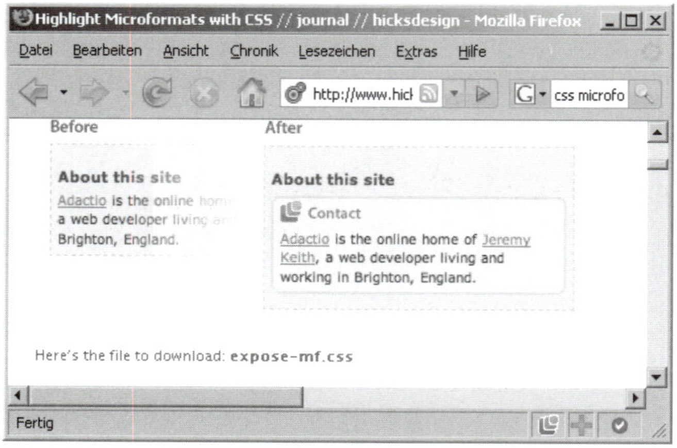

3.6 Microformats – Vor- und Nachteile

Alex Faaborg hat im Mozilla-Blog (*http://blog.mozilla.com/faaborg/2006/12/11/microformats-part-0-introduction*) einen interessanten Gedanken zu Microformats formuliert: Normalerweise surft man zu unterschiedlichen Webseiten, um dort Informationen einzugeben: Auf einer Seite schreibt man eine Rezension eines Produkts, auf einer anderen Seite hinterlegt man seinen Lebenslauf, woanders bietet man die gebrauchte Espresso-Maschine zum Kauf an, wieder an anderer Stelle könnte man einen Termin wie einen Vortrag bekannt geben. Durch den Einsatz von Microformats kann sich das ändern: Sie publizieren die Informationen gesammelt auf Ihrer Webseite und zeichnen sie entsprechend aus, die Rezension mit hReview, den Lebenslauf mit hResume, die Expresso-Maschine als Kleinanzeige mit hListing, den Termin mit hCalendar – und die Suchmaschinen kommen zu Ihnen, um die Informationen abzugrasen. ;-)

Gibt es Nachteile von Microformats? Spammer könnten natürlich auch Microformat-Spam betreiben – ein Problem, mit dem sich die auf Microformats-spezialisierten Suchmaschinen herumzuplagen hätten. Außerdem sind per Microformats angereicherte Informationen von allen auslesbar, auch beispielsweise die hCard-Informationen von unlauteren Adresssammlern. Wie immer können Sie im Internet entscheiden, welche Informationen Sie publizieren und öffentlich machen möchten – aber nicht für wen.

Ein weiteres Phänomen ist bei Microformats zu beobachten: Die strenge Trennung zwischen Web und Desktop-Anwendung wird aufgehoben, weil man die Informationen aus dem Internet direkt in eine Desktop-Anwendung integrieren kann. In späteren Kapiteln (*Kapitel 6* und *Kapitel 7*), wenn es um Ajax geht, wird diese Angleichung von Desktop- an Webanwendung wieder zum Thema. Dann geht es darum, dass sich Webanwendungen wie Desktop-Anwendungen verhalten.

4 Newsfeeds und Podcasts

Newsfeeds sind aus dem Alltag eines Web 2.0-Surfers nicht mehr wegzudenken und die wenigsten Web 2.0-Dienste kommen ganz ohne Newsfeeds aus. Newsfeeds sind eine Methode, Informationen – vorzugweise Nachrichten – zu verbreiten, die in einem vorgegebenen Format erstellt werden.

Für Ihre Website lassen sich Newsfeeds auf zwei Arten nutzen: Einerseits können Sie die Informationen auf Ihrer Website zusätzlich als Newsfeed aufbereitet zur Verfügung stellen und andererseits können Sie Ihre Website durch aktuelle News von anderen Seiten aufpeppen. Aber bevor wir zu den Details kommen: In diesem Kapitel geht es zuerst um den Nutzen von Newsfeeds für Surfer. Anschließend können Sie sich detailliert über das Format informieren, in dem Newsfeeds erstellt werden. Schließlich erfahren Sie, wie man Newsfeeds am besten generiert und andere Newsfeeds einbindet. Und für diejenigen unter uns, die lieber reden als schreiben, wird am Schluss noch das Podcasten vorgestellt.

Abbildung 4.1
Das Symbol für Newsfeeds

4.1 Newsfeeds für Surfer

Wenn der Berg nicht zum Propheten kommt, muss der Prophet zum Berg kommen. Auf das Internet übertragen, bedeutet dieser Spruch, dass es zumindest zwei Richtungen gibt: Entweder surft der Besucher zur Webseite oder die Webseite kommt zu ihm. Für den letzteren Weg sind Newsletter ein Beispiel: Ein Besucher gibt seine E-Mail-Adresse zum Abonnieren eines Newsletters ein und erhält dann regelmäßig die Newsletter (E-Mails) an seine Adresse mit Informationen zu neuen Produkten, Artikeln oder Dienstleistungen, je nachdem, worum es bei der Website geht. Für den Besucher hat diese Methode jedoch den Nachteil, dass er seine E-Mail-Adresse herausgeben muss – etwas, das die meisten angesichts des derzeitigen Spam-Aufkommens ungern tun. Außerdem kann es mitunter recht mühsam sein, sich aus einem Newsletter-Verteiler wieder auszutragen. Vielleicht haben Sie diese Erfahrung ja auch schon gemacht.

Auch bei Newsfeeds »kommt die Webseite zum Besucher«, sprich, der Besucher wird über aktuelle Neuerungen informiert, ohne die Webseite in seinem Browser aufzurufen. Aber hierfür muss der Besucher keinerlei persönliche Daten hinterlassen. Es genügt, dass sein Feedreader, das Programm zum Lesen von Newsfeeds, die Adresse der Newsfeeds kennt. So gibt es auch keine Probleme beim Austragen, da der Surfer hier alles in der Hand hat: Er braucht einfach nur die Adresse des Newsfeed aus seinem Feedreader zu löschen und schon erhält er den Newsfeed nicht mehr.

Newsfeeds stellen Titel, Links und eine Beschreibung des Inhalts von neuen Artikeln oder auch den ganzen Artikel in einem bestimmten, vordefinierten Format zur Verfügung. Möchten Sie automatisch über Neuerungen informiert werden, müssen Sie einen Newsfeed »abonnieren«. Im Gegensatz zu den üblichen Zeitschriften-»Abonnements« kostet es normalerweise aber nichts, einen Newsfeed zu abonnieren.

Für den Umgang mit Newsfeeds gibt es spezialisierte Tools, aber alle gängigen Browser haben ebenfalls einen Feedreader integriert. Hat man einen Newsfeed abonniert, muss man die Seite nicht mehr ansurfen, sondern man kann gezielt anhand des Titels und der Artikelbeschreibung entscheiden, welche Artikel man lesen möchte. Surfer können so wesentlich mehr Webseiten »im Auge behalten«.

Für Website-Betreiber sind Newsfeeds in zweierlei Hinsicht interessant:

- Sie können Ihre Inhalte als Newsfeed aufbereitet zur Verfügung stellen. Damit sorgen Sie für eine größere Verbreitung Ihrer Inhalte und machen Ihre Website bekannter.
- Sie können Ihre Webseite mit Inhalten von anderen Newsfeeds füttern und erhöhen so die Attraktivität Ihrer Webseite.

4.1.1 Einsatzgebiete von Newsfeeds

Newsfeeds finden Sie dort, wo Sie sie vermuten würden: Beispielsweise bietet der Heise-Verlag seine Computer-News als Newsfeed in einer Fülle von Formaten und Variationen an (*http://www.heise.de/news-extern/news.shtml*). Der Spiegel bietet sie, die FAZ auch und viele mehr. Newsfeeds finden Sie auch bei Blogs (siehe ***Kapitel 5***). Eines der Hauptprinzipien von Blogs sind ihre Aktualität und ständig neu hinzukommende Beiträge. Wann und wie oft etwas Neues hinzukommt, ist hingegen nicht abzusehen: also ein klassischer Fall für Newsfeeds.

Newsfeeds werden aber nicht nur für Nachrichten im eigentlichen Sinne eingesetzt.

- **Diskussionen:** Auch Themen in manchen Foren oder Kommentare in Blogs können Sie verfolgen, indem Sie sie als Newsfeed abonnieren.
- **Vom Social Bookmark-Dienst:** Sie interessieren sich für ein bestimmtes Thema? Und durchforsten regelmäßig das Internet nach entsprechenden neuen Webseiten und Informationen? Lassen Sie das doch die anderen machen und sehen Sie sich deren Ergebnisse an. Sie können beispielsweise auch die Bookmarks, die mit einem bestimmten Tag versehen sind, bei del.icio.us als Newsfeed abonnieren.
- **Geschichten:** *http://www.feedcycle.com/* ist ein Dienst, der es Ihnen erlaubt, Inhalte per Feed zu verteilen. Die Besonderheit ist dabei, dass es sich um Inhalte handelt, die einen Anfang und ein Ende haben, wie eine Artikelserie zu einem aktuellen Webthema, ein Handbuch oder ein – Märchen. Wer diesen speziellen Feed abonniert, erhält immer Teil 1, d.h., dass im Gegensatz zu den gängigen Feeds Abonnenten eines Feeds nicht immer gleichzeitig dieselben Inhalte bekommen, aber alle erhalten nach und nach alle Teile. Also, wenn Sie Inhalte haben, die sich auf diese Art verteilen lassen, testen Sie einmal FeedCycle, die Basisversion ist kostenlos.

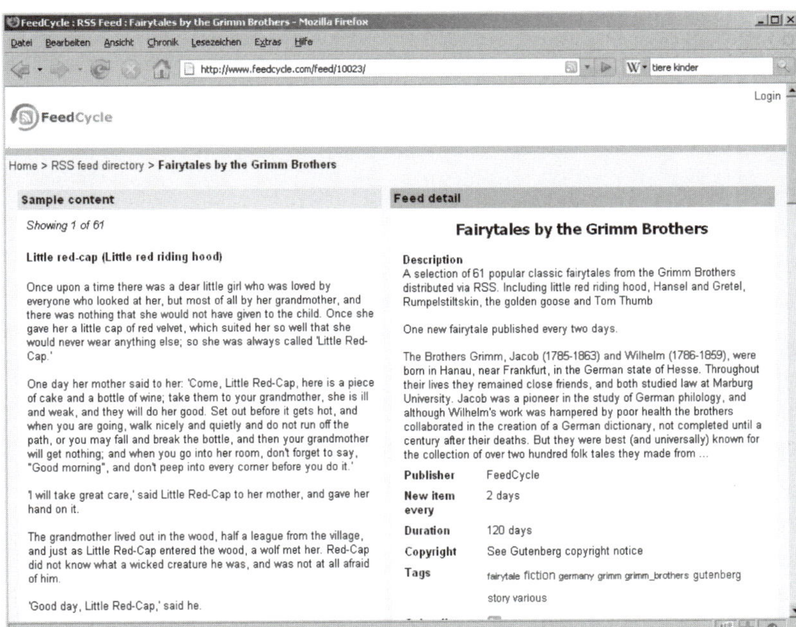

Abbildung 4.2
Keine aktuellen News, dafür Märchen häppchenweise – auch das ist über die Newsfeed-Formate möglich.

- **Kalender:** Bei RSSCalendar können Sie Termine zusammenstellen und diese anderen als RSS-Feed zum Abonnieren zur Verfügung stellen (*http://www.rsscalendar.com/*).

- **Freie Jobs:** Warum eigentlich nicht – bei Jobstairs lassen Sie sich über neue Jobs per Newsfeed informieren (*http://www.jobstairs.de/wms/rss/rssfeed.php*).
- **Weitere:** Eine Auflistung von weiteren eher ungewöhnlichen Einsatzbereichen von Newsfeeds finden Sie unter *http://www.rss-blogger.de/b2e/blogs/index.php/new/2005/05/12/ldelg15l_delg23_dinge_die_man_mit_rss_ma.*

4.1.2 Newsfeeds lesen und abonnieren

An einem orangefarbenen Icon in der Adresszeile erkennen Sie im Firefox oder Opera, dass eine Webseite Newsfeeds anbietet (Abbildung 4.3), beim Internet Explorer 7 befindet sich das Icon in der Symbolleiste (Abbildung 4.4). Daneben gibt es meist auch noch auf der Seite selbst einen Link zu den Newsfeeds.

Abbildung 4.3
Ein Icon in der Adresszeile zeigt beim Firefox, dass es Newsfeeds gibt.

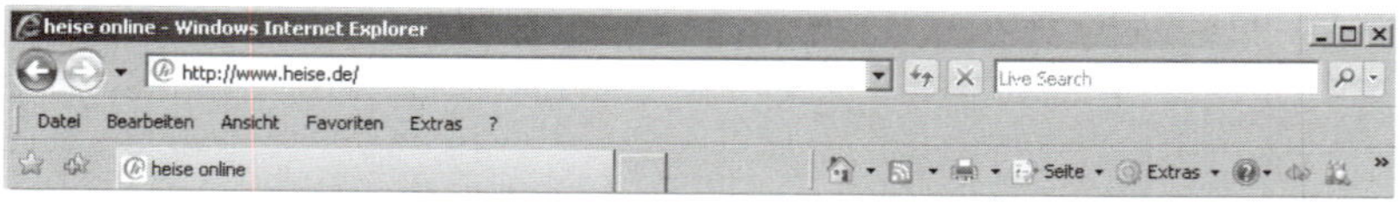

Abbildung 4.4
Das orangefarbene Newsfeed-Icon gibt den Hinweis auf Newsfeeds auf dieser Seite beim Internet Explorer (zwischen Häuschen- und Druckersymbol).

Klicken Sie auf das Symbol, gelangen Sie zu der Newsfeeds-Seite. Diese Newsfeeds können Sie, wenn Ihr Browser das unterstützt (also z.B. Firefox, Opera, Internet Explorer 7 oder Safari), direkt in dieser Ansicht lesen oder Sie kopieren die Adresse der News-Seite für Ihren Feedreader.

Zum Lesen von Newsfeeds gibt es verschiedene Tools: Sie können entweder einen eigenen Feedreader verwenden, nehmen ein Online-Tool oder verwenden einen Browser/ein Mail-Programm mit integriertem Feedreader. Der Austausch der abonnierten Newsfeeds zwischen verschiedenen Programmen sollte möglich sein – per OPML. Mehr zu OPML im ***Abschnitt 4.2.6.***

Ein kostenloser Feedreader für Windows ist beispielsweise ein Programm mit dem passenden Namen Feedreader (*http://www.feedreader.com/*), das Sie auch auf der Buch-CD finden. Es präsentiert die typische dreigeteilte Ansicht: Links sehen Sie Ihre abonnierten Feeds, rechts die Liste der Feeds im ausgewählten Ordner und im unteren Teil die Details. Bei manchen Feeds wird der vollständige Artikel schon mitgeschickt, diesen würden Sie dann im unteren Teil sehen. Bei Heise (Abbildung 4.5) ist das nicht der Fall. Um den Artikel zu lesen, muss man die Homepage aufsuchen. Ob der vollständige Artikel oder nur eine Zusammenfassung angezeigt wird, entscheidet der Ersteller des Newsfeed.

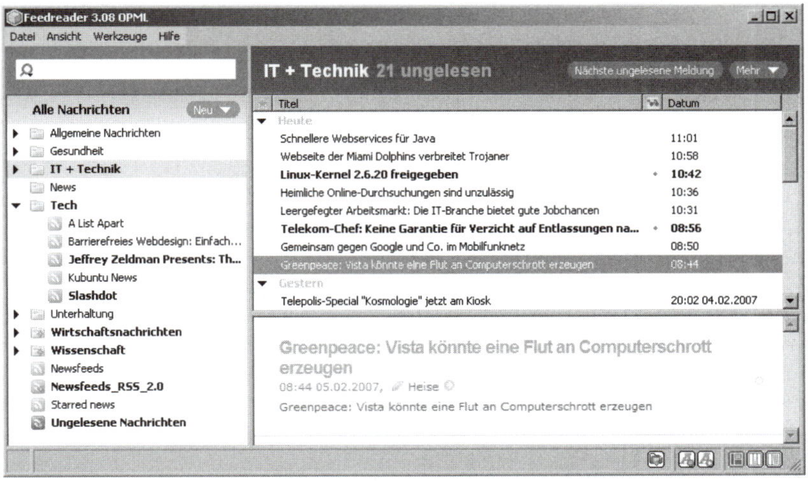

Abbildung 4.5
Feeds lesen im Feedreader

TIPP

Ein bekannter Feedreader für Linux ist Akregator (*http://akregator.kde.org/*), der Teil des Personal Information Manager Kontakt ist.

Die zweite Möglichkeit sieht vor, Newsfeeds in einem Online-Reader zu lesen. Der Vorteil ist klar: Sie können von überall auf Ihre Newsfeeds zugreifen, wo Sie einen Internetzugang haben.

Online-Reader finden Sie beispielsweise unter *http://www.google.com/reader/* oder bei *http://www.bloglines.com/* oder auch bei Yahoo! (*http://e.my.yahoo.com/*).

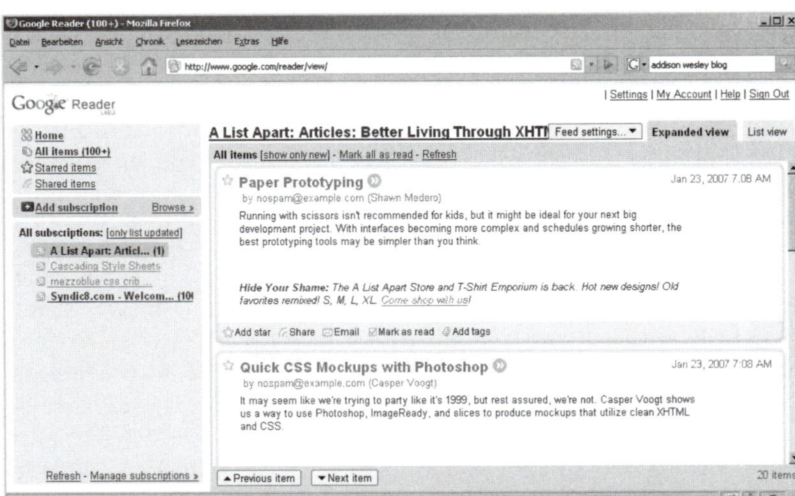

Abbildung 4.6
Der Google-Reader mit schicken AJAX-Features

TIPP

Und noch ein Tipp: Ebenfalls als Feedreader können Sie *http://www.netvibes.com/* einsetzen – ein nur so von Ajax-Funktionalitäten sprotzender faszinierender Online-Desktop.

Auch die aktuellen Browser – Firefox, Opera, Safari oder Internet Explorer 7 – beherrschen den Umgang mit Feeds.

In Firefox haben Sie zwei Möglichkeiten: Sie können Feeds als dynamische Lesezeichen abspeichern oder den Feed mit einer Anwendung Ihrer Wahl abonnieren. Voreingestellt sind die Online-Feedreader wie Bloglines (*http://www.bloglines.com/*), Google-Reader (*http://www.google.com/reader/*) und My Yahoo! (*http://de.my.yahoo.com/*). Sie können über Anwendung wählen aber auch ein anderes auf Ihrem Rechner installiertes Programm auswählen.

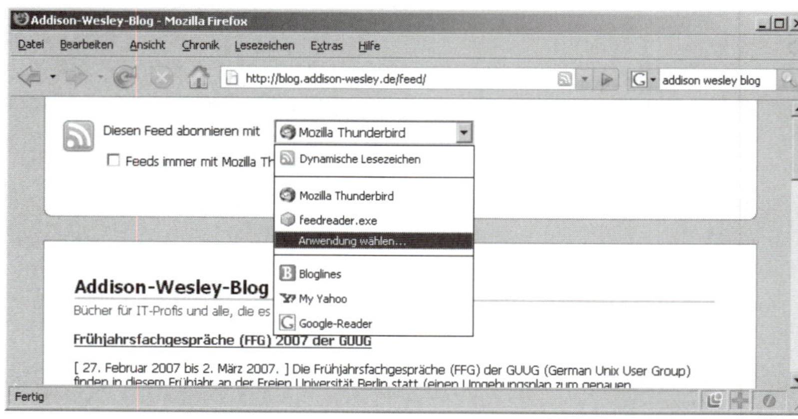

Abbildung 4.7
Feeds abonnieren im Firefox

Wenn Sie hingegen einen Feed als dynamisches Lesezeichen im Firefox abspeichern, sollten Sie praktischerweise wählen, dass er in der Lesezeichensymbolleiste angezeigt wird. Indem Sie nun auf dieses dynamische Lesezeichen klicken, erhalten Sie eine Liste aller Titel der Artikel des abonnierten Newsfeeds (Abbildung 4.8). Interessiert Sie ein Artikel, gelangen Sie durch Klick auf den Titel direkt zur Webseite mit dem vollständigen Artikel, wahlweise können Sie auch alle Artikel in Tabs anzeigen lassen. Die Inhalte der dynamischen Lesezeichen werden standardmäßig jede Stunde aktualisiert.

Auch der Internet Explorer hat seit Version 7 eine Unterstützung für Newsfeeds integriert. Sie können die Newsfeeds direkt im Internet Explorer lesen, nach verschiedenen Kriterien anzeigen lassen und über einen Klick auf den gelben Stern mit dem grünen Plus abonnieren. Die abonnierten Newsfeeds erreichen Sie dann über das Favoritencenter, in dem es einen eigenen Reiter für Feeds gibt.

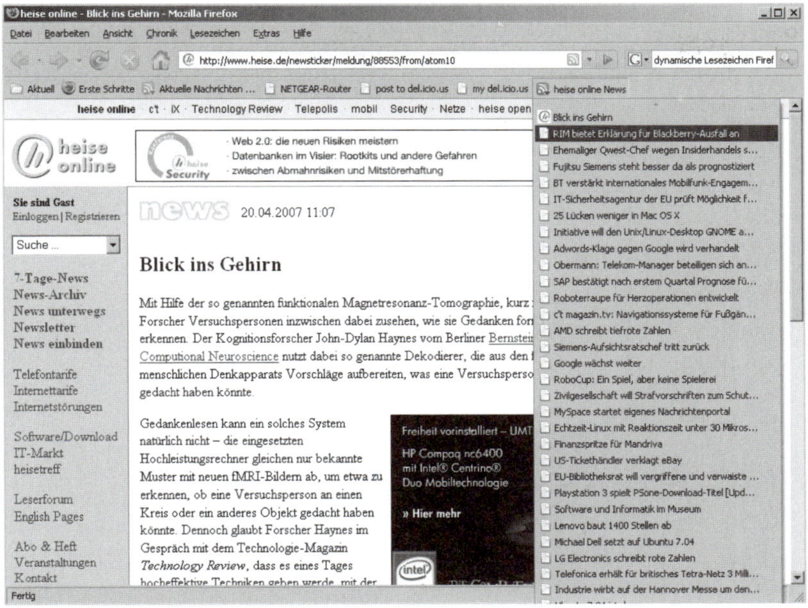

Abbildung 4.8
Heise online als dynamisches Lesezeichen im Firefox

Natürlich können Sie auch mit Opera Ihre Newsfeeds lesen. Und falls Sie als Mail-Programm Thunderbird einsetzen: Auch dieses können Sie als Feedreader benutzen, genauso wie Outlook 2007. Sind Sie auf der Suche nach weiteren Feedreadern, so finden Sie viele bei der Wikipedia aufgelistet unter *http://de.wikipedia.org/wiki/RSS-Reader*.

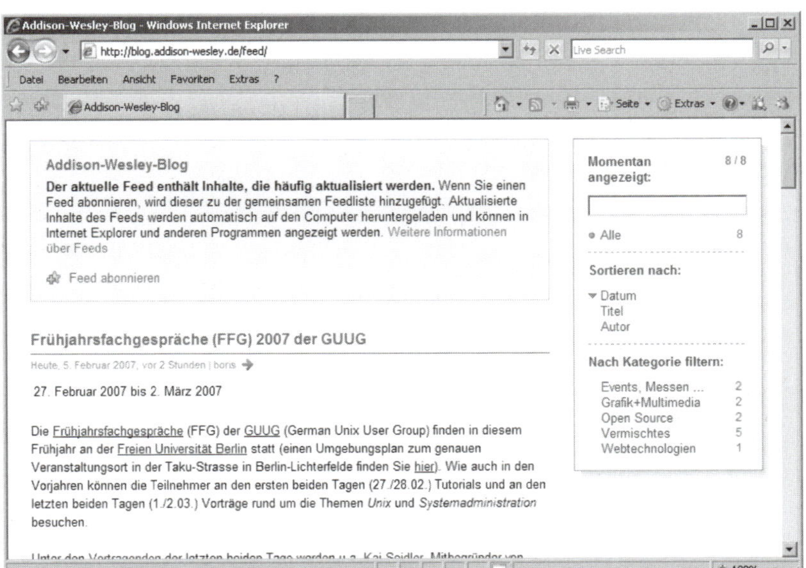

Abbildung 4.9
Newsfeeds lesen im Internet Explorer 7

TIPP

> **Viele Surfer kennen Feeds noch nicht. Überlegen Sie sich, ob Sie nicht einen Hinweis unterbringen, was es mit dem orangefarbenen Button auf sich hat und wie man Feeds abonniert – oder zumindest einen Link auf eine Seite, wo das beschrieben wird – beispielsweise zu *http://www.rss-verzeichnis.de/einfuehrung.php*.**

4.2 Newsfeeds für Techniker

Es gibt verschiedene Formate für Newsfeeds, aber eines haben sie alle gemeinsam: Sie basieren alle auf der eXtensible Markup Language oder kurz XML.

4.2.1 XML – die Technik dahinter vorweg

Mit XML kommen Sie in diesem Buch noch an einer anderen Stelle in Berührung: Hinten bei AJAX, denn das X in AJAX steht auch für nichts anders als XML. Ach ja, und XHTML, das hier in den Beispielen eingesetzt wird, ist ebenfalls ein XML-Dialekt, genau genommen eine Reformulierung von HTML nach den Prinzipien von XML.

Das sind natürlich längst nicht alle Anwendungen von XML, es gibt unzählige weitere: XML dient allgemein zum Austausch von Daten und wird beispielsweise auch als Speicherformat für Bürosoftware (OpenOffice, MS-Office), als Standard im E-Business und für technische Dokumentationen benutzt.

XML selbst ist nur eine Metasprache, die definiert, wie Auszeichnungssprachen aussehen müssen. Bei XML-Dokumenten werden Sie vieles wiederfinden, was Sie von HTML kennen: XML-Dokumente bestehen ebenfalls aus Tags – Start-Tags und End-Tags –, Elementen mit Text dazwischen und Attributen. Sie ahnen es schon: alles gespickt mit spitzen Klammern.

Ein einfaches XML-Dokument sieht beispielsweise so aus:

```
<?xml version="1.0" encoding="UTF-8"?>
<adresse>
  <name>Werner Weberknecht</name>
  <ort>Netzingen</ort>
</adresse>
```

Auf den ersten Blick präsentiert sich ein XML-Dokument ganz ähnlich wie HTML, nur dass die Elemente anders heißen – da bringt jede XML-Sprache ihre eigenen Elementnamen mit. Aber auch formal gibt es einige Unterschiede zu HTML: XML-basierende Dokumente müssen bestimmten strengeren Regeln folgen. Dokumente, die diesen Regeln folgen, nennt man dann im XML-Jargon »wohlgeformt«.

HINWEIS

Bei XML-Dokumenten wird Ihnen neben dem Begriff wohlgeformt auch der Begriff gültig oder valide begegnen. Gültige oder valide XML-Dokumente sind wohlgeformte Dokumente, die einer Dokumenttypdefinition (DTD) oder einem XML-Schema entsprechen. In einer DTD wird beispielsweise festgelegt, welche Elemente an welcher Stelle stehen dürfen, ob sie häufiger vorkommen und welche Attribute möglich sind.

Die wichtigsten Regeln für wohlgeformte Dokumente sind die folgenden:

- Zu Beginn steht üblicherweise die XML-Deklaration, die besagt, dass es sich beim vorliegenden Dokument um XML handelt. Außerdem gibt sie die XML-Version an und den eingesetzten Zeichensatz:

```
<?xml version="1.0" encoding="UTF-8"?>
```

HINWEIS

Diese Deklaration wird normalerweise benutzt, nur bei XHTML wird sie häufig weggelassen, was mit einem Bug im Internet Explorer 6 zu tun hat.

- Alle Elemente bestehen aus Start-Tag und End-Tag. Aus HTML kennen Sie vielleicht Fälle, in denen das End-Tag nicht nötig ist, wie beispielsweise bei `<option>`. So etwas gibt es in XML nicht.
- Leere Elemente müssen besonders gekennzeichnet werden. Leere Elemente enthalten keine anderen Elemente oder Text, sie können aber Attribute beinhalten. Bei leeren Elementen schreiben Sie einen Slash (Schrägstrich) vor der spitzen schließenden Klammer, z.B. `<enclosure ... />`.
- Jedes XML-Dokument muss genau ein Wurzelelement enthalten. Ein Wurzelelement ist ein Element auf oberster Ebene, das mit seinem Start- und End-Tag den gesamten Inhalt umfasst.
- Elemente müssen korrekt verschachtelt sein. `<a><b> </a></b>` wäre nicht korrekt. Korrekt hingegen ist `<a><b> </b></a>`.
- Groß- und Kleinschreibung ist relevant. `<title>` ist etwas anderes als `<Title>`.
- Alle Attributwerte stehen immer in Anführungszeichen, also z.B.: `<enclosure url="http://www.example.com/01_podcast_beispiel.mp3" length="123456" type="audio/mpeg" />`.
- Mehrere Attribute innerhalb eines Start-Tag dürfen nicht denselben Namen haben.
- Kommentare in XML haben dieselbe Syntax wie in HTML. Sie beginnen mit `<!--` und enden mit `-->`. Innerhalb von Kommentaren selbst darf die Zeichenfolge `--` nicht stehen und Kommentare dürfen auch nicht verschachtelt werden.
- Daten, die vom verarbeitenden Programm nicht geparst werden sollen, werden in CDATA-Abschnitte eingefasst. CDATA-Abschnitte beginnen mit `<![CDATA[` und enden mit `]]>`.

- Bestimmte Zeichen haben in XML eine besondere Bedeutung wie die spitzen Klammern < >, denn sie kennzeichnen Tags. Möchten Sie ein kleiner-als-Zeichen < im Text verwenden, müssen Sie stattdessen das sogenannte benannte Entity `<` schreiben. Alle Entities beginnen immer mit dem Ampersand (`&`)-Zeichen und enden mit einem Strichpunkt. In XML gibt es nur fünf vordefinierte benannte Entities: `<` (<), `>` (>), `&` (`&`), `'` (`'`) und `"` ("). Erlaubt in XML-Dokumenten sind außerdem Entities in numerischer Schreibweise wie `ü`. Ob Sie weitere Entities wie das aus HTML bekannte `ä` einsetzen können, hängt von der XML-Sprache ab: in XHTML beispielsweise ja, bei RSS oder Atom nein. Technisch gesprochen, können weitere Entities in Dokumenttypdefinitionen (DTD) definiert werden. Da jedoch üblicherweise keine Dokumenttypdefinition in den XML-Sprachen der Newsfeeds eingebunden wird, können nur die oben angeführten benannten Entities verwendet werden.

TIPP

Sie können Sonderzeichen wie ä, ü etc. in XML-Dokumenten direkt schreiben. Sie müssen nur darauf achten, dass Sie Ihr Dokument in der Kodierung abspeichern, die Sie angegeben haben. Üblicherweise wird UTF-8 eingesetzt, deswegen sollten Sie einen Editor benutzen, der Dateien in UTF-8 abspeichern kann. In UTF-8 wird ein BOM (Byte-Order-Mark) in die Datei geschrieben, das dem Browser das Encoding mitteilt. Der bei Windows mitgelieferte Editor unter Start/Alle Programme/Zubehör/Editor kann das beispielsweise.

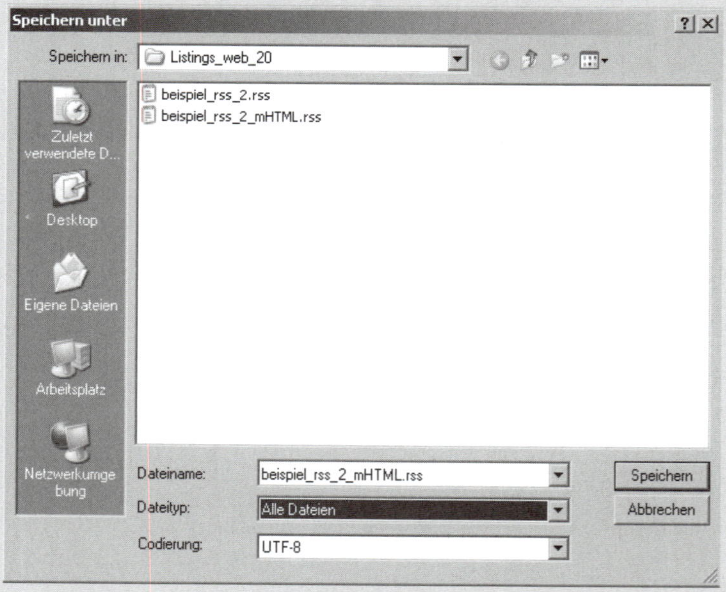

Abbildung 4.10: Der bei Windows mitgelieferte Editor kann auch UTF-8 abspeichern – es lässt sich unten bei Codierung auswählen.

Auch viele Editoren unter Linux wie kate oder kwrite können mit UTF-8 umgehen.

4.2.2 Eine Formatfrage: RSS, RSS und Atom

In der Überschrift hier ist wirklich zweimal RSS gemeint, da es zwei voneinander relativ unabhängig RSS-Formate gibt. Jetzt aber zu den Details. Wenn Sie verschiedene Leute danach fragen, was die Abkürzung RSS eigentlich heißt, dann stehen die Chancen gut, dass Sie zwei bis drei unterschiedliche Antworten erhalten. RSS heißt Really Simple Syndication, wird die eine Person behaupten, die andere wird es als Rich Site Summary auflösen und die dritte etwas von RDF Site Summary reden. Recht haben – alle drei, je nachdem, von welcher RSS-Version eigentlich die Rede ist.

Diese zugegebenermaßen etwas verwirrende Situation kommt dadurch zustande, dass es eigentlich zwei Entwicklungsstränge von RSS gibt, die nicht so viel miteinander zu tun haben. RSS 0.9 und RSS 1.0 gehören zusammen und hier steht die Abkürzung RSS für RDF Site Summary.

Der andere Entwicklungsstrang von RSS beinhaltet die Versionen 0.91, 0.92, 0.93 und 2.0. Hier steht RSS für Really Simple Syndication, genau genommen aber erst seit der Version 2.0, davor hieß es noch Rich Site Summary. Keine Sorge, die Formate selbst sind nicht so kompliziert wie die Auflösung des Kürzels.

Das bedeutet: RSS 2.0 ist kein direkter Nachfolger von RSS 1.0, wie man logischerweise vermuten würde, sondern ein Nachfolger der 0.9x-Reihe. RSS 0.9x und RSS 2.0 sind weitgehend zueinander kompatibel.

Neben diesen beiden RSS-Formaten gibt es noch Atom: Atom ist eine vollständige, sehr genau spezifizierte Neuentwicklung, bei der versucht wurde, die Probleme der anderen Formate zu vermeiden – zumindest in Bezug auf die Benennung ist das schon mal gut gelungen. Atom steht für Atom, da wird keiner etwas anderes behaupten.

Die wichtigsten Versionen finden Sie in Tabelle 4.1 aufgelistet.

Tabelle 4.1: Verschiedene Formate für Newsfeeds

Name und Version	Erläuterung
RSS 0.9 (RDF Site Summary)	1999 von Netscape eingeführt
RSS 0.91	2000 RSS-Version von Userland
RSS 1.0 (RDF Site Summary)	2000 eingeführt: alternative Sprache, die auf RDF setzt und XML-Namensräume verwendet
RSS 0.92	2000: erweiterte Form von RSS 0.91
RSS 0.93	2001: beinhaltet bereits die meisten Elemente, die auch zu RSS 2.0 gehören
RSS 2.0 (Really Simple Syndication)	2002 von Winer veröffentlicht
Atom 0.3	2003: Arbeitsentwurf des neuen Newsfeed-Formats Atom
Atom 1.0	Atom: seit Dezember 2005 Standardstatus

Am häufigsten verwendet wird derzeit RSS 2.0 – deswegen wird dieses Format auch am ausführlichsten erklärt. Danach erfahren Sie in Kurzform, was es mit den beiden anderen Formaten auf sich hat.

Gezeigt wird jedes Format anhand desselben Beispiels. Es hat folgende Inhalte: Der »Nachrichtenkanal«, oft auch Channel genannt, bezeichnet die Ressource in ihrer Gesamtheit und heißt im Beispiel »Stilblätter«. Er umfasst – um das Beispiel übersichtlich zu halten – drei Beispielartikel:

- **Bloggen mit Habari**
  Habari ist ein neues Blogging-System, das streng objektorientiert ist und auf PHP 5 basiert.
- **Hintergrundbilder im Safari**
  Der Browser Safari offenbart wieder einmal eine fortgeschrittene CSS3-Unterstützung und hat die Einbindung mehrerer Hintergrundbilder bei einem Element implementiert.
- **Web Forms 2.0**
  Web Forms 2.0 sind eine Erweiterung der Funktionalität von Formularen in HTML/XHTML. Besonders attraktiv ist die Validierung ganz ohne JavaScript.

TIPP

Noch ein Tipp, bevor es jetzt gleich um den genauen Aufbau der einzelnen Newsfeed-Formate geht: Sie können sich den Quellcode der Newsfeeds, die Ihnen im Internet begegnen, jederzeit ansehen, wenn Sie auf der Seite des Newsfeed sind. Wählen Sie hierfür im Firefox Ansicht/Seitenquelltext anzeigen und im Internet Explorer 7 klicken Sie mit der rechten Maustaste und dann auf Quelltext anzeigen.

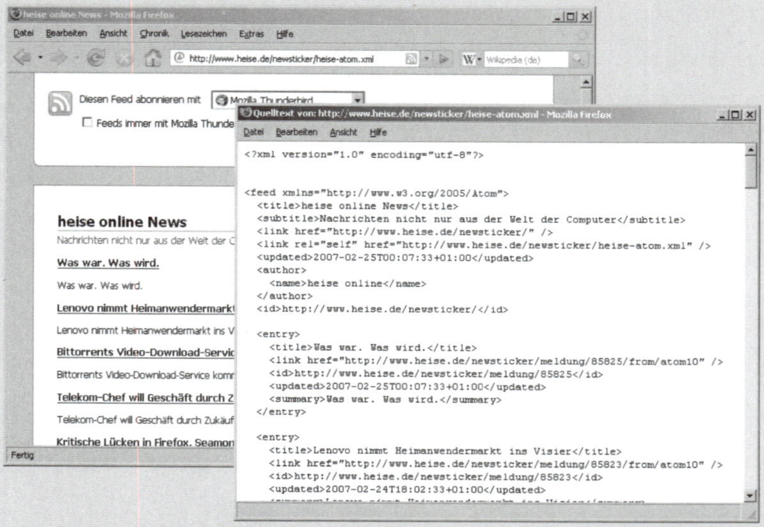

Abbildung 4.11: Der XML-Quelltext von Newsfeeds

4.2.3 RSS 2.0

Wie versprochen besteht ein RSS-Dokument aus Elementen, d.h. Start- und End-Tags mit Attributen – und darin eingeschlossen Inhalte, die wiederum mit Elementen gefüllt sein können.

Die wichtigsten Informationen eines RSS 2.0-Feed befinden sich in den Elementen `channel` und `item`. `channel`, der Nachrichtenkanal, umfasst den gesamten Feed. Ein `channel`-Element beinhaltet mehrere `item`-Elemente und in den `item`-Elementen stehen die eigentlichen Nachrichten. Unser Beispiel-Newsfeed sieht im Format RSS 2.0 folgendermaßen aus:

Listing 4.1: Newsfeed in RSS 2.0 (*beispiel_rss_2.rss*)

```
<?xml version="1.0" encoding="UTF-8"?>
<rss version="2.0">
<channel>
  <title>Stilblätter</title>
  <link>http://www.example.com/</link>
  <description>Webpublishing-News</description>
  <item>
    <title>Bloggen mit Habari</title>
    <link>http://www.example.com/bloggen-mit-habari/</link>
    <description>Habari ist ein neues Blogging-System, das streng
    objektorientiert ist, und auf PHP 5 basiert.
    </description>
  </item>

  <item>
    <title>Hintergrundbilder im Safari</title>
    <link>http://www.example.com/hintergrundbilder-im-safari/</link>
    <description>Der Browser Safari offenbart wieder einmal eine
    fortgeschrittene CSS3-Unterstützung und hat die Einbindung mehrerer
    Hintergrundbilder bei einem Element implementiert.
    </description>
  </item>

  <item>
    <title>Web Forms 2.0</title>
    <link>http://www.example.com/web-forms-20/</link>
    <description>Web Forms 2.0 sind eine Erweiterung der Funktionalität von
    Formularen in HTML/XHTML. Besonders attraktiv ist die Validierung ganz
    ohne JavaScript
</description>
  </item>
  </channel>
</rss>
```

Am Anfang – als Allererstes im Dokument – steht die XML-Deklaration. Im Beispiel wird UTF-8 als Kodierung eingesetzt.

```
<?xml version="1.0" encoding="UTF-8"?>
```

Auf die XML-Deklaration folgt das Wurzelelement `rss` mit der Angabe der Version, in diesem Fall 2.0 (`version="2.0"`). Als Nächstes steht das Element `channel`, das alle anderen Elemente umfasst. Innerhalb des `channel`-Elements befinden sich Informationen zum Nachrichtenkanal, wie der Titel; außerdem sind hier die einzelnen `item`-Elemente mit den Nachrichten aufgeführt.

Die Elemente `title`, `link` und `description` können an zwei Stellen stehen: Sind sie direkt innerhalb von `channel` angeordnet, beziehen sie sich auf den Nachrichtenkanal. Stehen sie hingegen innerhalb von `item`, beschreiben sie die einzelnen Nachrichten genauer.

- `title` gibt den Titel/Namen des Channel bzw. der Nachricht an.
- `link` beinhaltet den URL zur dazugehörigen Webseite, wenn es beim `channel` steht, bzw. einen Link zur einzelnen Nachricht, wenn es bei `item` steht. Ist die Nachricht vollständig in der `description` angegeben, kann das Element `link` entfallen.
- `description` charakterisiert den Channel bzw. die einzelne Nachricht. Bei `description` innerhalb von `item` kann auch der ganze Inhalt der Nachricht wiedergegeben werden.

Wie dieses einfache Beispiel in einem Feedreader aussehen würde, zeigt Abbildung 4.12. Im rechten Teil oben sehen Sie die Titel der einzelnen Nachrichten, rechts unten befinden sich die dazugehörigen ausführlicheren Informationen. Klickt man auf den Channel-Titel im rechten unteren Feld, würde man zur Nachricht, die bei `link` angegeben ist, gelangen.

Abbildung 4.12
Newsfeed aus Listing im Feedreader

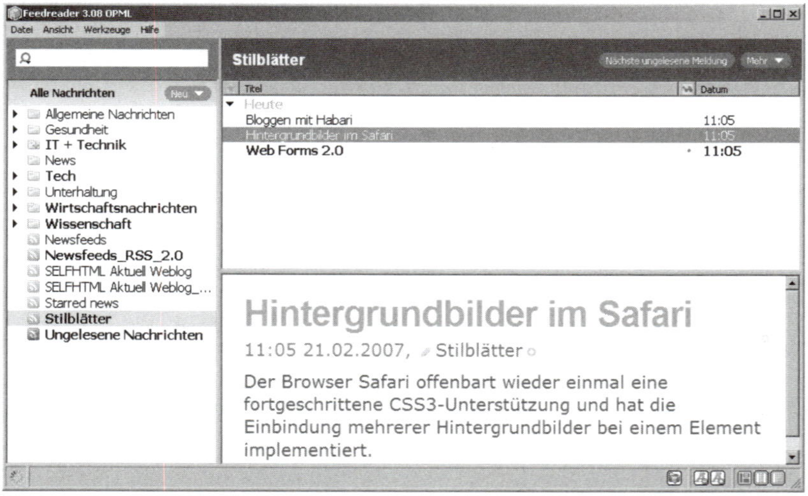

HTML-Quelltext kann als Bestandteil von `title` und `description` verwendet werden, muss jedoch besonders geschützt, »maskiert« werden, da HTML kein wohlgeformtes XML darstellt. Hierzu gibt es zwei mögliche Wege:

- Sie binden HTML-Quellcode innerhalb eines CDATA-Abschnitts ein:

  ```
  <description><![CDATA[Der Browser Safari offenbart wieder einmal
  eine <em>fortgeschrittene CSS3-Unterst&#252;tzung</em> und hat die
  Einbindung mehrerer Hintergrundbilder bei einem Element implementiert.
   ]]></description>
  ```

- Die andere Möglichkeit besteht in der Ersetzung aller Sonderzeichen aus HTML (spitze Klammern und Et-Zeichen) durch die entsprechenden Entity-Referenzen:

  ```
  <description>Der Browser Safari offenbart wieder einmal eine
  &lt;em&gt;fortgeschrittene CSS3-Unterst&#252;tzung&lt;/em&gt;
  und hat die Einbindung mehrerer Hintergrundbilder bei einem
  Element implementiert. </description>
  ```

Das angeführte Beispiel war sehr knapp gehalten. Sie können noch wesentlich mehr Informationen innerhalb Ihres Feed angeben.

Zum Einbinden eines Bilds, das als Icon oder Logo des Feed verwendet wird, dient das Element `image`, das innerhalb von `channel` steht:

```
<channel>
<!-- andere Elemente zur Charakterisierung des Channel wie gewohnt -->
<image>
<url>http://www.example.com/images/stilblatt.jpg</url>
<title>Stilblätter</title>
<link>http://www.example.com/</link>
<width>144</width>
<height>144</height>
</image>
<!-- hier wie gewohnt die einzelnen item-Elemente -->
</channel>
```

Innerhalb von `image` stehen die weiteren Angaben zum Bild in den Unterelementen, beispielsweise der `url`, unter dem es zu finden ist, die Höhe (`height`) und Breite (`width`) und ein Link (`link`), der wiederum zur Startseite des Webauftritts führt. Die maximale Breite beträgt 144 Pixel, der Standardwert ist 88. Der maximale Wert für die Höhe ist hingegen 400, der Standardwert 31. Der Inhalt des `title`-Elements entspricht dem `alt`-Attribut bei `img` in HTML, d.h. einem alternativen Text.

Weitere mögliche Elemente zur Charakterisierung des Channel listet Tabelle 4.2 auf, Tabelle 4.3 enthält weitere mögliche Elemente, die `item` untergeordnet sind.

Tabelle 4.2: Weitere Elemente, um einen Nachrichtenkanal genauer zu beschreiben

Weitere mögliche Elemente beim Channel	Bedeutung
`language`	Verwendete Sprache. Benutzen Sie `<language>de</language>` für Deutsch.
`docs`	Das Element beinhaltet einen Verweis auf eine Dokumentation des eingesetzten Formats. Sein Inhalt ist bei RSS 2.0 immer *http://blogs.law.harvard.edu/tech/rss*. Unter diesem URL finden Sie auch die Informationen zu RSS 2.0.
`copyright`	Copyrightvermerk
`managingEditor`	E-Mail-Adresse des verantwortlichen Redakteurs für den Channel
`webMaster`	E-Mail-Adresse der für technische Fragen zuständigen Person
`pubDate`	Das Publikationsdatum muss in einem in RFC 822 beschriebenen Datumsformat angegeben werden, also beispielsweise: Sat, 04 Aug 2007 09:39:21 GMT.
`lastBuildDate`	Datum der letzten Version, kann sich von `pubDate` unterscheiden. So sollte bei einer aktualisierten Version `pubDate` nicht geändert werden, `lastBuildDate` hingegen schon.
`category`	Zugehörige Kategorie des Channel. Im fakultativen `domain`-Attribut kann ein URL des Kategorisierungssystems angegeben werden.
`generator`	Verwendetes Tool
`cloud`	Schnittstelle für externe Prozesse zum Handeln des Subskribiervorgangs
`ttl`	*time to live:* wie lange der Inhalt des Newsfeeds nicht verändert wird. Wichtig für das Cachen des Feed.
`rating`	Gibt an, ob ein Inhalt jugendfrei ist oder nicht. Basis für die Bewertung ist PICS (Platform for Internet Content Selection - *http://www.w3.org/PICS*).
`textinput`	Ermöglicht die Kommunikation mit dem Newsfeed-Leser wie ein einfaches Formular. Beinhaltet die folgenden Unterelemente: `link` (Pfad zu CGI-Skript), `name` (wie `name` bei `input`-Feldern in HTML-Formularen), `description` (Beschreibung), `title` (Beschriftung des Submit-Buttons).
`skipDays` und `skipHours`	Angabe der Tage/Stunden, in denen der Feed nicht auf Aktualität überprüft werden soll

Weitere mögliche Elemente beim item	Bedeutung
`author`	Mail-Adresse des Autors
`category`	Zugehörige Kategorie der Nachricht. Im fakultativen `domain`-Attribut kann ein URL des Kategorisierungssystems angegeben werden.
`comments`	URL für Kommentare zur Nachricht
`enclosure`	Link zu beigefügten Multimediadaten. Wichtig beim Thema Podcasting (siehe *Abschnitt 4.6*).
`guid`	Eindeutige Kennzeichnung der Nachricht, es kann sich hierbei auch um den permanenten Link auf den vollständigen Artikel handeln. Handelt es sich nicht um einen Link, wird `isPermaLink="false"` angegeben.
`pubDate`	Publikationsdatum
`source`	Quellangabe, d.h., woher die Nachricht ursprünglich stammt

Tabelle 4.3: Weitere Elemente, um einen einzelnen Artikel (`item`) genauer zu beschreiben

Obwohl die beiden Tabellen eine große Anzahl von Elementen auflisten, benötigt man oft weitere Charakterisierungsmöglichkeiten von Nachrichten, je nach Verwendungszweck. Hierfür kann RSS über Module, also ergänzende Komponenten, erweitert werden.

Bei neuen Elementen muss gewährleistet werden, dass sie eindeutig einem Kontext zugewiesen werden können – und das auch bei der gleichzeitigen Verwendung von mehreren Modulen. Die Elementnamen an sich sind wie Wörter in natürlichen Sprachen prinzipiell nicht eindeutig. So kann sich beispielsweise das deutsche Wort *Titel* auf einen akademischen Grad, einen Buchtitel, einen Songtitel etc. beziehen.

In XML sind zur eindeutigen Zuordnung von Elementen Namensräume vorgesehen. Dabei werden Elemente mit einem Präfix versehen, um sie eindeutig zu kennzeichnen. Das Präfix selbst wird im Wurzelelement des XML-Dokuments mit einem eindeutigen URI verknüpft.

HINWEIS

URI steht für *Uniform Resource Identifier*, d.h. ein einheitlicher Bezeichner für Ressourcen. URI ist der Oberbegriff für URL (*Uniform Resource Locator*) und URN (*Uniform Resource Name*). Ein URL gibt den Ort einer Ressource an, ein URN identifiziert eine Ressource über einen Namen eindeutig. Bei der Namensraumdefinition spricht man von URI, da dadurch nur eine eindeutige Kennzeichnung erfolgt, unter der angegebenen Adresse sich jedoch kein Dokument befinden muss.

Ein Beispiel hierzu. Das blogchannel-Modul führt drei Unterelemente für das `channel`-Element ein, die besonders für Blogs relevant sind.

- `blogRoll`: Pfad zu einer OPML-Datei, die eine Liste von Blogs enthält, die der Autor regelmäßig liest
- `mySubscription`: Pfad zu einer OPML-Datei, die eine Liste der RSS-Feeds enthält, die der Autor abonniert hat
- `changes`: URL einer `changes.xml`-Datei mit Änderungen

Damit diese Elemente eingesetzt werden können, wird der Namensraum im Wurzelelement deklariert, d.h., hinter dem Schlüsselwort `xmlns` (XML-Namespace) steht zuerst das Präfix, dem nach einem Doppelpunkt eine eindeutige URI zugewiesen wird. Diese lautet für das blogchannel-Modul *http://backend.userland.com/blogChannelModule*. Es hat sich eingebürgert, dass unter der angegebenen URI eine Dokumentation zu diesem Modul zu finden ist, dies ist aber an sich nicht obligatorisch.

Damit sieht das Start-Tag des Wurzelelements folgendermaßen aus:

```
<rss version="2.0" xmlns="blogChannel:http://backend.userland.com/
blogChannelModule">
```

Innerhalb des Dokuments werden die Elemente mit dem definierten Namensraumpräfix `blogChannel` verwendet:

```
<blogChannel:blogRoll> ... </blogChannel:blogRoll>
```

Selbstverständlich können innerhalb eines Newsfeed gleichzeitig mehrere Module eingesetzt werden. Dann werden die entsprechenden Module auch alle im rss-Wurzelelement deklariert.

Unterschiede zwischen RSS 0.91 und RSS 2.0

Hier war jetzt immer die Rede von RSS 2.0. Wie verhält sich nun RSS 2.0 zu den Vorgängerversionen RSS 0.91 und RSS 0.92, die einem ab und zu immer noch im Web begegnen?

Jeder gültige RSS 0.91-Feed ist gleichzeitig ein gültiger RSS 2.0-Feed. Elemente, die in RSS 2.0 hinzugekommen sind, sind nicht obligatorisch, sondern fakultativ. Konkret heißt das, dass jeder Feedreader, der den Umgang mit RSS 2.0 beherrscht, auch die älteren Versionen lesen kann.

Einen weiteren Unterschied gibt es zwischen den Versionen: Beschränkungen aus früheren Versionen sind in RSS 2.0 aufgehoben: So durften in RSS 0.91 nur 15 `item`-Elemente enthalten sein. Außerdem war die Anzahl der Buchstaben, die in den einzelnen Elementen stehen durfte, beschränkt – bei `title` beispielsweise auf 100, bei `description` auf 500 Zeichen. All diese Beschränkungen, die dazu beitragen sollten, Bandbreite zu sparen, gibt es in RSS 2.0 nicht mehr.

Nach dieser relativ ausführlichen Vorstellung von RSS 2.0 geht es jetzt um die beiden anderen Konkurrenzformate: RSS 1.0 und Atom. Da beide jedoch weniger weit verbreitet sind, werden sie nur kurz erläutert.

4.2.4 Mehr Metadaten: RSS 1.0

Bei RSS 1.0 steht die Abkürzung für *RDF Site Summary*. Die abweichende Auflösung der Abkürzung benennt schon den wesentlichen Unterschied zu RSS 2.0: RSS 1.0 folgt den Regeln des Resource Description Framework (RDF) des World Wide Web Consortium (W3C).

HINWEIS

Das Resource Description Framework (RDF) bietet eine Darstellung von Metadaten in einer Form, die auch von Maschinen verarbeitet werden kann, und ist ein Bestandteil des Semantischen Webs. Die offizielle Website von RDF ist *http://www.w3.org/RDF/*. Genau, hier sind wir jetzt beim Semantic Web mit Großbuchstaben, im Gegensatz zum semantic web, wie es Ihnen bei den Microformats in *Kapitel 3* begegnet ist.

Derselbe Newsfeed, der schon als Beispiel für RSS 2.0 diente, sieht in RSS 1.0 formuliert so aus:

Listing 4.2: Newsfeed im Format RSS 1.0 (*beispiel_rss_1.rss*)

```
<?xml version="1.0" encoding="UTF-8"?>
<rdf:RDF
  xmlns:rdf="http://www.w3.org/1999/02/22-rdf-syntax-ns#"
  xmlns="http://purl.org/rss/1.0/"
>

  <channel rdf:about="http://www.example.com/">
    <title>Stilblätter</title>
    <link>http://www.example.com/</link>
    <description>
      Webpublishing-News
    </description>

    <items>
      <rdf:Seq>
        <rdf:li rdf:resource="http://www.example.com/bloggen-mit-habari/" />
        <rdf:li rdf:resource="http://www.example.com/hintergrundbilder
        -im-safari/" />
        <rdf:li rdf:resource="http://www.example.com/web-forms-20/" />
      </rdf:Seq>
    </items>

  </channel>
    <item rdf:about="http://www.example.com/bloggen-mit-habari/">
    <title>Bloggen mit Habari</title>
    <link>http://www.example.com/bloggen-mit-habari/</link>
         <description>Habari ist ein neues Blogging-System, das streng
         objektorientiert ist, und auf PHP 5 basiert.</description>
```

```
  </item>
    <item rdf:about="http://www.example.com/hintergrundbilder-im-safari/">
    <title>Hintergrundbilder im Safari</title>
    <link>http://www.example.com/hintergrundbilder-im-safari/</link>
    <description>Der Browser Safari offenbart wieder einmal eine
    fortgeschrittene CSS3-Unterstützung und hat die Einbindung mehrerer
    Hintergrundbilder bei einem Element implementiert.</description>
  </item>
  <item rdf:about="http://www.example.com/web-forms-20/">
    <title>Web Forms 2.0</title>
         <link>http://www.example.com/web-forms-20/</link>
         <description>Web Forms 2.0 sind eine Erweiterung der Funktionalität
         von Formularen in HTML/XHTML. Besonders attraktiv ist die
         Validierung ganz ohne JavaScript</description>
  </item>

</rdf:RDF>
```

Das Wurzelelement ist `rdf:RDF`. Sie sehen, dass in RSS 1.0 auch ohne Erweiterungen immer Gebrauch von Namensräumen gemacht wird. Die Namensraumdefinitionen stehen innerhalb des Start-Tag des Wurzelelements, also innerhalb von `rdf:RDF`.

Obligatorisch ist die Definition des Präfixes `rdf` über `xmlns:rdf="http://www.w3.org/1999/02/22-rdf-syntax-ns#"`. Außerdem gibt es hier auch noch einen Default-Namensraum: Das ist ein Namensraum, für den kein Präfix definiert wird, in diesem Fall: `xmlns="http://purl.org/rss/1.0/"`. Der Default-Namensraum gilt für alle Elemente ohne Präfix, diese gelten als RSS 1.0-Elemente. Das ist auch der Vorteil von Default-Namensräumen, dass Elemente Namensräumen zugewiesen werden können, ohne ein Präfix zu verwenden.

Weitere Namensräume können angegeben werden, beispielsweise für Dublin Core Metadata Set, das Sie vielleicht auch von den Metaangaben aus HTML kennen.

Ein weiterer auffälliger Unterschied zu RSS 2.0 ist, dass sich bei RSS 1.0 `channel` und `item` auf einer Ebene befinden – bei RSS 2.0 ist `item` dem Element `channel` untergeordnet.

Alle Elemente auf der obersten Ebene unterhalb von `rdf:RDF` müssen das Attribut `rdf:about` haben. In der RDF-Terminologie wird als URI die Ressource bezeichnet, die das Subjekt des RDF-Statement ist. Die eingeschlossenen Nachkommenelemente repräsentieren Eigenschaften.

Bei `channel` steht als Wert von `rdf:about` üblicherweise der URL der Homepage, um die es geht, oder der URL zum RSS-Dokument.

`items` ist so etwas wie ein Inhaltsverzeichnis. Hier werden die einzelnen Nachrichten, die später folgen, schon einmal innerhalb des Elements `rdf:Seq` als einzelne `rdf:li`-Elemente aufgelistet.

Mehr Informationen zu RSS 1.0 finden Sie auf der offiziellen Website unter *http://web.resource.org/rss/1.0/spec.*

HINWEIS

Wenn Sie das angeführte Beispiel bei Validome (siehe *Abschnitt 4.2.8*) auf syntaktische Korrektheit überprüfen, erhalten Sie eine Fehlermeldung bei `<rdf:li rdf:resource ...>`. Hier erwartet der Validator ein nichtqualifiziertes Attribut, sprich `<rdf:li resource ...>`. Diese Variante ist aber in Wirklichkeit nicht mehr erwünscht (»deprecated«), so ist das oben angegebene Beispiel entgegen der Meldung von Validome korrekt. Bestätigen lassen können Sie sich das vom Überprüfungstool des W3C unter *http://www.w3.org/RDF/Validator/.*

Auch für RSS 1.0 gibt es viele Module, z.B. die folgenden:

- Am häufigsten eingesetzt wird **Dublin Core**: Es bietet mehr Metadaten zur genauen Charakterisierung von Nachrichten. Das übliche Präfix ist `dc:`, der URI des Namensraums lautet *http://purl.org/dc/elements/1.1/.*
- Mit dem **Syndication Modul** kann man kennzeichnen, wie oft die Inhalte des Feed sich ändern. Das übliche Präfix ist `sy:` und der URI des Namensraums lautet *http://purl.org/rss/1.0/modules/syndication.*
- Das **Content Modul** dient zur Aufnahme von tatsächlichen Inhalten von Webseiten. Default-Präfix ist `content` und der URI des Namensraums lautet *http://purl.org/rss/1.0/modules/content.*

4.2.5 Der neue Standard Atom

Streitereien innerhalb der RSS-Entwicklergemeinden und ungelöste Probleme bei RSS wie mangelnde Dokumentation und die konkurrierenden Formate haben zur Entwicklung eines ganz neuen Newsfeed-Formats geführt: Atom.

TIPP

Interessante Details zu den Gründen, die zur Entwicklung von Atom führten, finden Sie unter *http://forum.de.selfhtml.org/archiv/2006/7/t133000/.*

Atom ist damit das neueste der drei Formate. Zuständig für Atom ist eine Arbeitsgruppe der Internet Engineering Task Force (IETF). Im Dezember 2005 wurde Atom ein neuer Standard (RFC 4287 bei der IETF *http://www.ietf.org/rfc/rfc4287*). Aktuell ist also Atom 1.0. Daneben wird Ihnen im Internet jedoch auch noch die eigentlich veraltete Vorversion Atom 0.3 begegnen.

Atom ist genauer spezifiziert als die RSS-Formate, hierzu zwei Beispiele: In RSS kann innerhalb des Elements `description` sowohl eine Beschreibung der Nachricht als auch der eigentliche Inhalt der Nachricht selbst stehen. In Atom gibt es dafür zwei Elemente: `summary` für die Beschreibung und `content` für den eigentlichen Inhalt der Nachricht.

In Atom ist auch genau festgelegt, wie Inhalte unterschiedlicher Art integriert werden können. Es lassen sich Inhalte im Binärformat oder im Textformat einbinden. Bei den textuellen Inhalten wird zwischen einfachem Text, HTML und XHTML unterschieden. Um welche Art von Inhalt es sich handelt, geben Sie durch das Attribut mit Namen `type` an. Standardwert ist `type="text"`, in diesem Fall kann `type` auch entfallen. Verwenden Sie HTML, schreiben Sie `type="html"`, bei XHTML entsprechend `type="xhtml"`. (Sonst geben Sie in HTML bei `type` immer einen MIME-Typ wie `text/html` an. Hier hingegen wird wirklich nur `html` oder `xhtml` erwartet.)

XHTML kann innerhalb eines `div`-Elements mit dem korrekten Namensraum direkt eingebunden werden:

```
<content type="xhtml">
<div xmlns="http://www.w3.org/1999/xhtml"><h1>Neuste Erkenntnisse über
XX</h1><p>.... usw. usf. ...</p></div>
</content>
```

Bei der Verwendung von HTML hingegen müssen die spitzen Klammern durch die entsprechenden benannten Entities ersetzt werden oder Sie benutzen CDATA-Abschnitte wie bei RSS 2.0.

```
<content type="html">
&lt;h1&gt;Neuste Erkenntnisse über XX&lt;/h1&gt;&lt;p&gt;.... usw.
usf. ... &lt;/p&gt;
</content>
```

Eine Angabe, wie mit HTML oder XHTML innerhalb von Elementen umgegangen werden soll, suchen Sie hingegen bei der Spezifikation von RSS 2.0 vergebens. Ein klarer Vorteil von Atom!

Das Beispiel-Newsfeed, das Ihnen bereits in RSS 2.0 und RSS 1.0 begegnet ist, sieht in Atom folgendermaßen aus:

Listing 4.3: Beispiel-Newsfeed in Atom (*beispiel_atom_1.xml*)

```
<?xml version="1.0" encoding="utf-8"?>
<feed xmlns="http://www.w3.org/2005/Atom">

  <title>Stilblätter</title>
  <link href="http://www.example.com/" />
  <link rel="self" href="http://www.example.com/beispiel_atom_1.xml" />
  <updated>2007-03-21T15:59:50+01:00</updated>
  <author>
    <name>FM</name>
  </author>
  <id>http://www.example.com/</id>

  <entry>
    <title>Bloggen mit Habari</title>
    <link href="http://www.example.com/bloggen-mit-habari/"/>
    <id>http://www.example.com/bloggen-mit-habari/</id>
    <updated>2007-03-21T15:59:47+01:00</updated>
```

```
    <summary>Habari ist ein neues Blogging-System, das streng
    objektorientiert ist, und auf PHP 5 basiert.</summary>
  </entry>

  <entry>
    <title>Hintergrundbilder im Safari</title>
    <link href="http://www.example.com/hintergrundbilder-im-safari/"/>
    <id>http://www.example.com/news/2006/news_rss_10.html</id>
    <updated>2007-03-21T15:59:48+01:00</updated>
    <summary>Der Browser Safari offenbart wieder einmal eine fortgeschrittene
    CSS3-Unterstützung und hat die Einbindung mehrerer Hintergrundbilder bei
    einem Element implementiert.</summary>
  </entry>

  <entry>
    <title>Web Forms 2.0</title>
    <link href="http://www.example.com/web-forms-20/"/>
    <id>http://www.example.com/web-forms-20/</id>
    <updated>2007-03-21T15:59:49+01:00</updated>
    <summary>Web Forms 2.0 sind eine Erweiterung der Funktionalität von
    Formularen in HTML/XHTML. Besonders attraktiv ist die Validierung ganz
    ohne JavaScript</summary>
  </entry>

</feed>
```

Ein Atom-Feed ist etwas anders aufgebaut: Das Wurzelelement in Atom lautet `feed`, nicht mehr `rss`. Die einzelnen Nachrichten sind innerhalb von `entry`-Elementen untergebracht. Das oben angeführte Element `summary` nimmt eine Zusammenfassung des Nachrichteninhalts auf. Das Element `id` dient zur eindeutigen Kennzeichnung eines einzelnen Eintrags und enthält eine IRI (*International Resource Identifier* – eine internationalisierte Version einer URI).

4.2.6 OPML – Austauschformat für Newsfeed-Listen

OPML steht für Outline Processor Markup Language und ist ebenfalls eine XML-basierte Sprache. OPML ist aber kein Format für Newsfeeds wie RSS oder Atom, sondern dient unter anderem als Austauschformat für Newsfeeds-Listen.

Ein Beispiel für eine einfache OPML-Liste mit zwei RSS-Feeds:

Listing 4.4: Typische OPML-Datei – *beispiel_opml.xml*

```
<?xml version="1.0" encoding="UTF-8"?>
<opml version="1.0">
  <head>
  </head>
  <body>
      <outline text="Barrierefreies Webdesign: Einfach für Alle - eine
      Initiative der Aktion Mensch" xmlUrl="http://www.einfachfueralle.de/
      blog/feed/efafeed.rss"
htmlUrl="http://www.einfach-fuer-alle.de/blog/" type="rss"
```

```
version="RSS"></outline>
      <outline text="Jeffrey Zeldman Presents: The Daily Report"
      xmlUrl="http://www.zeldman.com/feed/zeldman.xml" htmlUrl="http://
      www.zeldman.com/" type="rss" version="RSS"></outline>
  </body>
</opml>
```

Ein OPML-Dokument hat als Wurzelelement `opml` und darin befinden sich `head` und `body`. Innerhalb von `body` stehen die `outline`-Elemente, die beliebig tief verschachtelt sein können und deren Attribute die Informationen über die einzelnen Newsfeeds enthalten.

4.2.7 Verbreitung der einzelnen Formate

Nach den Daten des Newsfeeds-Katalogs Syndic8 werden RSS-Feeds auch noch im Frühjahr 2007 wesentlich häufiger eingesetzt als Atom-Feeds. Von 499 490 Feeds insgesamt zählt Syndic8 im April 2007 84 952 Feeds, die Atom benutzen, gegenüber 400 737, die RSS verwenden (*http://www.syndic8.com/stats.php*).

Wenn Sie nach der Verbreitung gehen, spricht also alles für RSS 2.0. Auch wer Podcasting – Radiosendungen im Internet – betreiben möchte, hat mit RSS 2.0 eine gute Wahl getroffen, da dies das für Podcasts am häufigsten benutzte Format ist. Sofern es möglich ist, ist es natürlich sinnvoll, die Inhalte auch noch in Atom zur Verfügung zu stellen: Atom ist ein neues Format, das viele Vorteile in sich vereint und auf Dauer wahrscheinlich RSS ablösen wird. Das lässt sich gut bewerkstelligen, denn normale Newsfeeds können Sie problemlos von einem Format in ein anderes konvertieren – ein Service, den beispielsweise auch der Feedburner (*http://www.feedburner.com/*) anbietet.

4.2.8 Feeds prüfen

Bevor Sie Ihre Feeds einsetzen, sollten Sie sie unbedingt auf ihre formale Korrektheit überprüfen, denn nur bei korrekten Feeds kann man sicher sein, dass sie von den Feedreadern wie gewünscht verarbeitet werden. Diese Überprüfung, ob der Newsfeed korrekt ist, nennt man auch Validierung, entsprechend heißt das dazugehörige Tool Validator.

Zur Überprüfung gibt es schon einmal den Feed-Validator *http://feedvalidator.org/*. Hierfür muss sich der Newsfeed online befinden – dann genügt es, den URL anzugeben, und schon wird der Newsfeed überprüft.

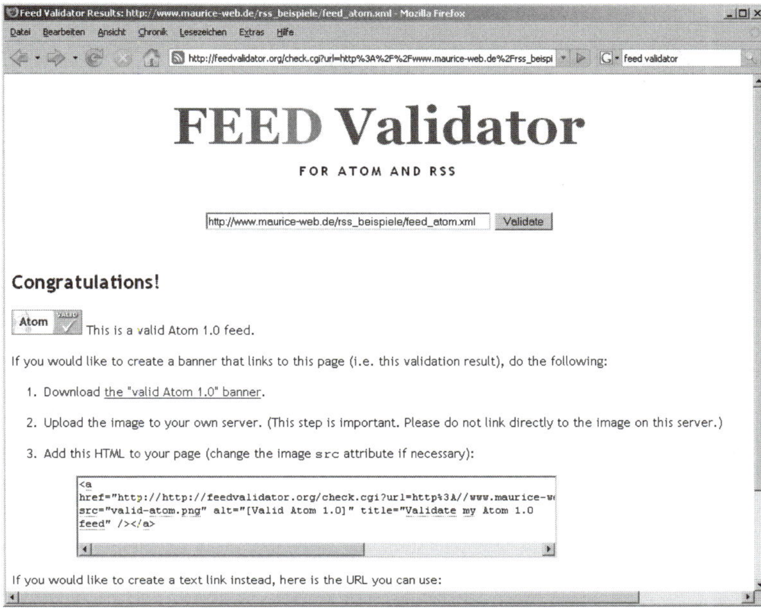

Abbildung 4.13 Gratulation! Ein valider Feed

Einen deutschsprachigen Validator, der auch hochgeladene Dateien akzeptiert, finden Sie unter: *http://www.validome.org/rss-atom/*. Achtung, Sie müssen hier selbst die Version Ihres Feed angeben, der Validome erkennt diese nicht automatisch.

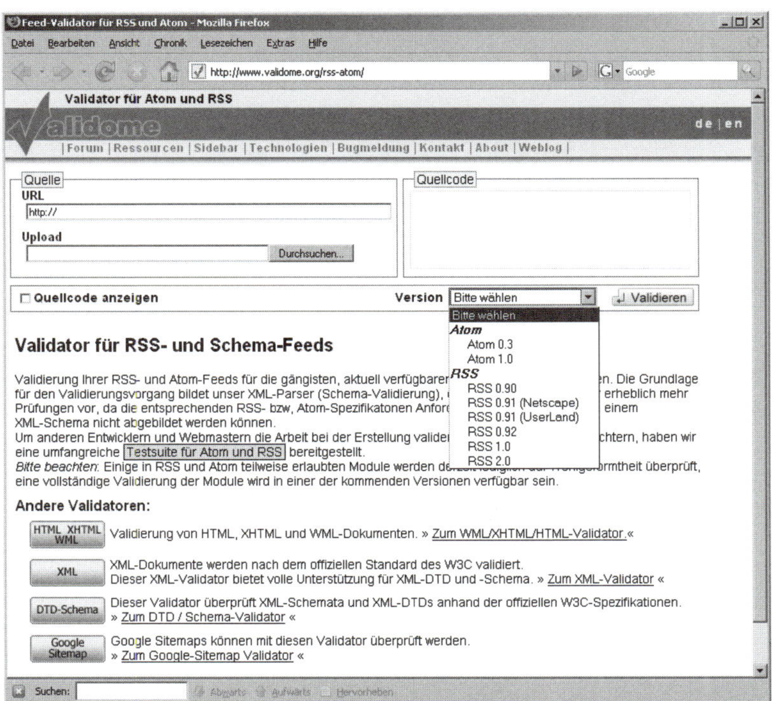

Abbildung 4.14 Validome

Setzen Sie hingegen RSS 1.0 ein, ist Validome nicht so zuverlässig und Sie sollten den Validator vom W3-Consortium verwenden: *http://www.w3.org/RDF/Validator/*. Er bietet neben einer Validierung auch eine grafische Darstellung der RDF-Verknüpfungen, diese Option können Sie auf der Startseite angeben.

Manche Feed-Editoren (siehe ***Abschnitt 4.3.7***) haben ebenfalls einen Validator integriert.

4.3 Newsfeeds erstellen

Eigentlich können Sie Newsfeeds einfach per Hand erstellen. Es genügt eine einmalige Vorlage als Textdatei, in die Sie die jeweils neuen Daten eintragen. Aber selbstverständlich gibt es wesentlich komfortablere Methoden, die Ihnen das Gefummel mit den spitzen Klammern ersparen.

4.3.1 Newsfeed per CMS oder Blog

Wenn Sie ein gängiges Blog- oder Content-Management-System einsetzen, stehen die Chancen gut, dass dieses System auch schon automatisch Ihre Inhalte Newsfeeds zur Verfügung stellt – Wordpress (siehe ***Kapitel 5***), Serendipity (*http://www.s9y.org/*), das CMS Joomla! usw. machen das beispielsweise standardmäßig.

Für das Content-Management-System TYPO3 gibt es für Newsfeeds spezielle Erweiterungen, wie beispielsweise **RSS Content** (*http://typo3.org/documentation/document-library/extension-manuals/stever_rsscontent/1.0.1/view/*). Diese Erweiterung stellt alle aktuellen Änderungen an der Tabelle *tt_content* als Newsfeed zur Verfügung. Weitere TYPO3-Extensions für Newsfeeds finden Sie, wenn Sie bei der Suchfunktion auf der Website *http://typo3.org/extensions/repository* die Begriffe *RSS* oder *Atom* eingeben.

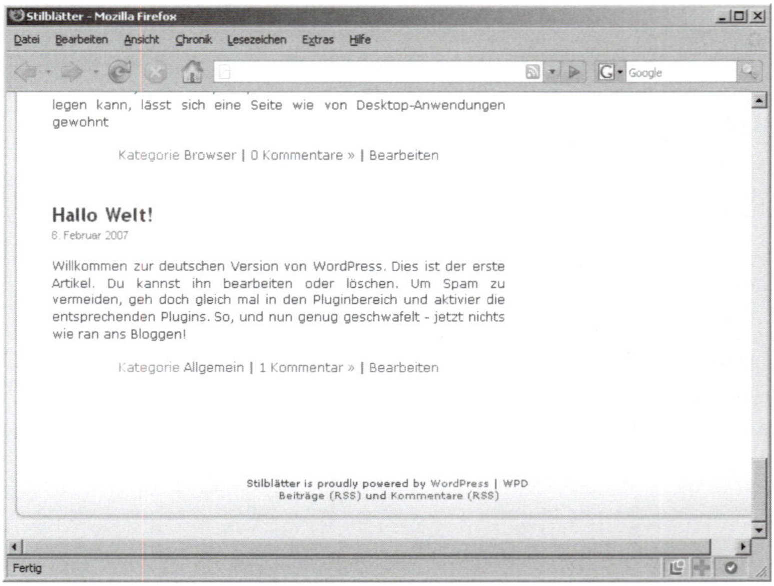

Abbildung 4.15
Wordpress, die in *Kapitel 5* vorgestellte Blogging-Software, erstellt automatisch die Newfeeds und zudem einen Link zum Abonnieren des Newsfeed von Beiträgen und des Newsfeed von Kommentaren in der Fußzeile.

4.3.2 Newsfeed per Online-Formular

Es gibt verschiedene Online-Tools, in denen Sie nur die gewünschten Daten in Formularfelder eintragen müssen, damit Ihnen darauf basierend Ihr Feed erstellt wird. Ein Beispiel zeigt Abbildung 4.16: Zuerst wählen Sie die Anzahl der Nachrichten. Darauf erscheint die entsprechende Anzahl an Formularfeldern. Haben Sie diese ausgefüllt und das Formular abgesendet, wird daraus der Code für Ihr Newsfeed generiert. Zu finden ist dieser englischsprachige Dienst unter *http://www.webdevtips.co.uk/webdevtips/codegen/rss.shtml.* Erzeugt wird ein Newsfeed im Format RSS 0.92. Sie haben Recht, nicht unbedingt das Format der ersten Wahl, da RSS 2.0 die neuere Variante darstellt, aber trotzdem nicht schlecht.

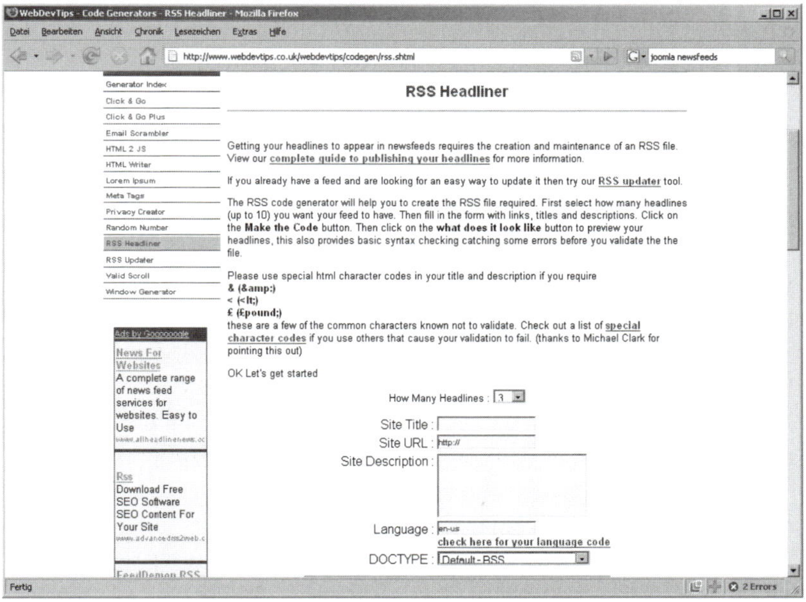

Abbildung 4.16
Newsfeed über Formular generieren lassen

4.3.3 Newsfeed per Browser-Erweiterung

Für den Firefox gibt es eine kleine nützliche Erweiterung, um Newsfeeds im Format RSS 2.0 zu erstellen. Sie finden sie unter *https://addons.mozilla.org/firefox/344/* und auf der Buch-CD. Die Erweiterung rufen Sie über Ansicht/Sidebar/RSS Editor auf, danach finden Sie den Editor links im Browser-Fenster.

Unter der Menü- und der Symbolleiste des Editors sind zwei Reiter. Im Reiter Kanal können Sie Angaben zum Channel machen, bei Artikel geben Sie die einzelnen Artikel ein. Zum Schluss können Sie die Datei auf Ihrer Festplatte abspeichern (Datei/Speichern) oder per Datei/URI speichern als File-Upload auf den Webspace. Zugegebenermaßen hat Letzteres bei lokalen Tests bei der Autorin nicht funktioniert, aber vielleicht haben Sie ja mehr Glück. Ansonsten ist das Speichern des File schon praktisch, den FTP-Upload kann man dann mit dem auch sonst verwendeten FTP-Programm durchführen.

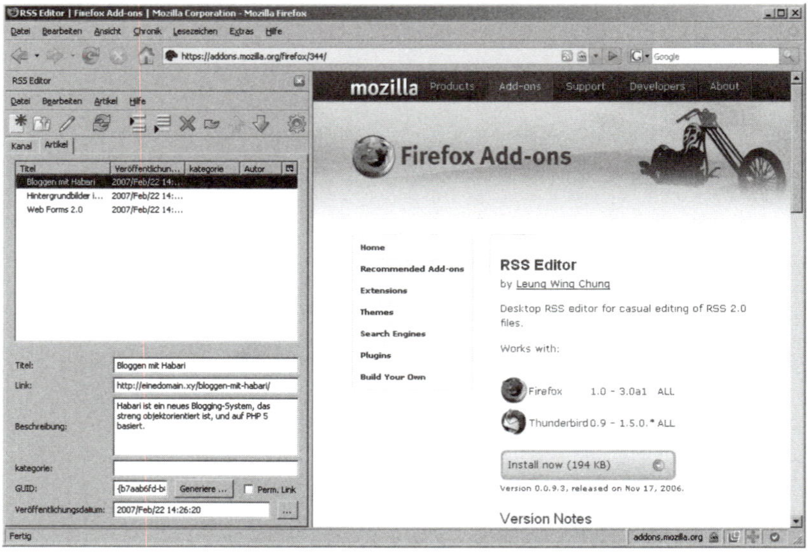

Abbildung 4.17
Mit dem RSS-Editor erstellt man RSS 2.0-Feeds ohne Code-Fummelei.

4.3.4 Newsfeeds per Skript

Es gibt verschiedene Skripte, die Sie zum Erzeugen von Newsfeeds einsetzen können. Als Beispiel wird hier die Benutzung der PHP-Klasse `FeedCreator.class.php` gezeigt, das unter *http://www.bitfolge.de/rsscreator-en.html* zum Download bereitsteht. Sie finden es auch auf der Buch-CD.

TIPP

Um das Skript zu benutzen, brauchen Sie einen Provider mit PHP-Unterstützung. Außerdem können Sie es selbstverständlich auch in einer lokalen Server-Umgebung wie XAMPP einsetzen, dessen Installation in *Kapitel 1* beschrieben wird. Wichtig ist bei der Verwendung eines lokalen Testsystems, dass Sie die Dateien in einem Unterverzeichnis des Stammverzeichnisses speichern. Wenn Sie XAMPP installiert und die Konfiguration nicht geändert haben, speichern Sie das Skript in einem Unterordner von *htdocs*. Rufen Sie die Dateien dann über *localhost/namedes-unterordners/dateiname* im Browser auf. Direkter Doppelklick oder Datei/Öffnen im Browser – so wie Sie es von HTML-Dateien kennen –, funktioniert hingegen nicht.

Laden Sie sich zuerst die `FeedCreator`-Klasse von *http://www.bitfolge.de/rsscreator-en.html* herunter oder kopieren Sie sie von der Buch-CD. Entpacken Sie sie dann und spielen Sie sie auf Ihren Webserver. Im Beispiel befindet sich das Skript in einem Unterordner mit Namen *feedcreator*. Sollten Sie einen anderen Ort wählen, müssen Sie die Pfade im folgenden Beispielskript anpassen.

Normalerweise werden die Inhalte, die Sie in Ihrem Newsfeed publizieren möchten, aus einer Datenbank stammen. Um das Beispiel einfach zu halten, werden die Inhalte hier jedoch direkt in den Quellcode geschrieben und nicht aus einer Datenbank gewonnen.

```php
<?php
include("feedcreator/feedcreator.class.php");
$rss = new UniversalFeedCreator();
$rss->useCached();
$rss->title = "Stilblätter";
$rss->description = "Webpublishing-News";
$rss->link = "http://www.example.com/";
$rss->syndicationURL = "http://www.example.com".$_SERVER["PHP_SELF"];

/*bei mehreren Nachrichten kommt hier die Schleife, bei der die Daten
aus der Datenbank gelesen werden*/

  $item = new FeedItem();
  $item->title = "Bloggen mit Habari";
  $item->link = "http://www.example.com/bloggen-mit-habari/";
  $item->description = "Habari ist ein neues Blogging-System,
  das streng objektorientiert ist, und auf PHP 5 basiert.";
  $item->author = "FM";

  $rss->addItem($item);
$rss->saveFeed("RSS2.0", "feed_RSS20.xml");
?>
```

Listing 4.5:
Mit der Klasse `feedcreator` ist das Erstellen von Newsfeeds ganz einfach (*feed_erzeugen.php*)

Im Listing werden dem Skript die einzelnen Daten übergeben. Wenn Sie das Skript aufrufen, wird die Newsfeed-Datei mit Namen *feed_RSS20.xml* erzeugt und direkt im Browser angezeigt. Das Skript muss natürlich hierfür Schreibrechte (siehe hierzu auch ***Kapitel 5.5.4***) im angegebenen Ordner besitzen.

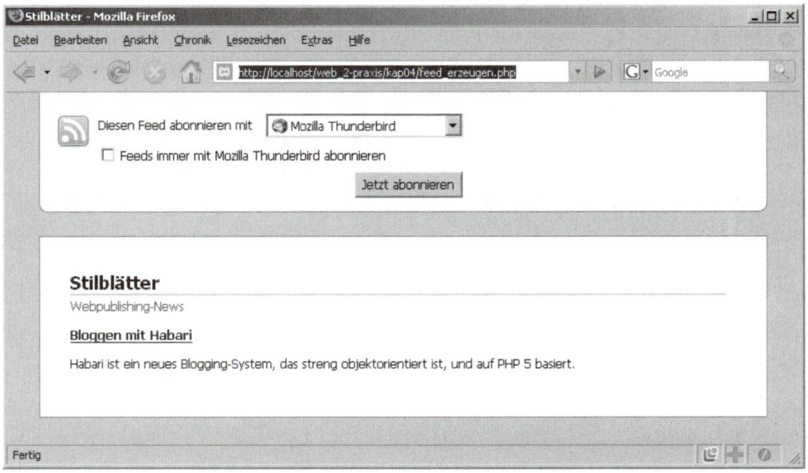

Abbildung 4.18
Wenn man das PHP-Skript aufruft, wird der Newsfeed erzeugt und gleich angezeigt.

Im Beispiel wurde ein Newsfeed im Format RSS 2.0 erstellt – wünschen Sie hingegen ein Newsfeed im Format RSS 1.0, so müssen Sie nur die letzte Zeile anpassen, das war's auch schon. Entscheidend ist hier der erste Parameter – wie die Datei heißen soll, ist Ihnen freigestellt.

```php
$rss->saveFeed("RSS1.0", "feed_RSS10.xml");
```

Atom wird ebenfalls unterstützt, aber derzeit (April 2007) nur in der veralteten Version 0.3.

4.3.5 Newsfeed von Online-Diensten

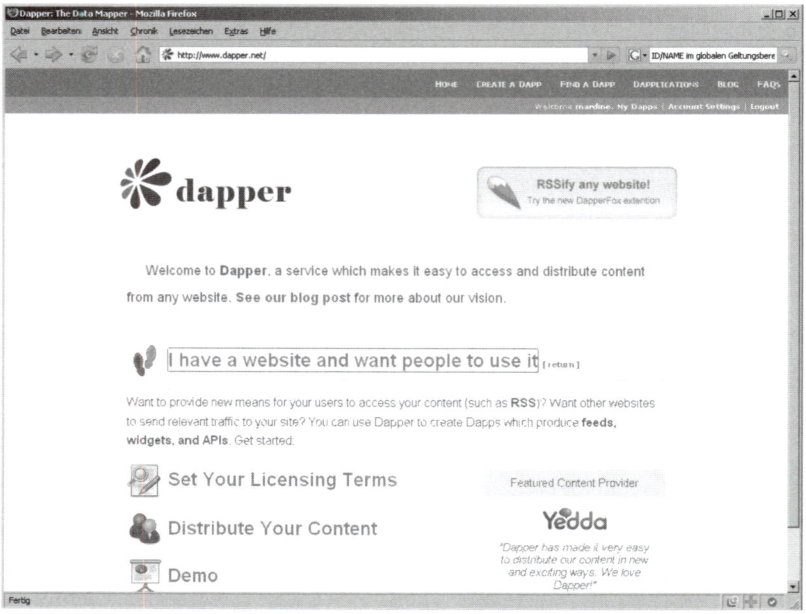

Abbildung 4.19
Das Motto von Dapper »RSSify any website« (RSSifizierung von beliebigen Webseiten)

Es gibt auch Online-Werkzeuge, die auf der Basis von bestehenden Webseiten Newsfeeds und mehr generieren. Einen solchen Dienst bietet beispielsweise Dapper (*http://www.dapper.net/*). Nach einer kostenlosen Registrierung gibt man zuerst die Domain an. Anhand einer Textdatei mit einem Code, die man auf dem Server speichert, beweist man, dass man Besitzer der Domain ist. Dann kann man die Seiten bestimmen, die Basis für den Newsfeed oder ähnlichen Dienst sein sollen. Nun geht es daran, die Inhalte aus der Seite für den Newsfeed zusammenzustellen, sogenannte Felder zu erzeugen. Sie klicken auf Bereiche einer Textansicht der Webseite, die aufgenommen werden sollen, und Dapper versucht, ähnliche zu finden. Die Informationen können Sie nun benennen und weitere hinzufügen. Daraus kann Dapper den Newsfeed generieren.

Ähnliche Dienste bieten Ponyfish (*http://www.ponyfish.com/*) – in einer einfachen Variante sogar ohne Account – oder Openkapow (*http://www.openkapow.com/*).

4.3.6 Selber zusammenmischen: Mashup mit Yahoo Pipes

Um aus bestehenden Newsfeeds oder anderen Ergebnissen von Suchdiensten einen Newsfeed zusammenzustellen, können Sie die Anwendung Pipes von Yahoo (*http://pipes.yahoo.com/pipes/*) einsetzen. Alles, was Sie dafür brauchen, ist ein kostenloser Yahoo-Account und Spaß am Basteln.

Sie können eine Pipe ganz neu erstellen oder auch eine bestehende als Basis nehmen. Das Ergebnis ist ein Newfeed in den klassischen Formaten RSS 2.0, RSS 1.0 oder Atom. Außerdem können Sie das Ergebnis auch im JSON-Format abspeichern. JSON gilt als kompakter als XML und dient zum Austausch strukturierter Daten, es wird häufig gerade in Zusammenhang mit AJAX eingesetzt. In ***Kapitel 6*** erfahren Sie mehr darüber. Dieser erstellte Newsfeed wird bei Yahoo gehostet und lässt sich verarbeiten wie andere Newsfeeds auch.

Auf der Startseite können Sie nach anderen Pipes zu bestimmten Begriffen suchen. Haben Sie eine interessante Pipe gefunden, können Sie sich das Ergebnis dieser Pipe mit RUN THIS PIPE ausgeben lassen. Über VIEW/EDIT sehen Sie, wie sie entstanden ist, und per CLONE kopieren Sie diese Pipe als Basis für eigene Änderungen.

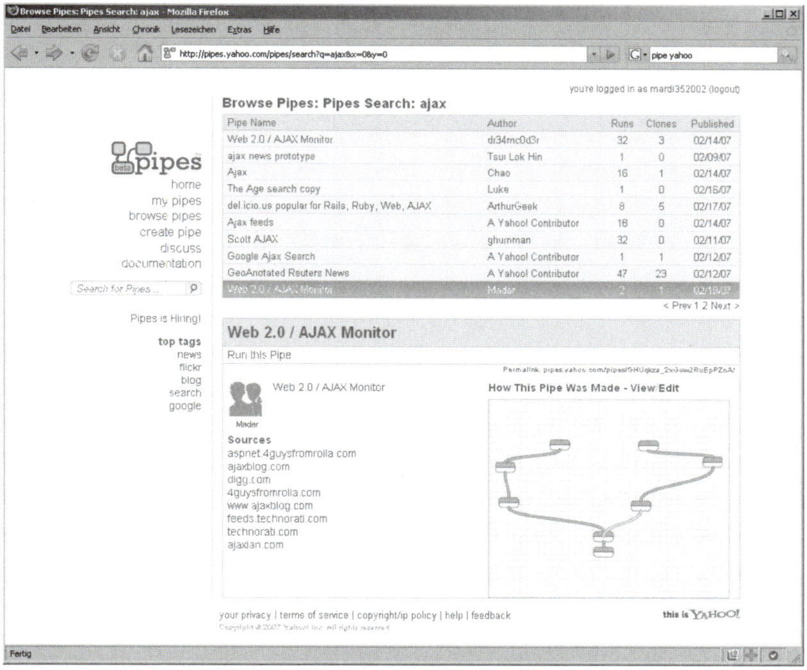

Abbildung 4.20
Pipes zum Thema AJAX

Während des Erstellens einer Pipe sehen Sie im linken Bereich verschiedene Komponenten, die Sie per Drag&Drop auf den großen Arbeitsbereich links ziehen können. Ganz oben befinden sich Ansichtsoptionen – EXPAND ALL zeigt die Details der verwendeten Module, COLLAPSE ALL nur die Titelleiste von Modulen. Links können Sie Ihre Pipe speichern (SAVE) oder am Schluss publizieren (PUBLISH). Zwischendurch sind die Debug-Ausgaben im unteren Bildschirmteil hilfreich: Wenn Sie auf das Modul OUTPUT klicken, das automatisch eingefügt wird, wenn Sie mit der Erstellung einer Pipe beginnen, sehen Sie das Ergebnis des Zwischenstands, das Sie über REFRESH immer auf den aktuellen Stand bringen können.

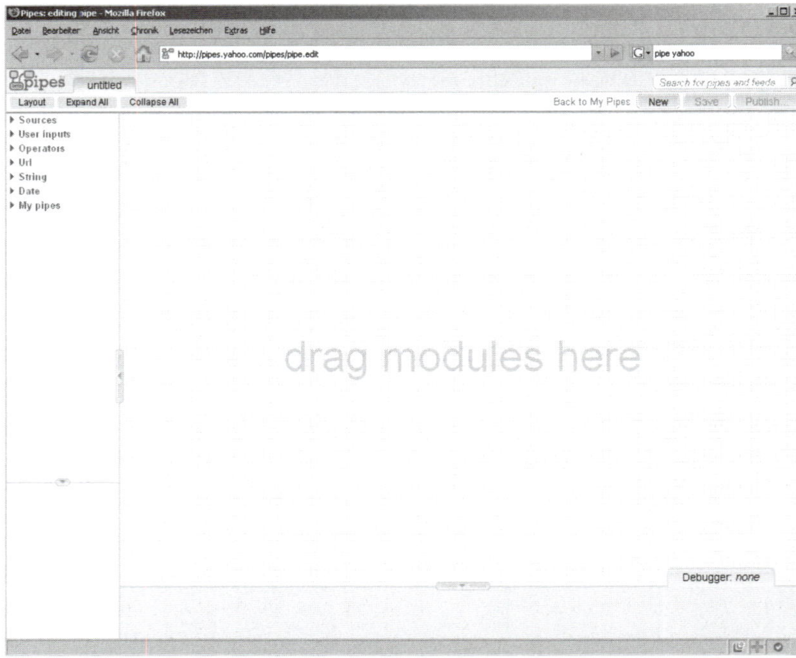

Abbildung 4.21
Arbeitsbereich von Pipes

Ein einfaches Beispiel soll zeigen, wie sich eine Pipe erstellen lässt. Angenommen, Sie wollen verfolgen, was die klassischen Printmedien über Web 2.0 oder das Internet schreiben. Zuerst benötigen Sie dafür eine Datenquelle: Expandieren Sie SOURCES, wählen Sie FETCH und ziehen Sie es auf den Bearbeitungsbereich. Bei URL können Sie nun die Adresse eines Newsfeed eingeben. Platz für eine weitere Adresse erhalten Sie über das Plus im oberen Bereich, mit dem Klick auf das Kreuz vor einem URL löschen Sie diesen hingegen wieder. In dem Moment, in dem Sie eine erste Komponente in Ihren Arbeitsbereich gezogen haben, erscheint schon das Modul OUTPUT.

Abbildung 4.22
Die Komponente Fetch

Als Nächstes soll ein Filterkriterium definiert werden. Dieses Modul finden Sie unter OPERATORS. Ziehen Sie FILTER auf die Bühne. Nun definieren Sie, dass der TITLE die gewünschten Begriffe, beispielsweise Web 2.0 oder Internet, enthält.

Zum Schluss verbinden Sie die einzelnen Komponenten. Ziehen Sie hierfür mit gedrückter Maustaste eine gedachte Linie von einem der runden Knöpfe an den Komponenten zu einem anderen. Das Ende dieser Reihe verbinden Sie mit OUTPUT. Zum Löschen einer Verbindungslinie klicken Sie auf diese und dann erneut auf die Schere, die erscheint.

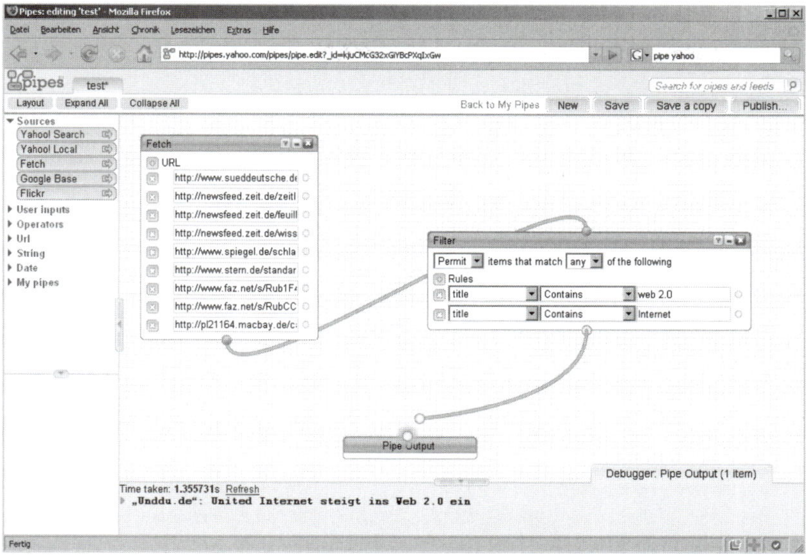

Abbildung 4.23
Die einzelnen Komponenten lassen sich per Drag&Drop verbinden.

Zum Publizieren klicken Sie auf PUBLISH. Sie können nun noch einen Namen, eine Beschreibung und Tags vergeben. Über den Tab PIPE PREVIEW links oben öffnen Sie eine neue Seite mit dem Ergebnis Ihrer Pipe.

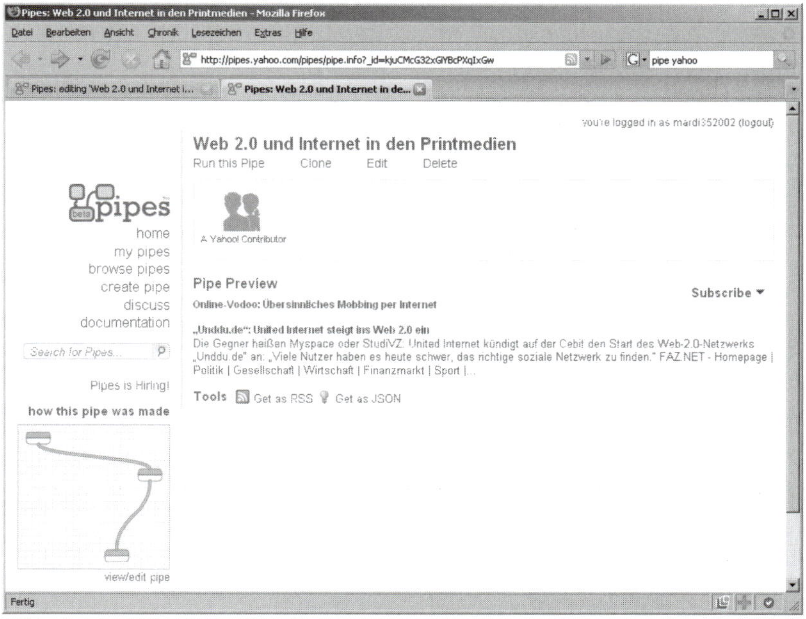

Abbildung 4.24
Pipe-Vorschau mit Links zum Abonnieren

Die Pipe können Sie per Subscribe abonnieren, Sie erhalten dann den URL, wo dieser Newsfeed bei Yahoo gehostet ist.

4.3.7 Editoren für Newsfeeds

War bei den bisher vorgestellten Tools nicht das Richtige für Sie dabei, so gibt es natürlich auch auf die Erstellung von Newsfeeds spezialisierte Programme. Hier erhalten Sie ein paar Links, wo Sie diese finden.

- *http://www.softwaregarden.com/products/listgarden/index.html* – ListGardenRSS Feed Generator Program – unter GNU-Lizenz
- *http://www.rss-info.com/en_rsseditor.html* – Free RSS Feed Editor
- *http://www.usablelabs.com/productFeedSpring.html* – FeedSpring noch ein freier Feed-Generator
- *http://www.extralabs.net/feed-editor.htm* – Feed Editor kostenlos nur Testversionen
- *http://www.tristana.org/* – Tristana RSS, noch ein RSS Writer, den Sie zwei Wochen kostenlos testen können.
- *http://www.mirabyte.com/de/inhalt/produkte_services/feedwriter.html* – Feed Writer ist ein deutschsprachiger RSS Editor, für private Zwecke gibt es eine kostenlose Testversion.
- *http://www.alnera.de/de/feedworkshop/* – Feed Workshop (deutschsprachig), kostenlose Testversion für sieben Tage

4.4 Newsfeeds bekannt machen

Sind die Newsfeeds erstellt, braucht es nur noch genügend Abonnenten, damit sich die Mühe auch gelohnt hat. Sie müssen jetzt also noch Ihre Newsfeeds bekannt machen.

4.4.1 link im head-Bereich für die automatische Indexierung

Damit Ihre Newsfeeds automatisch erkannt werden (*RSS Auto Discovery*), sollten Sie in den `head`-Bereich einen Verweis einfügen. Geben Sie im `link`-Element `rel="alternate"` an und bei `type` den richtigen MIME-Typ, der je nach Newsfeed-Version ein bisschen anders lautet.

Für RSS 2.0:

```
<link rel="alternate" type="application/rss+xml" title="RSS"
href="Pfad_zur_RSS-Datei" />
```

Der MIME-Typ für RSS 2.0 heißt `application/rss+xml`. Daneben ist auch `application/xml` oder `text/xml` möglich. Bei `href` sollten Sie den absoluten Pfad beginnend mit `http://` angeben.

Für RSS 1.0:

```
<link rel="alternate" type="application/rdf+xml" title="RSS"
href="Pfad_zur_RSS-Datei" />
```

Für Atom:

```
<link rel="alternate" type="application/atom+xml" title="Atom-Datei"
href="Pfad_zur_Atom-Datei" />
```

Verwenden Sie anstelle von XHTML hingegen HTML, so müssen Sie den Slash vor der spitzen schließenden Klammer weglassen, also so:

```
<link rel="alternate" type="application/rss+xml" title="RSS"
href="Pfad_zur_RSS-Datei">
```

Der Inhalt von `title` ist insbesondere wichtig, wenn Sie mehrere Newsfeeds anbieten. Die Benutzer von Firefox/Opera oder Internet Explorer 7 erhalten den Inhalt des `title`-Attributs dann in einer Liste angezeigt und können sich anhanddessen entscheiden, welchen Newsfeed sie sehen/abonnieren möchten.

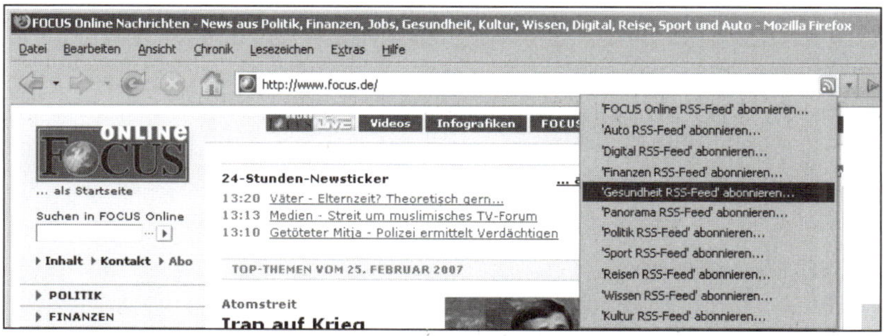

Abbildung 4.25
Mehrere Newsfeeds zur Auswahl bei Focus. Angezeigt werden hier die Inhalte des `title`-Attributs.

TIPP

Newsfeeds müssen mit dem entsprechenden MIME-Typ ausgeliefert werden. Dieser lässt sich beispielsweise in einer *.htaccess*-Datei für den Apache-Webserver festlegen. Die *.htaccess*-Datei ist eine normale Textdatei, die für Konfigurationen des Apache-Webservers verwendet wird und unter diesem für Windows-Benutzer etwas seltsam anmutenden Namen abgespeichert wird.

Ein Beispiel: Für RSS 2.0-Newsfeeds, die mit der Endung *.rss* abgespeichert sind, können Sie über die folgende Zeile sorgen, dass diese mit dem richtigen MIME-Typ ausgeliefert werden.

```
AddType application/rss+xml .rss
```

Zuerst steht `AddType`, dann folgt nach einem Leerzeichen der MIME-Typ und nach einem weiteren Leerzeichen die Dateiendung.

4.4.2 Hyperlink für die Surfer

Zusätzlich zum `link`-Element für die automatische Indizierung sollte auch noch ein normaler Link die Besucher auf den Newsfeed hinweisen. Üblicherweise sollte dieser direkt die Adresse des Newsfeed beinhalten, damit Besucher sie für ihren Feedreader kopieren können. Führt der Link hingegen bei mehreren Formaten und Feeds auf eine eigene Seite mit einer Liste der Feeds, sollte das aus der Beschreibung hervorgehen.

Für diesen Link genügt eigentlich ein simpler Textlinks, häufig sehen Sie auch ein orangefarbenes XML-Logo – obwohl streng genommen natürlich RSS oder Atom nur eine XML-Anwendung sind.

Abbildung 4.26
Das orangefarbene XML-Logo verweist auf Newsfeeds.

Eine weitere Möglichkeit ist es, für die Benutzer gängiger Online-Feedreader direkt die Links so zu erstellen, dass der Feed automatisch mit dem Feedreader abonniert werden kann. Üblicherweise werden zusätzlich auch die entsprechenden Buttons angezeigt – ganz ähnlich, wie Sie es in ***Kapitel 2*** bei den Buttons zum Hinzufügen einer Webseite zu einem Social Bookmark-Dienst gesehen haben.

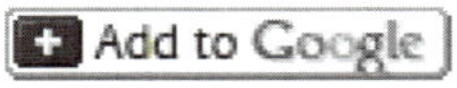

Abbildung 4.27
Ein Button zeigt an, dass sich der Newsfeed mit nur einem Mausklick zum Google-Reader hinzufügen lässt.

Für den Google-Reader sieht dieser beispielsweise folgendermaßen aus:

```
<p><a href="http://fusion.google.com/add?feedurl=http://www.example.com/
beispiel_atom_1.xml "><img src="http://buttons.googlesyndication.com/
fusion/add.gif" width="104" height="17" style="border:0" alt="Add to Google" />
</a></p>
```

Möchten Sie sich diese Buttons mit den notwendigem Code automatisch für Ihren Newsfeed erzeugen lassen, so finden Sie dafür bei *http://www.toprankblog.com/tools/rss-buttons/* ein praktisches Online-Tool: Sie wählen aus, welche Buttons Sie haben möchten, geben den Titel Ihres Newsfeed und den URL an und schon wird der benötigte Quellcode erstellt.

Abbildung 4.28
RSS-Buttons für alle möglichen und unmöglichen Feedreader

TIPP

Umgekehrt jedoch ist es nicht sinnvoll, wenn Suchmaschinen Feeds indexieren – ein Surfer, der über einen Link von Google auf der Seite mit den Feeds landet, wird meist nicht recht wissen, was er da soll. Ausschließen lassen sich Suchmaschinen über eine *robots.txt*-Datei. Befinden sich die Newsfeed-Dateien in einem Unterordner mit dem Namen *newsfeed*, so könnte der Eintrag in der *robots.txt*-Datei folgendermaßen aussehen:

```
User-agent: *
Disallow: /newsfeed
```

Damit ist für alle Robots der Ordner *newsfeed* gesperrt. Die Datei *robots.txt* muss auf oberster Ebene abgespeichert werden, also beispielsweise über den URL *http://www.example.com/robots.txt* erreichbar sein. Mehr Informationen zur *robots.txt* finden Sie in der Wikipedia unter *http://de.wikipedia.org/wiki/Robots.txt*.

Noch eleganter ist es freilich, den Ordner mit den Newsfeeds nicht für Suchmaschinen zu sperren, sondern per *.htaccess*-Datei eine Umleitung auf den eigentlichen Content zu erstellen. Diese Umleitung soll natürlich nur für jemanden gelten, der über den Link von einer Suchmaschine auf die Seite kommt. Wie das geht, finden Sie auf *http://visualhype.de/suchmaschinen/newsfeed-in-suchmaschinen/265/* beschrieben.

4.4.3 Anmeldung bei großen Newsfeeds-Verzeichnissen

Um Ihr Newsfeed bekannt zu machen, sollten Sie es bei einem der großen Verzeichnisse anmelden. Hierzu zählen beispielsweise:

- *http://www.rss-scout.de/* – listet nach eigenen Angaben die größte deutschsprachige Auswahl an Newsfeeds.
- *http://www.rss-verzeichnis.de/* – ein deutschsprachiges Portal rund ums Thema RSS.
- *http://www.rss-nachrichten.de/* – mit eigenen Verzeichnissen zu Podcasts und Videoblogs
- *http://www.feedster.com/* – eine weitere Suchmaschine für Newsfeeds
- *http://www.syndic8.com/* – Syndic8 bietet neben einer Auflistung von über 450 000 Feeds auch viele nützliche Statistiken.
- *http:///www.newsisfree.com/* – ein englischsprachiges Portal, auch einige deutschsprachige Newsfeeds

Viele nützliche Funktionen für Newsfeeds bietet der Feedburner (*http://www.feedburner.com/*), der wie so viele Online-Dienste in der Basisversion kostenlos ist. Sie können Ihren Feed dort anmelden und der Feed erhält einen URL bei Feedburner. Feedburner bietet Ihnen weitere interessante Optionen an: Besonders praktisch sind die Statistiken, um herauszufinden, wer was wann gelesen hat. Sie können aber auch den Feed aufpeppen durch die

Abonnier-mich-mit-Buttons oder ihn in verschiedene Formate konvertieren. Darüber hinaus können Sie ihn auch als E-Mail-Abo-Dienst zur Verfügung stellen und vieles mehr.

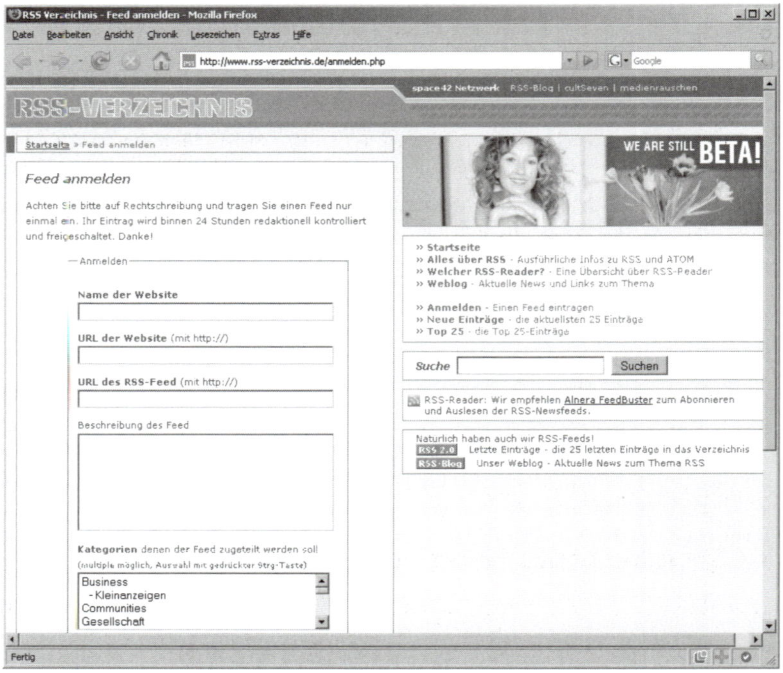

Abbildung 4.29
Wenn Sie Ihren Feed im RSS-Verzeichnis eintragen, sollten Sie auch eine passende Beschreibung angeben.

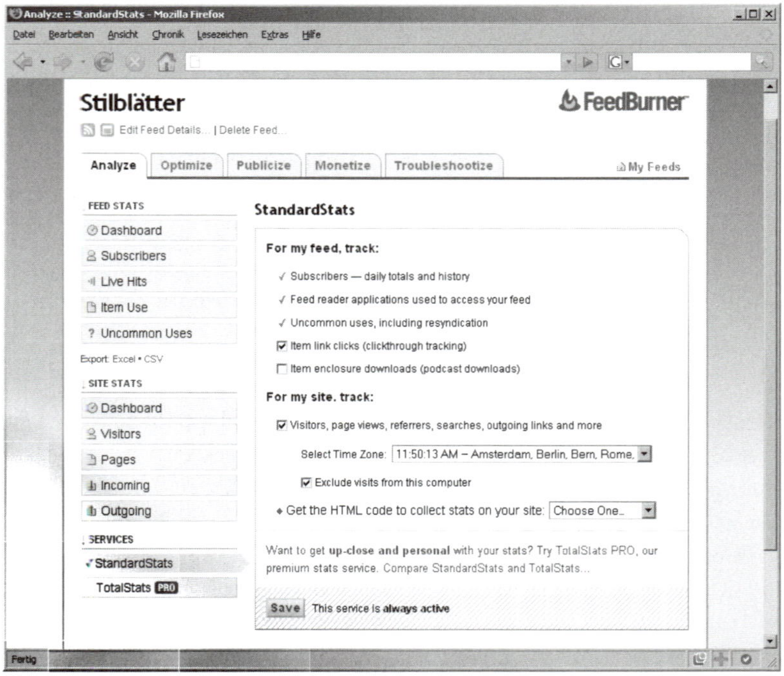

Abbildung 4.30
Überblick über die Abonnenten des Newsfeed: Feedburner bietet interessante Statistikfunktionen und mehr als das.

4.5 Newsfeeds von anderen Seiten einbinden

Um die Attraktivität Ihrer Website zu erhöhen, können Sie diese mit aktuellen Nachrichten bestücken. Zuerst benötigen Sie einen Newsfeed, den Sie in Ihre Website einbauen möchten. Fündig werden Sie sicher auf einer der im *Abschnitt 4.4.3* vorgestellten Webseiten.

TIPP

Wenn Sie die Newsfeeds anderer Webseiten in Ihre Website integrieren, sollten Sie die dort genannten Einschränkungen beachten. So erlauben manche Websites zwar das Lesen, nicht jedoch das Einbinden der Newsfeeds. Bei anderen ist die Angabe der Quelle zwingend erforderlich.

Manchmal ist die Verwertung an bestimmte Aspekte gebunden, beispielsweise ist sie nur auf privaten Seiten gestattet, nicht jedoch auf kommerziellen.

Zum Einbinden des Newsfeed gibt es fertige Skripte. Hier soll beispielhaft die Verwendung von MagpieRSS gezeigt werden. Damit Sie es einsetzen können, benötigen Sie einen Provider mit PHP-Unterstützung, zum lokalen Testen sollten Sie einen Server installiert haben (siehe *Kapitel 1* und *Abschnitt 4.3.4*).

4.5.1 Newsfeeds einbinden mit MagpieRSS

MagpieRSS ist ein Open-Source-Skript, um Feeds von fremden Seiten einzubinden. Es ist in PHP geschrieben. Die aktuelle Version finden Sie unter *http://magpierss.sourceforge.net/* und auf der Buch-CD. Entpacken Sie es und spielen Sie es auf Ihren Webserver hoch.

Im Beispiel wird MagpieRSS in einem Unterordner mit Namen *magpierss* abgespeichert. Wenn Sie es an einer anderen Stelle abspeichern, müssen Sie den Pfad anpassen.

Erstellen Sie außerdem dort, wo Sie Ihr PHP-Skript speichern werden, einen Ordner mit Namen *cache*. Ändern Sie die Rechte so, dass es beschreibbar wird. Magpie cached die Newsfeeds standardmäßig und eben genau in diesem Ort.

Wenn Sie das Verzeichnis *cache* nicht im selben Ort haben möchten, können Sie auch definieren, wo es sein soll:

```
define("MAGPIE_CACHE_DIR", "/pfad/zu/cache/ordner");
```

Im folgenden Beispiel wird der RSS-Feed der Technology Review aus dem Heise-Verlag ausgegeben. Als Überschrift erscheint der Titel des Channel, dann folgen die einzelnen Nachrichten als ungeordnete Liste. Außerdem wird jeder Titel als Verweis dargestellt und darunter steht der Inhalt des `description`-Elements.

TIPP

Weitere Beispiele für die Verwendung von Magpie finden Sie im Kochbuch – Kochen mit der Elster unter *http://magpierss.sourceforge.net/cookbook.shtml*.

Abbildung 4.31 Newsfeed von der Technology Review aus dem Heise-Verlag

Das PHP-Skript sieht folgendermaßen aus:

Listing 4.6: Mit MagpieRSS einen Newsfeed auf der Website integrieren (*aktuelles.php*)

```
<!DOCTYPE html PUBLIC "-//W3C//DTD XHTML 1.0 Strict//EN"
"http://www.w3.org/TR/xhtml1/DTD/xhtml1-strict.dtd">
<html xmlns="http://www.w3.org/1999/xhtml">
<head>
<meta http-equiv="Content-Type" content="text/html; charset=ISO-8859-1" />
<title>Newsfeeds mit MagpieRSS</title>
<style type="text/css">
/* <![CDATA[ */
body {
  font: 100.01% sans-serif;}
/* ]]> */
</style>
</head>
<body>

<?php
//benötigte Datei einbinden/Pfad evtl. anpassen
require_once("magpierss/rss_fetch.inc");

//URL des Newsfeeds - anpassen
$url = "http://www.heise.de/tr/blog/blog.rdf";
$rss = fetch_rss($url);
```

```
echo "<h2>Channel: " . $rss->channel["title"] . "</h2>";
echo "\n<ul>\n";
foreach ($rss->items as $item) {
  $href = $item["link"];
  $title = $item["title"];
  $description = $item["description"];
  echo "<li><a href='$href'>$title</a><br />$description</li>\n";
}
echo "</ul>\n";
?>

</body>
</html>
```

Über `$rss->channel` erhalten Sie ein Array mit allen Elementen des Channel. `$rss->items` liefert ein Array von assoziativen Arrays. Jede einzelne Nachricht stellt ein assoziatives Array dar, bei dem der Name des Elements den Schlüssel bildet. Im Listing wird das Array `$rss->items` in einer `foreach`-Schleife durchlaufen und jeweils auf den Inhalt des `link`-, des `title`- und des `description`-Elements zugegriffen.

Die Ausgabe des Beispiels sehen Sie in Abbildung 4.31. Der HTML-Code ist denkbar schlicht gehalten und die Optik erscheint noch nicht ausgefeilt. Jetzt können Sie darangehen, gewünschte Formatierungen vorzunehmen – am besten über CSS.

Alternativ dazu greifen Sie auf das Template-System Smarty zur Formatierung zurück. Smarty ist eine PHP-Bibliothek, die die Trennung von Code und Ausgabe ermöglicht. Wie Sie MagpieRSS mit Smarty zusammenbringen, erfahren Sie bei *http://www.drweb.de/weblogs/magpie-rss-smarty.shtml.*

Sollen nicht alle Einträge des Newsfeed angezeigt werden, sondern beispielsweise nur acht, so lässt sich das auch einfach bewerkstelligen. Die geänderten Zeilen sind hervorgehoben:

Listing 4.7: Dieses Mal werden nicht alle News, sondern nur acht angezeigt – *aktuelle_news_acht.php*

```
<!DOCTYPE html PUBLIC "-//W3C//DTD XHTML 1.0 Strict//EN" "http://www.w3.org/
TR/xhtml1/DTD/xhtml1-strict.dtd">
<html xmlns="http://www.w3.org/1999/xhtml">
<head>
<meta http-equiv="Content-Type" content="text/html; charset=ISO-8859-1" />
<title>Newsfeeds mit Magpie</title>
<style type="text/css">
/* <![CDATA[ */
body {
  font: 100.01% sans-serif;}
/* ]]> */
</style>
</head>
<body>

<?php
//benötigte Datei einbinden/Pfad evtl. anpassen
```

```
require_once("magpierss/rss_fetch.inc");

//URL des Newsfeeds - anpassen
$url = "http://www.heise.de/tr/blog/blog.rdf";
$num_items = 8;
$rss = fetch_rss($url);
$items = array_slice($rss->items, 0, $num_items);

echo "<h2>Channel: " . $rss->channel["title"] . "</h2>";
echo "\n<ul>\n";
foreach ($items as $item) {
  $href = $item["link"];
  $title = $item["title"];
  $description = $item["description"];
  echo "<li><a href='$href'>$title</a><br />$description</li>\n";
}
echo "</ul>\n";
?>
</body>
</html>
```

Beachten Sie jedoch, dass bei diesen Skripten keine Vorkehrungen vor Cross-Site-Scripting (XSS) getroffen werden – sprich, es gibt keine Filtermechanismen bezüglich möglichem bösartigen clientseitigen oder serverseitigen Code. Sollten Sie einer Webseite, von der Sie den Newsfeed hernehmen, nicht gänzlich vertrauen, müssen Sie das Skript durch die entsprechenden Sicherheitsmechanismen erweitern. Informationen zu XSS mit Hinweisen, wie man sich davor schützt, finden Sie unter *http://de.wikipedia.org/wiki/Cross-Site_Scripting*.

TIPP

Ein weiteres ebenfalls auf PHP basierendes Skript zum Einbinden anderer Newsfeeds, das einen genaueren Blick lohnt, ist SimplePie (*http://simplepie.org/*) – nach ihrem eigenen Slogan »So fast and easy to use, you'd think we stole it from Apple« (So schnell und einfach zu benutzen, dass man glauben könnte, wir hätten es von Apple gestohlen).

Und vielleicht gibt es für Ihr Blog-System auch schon ein Plug-in, das Ihnen die Arbeit abnimmt. Sie bloggen noch nicht? Mehr zu Blogs in *Kapitel 5*.

Auch für die meisten Content-Management-Systeme gibt es entsprechende Tools: Für TYPO3 können Sie beispielsweise die Erweiterung TW RSSfeed (*http://typo3.org/extensions/repository/view/tw_rssfeeds/2.1.1/*) benutzen.

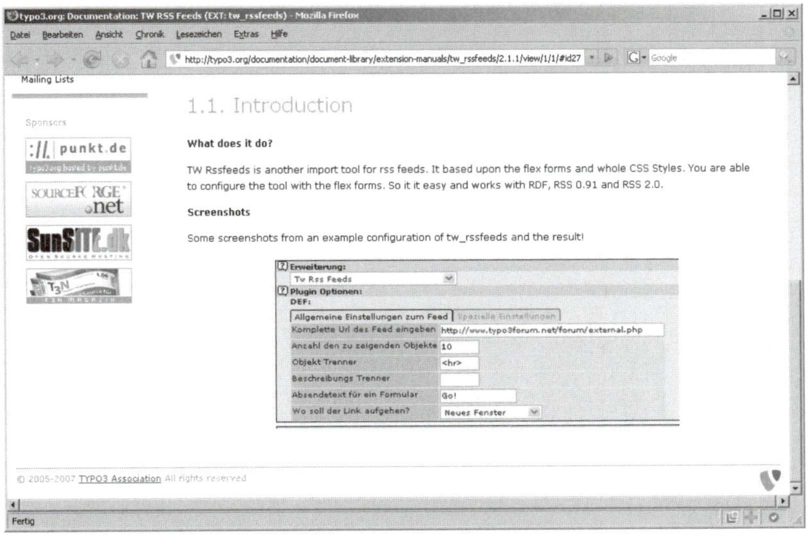

Abbildung 4.32
Praktische Erweiterung für TYPO3 zum Einbinden externer Newsfeeds

Übrigens wird Ihnen MapieRSS noch einmal in ***Kapitel 7*** begegnen, wenn es darum geht, einen einfachen Feedreader, der sich automatisch aktualisiert, per AJAX zu erstellen.

4.6 Podcasting

Es werden längst nicht nur Texte über Newsfeeds verteilt: Mit Podcasts wandern Sounddateien durch das Web. Podcasts sind mehr als zeitversetzte Radiosendungen, denn neben den Radios, die einzelne Sendungen als Podcast zum Download und Hören-wann-ich-will anbieten, gibt es viele weitere Podcasts, die von (ursprünglich) Nichtprofessionellen erstellt werden. Genauso breit wie bei den Newsfeeds ist auch hier das Themenspektrum: vom eher privat gehaltenen Tagebuch, über Univorlesungen, Krimis etc. ist alles drin. Der Begriff *Podcasting* selbst setzt sich zusammen aus IPod (Apples MP3-Player) und Broadcasting (ausstrahlen). Denn auch wenn Sie den Podcasts am heimischen PC lauschen können, macht das Ganze mit einem tragbaren MP3-Player für unterwegs erst so richtig Spaß.

Abbildung 4.33
Kein offizielles Logo, sondern das Gewinnerlogo eines Wettbewerbs, den die aktive Podcasterin Annik Rubens (*http://www.schlaflosinmuenchen.net/*) gestartet hatte.

4.6.1 Podcasts anhören

Das Prinzip bei Podcasts ist dasselbe wie bei Newsfeeds: Sie können einzelne Beiträge anhören, die bei Podcasts Episoden heißen, oder Podcasts abonnieren, um keine Folge mehr zu verpassen. Um einzelne Podcasts anzuhören, brauchen Sie kein eigenes Programm. Sie benötigen nur einen Mediaplayer, wie er standardmäßig beim Betriebssystem mit dabei ist – oder zumindest einen Browser mit Flash-Plug-in: Häufig können S6ie Podcasts auf Webseiten direkt im integrierten Flash-Player anhören.

Möchten Sie hingegen Podcasts abonnieren und Ihre Abos komfortabel verwalten, so brauchen Sie einen sogenannten *Podcatcher*, der dem Feedreader bei den Text-Newsfeeds entspricht. Ein Podcatcher kümmert sich um den Download der aktuellen MP3-Files und fügt diese der Playlist im Windows Media Player, iTunes o.Ä. hinzu.

Populäre Podcatcher sind beispielsweise iTunes (*http://www.apple.com/de/itunes/download/* und ja, es gibt ihn auch für Windows! – Sie benötigen hierfür aber einen kostenlosen Account). Weitere Podcatcher sind Doppler (*http://www.dopplerradio.net/*) und Juice (*http://juicereceiver.sourceforge.net/* oder auf der Buch-CD). Eine aktuelle Auflistung von Podcatchern finden Sie auf *http://wiki.podcast.de/Podcatcher.*

Außerdem können Sie Ihre Podcasts auch online verwalten, beispielsweise mit *http://www.podcast.de/*. Mit manchem Feedreader lassen sich selbstverständlich auch Podcasts verwalten, wenn auch nicht so komfortabel, beispielsweise mit dem Internet Explorer 7 oder Thunderbird.

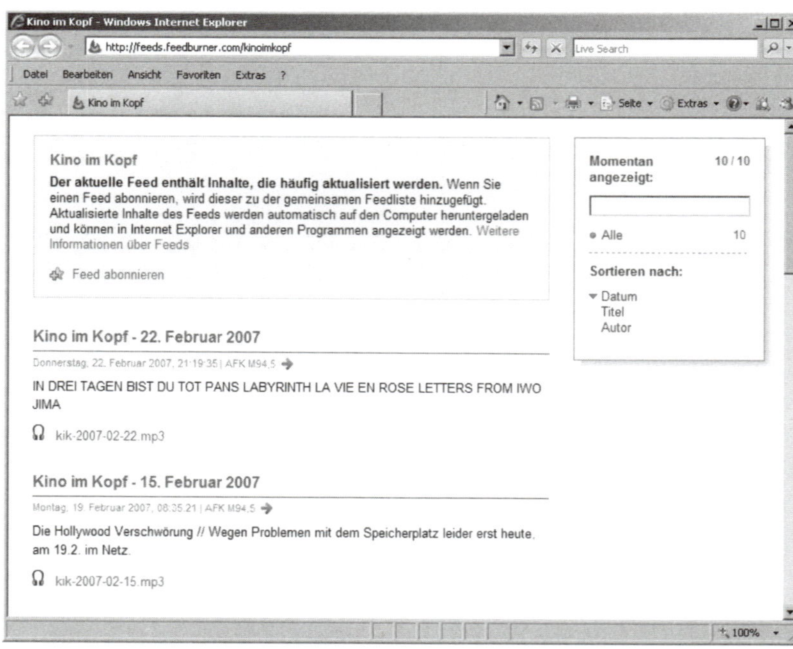

Abbildung 4.34
Der IE7 kann einfache Funktionen eines Podcatcher erfüllen – ein Klick auf die MP3-Dateien startet den Download der jeweiligen Episode.

Gezielte Suchen nach Podcasts können Sie über die gängigen Newsfeed-Verzeichnisse (siehe ***Abschnitt 4.4.3***) durchführen, die oft Podcasts in eigenen Rubriken führen. Spezialisierte Podcast-Verzeichnisse sind daneben noch: *http://www.apple.com/de/itunes/*, *http://www.podster.de/*, *http://podcastalley.com/* oder *http://www.dopcast.de/*.

HINWEIS

Beim Videocast/Video-Podcast wird's noch einen Zacken multimedialer: Hier werden Videofilme, in der Regel in Videoformaten wie MPEG-4 und H.264, ausgeliefert. Genauso wie Podcasts werden Videocasts über Newsfeeds verbreitet, d.h., das Prinzip ist dasselbe wie beim auf Audiodateien beschränkten Podcasting. Häufig werden die Videos auch auf der Videoplattform YouTube veröffentlicht.

Möchten Sie einmal einen Blick in einen Videocast werfen, so schauen Sie sich doch den Video-Podcast von Toni Mahoni an unter *http://www.spreeblick.com/*, der mit dem Grimme-Award ausgezeichnet wurde.

4.6.2 Selbst podcasten

Aber natürlich können Sie auch mitmischen und selbst podcasten.

1. Schritt: MP3-Datei produzieren

Hierfür benötigen Sie erst einmal die gesprochenen Texte als MP3-Files. Das heißt, Sie brauchen zumindest einen PC mit Soundkarte, Mikrofon und Kopfhörern, um die Aufnahme zu kontrollieren. Zur Nachbereitung können Sie das kostenlose Programm Audacity (*http://www.audacity.de/*) verwenden, das Sie auch auf der Buch-CD finden.

Die MP3-Files sollten aussagekräftig benannt werden, üblicherweise in umgekehrter Reihenfolge der Name des Podcast, darüber hinaus noch Informationen wie beispielsweise das Datum, der Titel der Episode, die Nummer der Folge etc.

TIPP

Beim Einsatz von Musik in Ihrem Podcast müssen Sie daran denken, dass für Musikstücke üblicherweise GEMA-Gebühren fällig werden. Freie Musik für Podcasts finden Sie bei *http://www.garageband.com/* (das nichts mit dem gleichnamigen Apple-Programm zu tun hat) oder PodShow *http://music.podshow.com/*.

2. Schritt: Datei hochladen

Ist das MP3-File erstellt, müssen Sie es auf Ihren Server hochladen – ganz normal per FTP-Programm.

3. Schritt: Verweis auf MP3-File in Newsfeed einbauen

Nun müssen Sie die notwendigen Informationen auf die Episode noch in Ihrem Newsfeed angeben, üblicherweise wird hier RSS 2.0 eingesetzt. Zur Beschreibung und Verlinkung der MP3-Datei dient das Element `enclosure`. Das Element `enclosure` hat drei obligatorische Attribute:

- `url` – URL der MP3-Datei. Hier müssen Sie unbedingt einen absoluten Pfad mit `http://` angeben, weil viele Podcatcher mit `ftp` nicht zurechtkommen.
- `length` – Dateigröße in Bit
- `type` – der MIME-Typ. Für MP3 ist `audio/mpeg` vorgesehen.

Im folgenden Beispiel sehen Sie ein `item`-Element mit `enclosure`:

```
<item>
  <title>Titel der Episode</title>
  <link>Link zu weiteren Informationen</link>
  <description>Beschreibung des Files</description>
  <enclosure url="http://www.example.com/stilblaetter_070227_habari.mp3"
length="123456" type="audio/mpeg" />
</item>
```

4. Schritt: Bekanntmachen

Anschließend sollten Sie Ihren Podcast noch bekannt machen. Dazu tragen Sie ihn in die wichtigsten Podcast-Verzeichnisse ein. Ebenfalls sollten Sie bei Newsfeeds allgemein den Podcast auf Ihrer Homepage verlinken. Wollen Sie, dass Benutzer von iTunes ihn automatisch abonnieren können, so ergänzen Sie einen Link mit dem Pseudoprotokoll *itpc:*.

```
itpc://www.example.com/pfad-zum-feed
```

ACHTUNG

Beim Podcasten sollten Sie berücksichtigen, dass der Traffic auf Ihrer Webseite durch das Herunterladen der MP3-Files natürlich wesentlich größer wird als bei normalen HTML-Seiten mit Bildern. Dann ist es praktisch, wenn Ihr Hoster Ihnen die Möglichkeit bietet, dass bei einem bestimmten Limit der Traffic gestoppt wird, denn sonst kann es teuer werden.

Es gibt auch spezielle Podcast-Hoster, d.h., Sie können Ihren Podcast unter die Leute bringen, auch wenn Sie selbst gar keinen Webspace haben. Ein Podcast-Hoster ist beispielsweise *http://www.podhost.de/*, bei dem Sie sogar im kostenlosen Basispaket 30 Mbyte Speicherplatz im Monat frei haben. Bei Podhost laden Sie Ihre MP3-Files hoch, die RSS-Dateien werden automatisch erstellt und die Anmeldung bei iTunes übernimmt Podhost ebenfalls für Sie. Außerdem erhalten Sie einen eigenen Weblog und Statistiken.

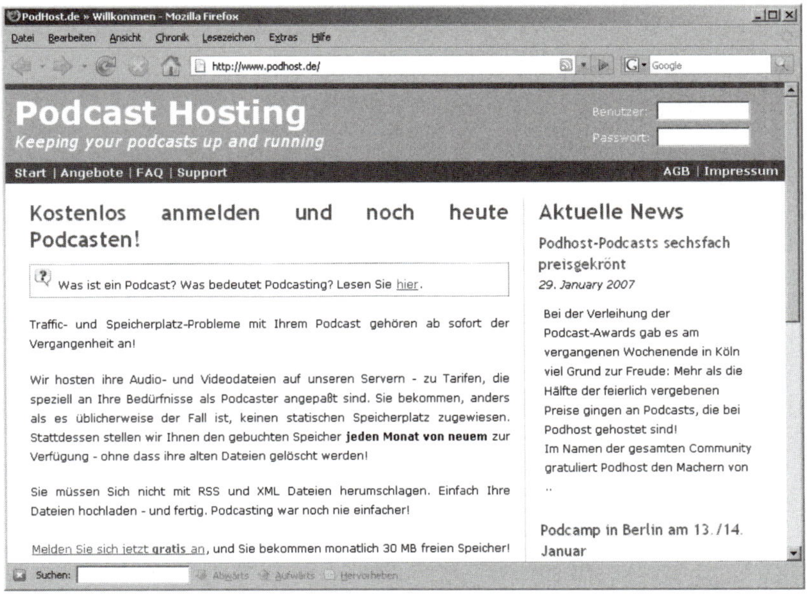

Abbildung 4.35
Podcasten ohne eigenen Webspace über Podcast Hosting (*http://www.podhost.de/*)

Natürlich gibt es weitere Tools, die Ihnen die Arbeit mit Podcasts erleichtern:

- Unter *http://www.shadydentist.com/wordpress/software/dircaster* finden Sie ein PHP-Skript, das aus MP3-Files in einem Ordner automatisch den entsprechenden RSS-Feed erzeugt.
- Es gibt natürlich auch eigene Programme zum Erstellen von Podcasts, wie z.B. CastBlaster von Podshow (*http://www.castblaster.com/*).

Ausführliche Informationen zu Podcasts und eine Liste von verfügbaren Podcasts finden Sie unter *http://www.podcast.de/*.

Wie Sie mit der Blogging-Software Wordpress podcasten, erfahren Sie im nächsten Kapitel in ***Abschnitt 5.5.12*** – aber nun geht es erst einmal allgemein ums Bloggen.

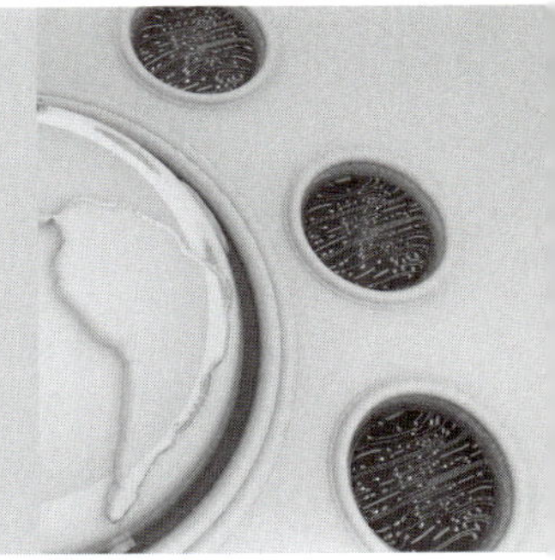

5 Eins - zwei - Blog!

Dieses Kapitel bietet eine Einführung in das Thema Blogs, d.h., wer warum bloggt. Sie erhalten einen Einblick in die Blog-spezifischen Techniken. Dann wird's praktisch: Sie erfahren, wie Sie selbst ein Blog einrichten, einerseits beim Online-Hoster blogger.com und andererseits – etwas ausführlicher – mit der Open Source-Software Wordpress. Neben den Grundlagen geht es auch darum, wie Sie Ihr Blog konfigurieren, optisch anpassen und durch zusätzliche Plug-ins erweitern – zum bequemen Podcasten beispielsweise.

Abbildung 5.1 Verschiedene Blog-Systeme

5.1 Blogs und Blogger in der Blogosphäre oder: wenn die Hürden fallen

Noch nie war es so einfach, mit Texten, Ideen, Gedanken an die Öffentlichkeit zu treten. Bei den klassischen Printmedien steht zwischen Ihnen und Ihrem Werk bzw. zwischen Ihnen und dem Publikum ein Verlag oder eine Zeitschrift. Das heißt, erst einmal müssen Sie einen Redakteur oder Lektor davon überzeugen, dass es sich lohnt, Ihren Text zu publizieren. Der Redakteur oder Lektor wird aufgrund seiner Einschätzung, ob Ihr Text für das Publikum interessant ist oder nicht, seine Entscheidung treffen. Natürlich haben Sie auch die Möglichkeit, einen Text im Selbstverlag oder mit Books-on-Demand zu publizieren, was jedoch mit einer finanziellen Investition verbunden ist.

Ganz anders stellt sich die Situation durch Blogs dar. Zwischen Ihnen, Ihren Texten und dem Publikum steht niemand mehr, außer einer hilfreichen Blogging-Software. Und die finanziellen Kosten? Keine oder nur geringe.

Die Wikipedia erklärt Blogs folgendermaßen:

»Ein Weblog (engl. Wortkreuzung aus Web und Log), häufig abgekürzt als Blog, ist ein digitales Tagebuch. Es wird am Computer geschrieben und im World Wide Web veröffentlicht. Es ist also eine Webseite, die periodisch neue Einträge enthält. Ein Blog ist ein Medium zur Darstellung des eigenen Lebens und von Meinungen zu oftmals spezifischen Themengruppen. Weiter vertieft kann es auch sowohl dem Austausch von Informationen, Gedanken und Erfahrung als auch der Kommunikation dienen und ist insofern mit dem Internetforum sehr verwandt.« (*http://de.wikipedia.org/wiki/Weblog*)

Typisch für Blogs sind die folgenden Komponenten:

- »Periodisch neue Einträge«, laut Wikipedia, also häufig neue Artikel, die umgekehrt chronologisch präsentiert werden, sprich die neuesten Beiträge zuoberst
- Die älteren Artikel sind über ein Archiv und eine Suchfunktion zugänglich.
- Entscheidend ist zudem, dass das Publizieren über Blog-Software so einfach ist – ganz ohne Code-Gefummelei und spitze Klammern und dauerndes Übertragen mit dem FTP-Programm.
- Charakteristisch für Blogs ist die Möglichkeit für die Leser, einzelne Artikel zu kommentieren und so mit dem Blogger ins Gespräch zu kommen. An dieser Stelle der obligatorische Hinweis, dass Kommentare ein sehr typischer Bestandteil von Blogs sind, dass es aber trotzdem Blogs gibt, bei denen die Kommentarfunktion abgeschaltet ist, wie das BILDBlog (*http://www.bildblog.de/*).
- Ein Blog stellt üblicherweise seine Inhalte zusätzlich über Newsfeeds bereit.
- Eine weitere typische Erscheinung von Blogs oder der Blogosphäre ist die enge Vernetzung der Blogs untereinander – sei es durch die Blogroll (siehe hierzu ***Abschnitt 5.2.4***) oder durch das Kommentieren von Beiträgen aus anderen Blogs im eigenen Blog.

Das Themenspektrum ist weit gefächert, neben den wirklich eher privaten tagebuchartigen Blogs sind alle Richtungen vertreten: von politischen Themen, über die Kriegsberichterstattungen in den *Warblogs*, den Blogs aus Unternehmen, *Stadtblogs* mit lokalem Bezug, den *Moblogs*, die per Handy von unterwegs bestückt werden bis hin zu den *Blawgs* zu juristischen Themen und vielen mehr.

Beim Surfen ist es Ihnen vielleicht in letzter Zeit auch so gegangen, dass Sie immer häufiger Ihre Informationen in Blogs finden. Das zeigt einerseits die Verbreitung von Blogs, ist andererseits aber auch ein Zeichen dafür, dass Suchmaschinen Blogs mögen – da diese immer aktualisierte Inhalte bieten.

Hier ein paar – zugegebenermaßen recht willkürlich herausgegriffene – Blogs, die die Bandbreite der behandelten Themen demonstrieren sollen.

Sehr bekannt ist das BILDblog (*http://www.bildblog.de/*), das sich kritisch mit den Inhalten der bekannten Boulevard-Zeitung auseinandersetzt. Was hingegen ungewöhnlich für ein Blog ist – wie gerade schon erwähnt: Das BILDblog erlaubt keine Kommentare. Der Grund für das Abschalten der Kommentarfunktion beim BILDblog ist übrigens, dass mit zu vielen Kommentaren zu rechnen wäre. Für deren Moderation würde den Machern des BILDblogs die Zeit fehlen (*http://www.bildblog.de/faq.php*).

Abbildung 5.2
BILDblog setzt sich kritisch mit der BILD-Zeitung auseinander

Um »Verrücktes und Bemerkenswertes aus dem Supermarkt« geht es hingegen beim Shopblogger (*http://www.shopblogger.de/blog/*).

Längst haben auch viele Unternehmen Blogs als Marketing-Strategie entdeckt. Und es stimmt: Durch den eher improvisierten, scheinbar weniger offiziellen Blog-Stil wirkt eine Firma menschlicher – und die Produkte erscheinen sympathischer. Gleichzeitig ist es eine willkommene Möglichkeit, detailliert über die eigenen Produkte zu informieren. So bloggt beispielsweise das Team von Microsoft, das für die Entwicklung des Internet Explorer verantwortlich ist, und es bloggen die Mitarbeiter der Tiefkühlkostmarke Frosta über ihren nicht immer kalten Alltag.

Abbildung 5.3
Vom Alltag im Supermarkt

Abbildung 5.4
Bloggen über den Internet Explorer

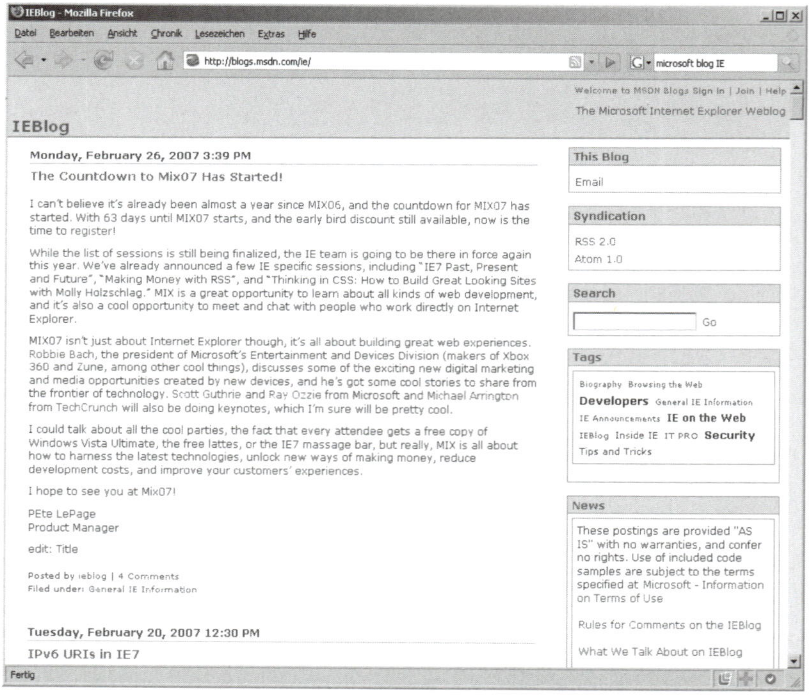

Abbildung 5.5
Bloggen über Tiefkühlprodukte

Dass unter den Blogs technische Themen besonders häufig vertreten sind, liegt in der Natur der Sache, äh, Blogger. Wer sich mit technischen Themen beschäftigt, hat keine Scheu vor der Kontaktaufnahme mit einer Blogging-Software. Hier ein paar Beispiele aus dem Themenbereich Webpublishing im weiteren Sinne *http://www.technikwuerze.de/podcast/* (Podcast), Peruns Weblog *http://www.perun.net/*, *http://pixelsebi.com/* und viele mehr.

5.2 Blog-spezifisch: Stöckchen, Trackback, Permalinks und Konsorten

Im Zusammenhang mit Blogs gibt es einige spezifische Techniken/Erscheinungen, die hier kurz vorgestellt werden.

5.2.1 Permalink

Ein Artikel, der auf der Startseite eines Blogs steht, kann morgen oder nächste Woche schon durch neue Artikel verdrängt worden sein. Über Permalinks, die permanenten Links, wird sichergestellt, dass jeder Artikel unter einer festen Adresse zu finden ist – sehr wichtig für die Vernetzung der Blogs untereinander, damit man sich auf die betreffenden Artikel beziehen kann.

5.2.2 Stöckchen zuwerfen

Die eng untereinander vernetzten Blogger werfen sich auch gerne Stöckchen zu: Gemeint ist hiermit, dass ein Blogger eine Reihe von Fragen beantwortet und andere Blogger auffordert, doch dieselben Fragen ebenfalls zu beantworten.

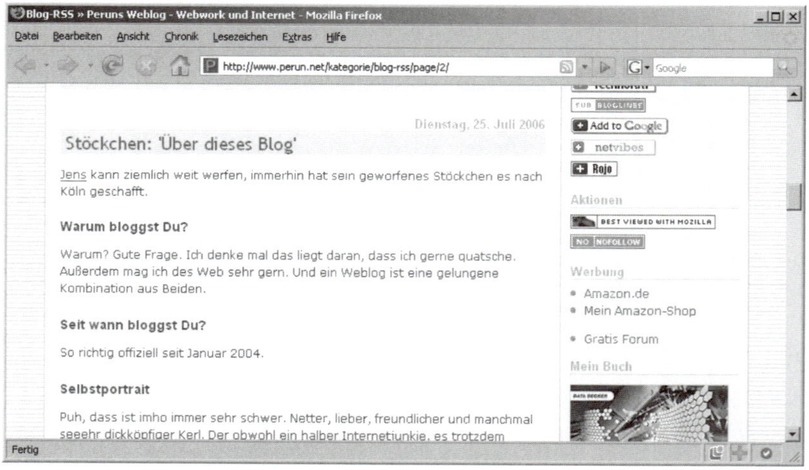

Abbildung 5.6
Stöckchen zuwerfen: Blogger beantworten bestimmte Fragen und werfen dann einem anderen Blogger das Stöckchen zu, damit er auch diese Fragen beantwortet.

5.2.3 Trackback/Pingback

Wenn Sie einen interessanten Artikel in Ihrem Blog veröffentlichen, werden sich sicher andere Blogger in Artikeln darauf beziehen. Damit Sie davon Kenntnis erhalten, gibt es die sogenannte Trackback-Funktion.

Wenn die Blogging-Software dieses Feature unterstützt, kann man bei einem Artikel, den man verfasst, als Trackback-URL den URL eines anderen Artikels angeben, über den man schreibt. Das andere Blog wird dann von der Blogging-Software automatisch informiert. Neben Trackback existiert auch Pingback, bei dem die zugrundeliegende Technik etwas anders aussieht, das aber demselben Prinzip folgt.

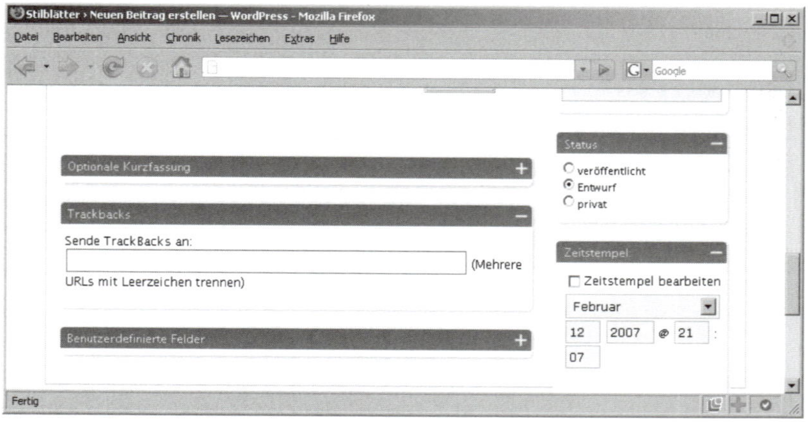

Abbildung 5.7
Trackback-URLs in Wordpress eingeben

Eingegangene Trackback-Nachrichten erscheinen oft in Blogs unter den Artikeln bei den Kommentaren mit einem Ausschnitt aus dem Text.

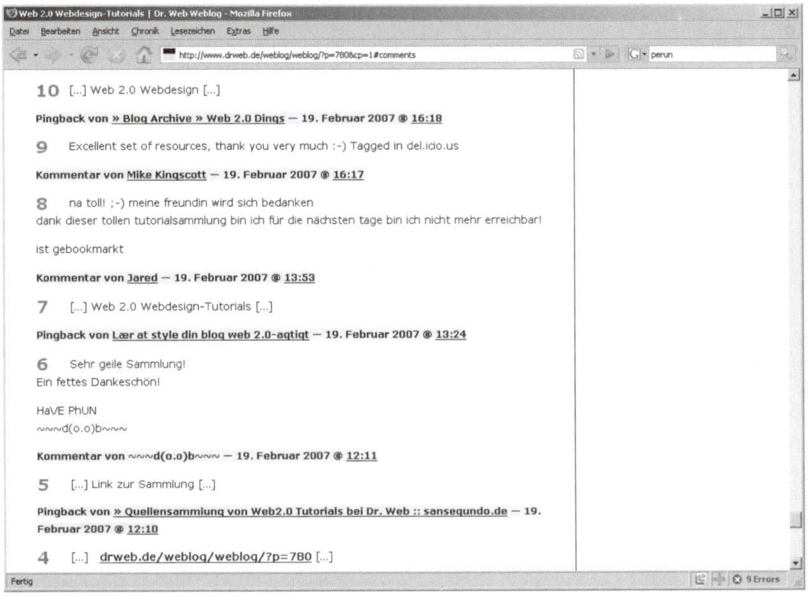

Abbildung 5.8
Kommentare und Pingback untereinander bei einem Artikel aus dem Dr. Web-Weblog

5.2.4 Blogroll

Blogroll nennt man die Liste mit Links auf andere Blogs, die ein Blogger liest und die er aufführt.

Abbildung 5.9
Typisches Element eines Blogs: die Blogroll in der rechten Spalte

5.2.5 Ping

Die meisten Blog-Systeme informieren Blog-Suchmaschinen automatisch, wenn ein neuer Eintrag im Blog publiziert wurde – diesen Vorgang nennt man pingen bzw. anpingen. In der Konfiguration Ihres Blogs können Sie üblicherweise angeben, ob Sie dieses automatische Pingen möchten und welche Server angepingt werden sollen. Sollte Ihre Blogging-Software Pings nicht ermöglichen, können Sie beispielsweise bei *http://pingomatic.com/* auch per Hand Ihr Blog eintragen und angeben, welche Blog-Suchmaschinen benachrichtigt werden sollen.

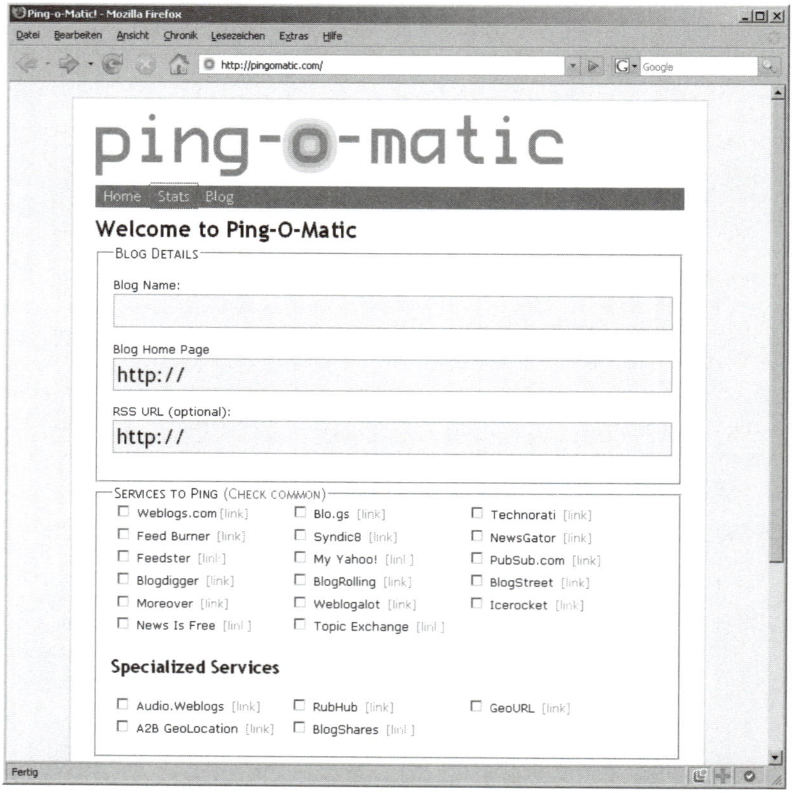

Abbildung 5.10 Bei Ping-O-Matic können Sie angeben, welche Blog-Suchmaschinen über die neuen Einträge in Ihrem Blog informiert werden sollen.

5.2.6 Backend und Frontend

Die Unterscheidung von Backend und Frontend ist streng genommen natürlich nicht blogspezifisch, sondern es gibt sie auch in allen Content-Management-Systemen. Dabei geht es darum, dass Sie zwei verschiedene Bereiche haben: Das Frontend ist das, was ein Besucher zu Gesicht bekommt, das Backend hingegen ist der Administrationsbereich, in dem Sie Einstellungen vornehmen und Beiträge verfassen.

5.3 Blog-Technik

Um ein Blog zu betreiben, haben Sie mehrere Möglichkeiten: Entweder Sie installieren die benötigte Software auf Ihrem Webspace oder Sie richten Ihr Blog bei einem Weblog-Hoster ein. Außerdem können Sie auch eine bestimmte Software (z.B. *http://thingamablog.sourceforge.net/*) lokal installieren und das Blog per FTP auf den Server übertragen.

Die meisten Weblog-Hoster bieten ein kostenloses Basispaket, das sich über Werbung finanziert, und ein erweitertes Paket ohne Werbung und mit Zusatzfunktionen. Manchmal unterliegt das kostenlose Basispaket weiteren Einschränkungen, beispielsweise lassen sich keine Fotos hochladen (bei Livejournal) oder die Anzahl der Autoren und der Speicherplatz in der Basisversion sind beschränkt (twoday.net).

Weblog-Hoster sind beispielsweise:

- Livejournal (*http://www.livejournal.com/*)
- Blogger von Google (*http://www.blogger.com/*)
- blogger.de (*http://www.blogger.de/*) oder
- twoday.net (*http://www.twoday.net/*).

Die Vorteile eines Blogs bei einem Weblog-Hoster liegen auf der Hand: Sie können nach einer Anmeldung gleich loslegen, ohne sich um die Installation, Konfiguration oder spätere Updates kümmern zu müssen. Sie brauchen nicht einmal einen eigenen Webspace dafür.

Aber es gibt auch eindeutige Vorteile, wenn Sie die Blogging-Software auf Ihrem Webspace installieren:

- Sie haben alles unter Kontrolle, bei Hosting-Angeboten können sich auch mal die Bedingungen ändern.
- Sie können jederzeit zusätzliche Funktionen installieren – bei den Hosting-Angeboten ist das teilweise nicht möglich oder schwieriger.
- Es gibt keinerlei Beschränkungen bzgl. der Ausrichtung des Blogs (geschäftlich vs. privat).
- Die Daten gehören Ihnen weiterhin – bei einem Hosting-Angebot müssen Sie bei einem Wechsel sehen, wie Sie sie exportieren können.
- Das Blog wird bei manchen Hosting-Angeboten in der kostenlosen Variante nur unter einer Subdomain wie *http://IhrName.blogging-hoster.de/* geführt.

Der Nachteil beim Selbsthosten ist unter anderem die Installation. Wenn Sie aber beispielsweise das in diesem Kapitel vorgestellte Wordpress verwenden, ist die Installation so einfach, dass sie keinerlei Hürde darstellt. Aber natürlich brauchen Sie einen Webspace mit PHP & MySQL oder zum Ausprobieren einen lokalen Server (siehe ***Kapitel 1***).

Damit Sie sich einen Eindruck von beiden Möglichkeiten verschaffen können, wird als Beispiel für ein Hosting-Angebot blogger.com vorgestellt. Danach erfahren Sie ausführlich, wie Sie mit der Open Source-Blogging-Software Wordpress bloggen.

5.4 Bloggen bei Blogger

Wie die Einrichtung bei einem Online-Dienst funktioniert, soll anhand von Blogger (*http://www.blogger.com*) gezeigt werden. Um sich dort ein Blog zu erstellen, brauchen Sie einen Google-Account, wie Sie ihn beispielsweise auch für Google Mail haben. Unter *https://www.google.com/accounts* können Sie sich einen neuen Google Account anlegen.

Gehen Sie dann auf die Startseite von blogger.com *http://www.blogger.com/start* und klicken Sie auf BLOG JETZT ERSTELLEN.

Im nächsten Schritt geben Sie den Namen an, der unter Ihren Beiträgen erscheinen soll, und stimmen Sie den Nutzungsbedingungen zu. Geben Sie Ihrem Blog einen Namen und wählen Sie die Adresse, unter der es gefunden werden soll. Dies ist eine Subdomain von blogspot.com wie beispielsweise *http://stilblaetter.blogspot.com/*. In der ERWEITERTEN EINRICHTUNG können Sie, wenn Sie eine eigene Domain haben, aber auch angeben, dass Ihr Blog unter dieser Domain angezeigt wird. Dabei wird das Blog weiterhin bei Blogger gehostet, aber mit Ihrer Domain als Adresse.

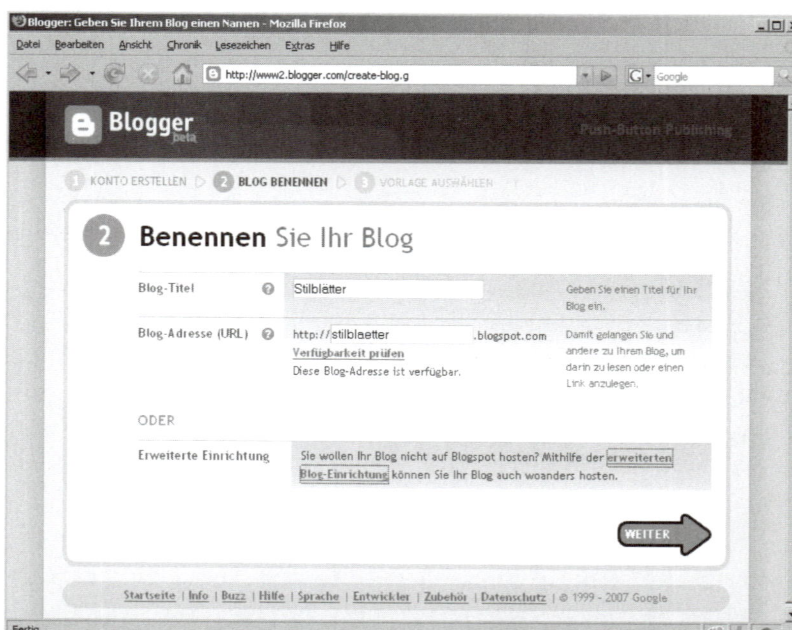

Abbildung 5.11
Ein Assistent führt durch die Einrichtung des Blogs.

Nun können Sie das Layout bestimmen: Von den vorgestellten Layouts sollten Sie sich immer eine Vorschau anzeigen lassen, Sie können diese Einstellung aber jederzeit später wieder ändern. Übrigens sind sehr bekannte Namen unter denen, die die Layouts erstellt haben: Dave Shea – Initiator des Projekts CSS Zen Garden (*http://www.csszengarden.com/*) – oder Dan Cederholm ...

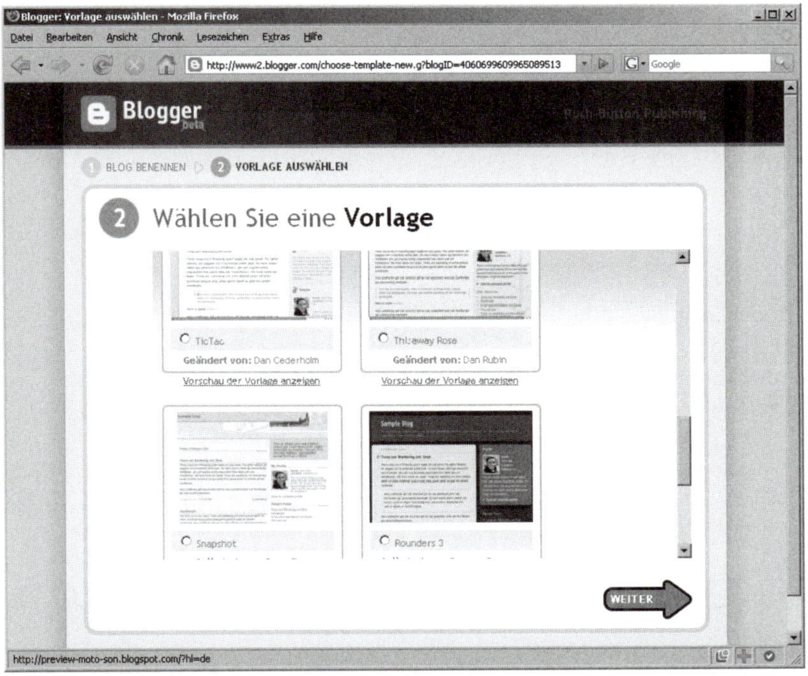

Abbildung 5.12
Layout festlegen ... und das war's auch schon.

Die nächste Meldung sagt, dass das Blog einsatzbereit ist, und Sie gelangen in die Verwaltungsoberfläche Ihres Blogs.

VERÖFFENTLICHEN: Hier schreiben Sie Ihre Beiträge (ERSTELLEN) in einem komfortablen WYSIWYG-Editor, über das Bild-Icon lassen sich auch direkt Bilder hochladen. Wie diese angeordnet werden, können Sie dabei auch gleich festlegen. Unter dem etwas seltsam klingenden Namen MITTEILUNGEN BEARBEITEN finden Sie Ihre bisherigen Einträge und können diese ändern. Die Verwaltung der Kommentare, die Leser verfasst haben, erfolgt über KOMMENTARE PRÜFEN. Damit das funktioniert, müssen aber Kommentare an sich zugelassen sein.

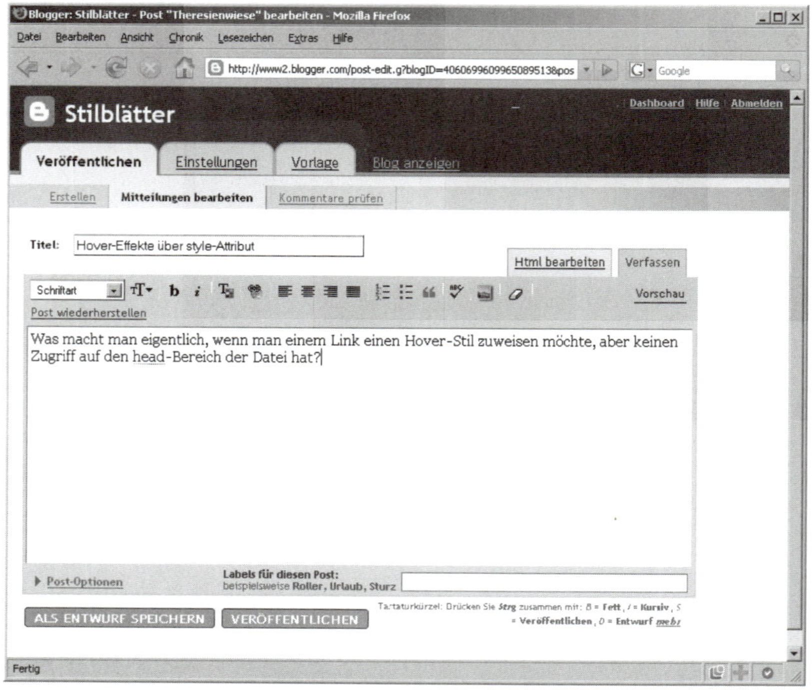

Abbildung 5.13
Ein komfortabler WYSIWYG-Editor macht das Verfassen von Beiträgen leicht.

Die wichtigsten Optionen zur Konfiguration Ihres Blogs finden Sie unter EINSTELLUNGEN.

- GRUNDLEGENDES wie den Namen oder den Untertitel Ihres Blogs legen Sie hier fest.
- VERÖFFENTLICHUNG – hier richten Sie ein, dass Ihr Blog bei Ihnen gehostet wird. Außerdem bestimmen Sie, ob bei neuen Einträgen Pings versendet werden sollen. Vielleicht schalten Sie diese Funktion erst einmal ab, bis Sie bereit sind, sich dem Publikum zu stellen. ;-)
- FORMATIERUNG betrifft nicht die Optik oder die Schriftart, sondern das Format von Datum etc.
- KOMMENTARE – hier entscheiden Sie, wer Kommentare verfassen darf.
- ARCHIVIERUNG – standardmäßig ist die Option POST-SEITEN AKTIVIEREN auf JA gestellt. Damit sind Ihre Beiträge nicht nur auf Archivseiten untergebracht, sondern sie stehen auch auf eigenen Seiten mit festen Adressen (Permalinks). Diese Option sollten Sie also unbedingt so belassen.
- WEBSITE-FEED betrifft die Einstellungen für die automatisch erzeugten Newsfeeds für Ihr Blog.

- E-MAIL – Sie können auch per E-Mail Beiträge verfassen, der Betreff der Mail ist der Titel des Beitrags, der Text der Mail wird zum Text des Blog-Eintrags. Hier können Sie eine E-Mail-Adresse für diese Funktion angeben. Sie sollten diese aber geheim halten, denn jeder, der die Adresse kennt, könnte Beiträge verfassen, die in Ihrem Blog erscheinen. Außerdem können Sie noch angeben, ob aktuelle Beiträge noch an eine E-Mail-Adresse gesendet werden sollen.
- Soll Ihr Blog öffentlich sein? Wer darf es lesen? Dürfen noch weitere Autoren Beiträge verfassen? Diese Konfigurationen nehmen Sie unter BERECHTIGUNGEN vor.

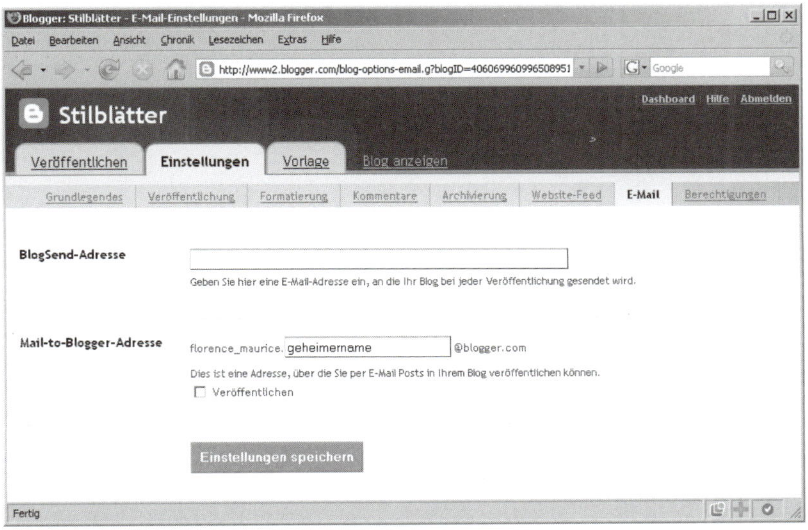

Abbildung 5.14
Bloggen per E-Mail: Vervollständigen Sie hier die E-Mail-Adressse, an die Sie Mails schicken, um Beiträge im Blog zu verfassen.

VORLAGE – unter SEITENELEMENTE können Sie die Anordnung der einzelnen Komponenten Ihres Blogs wie Blog-Archiv, Selbstdarstellung (ÜBER MICH) etc. per Drag&Drop abändern. Neue Seitenelemente wie Newsbar (siehe auch ***Kapitel 8***) lassen sich per Mausklick hinzufügen. Ihre bestehende Vorlage können Sie bei SCHRIFTARTEN UND FARBEN AUSWÄHLEN anpassen. Wer gerne im Code herumbastelt, für den ist HTML BEARBEITEN interessant. Sollte Ihnen die Vorlage doch nicht zusagen, können Sie auch eine NEUE VORLAGE AUSWÄHLEN.

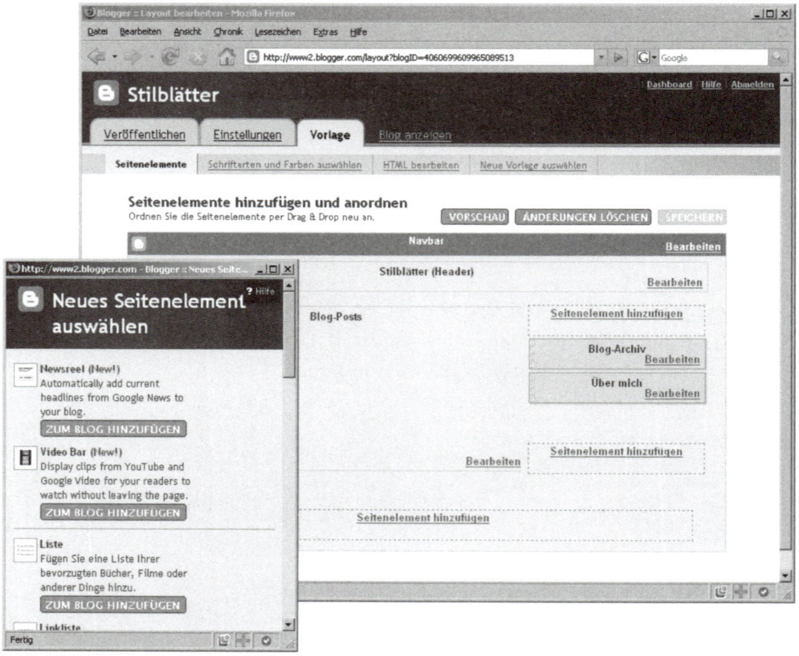

Abbildung 5.15
Die Anordnung der Komponenten auf der Seite erledigen Sie komfortabel per Drag&Drop. Sie können auch neue Seitenelemente hinzufügen.

Ach ja, ganz wichtig: Über BLOG ANZEIGEN gelangen Sie in eine Ansicht Ihres Blogs. Nützlich ist auch der HILFE-Link rechts oben im Fenster, die Hilfetexte sind auch deutsch. Sollten sie auf Englisch angezeigt werden, können Sie die Sprache wechseln.

Sie sehen, unter der komfortablen Oberfläche bietet Ihnen blogger.com viele nützliche Optionen. Für den Einstieg sicher eine gute Wahl. Wenn Sie aber dann feststellen, dass Sie Funktion XY brauchen und genau diese ist nicht vorgesehen, dann wird es schwieriger. Die komplette Kontrolle und alle Möglichkeiten haben Sie hingegen, wenn Sie Ihr Blog selbst installieren bei Ihrem Provider, beispielsweise Wordpress.

5.5 Wordpress

Wordpress ist ein weit verbreitetes Blogging-Programm und wird als Beispiel für die Selbstinstallation auf einem eigenen Webspace beschrieben.

HINWEIS

Das im Folgenden vorgestellte Wordpress ist selbstverständlich nicht ohne Alternativen. Ebenfalls kostenlos, ebenfalls auf PHP basierend und einfach einzurichten ist Serendipity (*http://www.s9y.org/*). Falls Sie also nicht von Wordpress überzeugt sein sollten, können Sie Ihr Glück ja einmal mit Serendipity – der Name steht für Glücklicher Zufall – versuchen. Sie finden Serendipity ebenfalls auf der Buch-CD.

Um Wordpress betreiben zu können, benötigen Sie einen Webserver mit folgenden Voraussetzungen:

- PHP mindestens Version 4.2
- MySQL 4.0 und höher
- Für lesbarere URLs: beim Apache als Webserver das mod_rewrite-Modul (Informationen dazu, wie Sie die URLs bei Verwendung des IIS umschreiben unter *http://wordpress.org/support/topic/85748*).

HINWEIS

Wordpress tauchte in der Vergangenheit immer wieder mal in den News auf wegen irgendwelcher Sicherheitslücken. Deswegen ist es ganz wichtig, dass Sie nach der Installation von Wordpress Ihr System auf dem aktuellen Stand halten. Wie das geht, erfahren Sie in *Abschnitt 5.5.14*.

Wie viele andere Blog- oder auch Content-Management-Systeme ist Wordpress ursprünglich englisch. Es lässt sich jedoch durch die Installation der entsprechenden Sprachdatei eindeutschen. Aber es geht noch einfacher: Auf *http://wordpress-deutschland.org/*, der offiziellen deutschen Wordpress-Webseite, gibt es ein fertig zusammengestelltes Paket, bei dem die deutsche Sprachdatei bereits integriert ist. Außerdem beinhaltet die deutsche Version deutsche Themes (das sind Layoutvorlagen) und ausgewählte Plug-ins (Erweiterungen für Wordpress).

HINWEIS

***http://www.wordpress.org/* ist die offizielle englischsprachige Seite, *http://www.wordpress.de/* das nützliche deutschsprachige Pendant. Das Wiki zu Wordpress finden Sie unter *http://codex.wordpress.org/*.**

5.5.1 Installation von Wordpress

Die Installation geht sehr einfach vonstatten. Laden Sie Wordpress von *http://wordpress-deutschland.org/* herunter – wählen Sie die deutschsprachige Version oder kopieren Sie sich die Datei von der Buch-CD.

Entpacken Sie die Zip-Datei. Im Ordner *wordpress* finden Sie die Datei *wp-config-sample.php*. Öffnen Sie diese mit einem einfachen Texteditor. Da nicht viel zu schreiben ist, tut es in diesem Fall der bei Windows mitgelieferte Texteditor allemal. Klicken Sie auf die Datei mit der rechten Maustaste und wählen Sie im Kontextmenü unter ÖFFNEN MIT den Eintrag EDITOR.

Zuerst geben Sie den Namen der Datenbank an, dort wo derzeit *wordpress* steht. Wenn Sie ein Hosting-Paket haben, ist diese eventuell schon mit einem vorgegebenen Namen angelegt. Installieren Sie Wordpress hingegen zuerst in Ihrer XAMPP-Testumgebung, müssen Sie die Datenbank – am besten mit PHPMyAdmin – erst anlegen. Wie das geht, steht in ***Kapitel 1.3***.

Abbildung 5.16
In der Datei *wp-config-sample.php* müssen Sie Ihre Daten wie den Namen der Datenbank, den MySQL-Benutzernamen sowie das MySQL-Passwort eintragen.

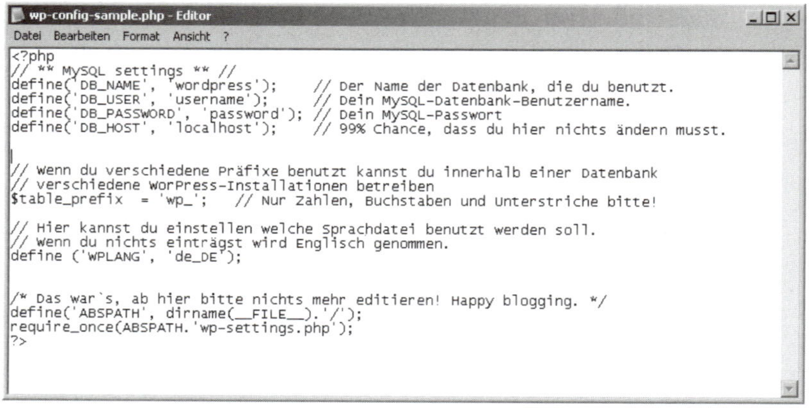


```
<?php
// ** MySQL settings ** //
define('DB_NAME', 'wordpress');     // Der Name der Datenbank, die du benutzt.
define('DB_USER', 'username');      // Dein MySQL-Datenbank-Benutzername.
define('DB_PASSWORD', 'password'); // Dein MySQL-Passwort
define('DB_HOST', 'localhost');     // 99% Chance, dass du hier nichts ändern musst.


// Wenn du verschiedene Präfixe benutzt kannst du innerhalb einer Datenbank
// verschiedene WorPress-Installationen betreiben
$table_prefix  = 'wp_';   // Nur Zahlen, Buchstaben und Unterstriche bitte!

// Hier kannst du einstellen welche Sprachdatei benutzt werden soll.
// Wenn du nichts einträgst wird Englisch genommen.
define ('WPLANG', 'de_DE');


/* Das war`s, ab hier bitte nichts mehr editieren! Happy blogging. */
define('ABSPATH', dirname(__FILE__).'/');
require_once(ABSPATH.'wp-settings.php');
?>
```

Geben Sie außerdem den Namen des MySQL-Datenbankbenutzers und das MySQL-Passwort an. Diese Daten erfahren Sie von Ihrem Internetprovider. Verwenden Sie hingegen XAMPP und haben Sie keinen neuen Benutzer angelegt, ist der Benutzer *root* und das Passwort ist leer – eine Einstellung, die wirklich nur für Testsysteme geeignet ist. Im echten Einsatz wäre dies natürlich eine Katastrophe.

Außerdem geben Sie noch den Host an – falls Sie hier etwas ändern müssen, sollten Sie diese Information ebenfalls bei Ihrem Provider erhalten.

Die nächste Option mit dem Präfix ist praktisch, wenn Sie bei Ihrem Provider nur eine Datenbank haben, aber mehrere Wordpress-Installationen gleichzeitig betreiben möchten: Anhand des Präfixes können die Tabellen für die unterschiedlichen Wordpress-Installationen unterschieden werden. Beim selben Präfix würden die Tabellen hingegen durch eine neue Version überschrieben werden. Den Rest belassen Sie bitte auf den Standardeinstellungen.

Speichern Sie diese Datei unter dem Namen *wp-config.php*.

Übertragen Sie nun den Ordner per FTP auf Ihren Webspace. Bei einer lokalen Installation kopieren Sie ihn in das Stammverzeichnis (standardmäßig *htdocs*) von XAMPP. Außerdem sollten Sie sich überlegen, den *wordpress*-Ordner umzubenennen, denn der Name wird später Teil des URL.

Um die Installation abzuschließen, müssen Sie nun die Datei *install.php* im Ordner *wp-admin* aufrufen. Bei einer lokalen Installation, wenn Sie den Ordner mit den Wordpress-Dateien *blog_wp* genannt haben, würde der gesamte Pfad so aussehen: *http://localhost/blog_wp/wp-admin/install.php*. Passen Sie den Pfad an Ihre Installation an und rufen Sie die Adresse im Browser auf.

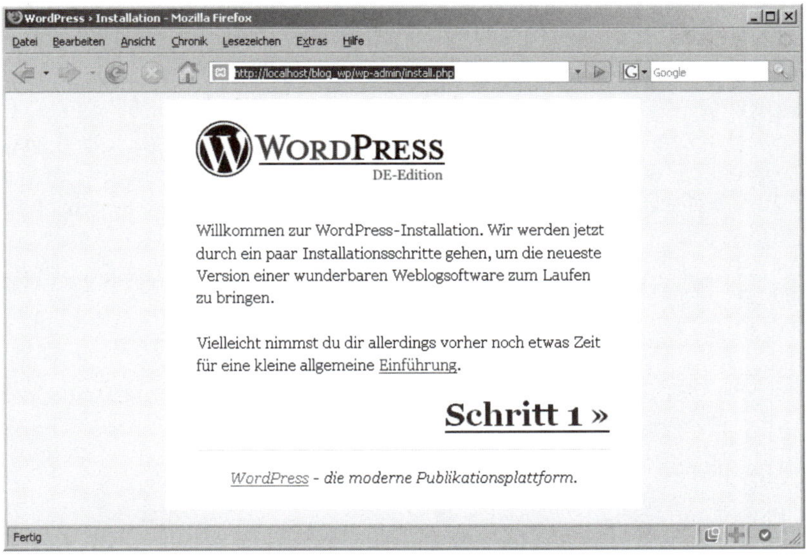

Abbildung 5.17
Jetzt geht's los: der erste Installationsbildschirm von Wordpress

Im nächsten Schritt taufen Sie Ihr Blog und außerdem geben Sie noch Ihre E-Mail-Adresse an.

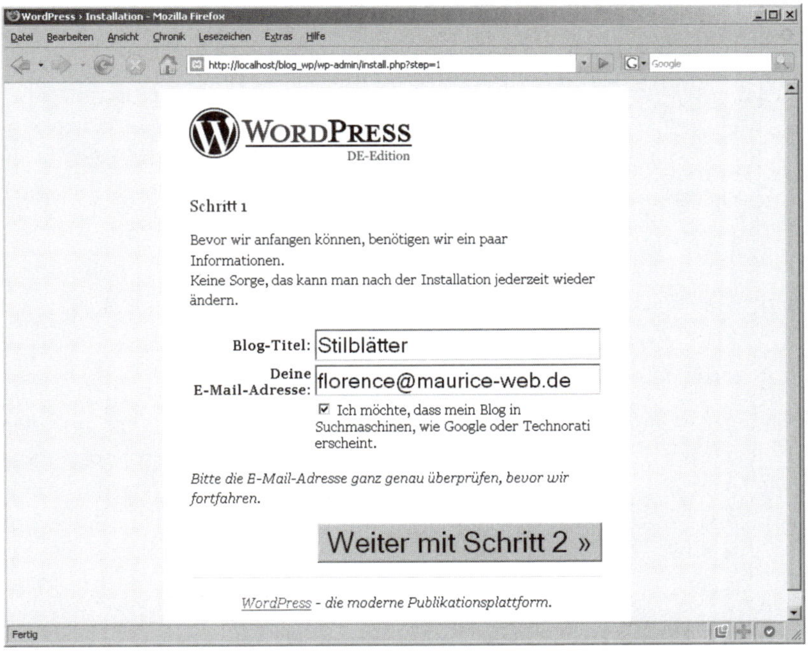

Abbildung 5.18
Blog-Titel angeben und E-Mail-Adresse

Und dann ist alles eigentlich schon fertig, bevor es richtig begonnen hat: Die eigentliche Arbeit findet im Hintergrund statt. Sie erfahren aber Ihre Login-Daten, die Sie sich unbedingt notieren sollten, denn das Passwort wurde zufällig für Sie generiert und Sie können ohne dieses nicht mehr auf die Installation zugreifen. Diese Zugangsdaten erhalten Sie jedoch auch als E-Mail zugesendet, wenn Sie eine korrekte Mail-Adresse angegeben haben; das funktioniert aber bei einer lokalen Installation ohne konfigurierten Mailserver nicht.

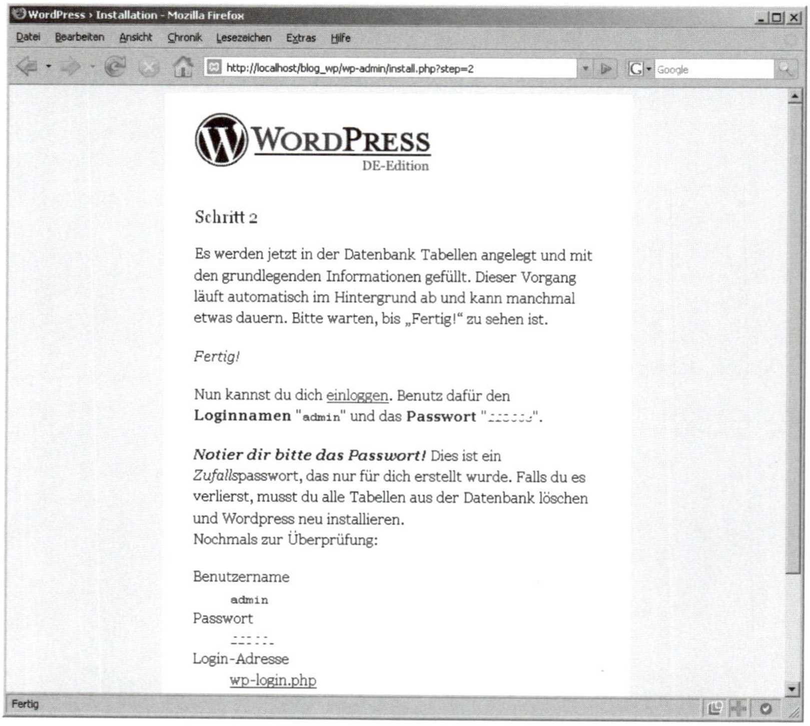

Abbildung 5.19
Wordpress hat für Sie im Hintergrund die Datenbanktabellen angelegt und teilt Ihnen hier Ihre Login-Daten mit.

Nun können Sie sich gleich einloggen.

Nach der Anmeldung landen Sie im TELLERRAND, einer Seite mit aktuellen Informationen zu Wordpress und direkten Links zu wichtigen Funktionen. Der Tellerrand heißt übrigens in der englischen Version Dashboard, was sich mit Armaturenbrett übersetzen lässt.

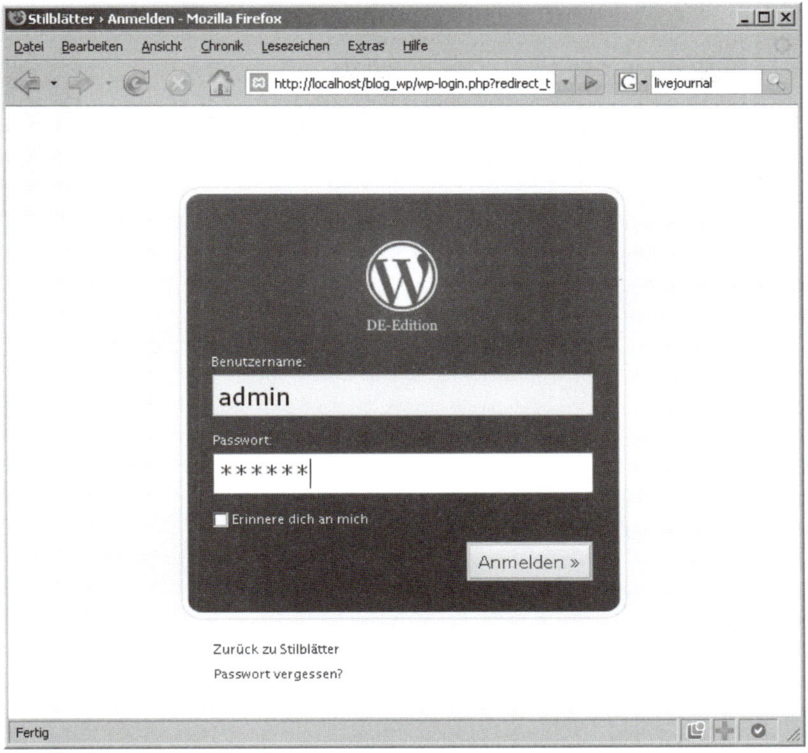

Abbildung 5.20
Der Anmeldebildschirm von Wordpress

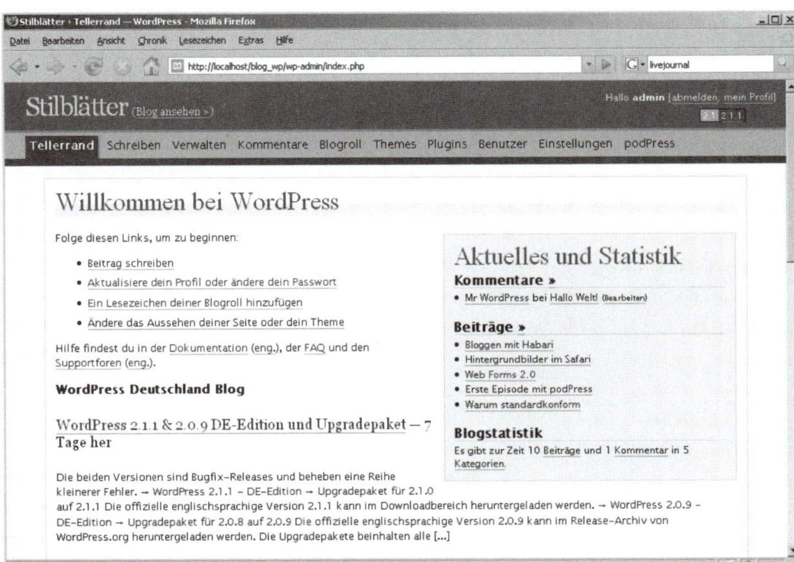

Abbildung 5.21
Der Tellerrand ist die Startseite für die Administration von Wordpress.

Oben in der Kopfzeile sehen Sie den Titel, den Sie Ihrem Blog gegeben haben. Sie finden dahinter direkt einen Link, über den Sie zur Blog-Ansicht, so wie sie sich den Besuchern präsentiert, wechseln können. Darunter befindet sich das Hauptmenü, von wo aus Sie in die einzelnen Bereiche kommen.

5.5.2 Beiträge verfassen

Beiträge zu verfassen, macht Ihnen Wordpress leicht. Klicken Sie zuerst im Hauptmenü auf SCHREIBEN und Sie gelangen zur Webseite zum Verfassen von Beiträgen. Ganz komfortabel können Sie Ihre Texte mit einem WYSIWYG-Editor verfassen. Es ist der Editor TinyMC, der inzwischen standardmäßig bei Wordpress dabei ist. Vergeben Sie zuerst einen aussagekräftigen Titel und schreiben Sie im großen Fenster Ihren Beitrag. Diese Beiträge werden mitunter auch Posts genannt.

Abbildung 5.22
Ganz komfortabel kann man im WYSIWYG-Editor von Wordpress einen Beitrag verfassen.

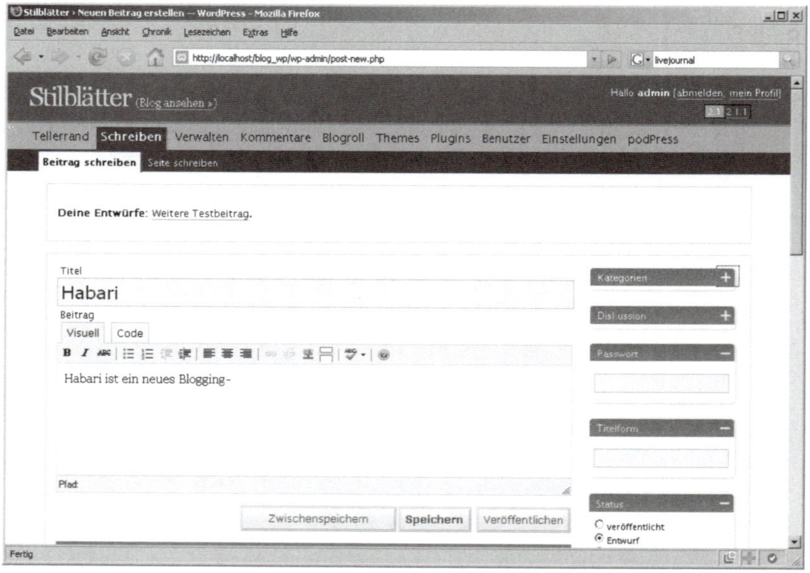

Möchten Sie einzelne Sachen im HTML-Code anpassen, können Sie jederzeit vom Reiter VISUELL auf CODE umschalten.

Unter diesen Tabs befindet sich die Symbolleiste des Editors, wo Sie einfach Formatierungen vornehmen können.

Abbildung 5.23
Symbolleiste des Editors

Die meisten sind selbsterklärend wie B für fetten Text (bold) und das kursive I (italic) für kursiven Text. Dahinter befindet sich das Symbol für durchgestrichenen Text. Es folgen Symbole, über die sich Absatzformatierungen vornehmen lassen:

- Listen mit Aufzählungszeichen
- Listen mit Nummerierung
- Einrückung
- Absatzausrichtung – linksbündig, zentriert, rechtsbündig

Wie Sie es aus anderen Textverarbeitungsprogrammen gewohnt sind, müssen Sie zuerst den Text markieren und dann die Formatierung vornehmen.

Um einen Link zu erstellen, markieren Sie zuerst den Text, der als Linktext dienen soll, und klicken Sie danach auf das Kettensymbol.

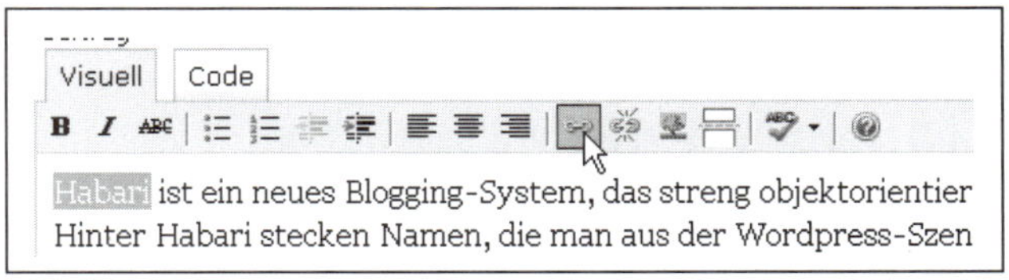

Abbildung 5.24
Link erstellen in Wordpress

Es öffnet sich ein Pop-up-Fenster, in dem Sie die Adresse des Links (bei Internetadressen unbedingt mit `http://`) und einen Titel eingeben können.

HINWEIS

Die Vergabe eines Linktitels – dahinter steht übrigens das Attribut `title` in HTML – ist sinnvoll, um zusätzliche Informationen bereitzustellen, wenn der Linktext an sich nicht aussagekräftig genug ist. Diese Informationen werden als Tooltipp angezeigt, wenn man mit der Maus über den Link fährt.

Zusätzlich können Sie bestimmen, ob der Link im selben Fenster oder in einem neuen Fenster geöffnet werden soll.

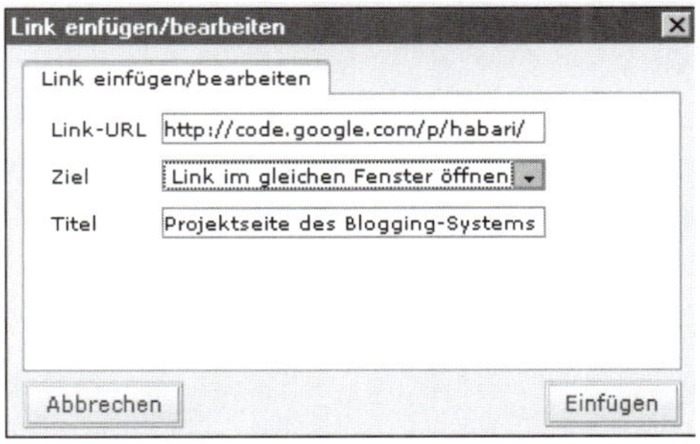

Abbildung 5.25
Hier geben Sie den URL an und können festlegen, ob die Adresse im selben oder in einem neuen Browser-Fenster geöffnet werden soll.

Über das Symbol neben der Kette in der Symbolleiste, das eine zerrissene Kette darstellt, können Sie einen Link auch wieder entfernen.

Möchten Sie ein Bild einfügen, das Sie bereits hochgeladen haben oder das sich sonst irgendwo im Internet befindet, verwenden Sie das Baum-Symbol in der Editor-Leiste. Gleich erfahren Sie auch, wie Sie Bilder direkt über Wordpress hochladen (***Abschnitt 5.5.4***).

Das Symbol neben dem Baum in der Symbolleiste, das zwei Rechtecke übereinander zeigt, ist ebenfalls sehr praktisch. Damit können Sie Ihren Beitrag in einen Teaser oder Anreißer und den restlichen Text unterteilen. Gehen Sie zuerst zu der Stelle, nach der Ihr Text unterteilt werden soll, und klicken Sie dann auf das Icon rechts vom Baum. Bis zu der angegebenen Stelle erscheint der Artikel auf der Startseite, den Rest des Artikels kann ein Besucher erst lesen, wenn er auf den automatisch erstellten Link mit der Beschriftung DEN GANZEN BEITRAG LESEN klickt.

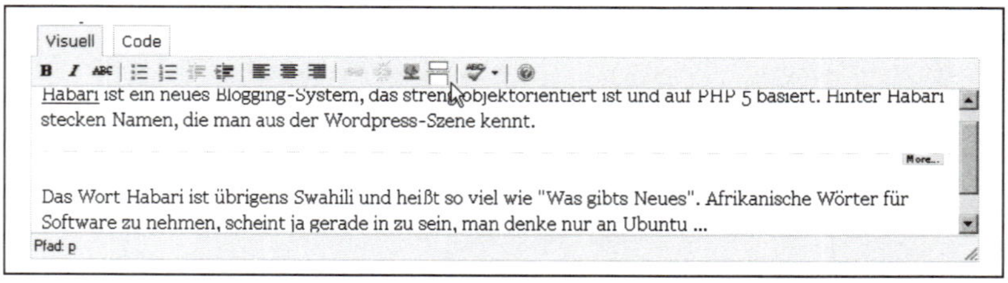

Abbildung 5.26
Sie bestimmen, bis zu welcher Stelle der Text auf der Startseite erscheint.

In der Statusleiste Ihres Editors sehen Sie die HTML-Elemente, in denen Sie sich gerade befinden. In Abbildung 5.27 steht hier beispielsweise *p >> a*. Das heißt – denn solche Ausdrücke sind von rechts nach links zu lesen –, Sie befinden sich gerade in einem `a`-Element, das innerhalb eines `p`-Elements steht. Sie haben also in einen Link geklickt und der Link selbst steht in einem Absatz.

Über den Anfasser rechts am Editorfenster können Sie das Fenster vergrößern oder verkleinern.

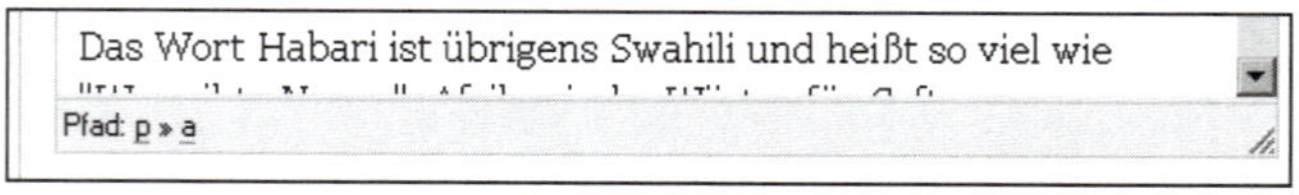

Abbildung 5.27
Statusleiste mit der Anzeige der HTML-Elemente und rechts die Möglichkeit, die Größe des Fensters zu verändern.

Unten finden Sie die Buttons zum ZWISCHENSPEICHERN, SPEICHERN und VERÖFFENTLICHEN. Mit dem ZWISCHENSPEICHERN verlieren Sie keine Daten bei plötzlichem Stromausfall oder Ähnlichem, SPEICHERN speichert den Beitrag in den Entwürfen und über VERÖFFENTLICHEN wird der Beitrag im Blog für Besucher sichtbar erscheinen.

TIPP

Wenn Sie auf ZWISCHENSPEICHERN gehen, sehen Sie am Ende der Seite mit dem Beitrag eine Voransicht, wie der Artikel später auf der Seite erscheinen wird.

Höchste Zeit, das Ergebnis der Mühen einmal in Augenschein zu nehmen. Über den Link BLOG ANSEHEN neben dem Namen Ihres Blogs können Sie rasch zur Blog-Ansicht wechseln. Solange Sie noch als Administrator angemeldet sind, erscheinen zusätzlich bei Ihren Beiträgen aber BEARBEITEN-Links, die andere Besucher selbstverständlich nicht zu sehen bekommen.

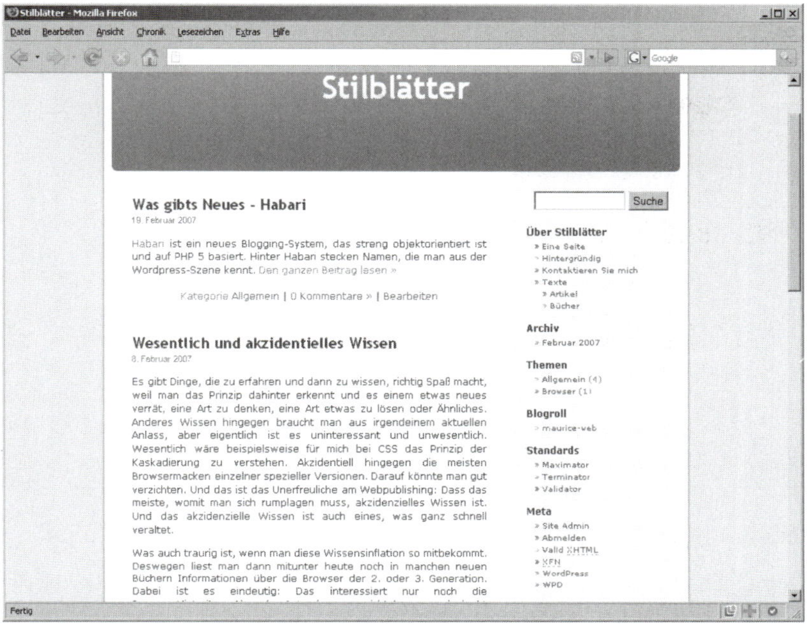

Abbildung 5.28
Die Blog-Ansicht

Neben den von Ihnen erstellten Texten sehen Sie einen weiteren automatisch bei der Installation angelegten Beitrag, den wir jetzt gleich einmal löschen wollen. Wechseln Sie dafür wieder in den Administrationsbereich, den Sie auch über die Blog-Ansicht erreichen. Klicken Sie hierfür auf den Link SITE ADMIN unter META in der rechten Spalte.

5.5.3 Beiträge bearbeiten oder löschen

Im Hauptmenü finden Sie neben dem Unterpunkt SCHREIBEN den Punkt VERWALTEN. Im Untermenü BEITRÄGE sind alle derzeit vorhandenen Beiträge aufgelistet und Sie können den automatisch von Wordpress erstellten Beitrag mit einem Klick auf den Link LÖSCHEN endgültig entfernen. Außerdem lassen sich die bereits erstellten Beiträge über BEARBEITEN verändern.

Der Punkt VERWALTEN bietet weitere nützliche Funktionen: Sie finden unter dem gleichnamigen Menüpunkt auch eine Oberfläche, um Kategorien anzulegen. Kategorien zeigen die thematischen Schwerpunkte des Blogs und helfen den Lesern, weitere Beiträge zu den sie interessierenden Themen zu finden. Die von Ihnen angelegten Kategorien erscheinen auf der Startseite des Blogs in der Seitenleiste unter dem Titel THEMEN und jeweils mit der Anzahl der zugehörigen Artikel.

Abbildung 5.29
Eine Liste der derzeit erstellten Beiträge mit der Möglichkeit, sie zu bearbeiten oder zu löschen

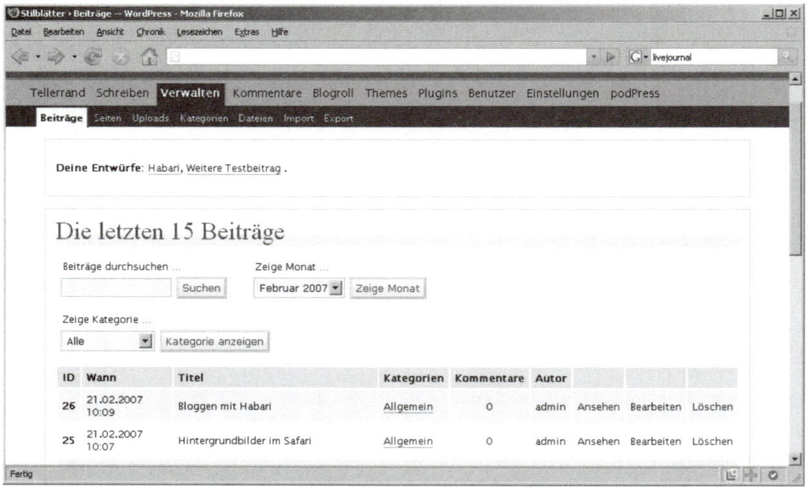

5.5.4 Bilder einfügen

Natürlich können Sie Ihren Beitrag mit Bildern illustrieren. Um Bilder hochzuladen – erlaubt sind übrigens die Formate PNG, JPEG und GIF –, finden Sie ein Formular unterhalb des Editors mit zwei Reitern: UPLOAD, um neue Bilder hochzuladen, und ALLES DURCHSUCHEN, das Ihnen alle bereits hochgeladenen Bilder anzeigt.

Abbildung 5.30
Upload-Formular für Bilder

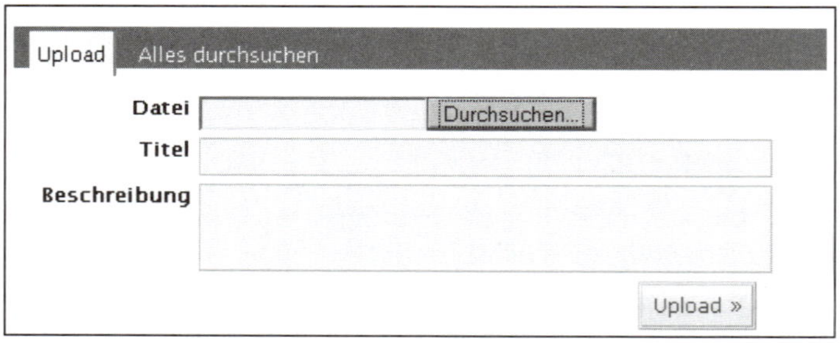

Bilder werden standardmäßig im Verzeichnis */wp-content/uploads/* in Unterverzeichnissen abgelegt. Das Verzeichnis *upload* erstellt Wordpress beim ersten Bild-Upload. Damit das funktioniert, muss jedoch das übergeordnete Verzeichnis beschreibbar sein, sonst erhalten Sie eine entsprechende Fehlermeldung. Sie sehen schon, Wordpress informiert Sie über alle wichtigen Dinge.

Rechte ändern

Die Rechte eines Ordners oder einer Datei ändern Sie über Ihr FTP-Programm. Die genaue Vorgehensweise ist von FTP- zu FTP-Programm unterschiedlich. In FileZilla klicken Sie beispielsweise mit der rechten Maustaste den Ordner an und wählen Dateiattribute.

Der entsprechende Linux-Befehl lautet `chmod`. Um einen Ordner beschreibbar zu machen, vergeben Sie den numerischen Wert `777`.

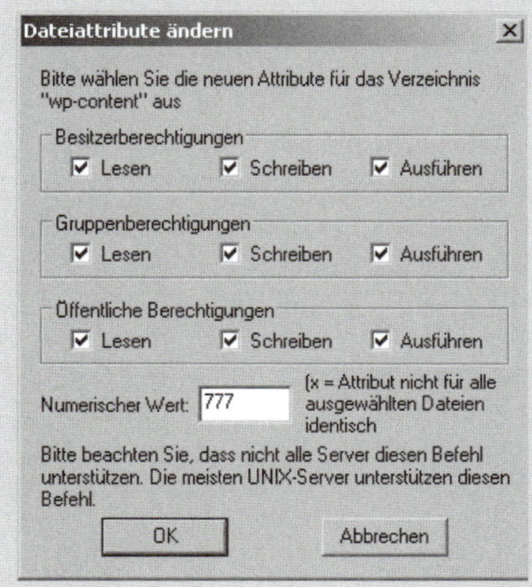

Abbildung 5.31:
Dateiattribute in Filezilla ändern: einfach nur in das jeweilige Kästchen klicken

Haben Sie den Ordner beschreibbar gemacht, können Sie jetzt ein Bild hochladen. Klicken Sie bei Upload auf Durchsuchen und wählen Sie Ihr Bild aus. Vergeben Sie außerdem einen Titel und eine Beschreibung. Der Titel wird unter anderem als `alt`-Attribut dem Bild zugeordnet.

Wenn das Foto hochgeladen ist, sehen Sie es im unteren Bereich. Sie können die Anzeige und die Verlinkung bestimmen.

- Soll das Bild groß ohne Verlinkung direkt im Beitrag angezeigt werden, wählen Sie vollständige Grösse und bei Link zu die Option Keine. Das Bild wird übrigens trotz der Bezeichnung vollständige Grösse per CSS so verkleinert, dass es in das Layout passt.
- Soll hingegen nur eine Vorschau angezeigt werden, wählen Sie Vorschaubild und bei Link zu den Punkt Seite oder Datei (zum Bild in Originalgröße, soweit das Layout es zulässt).
- Bei der Wahl Link zu Seite gelangt man beim Klicken auf das Bild auf eine neue Seite mit dem Bild in Originalgröße: Der Titel des Beitrags ist der Titel des Bilds und der Text des Beitrags ist die beim Bild angegebene Beschreibung.

Durch ZUM EDITOR SENDEN wird das Bild oder der Titel je nach gewählter Option im Beitrag eingefügt.

Abbildung 5.32 Optionen für das Einbinden von Bildern

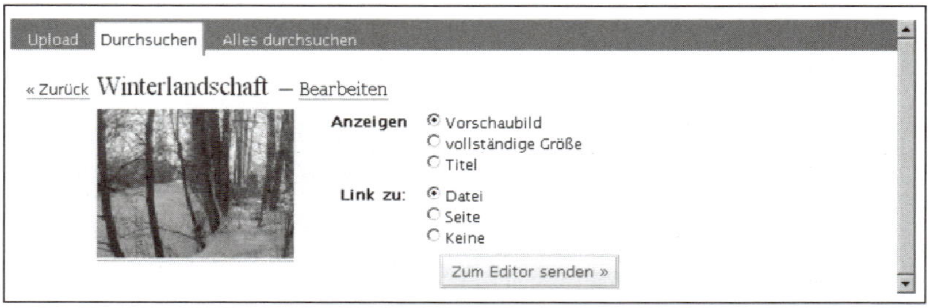

Standardmäßig wird – das ist aber jetzt eine HTML-Geschichte – ein Bild in die Zeile gesetzt, in der man es einfügt. Soll der Text das Bild umfließen, markieren Sie das Bild im Beitrag und wählen Sie das Bild-Icon in der Symbolleiste des Editors. Nun können Sie weitere Bildeigenschaften bestimmen. Wenn Sie eine Ausrichtung, beispielsweise LINKS, festlegen, wird das Bild vom Text umflossen.

Abbildung 5.33 Grundlegende Einstellungen für Bilder

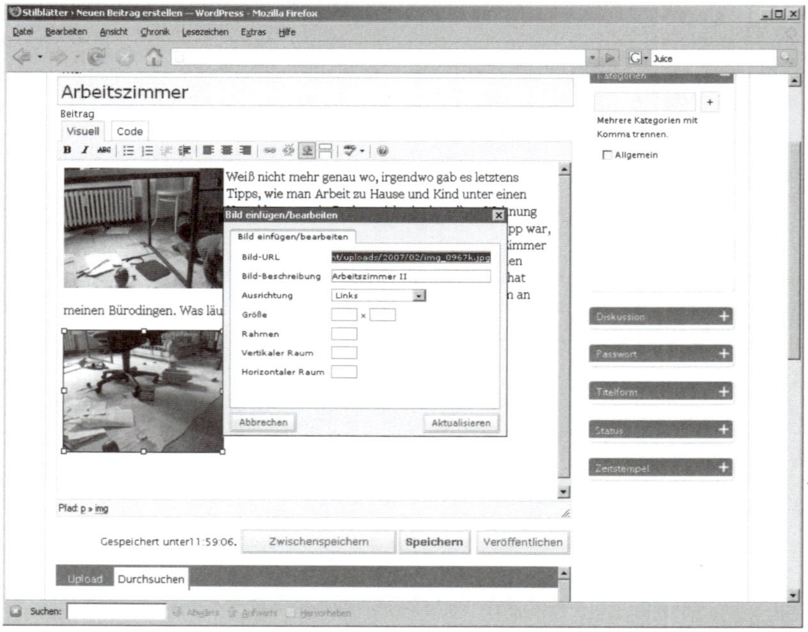

Wenn Sie die Ausrichtung des Bilds über den Dialog ändern, wird das HTML-Attribut `align` eingesetzt, z.B. `align="left"`. Das Attribut `align` ist jedoch veraltet, eleganter lässt sich das per CSS lösen. Im Kubrick-Theme, dem Standardlayout, sind hierfür drei CSS-Klassen vorgesehen: `alignleft`, `alignright` und `centered`.

Möchten Sie also ein Bild eleganter rechtsbündig anordnen, so wechseln Sie in den HTML-Code über den Tab CODE im Editor und ergänzen Sie im `img`-Tag beispielsweise `class="alignright"`.

```
<img src="http://localhost/blog_wp/wp-content/uploads/2007/02/
jetzt_lerne_ich_css_neu_k.thumbnail.jpg" class="alignright" alt="CSS lernen" />
```

Entsprechend würden Sie ein Bild mit `class="centered"` zentrieren.

5.5.5 Nützliche Optionen für Beiträge

Im rechten Bereich Ihres Fensters zum Verfassen von Beiträgen finden Sie weitere interessante Optionen, die Sie durch einen Klick auf das Plus expandieren können, so beispielsweise:

- KATEGORIEN: Ordnen Sie Ihre Beiträge einzelnen Kategorien zu. Sie können hier auch gleich neue Kategorien anlegen.
- DISKUSSION: Bestimmen Sie, ob bei einer Seite Kommentare zugelassen werden sollen oder nicht. Außerdem legen Sie hier fest, ob für die Seite Pings aktiviert werden sollen.
- ZEITSTEMPEL: Wenn Sie hier einen Zeitpunkt in der Zukunft angeben, wird der Beitrag erst dann veröffentlicht.

Unterhalb des Artikels sehen Sie das Eingabefeld für die TRACKBACKS. Beziehen Sie sich in Ihrem Blog in einem Beitrag auf einen anderen Artikel, so können Sie hier den URL (Permalink) des anderen Artikels angeben. Das andere Blog wird dann automatisch über Ihren Artikel informiert. Das ist übrigens eine gute Möglichkeit, dem eigenen Blog zu einem höheren Bekanntheitsgrad zu verhelfen, denn die eingegangenen Trackback-Nachrichten werden häufig in Blogs unterhalb der Artikel angezeigt.

TIPP

Schreiben Sie häufiger über interessante Webseiten, die Ihnen auf Ihren Surfstreifzügen durchs WWW begegnen, so können Sie ein praktisches Bookmarklet benutzen. Sie finden es am Ende der Seite bei SCHREIBEN/BEITRAG SCHREIBEN. Wenn Sie diesen Link durch einen Rechtsklick darauf als neues Lesezeichen abspeichern, können Sie bei einer interessanten Seite das Lesezeichen aufrufen. Sie gelangen dann sofort in Ihr Blog in den Modus, um einen Beitrag zu verfassen. Der URL der anderen Webseite sowie der Titel sind schon voreingetragen.

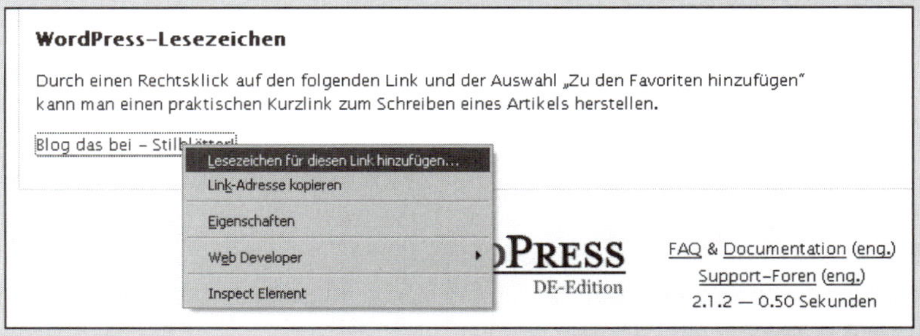

Abbildung 5.34: Eine praktische Funktion, um rasch über andere Webseiten zu bloggen ...

5.5.6 Statische Informationen in Seiten unterbringen

Dies alles waren Optionen für Beiträge. Beiträge sind die klassischen Blog-Posts, die in umgekehrter chronologischer Reihenfolge angeordnet werden. Daneben gibt es auch noch Seiten. Seiten enthalten statische Informationen, die weniger dem Wandel der Zeit unterliegen: Als statische Seite könnten Sie beispielsweise Informationen über sich selbst, zum Blog im Allgemeinen oder ein Impressum abspeichern.

TIPP

Ein Impressum ist für die meisten Webseiten Pflicht. Ob das für Sie zutrifft und welche Informationen Sie angeben müssen, erfahren Sie unter *http://www.digi-info.de/de/netlaw/webimpressum/*.

Um eine Seite zu erstellen, klicken Sie – ebenfalls im Bereich SCHREIBEN – auf SEITE SCHREIBEN. Der Aufbau des Fensters ist fast identisch mit dem, den Sie vom Verfassen von Beiträgen kennen: Sie vergeben einen Titel und schreiben im unteren Feld den Text, den Sie mit dem Editor formatieren können.

Bei statischen Seiten können Sie jedoch auch Hierarchien, d.h. zu einer Seite untergeordnete Seiten, erstellen. Wählen Sie hierfür den Punkt ÜBERGEORDNETE SEITE in der rechten Seitenleiste und bestimmen Sie die Seite, der die gerade erstellte Seite untergeordnet werden soll.

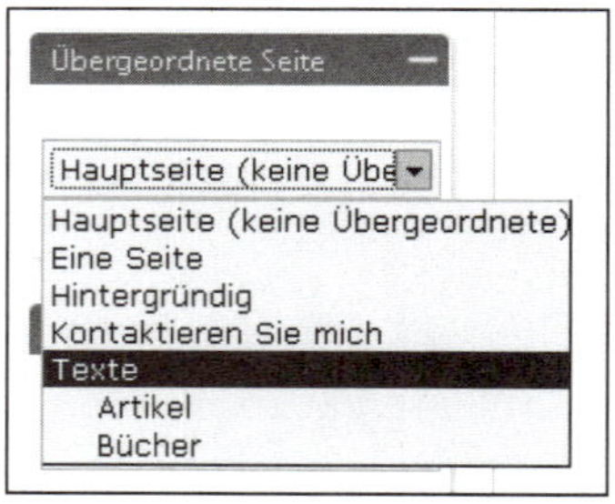

Abbildung 5.35
Bei statischen Seiten lassen sich Hierarchien erstellen.

TIPP

Bei manchen statischen Seiten wie beispielsweise einem Impressum, sollten Sie überlegen, ob Sie nicht die Kommentarfunktion deaktivieren. Den entsprechenden Punkt finden Sie in der Seitenleiste unter DISKUSSION.

5.5.7 Sag mir, wen du liest ...

Über den Menüpunkt BLOGROLLS verwalten Sie Linklisten. In erster Linie ist dies natürlich für Blogrolls gedacht – eine Liste von anderen Blogs, die Sie lesen. Sie können im rechten Bereich aber auch eine andere Kategorie angeben, dann erscheinen diese Links unterhalb der Blogroll auf der Startseite unter der angegebenen Kategorie.

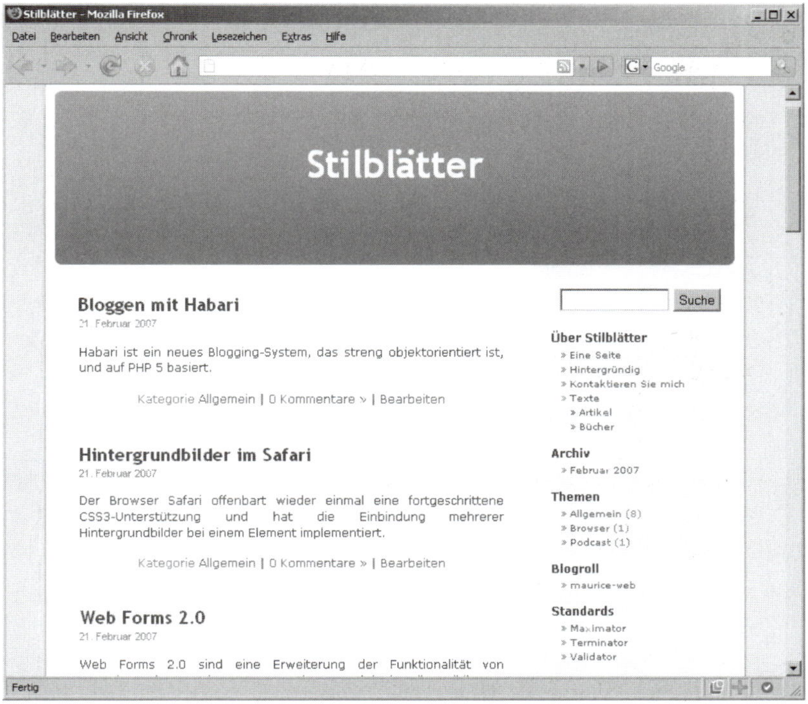

Abbildung 5.36
Unter der bei Blogroll neu erstellten Kategorie STANDARDS erscheinen die eingegebenen Links.

Bei der BLOGROLL können Sie bei LINK-BEZIEHUNGEN angeben, in welchem Verhältnis Sie zu der Person hinter dem Blog stehen. Kommt Ihnen das bekannt vor? Genau: Zur Angabe dieser Information dient das Microformat XHTML Friends Network, das in *Kapitel 3* vorgestellt wurde.

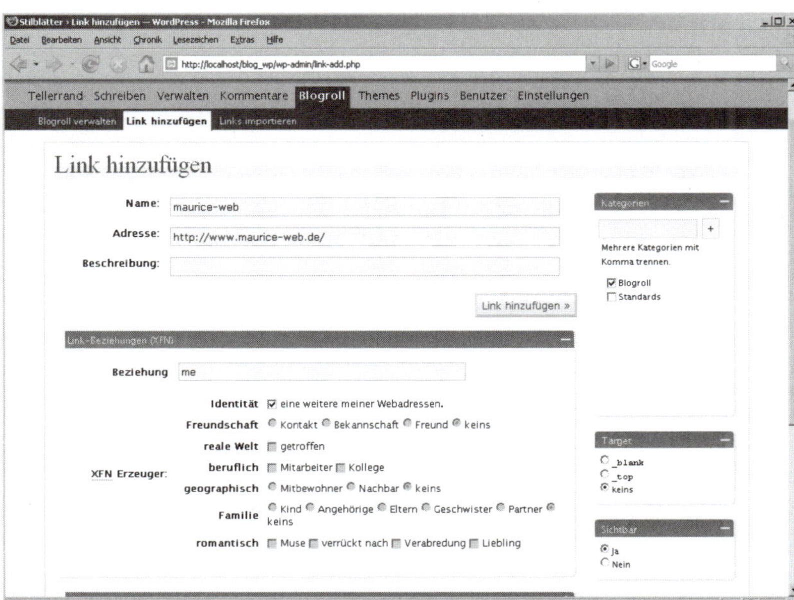

Abbildung 5.37
Blogroll: Links hinzufügen

Sie müssen die Links aber keineswegs von Hand eingeben, wenn Sie bereits eine Liste von Blogs in einem Feedreader lesen. Bei LINKS IMPORTIEREN können Sie OPMLs importieren, d.h. Linklisten, die im OPML-Format abgespeichert sind. Dieses Austauschformat für Linklisten wird von den meisten Feedreadern unterstützt (siehe auch *Abschnitt 4.2.6*).

5.5.8 Blog konfigurieren

Die Konfiguration Ihres Blogs steuern Sie über EINSTELLUNGEN. Bei Blog-Thema ändern Sie den Slogan Ihres Blogs – der Text, der standardmäßig »ein weiteres tolles Wordpress-Blog« lautet und unter dem Titel des Blogs angezeigt wird.

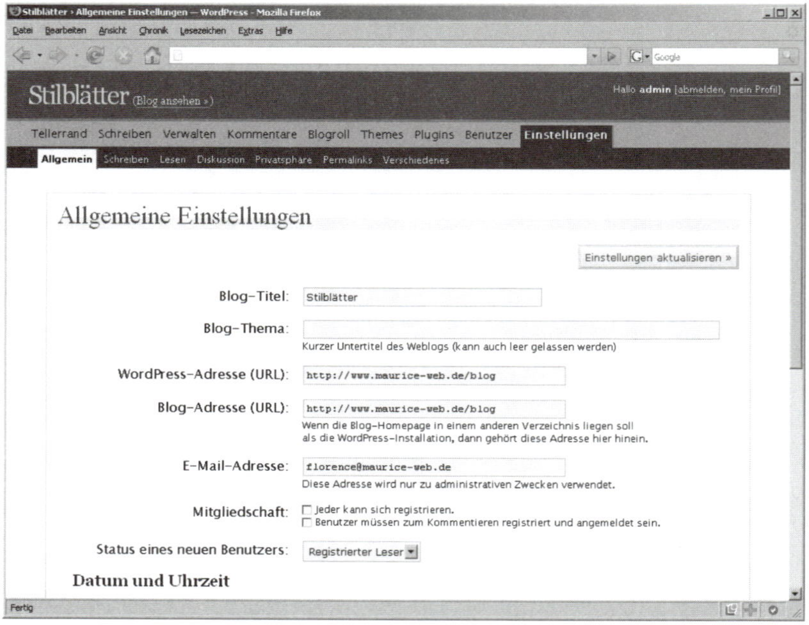

Abbildung 5.38
Allgemeine Einstellungen zum Blog

Erwähnenswert sind ebenfalls die Einstellungen beim Untermenü PERMALINKS, wo Sie das Format der Pfade zu den einzelnen Beiträgen festlegen. Standardmäßig werden die Dateinamen der einzelnen Seiten durch ein Fragezeichen mit einer Nummer dargestellt, was Suchmaschinen weniger gerne mögen. Das lässt sich hier ändern.

TIPP

Suchmaschinen berücksichtigen bei ihrer Bewertung einer Website auch die Pfade. Deswegen sollten Sie hier eine gute Variante wählen, bei der der Artikeltitel im Pfad vorkommt. Und der Artikeltitel sollte selbstverständlich auch schon die Schlagwörter enthalten, die den Artikel charakterisieren bzw. unter denen Sie gefunden werden möchten.

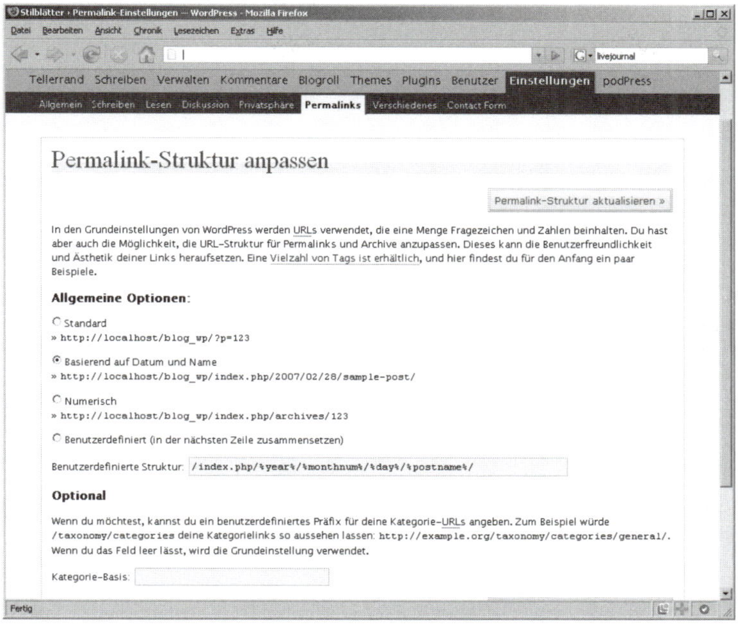

Abbildung 5.39
Hier legen Sie fest, wie Ihre Pfade aussehen sollen.

Bei PERMALINKS können Sie nun verständliche Links gestalten, die sich aus Bestandteilen wie Datum oder Artikeltext zusammensetzen. Empfehlenswert ist die Variante BASIEREND AUF DATUM UND NAMEN.

Damit das Ganze funktioniert, schreibt Wordpress die entsprechenden Regeln in eine *.htaccess*-Datei, die sich im Hauptverzeichnis von Wordpress befinden muss. Kann hingegen diese Datei nicht beschrieben werden, erhalten Sie eine entsprechende Meldung. Wordpress generiert Ihnen in diesem Fall den Code, den Sie dann selbst in die *.htaccess*-Datei einfügen müssen.

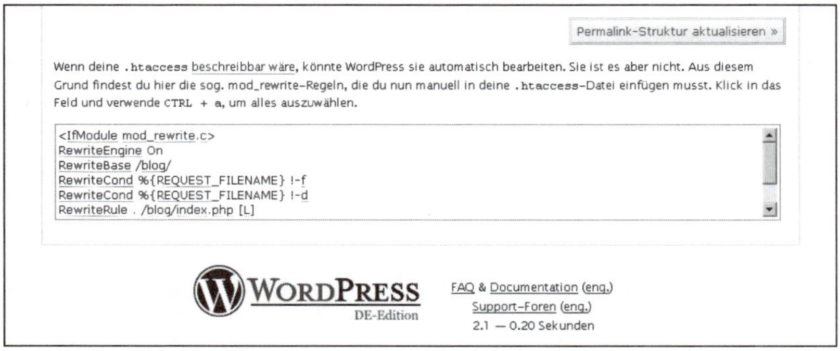

Abbildung 5.40
Der für die *.htaccess*-Datei notwendige Code wird generiert, wenn Wordpress die *.htaccess*-Datei selbst nicht beschreiben kann.

Die *.htaccess*-Datei können Sie in einem ganz normalen Editor erstellen. Die Datei muss wirklich *.htaccess* heißen mit dem Punkt am Anfang – der Texteditor darf Ihnen hier nicht noch die Endung ».txt« dranhängen. Im Windows Editor wählen Sie bei SPEICHERN UNTER beim Dateityp ALLE DATEIEN.

Machen Sie aber am besten nach dem Übertragen der *.htaccess*-Datei per FTP diese Datei beschreibbar, damit es im Weiteren keine Probleme gibt.

Wenn Sie für die Permalinks einen Namen wählen, der den Titel des Beitrags verwendet, gibt es jedoch Probleme, wenn im Titel Sonderzeichen enthalten sind. Abhilfe schafft hier das Plug-in clean-umlauts, Details dazu im *Abschnitt 5.5.10*.

5.5.9 Übersicht über die weiteren Funktionen

Das waren die ersten Schritte in Wordpress. Sie haben es schon gemerkt, Wordpress kann ungeheuer viel. Hier finden Sie eine kurze Übersicht über alle Menüpunkte.

- TELLERRAND: die Startseite des Administrationsbereichs
- SCHREIBEN: Diesen Punkt haben Sie bereits kennengelernt. Hier verfassen Sie Ihre Beiträge und Seiten.
- VERWALTEN: Hier können Sie die geschriebenen Beiträge und Seiten editieren oder auch löschen. Bei KATEGORIE erstellen Sie Ihre Kategorien und können auch Hierarchien für die Kategorien festlegen. Unter DATEIEN lassen sich einzelne Wordpress-Dateien direkt editieren, die hierfür aber auf beschreibbar gesetzt sein müssen. IMPORT ist eine interessante Option, wenn Sie bereits ein Blog mit einem anderen Blog-System verfasst haben und nun Ihre Beiträge herüberretten möchten. Über die EXPORT-Funktion können Sie hingegen Ihre Beiträge als XML-Datei exportieren, um sie dann in einer anderen Wordpress-Installation zu importieren (unter IMPORT heißt die entsprechende Option Wordpress).
- KOMMENTARE: Hier bearbeiten Sie die Kommentare. Erst wenn Sie einen Kommentar zugelassen haben (GENEHMIGEN), wird er angezeigt. Das ist die Standardeinstellung von Wordpress und, da Spammer die Kommentarfunktionen entdeckt haben, eine wichtige Sicherheitseinstellung, um nicht im Kommentarspam zu versinken. Wollen Sie sich nicht selbst um das Freischalten jedes einzelnen Kommentars kümmern, können Sie auch ein darauf spezialisiertes Plug-in bemühen wie beispielsweise Akismet (siehe auch *Abschnitt 5.5.10*).
- BLOGROLL: Hier pflegen Sie Ihre Linklisten (siehe *Abschnitt* 5.5.7).
- THEMES steht für vorgefertigte Layouts. Bei der deutschen Variante ist schon das Hauptthema ins Deutsche übersetzt, die beiden anderen, die standardmäßig dabei sind, sind hingegen englisch. Wie Sie neue Layouts installieren, erfahren Sie gleich im *Abschnitt 5.5.13*.

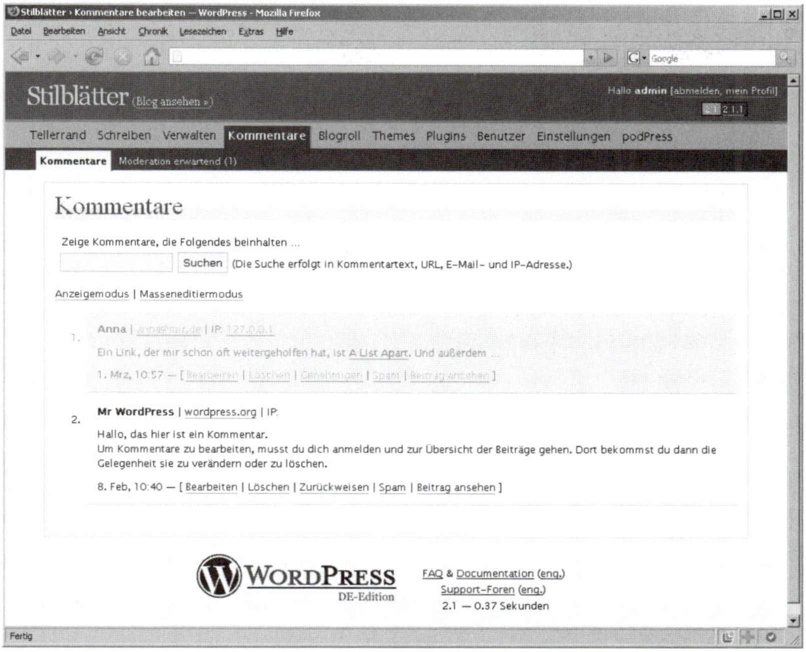

Abbildung 5.41
Kommentare müssen erst genehmigt werden, dann erscheinen sie im Blog.

- PLUGINS: In Plug-ins verwalten Sie alle Erweiterungen von Wordpress. In der deutschen Version sind schon ein paar Plug-ins vorinstalliert, die mit einem Mausklick aktiviert werden können. Mehr dazu im ***Abschnitt 5.5.10***.
- BENUTZER: Wenn Sie zu mehreren am Blog schreiben, können Sie hier die anderen Mitschreiber als Benutzer anlegen. Vergeben Sie den anderen aber nur so viele Rechte, wie diese wirklich benötigen.

Benutzer in Wordpress

Benutzern in Wordpress können Sie verschiedene Rollen zuweisen. Es gibt Administrator, Herausgeber, Mitarbeiter und registrierte Leser.

Abbildung 5.42: Bei jedem neuen Benutzer definieren Sie die Funktion, die er hat. Jede Funktion oder auch Rolle bedeutet unterschiedlich weit reichende Rechte.

- Der ADMINISTRATOR darf alles, das sind üblicherweise Sie.
- Der HERAUSGEBER kann Beiträge verfassen und publizieren, er kann auch fremde Beiträge bearbeiten. Zum Herausgeber können Sie jemand anderen machen, mit dem Sie das Blog gemeinschaftlich verfassen.

- MITARBEITER können Beitrage verfassen, aber nicht veröffentlichen. Diese Rolle ist für einen Mitschreiber geeignet, dessen Beiträge Sie vor dem Veröffentlichen noch einmal durchgehen möchten.
- REGISTRIERTER Leser können Beiträge lesen und Kommentare verfassen.
- Sollten Sie Podpress (***Abschnitt 5.5.12***) installiert haben, übernehmen Sie auch noch die Rolle des PREMIUM SUBSCRIBER. Damit können Sie Podcasts nur für ausgewählte Leser/Hörer zur Verfügung stellen.

5.5.10 Wordpress mit zusätzlichen Funktionen ausstatten über Plug-ins

Vermissen Sie ein Feature bei Wordpress, so lohnt es sich, die Plug-in-Verzeichnisse zu durchstöbern, hier werden Sie sicher fündig. Plug-ins erweitern Wordpress durch zusätzliche Funktionalität. Ein paar praktische sind in der deutschen Version schon vorinstalliert, aber noch nicht aktiviert. Sie finden die vorinstallierten im Reiter PLUGINS.

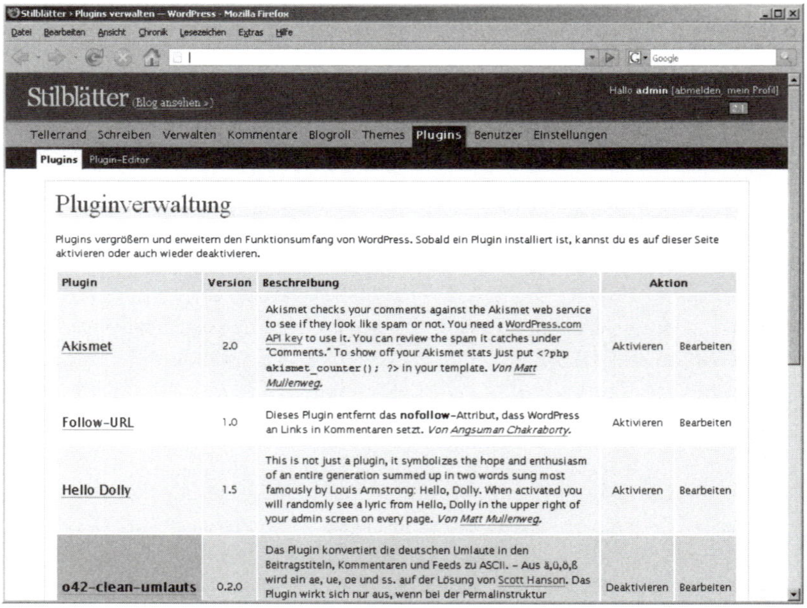

Abbildung 5.43
In der deutschsprachigen Version sind einige Plug-ins schon vorinstalliert.

Um ein Plug-in zu aktivieren, genügt es, den Link AKTIVIEREN zu betätigen. Möchten Sie hingegen weitere Informationen zum Plug-in einholen, klicken Sie auf den Namen des Plug-in.

So installieren Sie zusätzliche Plug-ins:

1. Plug-ins finden Sie unter *http://wp-plugins.net/*, *http://codex.wordpress.org/Plugins* oder *http://dev.wp-plugins.org/*. Sollte das gewünschte nicht dabei sein, hilft manchmal auch eine Google-Suche mit den Stichwörtern *Plug-in Wordpress* und der gewünschten Funktionalität.
2. Bei Plug-ins, die Sie gefunden haben, müssen Sie darauf schauen, ob sie auch zu der von Ihnen verwendeten Wordpress-Version passen. Informationen über die Kompatibilität von Plug-ins finden Sie bei der Webseite des Plug-in und außerdem unter *http://codex.wordpress.org/User:Matt/2.0_Plugin_Compatibility*.
3. Laden Sie das Plug-in herunter und speichern Sie es in Ihrer Wordpress-Installation im Ordner *wp-content/plugins*.
4. Gehen Sie im Administrationsbereich von Wordpress zu PLUGINS/PLUGINS. In der Liste der installierten Plug-ins sollte nun auch das neue Plug-in auftauchen.
5. Aktivieren Sie das Plug-in durch Klick auf den entsprechenden Link.
6. Wie Sie die neue Funktionalität jetzt benutzen können, hängt vom Plug-in ab. Sie sollten hierzu die notwendige Dokumentation auf der Seite des Plug-in selbst finden. Die meisten Plug-ins verewigen sich in der Menüleiste.

Aktivieren Sie Plug-ins immer einzeln, denn dann wissen Sie, welches Plug-in für eventuell auftretende Probleme verantwortlich ist. Sorgt ein Plug-in für ernsthafte Probleme, können Sie es jederzeit entfernen, indem Sie den entsprechenden Ordner im Verzeichnis *plugin* löschen oder umbenennen.

Ein Beispiel zur Installation von Plug-ins: Häufig möchte man ein Kontaktformular im Blog integrieren, um den Besuchern eine komfortable Art der Kontaktaufnahme zu ermöglichen. Dazu dient das deutschsprachige Plug-in WP-ContactForm, das Sie unter *http://johannesries.de/webwork/contactform/* finden. Wenn Sie es in Ihrem Ordner *wp-content/plugins* abgespeichert haben, können Sie es über PLUGINS/PLUGINS aktivieren.

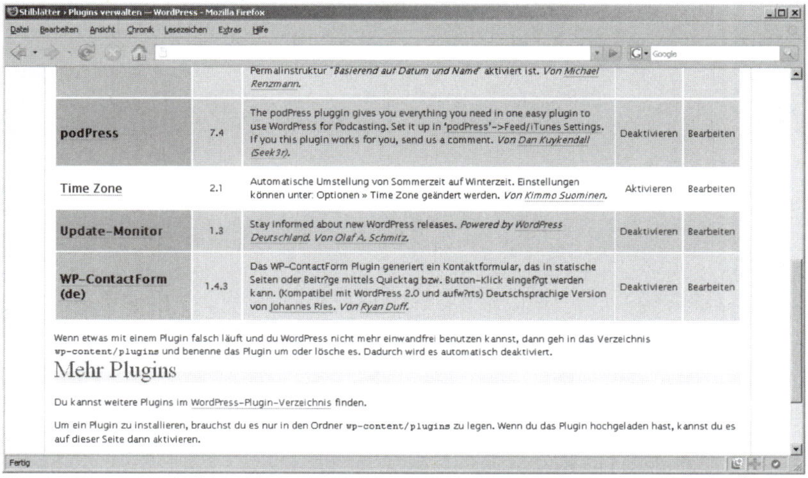

Abbildung 5.44
Das aktivierte Plug-in WP-ContactForm in der deutschsprachigen Version

Haben Sie es aktiviert, finden Sie im Menü Einstellungen zusätzlich den Unterpunkt Contact Form, über den Sie das Plug-in konfigurieren können. Nennen Sie die E-Mail-Adresse, an wen das Kontaktformular versendet werden soll, und den Betreff (Subject). Außerdem können Sie den Text der Meldungen bestimmen, wenn die Nachricht versendet wurde (Erfolgsnachricht), oder was bei unvollständigen Eingaben ausgegeben werden soll (Fehlermeldung).

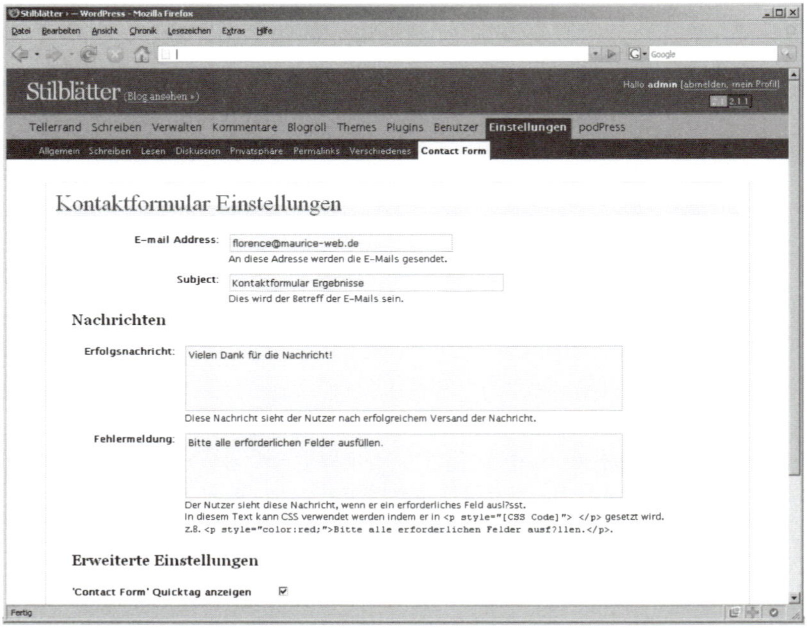

Abbildung 5.45
Einstellungen für das Kontaktformular

Legen Sie nun die Seite an, auf der Sie das Kontaktformular einfügen möchten. Um das Kontaktformular zu aktivieren, genügt es, an die entsprechende Stelle im Code `<!--contact form-->` zu schreiben.

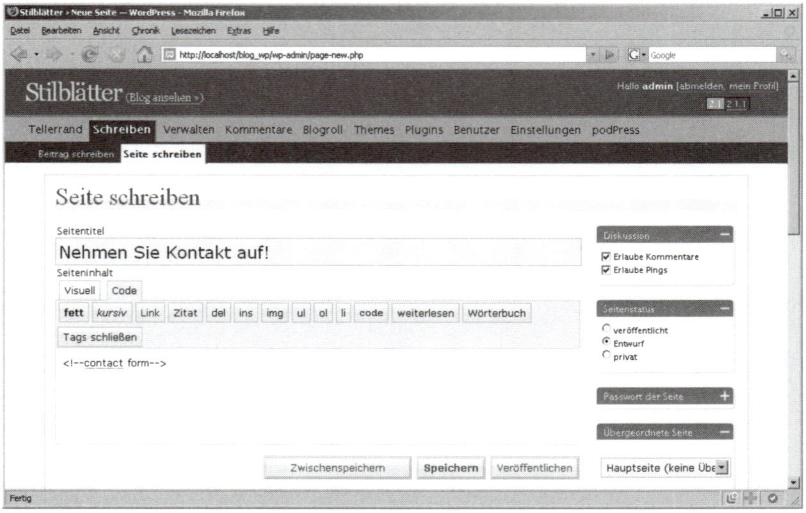

Abbildung 5.46
Das Kontaktformular soll nicht in einem Beitrag, sondern auf einer eigenen Seite erscheinen: So wird es angelegt.

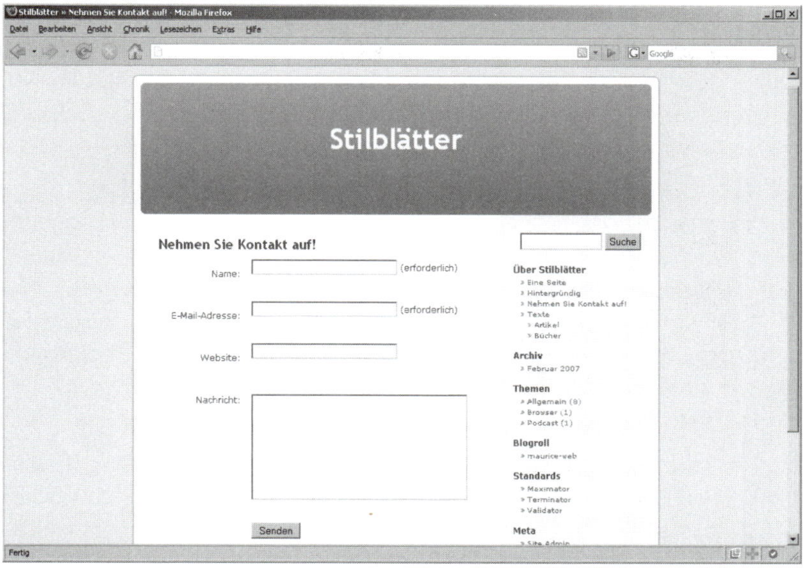

Abbildung 5.47
Und so sieht's dann aus: das Kontaktformular.

Wichtige Plug-ins

clean-umlauts: Wie erwähnt, können Sie unter EINSTELLUNGEN/PERMALINKS das Format Ihrer Pfade festlegen. Standardmäßig werden die Dateinamen der einzelnen Seiten durch ein Fragezeichen mit einer Nummer dargestellt. An dieser Stelle können Sie verständliche Links gestalten, die sich aus Bestandteilen wie Datum oder Artikeltext zusammensetzen. Haben Sie sich hier für BASIEREND AUF DATUM UND NAMEN entschieden, gibt es Probleme, wenn im Titel Sonderzeichen enthalten sind. Abhilfe schafft hier das Plug-in clean-umlauts: Es verwandelt die Sonderzeichen in ASCII, macht aus Ä die Buchstabenkombination AE etc. Dieses Plug-in wandelt aber nur Permalinks von neuen Beiträgen um, die nach der Aktivierung erstellt wurden.

Follow-URL: Wordpress ergänzt automatisch bei allen in Kommentaren angegebenen Links das Attribut `rel="nofollow"`. Es soll Kommentarspam verhindern, der nur darauf abzielt, durch die Verlinkung eine bessere Position in Suchmaschinen zu bekommen. Die Seiten, auf die mit `rel="nofollow"` verwiesen wird, verbessern dadurch nicht ihr Page-Ranking (vgl. dazu auch ***Kapitel 3***). Bei Google haben so Kommentare in Blogs keine Auswirkung mehr auf das Ranking.

Da jedoch Kommentarspam dadurch nicht wirklich verhindert wird, sehen manche `rel="nofollow"` als Methode an, die Blogger abzustrafen, die ja häufig auf sich gegenseitig verlinken, und von den guten Plätzen in den Suchmaschinen zu vertreiben. Deswegen wird im Allgemeinen empfohlen, `rel="nofollow"` nicht bei den Links in Kommentaren einfügen zu lassen. Und genau das macht Follow-URL. Es sorgt dafür, dass kein `rel="nofollow"` ergänzt wird. Zu diesem Thema existieren unterschiedliche Meinungen und intensive Debatten. Zumindest ist das Follow-URL-Plug-in eines der häufiger verwendeten Plug-ins für Wordpress und nicht ohne Grund bei der deutschen Version gleich dabei. Wer sich einen Einblick in die heftige Diskussion verschaffen möchte, surft mal zu: *http://www.drweb.de/weblog/weblog/?p=760*.

Apropos Kommentarspam – bei vielen Plug-ins geht es natürlich um dieses Thema, so beispielsweise beim Plug-in **Akismet**, das ebenfalls in der deutschsprachigen Version schon vorinstalliert ist. Zur Aktivierung des Akismet-Plug-in benötigen Sie einen Akismet-API-Key, den Sie unter *http://wordpress.com/api-keys* erhalten. Beim Akismet-Plug-in wird ein externer Server verwendet, der Kommentarspam automatisch als solchen kennzeichnet. Aufgrund welcher Tests das erfolgt, ist nicht ganz klar. Das Plug-in ist für den privaten Gebrauch kostenlos.

Update Monitor: Wie überall sonst auch, ist nur ein aktuelles Wordpress-System ein gutes System. Auch hier tauchen immer wieder Sicherheitslücken auf, die durch Updates behoben werden. Und da sich inzwischen über Suchmaschinen angreifbare Systeme so leicht ausfindig machen lassen, ist man gut beraten, aktuelle Updates auch wirklich einzuspielen. Das Plug-in Update Monitor informiert Sie automatisch über Updates, ohne dass Sie eine entsprechende Mailingliste oder sonstiges im Auge behalten müssen. Update Monitor zeigt Ihnen im Administrationsbereich in roter Farbe bei der Versionsangabe an, welches Update zur Verfügung steht. Wie Sie ein Update/Upgrade durchführen, finden Sie in ***Abschnitt 5.5.14*** beschrieben.

Abbildung 5.48
Im Kopfbereich der Wordpress-Administration sehen Sie sofort, wenn ein neues Update zur Verfügung steht.

Die Funktionalität eines weiteren interessanten Plug-in, nämlich Podpress zum Podcasten, wird gleich in ***Abschnitt 5.5.12*** vorgestellt.

5.5.11 Fotos aus Flickr einbinden

Wenn Sie Fotos aus Flickr heraus direkt mit Kommentaren in Ihrem Blog veröffentlichen möchten, brauchen Sie nicht einmal ein spezielles Plug-in. In Ihren Benutzereinstellungen bei Flickr können Sie die Zugangsdaten für Ihr Blog eintragen – unter YOUR ACCOUNT/EXTENDING FLICKR. Sie können dann über den Link BLOG THIS bei einem Bild direkt einen Eintrag verfassen und diesen – ohne Flickr zu verlassen – an Ihr Blog zur Publikation senden.

Abbildung 5.49
Über den Link BLOG THIS kann man sein Blog auswählen, sofern man es eingerichtet hat, ...

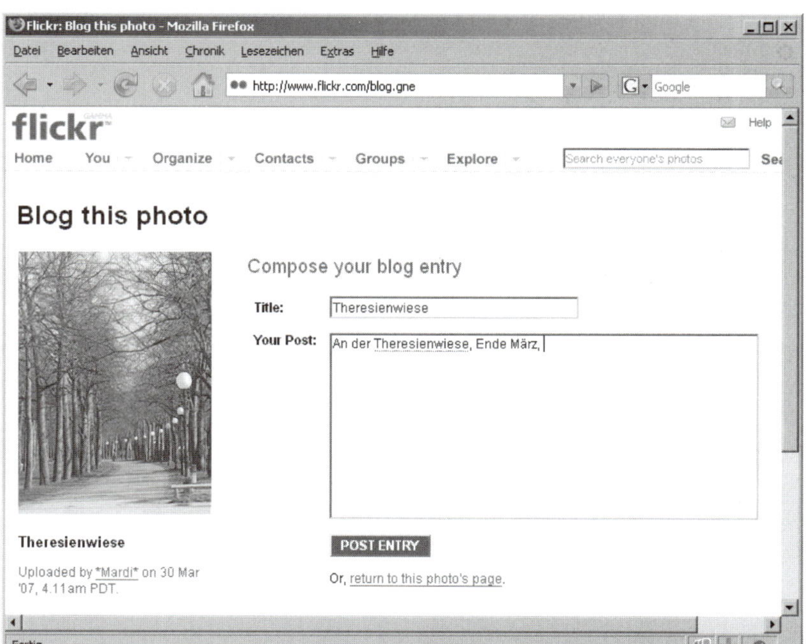

Abbildung 5.50
... und dann direkt den Beitrag verfassen. Mit POST ENTRY wird er an das Blog gesendet und dort veröffentlicht.

Sie können auch mehrere Fotos in der Seitenleiste oder an anderer Stelle in Form einer »Badge« anzeigen lassen. Für diesen Zweck stellt Flickr einen Assistenten zur Verfügung, den Sie unter *http://www.flickr.com/badge.gne* finden. Sie können hier zwischen einer HTML- und einer Flash-Variante wählen, wobei sich die HTML-Variante leichter einbinden lässt. Danach bestimmen Sie die Fotos, die erscheinen sollen. Sie legen die Farben fest und zum Schluss wird der benötigte Code generiert.

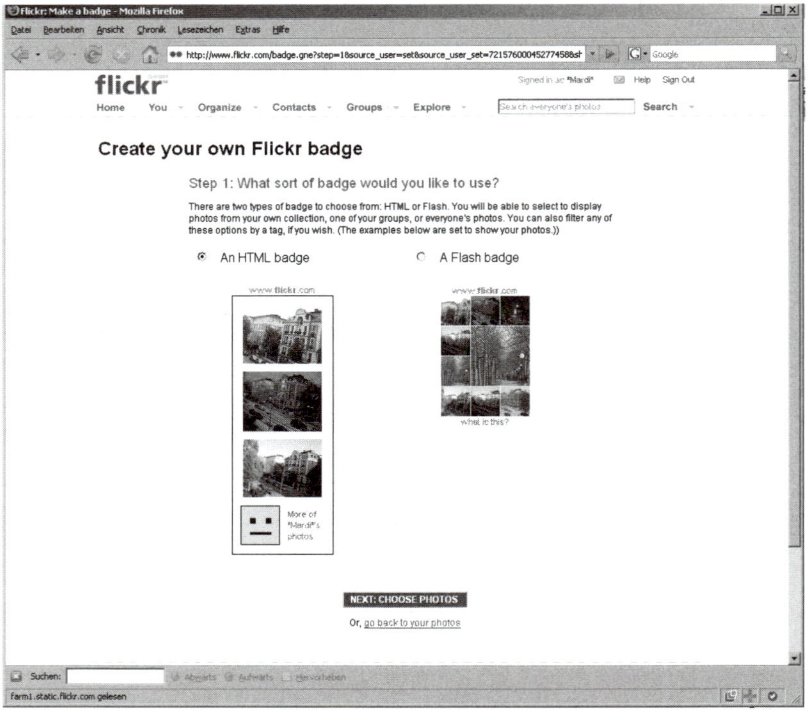

Abbildung 5.51
Flickr-Badge erstellen lassen

Der Code besteht aus Stylesheet-Angaben und dem HTML-Code. Die Stylesheet-Angaben sollten Sie in der CSS-Datei *style.css* unterbringen, die Sie über Themes/Theme-Editor Stylesheet direkt editieren können, wenn sie beschreibbar ist (siehe hierzu ***Abschnitt 5.5.13***). Der HTML-Code liegt in Form einer Tabelle vor und Sie können ihn an die gewünschte Stelle kopieren – beispielsweise als neue Seite. Wechseln Sie hierfür bei der Erstellung einer neuen Seite in den Reiter Code im Editor.

Ein Plug-in bietet mehr Optionen und macht die Sache auch komfortabler. Es gibt viele verschiedene, besonders empfehlen kann ich Ihnen FAlbum *http://www.randombyte.net/blog/*.

5.5.12 Podcasting mit Wordpress

Podcasts (siehe ***Kapitel 4***) lassen sich mit Wordpress ganz einfach publizieren. Zuerst sollten Sie eine eigene Kategorie für die Podcasts anlegen – das ist zwar nicht unbedingt notwendig, aber darüber lässt sich dann ein eigener Feed für Podcasts erstellen.

Laden Sie zuallererst das MP3-File in Ihr Wordpress-Verzeichnis. Erstellen Sie die Kategorie *podcast* oder Ähnliches im Administrationsbereich unter VERWALTEN/KATEGORIEN. Verfassen Sie Ihren Beitrag wie gewohnt – aber setzen Sie einen absoluten Link auf die MP3-Datei. Vergeben Sie dem Beitrag die eben erstellte Kategorie *podcast*.

Die restliche Arbeit erledigt Wordpress für Sie automatisch. Es erstellt im zugehörigen Newsfeed das benötigte `enclosure`-Element (siehe hierzu auch ***Kapitel 4***):

```
<enclosure url='http://localhost/blog_wp/beispiel_podcast.mp3'
length='11363008' type='audio/mpeg'/>
```

Der Link direkt auf den Feed zum Podcast lautet folgendermaßen, wenn Sie ebenfalls die Kategorie *podcast* verwenden:

```
http://localhost/blog_wp/?feed=rss2&category_name=podcast
```

TIPP

Mehr Informationen zu dieser einfachen Art, Podcasts mit Wordpress zu veröffentlichen, finden Sie unter *http://codex.wordpress.org/Podcasting*.

Komfortabel funktioniert Podcasting aber mit dem Plug-in Podpress, das Sie unter *http://www.mightyseek.com/podpress/* herunterladen können. Unter diesem Link finden Sie auch weitergehende Informationen. Podpress vereinfacht die Integration von MP3-Files und erlaubt die Integration eines Flash-Player, damit die Podcast-Episode direkt abgespielt werden kann.

Installieren Sie das Plug-in, indem Sie es herunterladen, in das Plug-in-Verzeichnis kopieren und über PLUGINS aktivieren. Wenn alles geklappt hat, steht Ihnen nun ein neuer PODPRESS-Menüpunkt zur Verfügung. Er beinhaltet drei Unterpunkte:

- FEED/ITUNES SETTINGS: Hier konfigurieren Sie Ihren Feed für den beliebten Podcatcher iTunes. Dazu benötigen Sie die iTunes-Feed-ID. Diese erhalten Sie von Apple, wenn Sie Ihren Podcast bei iTunes angemeldet haben. Mehr Informationen dazu lesen Sie unter: *http://www.apple.com/itunes/store/podcaststechspecs.html*.
- GENERAL SETTINGS: An dieser Stelle legen Sie die grundlegenden Einstellungen fest, beispielsweise ein Pfad zu dem Ordner, in dem Sie Ihre MP3-

Files abgespeichert haben. Eine Upload-Funktion ist hingegen nicht integriert.

- PLAYER SETTINGS: Hier bestimmen Sie, wie der Flash-Player, der auf Ihrer Website für die Podcasts integriert wird, aussehen soll.

Abbildung 5.52
Wie soll der integrierte Player aussehen?

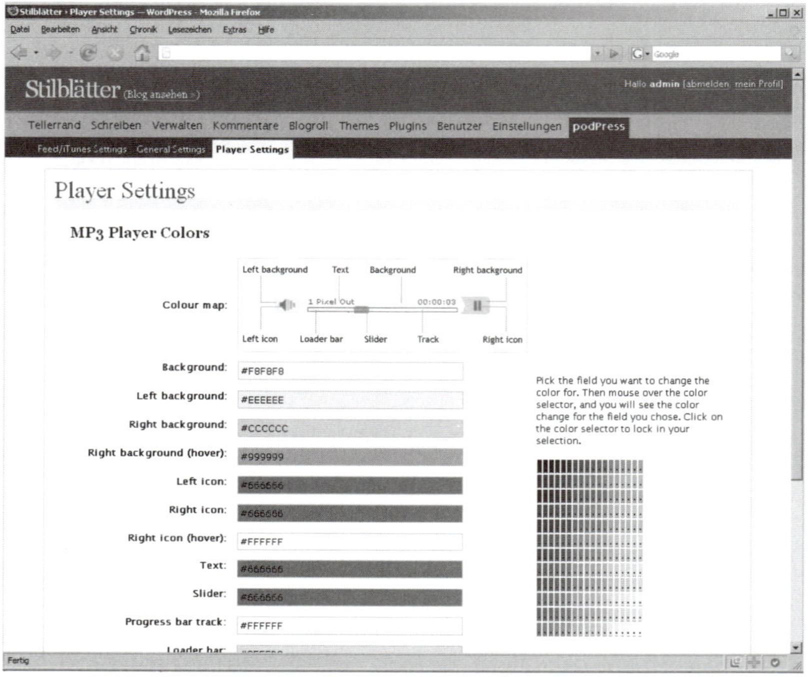

Geben Sie zuerst den Ordner mit Ihren MP3-Files unter GENERAL SETTINGS beim Punkt URI OF MEDIA FILES DIRECTORY an. Außerdem können Sie bestimmen, ob Sie Statistiken über die Downloads erhalten möchten. Wenn Sie dies hier aktivieren, erscheint beim Menüpunkt PODPRESS ein weiterer Unterpunkt STATS. Unter POST CONTENT legen Sie die Position für das Podcast-Icon und den Player fest. Am besten belassen Sie hier die Standardeinstellungen. Sehen Sie es sich an und ändern Sie es hinterher bei Bedarf. Ebenfalls können Sie es hier den Benutzern erlauben, Audiokommentare zu hinterlassen.

Haben Sie Ihre Einstellungen vorgenommen, speichern Sie sie über UPDATE OPTIONS.

Wenn Sie nun einen neuen Beitrag in Wordpress erstellen, finden Sie ein weiteres Feld unterhalb des Textfelds zur Eingabe, über das Sie Ihr MP3-File angeben können.

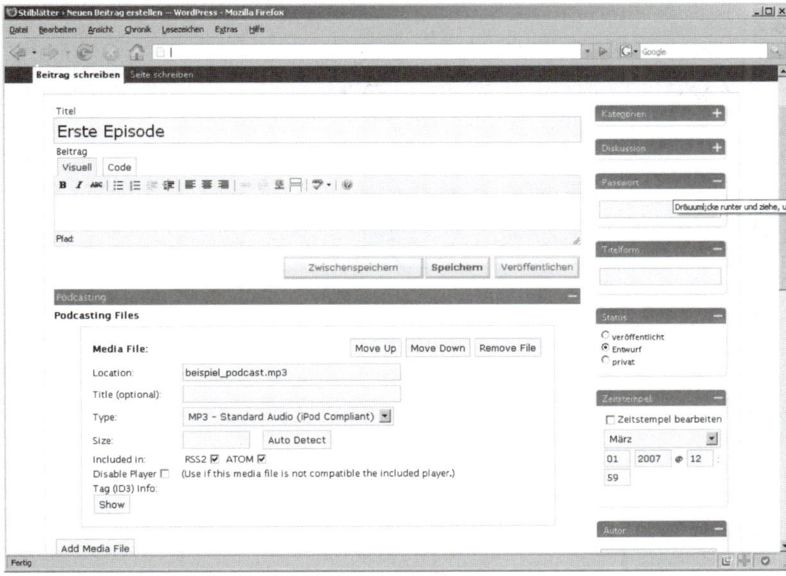

Abbildung 5.53
Neues Eingabeformular für die Podcasts

Gehen Sie dann auf VERÖFFENTLICHEN, sollte Ihre Episode bereits auf der Startseite Ihres Blogs zu finden sein.

Abbildung 5.54
Bei Ihren Podcasts erscheint automatisch der Player mit mehreren Optionen.

5.5.13 Mehr als pure Optik: Theme suchen und installieren

Möchten Sie nicht das Standardlayout der deutschsprachigen Version verwenden, können Sie einfach ein anderes Layout, in Wordpress Theme genannt, installieren. Sie müssen es hierfür nur herunterladen und im Ordner *wp-content/themes* abspeichern.

TIPP

Eine Liste von deutschsprachigen Themes finden Sie unter: *http://blog.wordpress-deutschland.org/2006/02/12/liste-deutschsprachiger-wordpress-themes.html*. Und bei Dr. Web ist eine Liste von 80 besonders gelungenen Wordpress-Themes (*http://www.drweb.de/weblog/weblog/?p=767*) zusammengestellt.

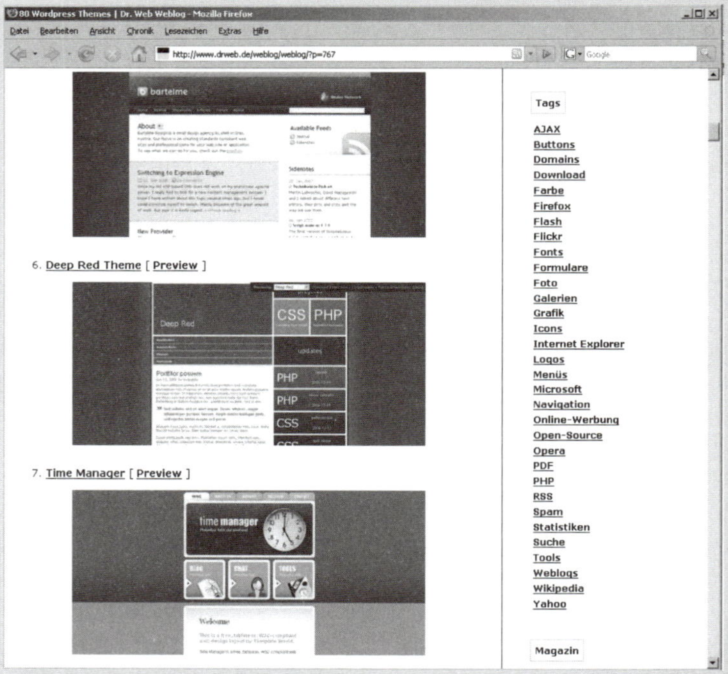

Abbildung 5.55: Eine Sammlung von 80 besonders gelungenen Themes für Wordpress zeigt Dr. Web.

Aktivieren lässt sich das neue Layout dann im Menü THEMES/THEMES, indem Sie auf das Vorschaubild klicken.

Abbildung 5.56 Alle Themes im Ordner *wp-content/themes* werden hier angezeigt und lassen sich durch einen Mausklick installieren.

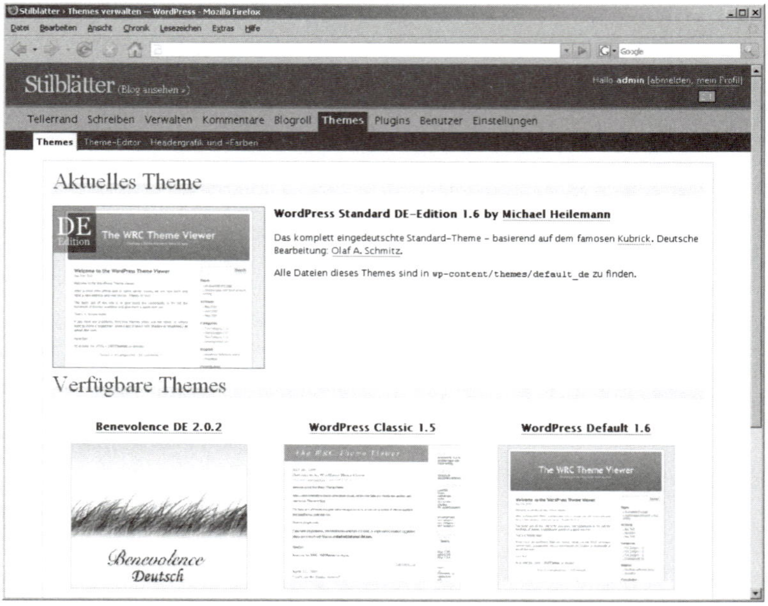

Und mit einem Mausklick ändert sich das gesamte Auftreten Ihres Blogs.

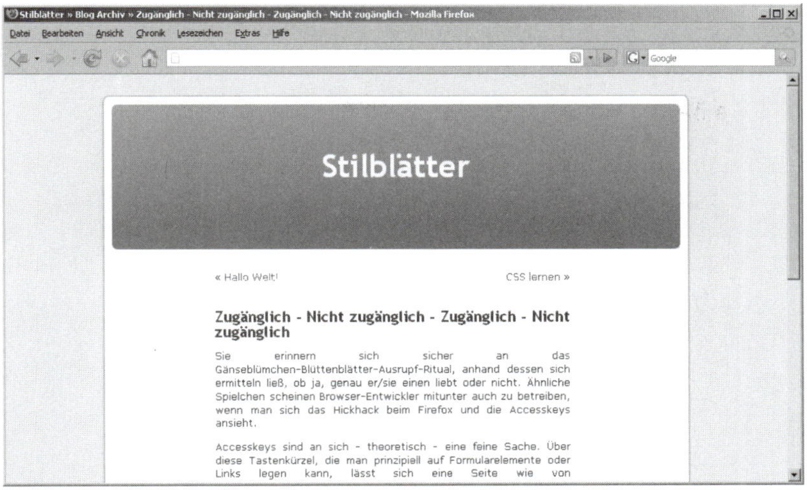

Abbildung 5.57
Blog im Standardlayout ...

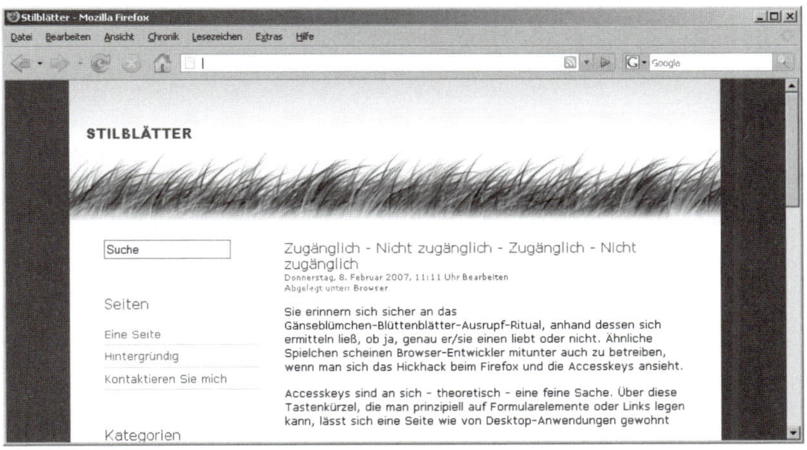

Abbildung 5.58
...und dasselbe Blog in einem anderen Theme (hier Benevolence)

Bedenken Sie jedoch, dass die Themes nicht nur eine andere Optik bieten, sondern sich auch in der integrierten Funktionalität unterscheiden. So gibt es beispielsweise beim Standard-Theme keine Suchfunktion auf den einzelnen Artikelseiten (Abbildung 5.57), bei dem Benevolence-Theme hingegen schon (Abbildung 5.58).

Themes bearbeiten

Ihnen gefällt ein Text nicht? Oder Sie möchten nicht, dass Ihre Besucher geduzt werden? Die Themes können Sie bearbeiten und an Ihre Bedürfnisse anpassen.

Die für das Layout, den Aufbau und die allgemeinen Texte verantwortlichen Dateien können Sie direkt über THEMES/THEMES EDITOR bearbeiten – dafür müssen die Dateien jedoch beschreibbar sein, sonst erhalten Sie eine entsprechende Meldung. In letzterem Fall ändern Sie die Rechte der Dateien, die sich in dem Ordner des Theme befinden. Alternativ können Sie die Dateien selbstverständlich auch lokal bearbeiten und per FTP auf den Webserver übertragen. Bevor Sie eine Datei editieren, sollten Sie eine Kopie der Dateien erstellt haben, die Sie im Bedarfsfall auch wieder zurückkopieren können. Haben Sie Änderungen an einer Datei vorgenommen, so speichern Sie sie über den Button DATEI AKTUALISIEREN.

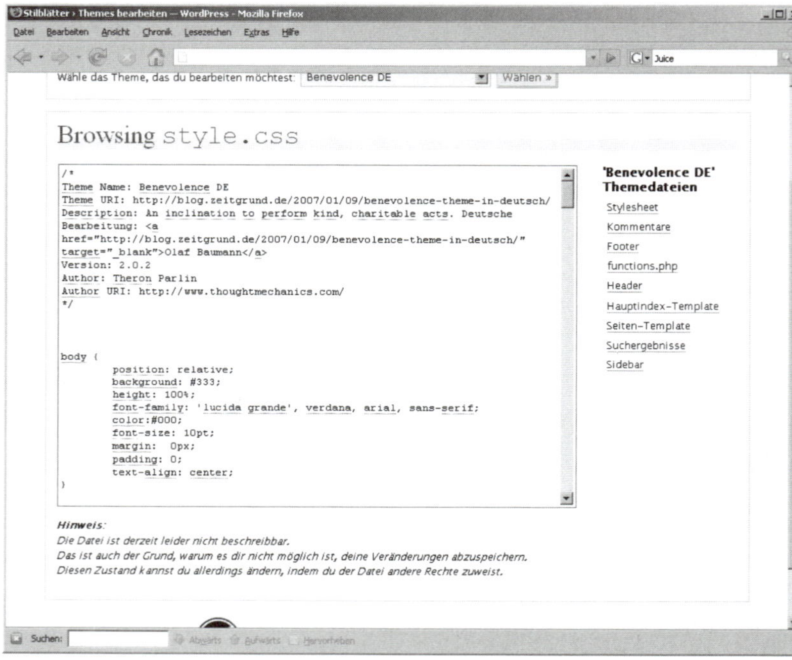

Abbildung 5.59
Der Theme-Editor zur direkten Bearbeitung der Themes funktioniert nur, wenn die Berechtigungen richtig gesetzt sind. Sie sehen hier auch: Das Theme Benevolence beinhaltet wesentlich weniger Dateien als das Standard-Theme Kubrick.

Je nach gewähltem Theme finden Sie unterschiedlich viele Dateien und unterschiedliche Optionen vor. Welche es beim Standard-Theme Kubrick sind, sehen Sie im Folgenden aufgelistet.

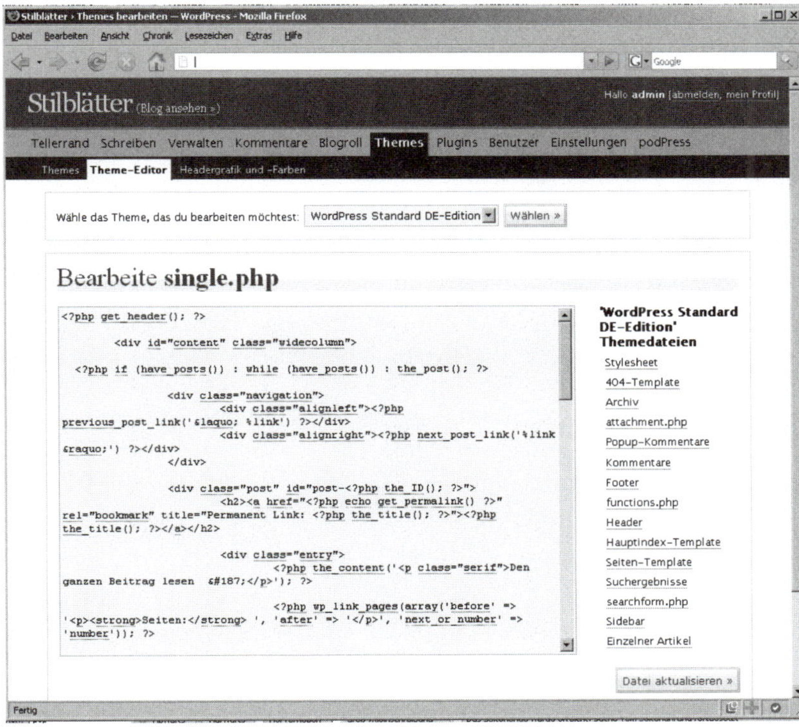

Abbildung 5.60
Das Standard-Theme beinhaltet eine recht große Anzahl von Dateien.

- **Stylesheet** (*style.css*): Dies ist die CSS-Datei mit allen globalen Formatierungen. Hier können Sie allgemeine Einstellungen wie Schriftfarbe oder Schriftgröße ändern. Die Kommentare am Anfang sind essenziell für die interne Verwaltung des Theme, diese sollten Sie nicht ändern.

TIPP

Änderungen an der Stylesheet-Datei testen Sie am besten live aus – in der Firefox-Erweiterung Web Developer Toolbar, die Sie auch auf der Buch-CD finden. In dieser können Sie über den Menüpunkt CSS/CSS BEARBEITEN die CSS-Datei direkt bearbeiten und sehen sofort die Auswirkungen. Das ist wesentlich komfortabler, als *style.css* zu bearbeiten, abzuspeichern, das Blog anzusehen und ...

Die live editierte Datei können Sie im Web Developer auch abspeichern, um dann die ursprüngliche *style.css* zu ersetzen, oder Sie kopieren sich die geänderten Stellen und setzen sie in die *style.css* ein.

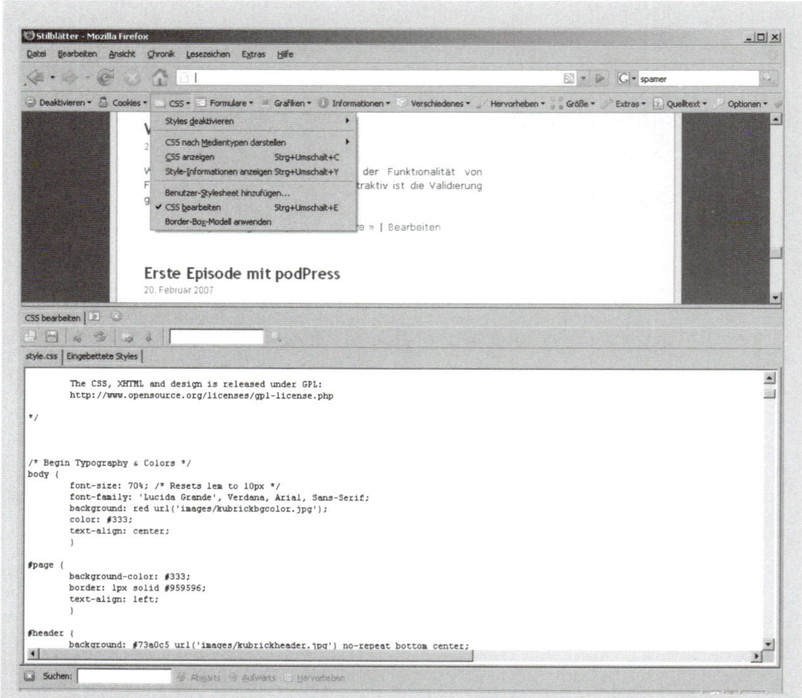

Abbildung 5.61: In der Web Developer Toolbar können Sie Stylesheet-Angaben live editieren und sehen direkt die Änderungen. Gefällt Ihnen eine Änderung, müssen Sie sie danach nur noch in *style.css* wirklich einfügen.

- **404-Template** (*404.php*): Vorlage für die File-not-Found-Seite, die angezeigt wird, wenn jemand eine Unterdatei angegeben hat, die es auf der Domain nicht gibt.
- **Archiv** (*archive.php*): In *archive.php* bestimmen Sie den Aufbau der Archiv-Dateien.
- *attachment.php*: Steuert die Anzeige bei Bildern oder anderen Medien, die auf einer eigenen Seite angezeigt werden.
- **Popup-Kommentare** (*comments-popup.php*): Kommentare können auch in einem Extra-Pop-up-Fenster angezeigt werden, wie das dann aussieht, legt diese Datei fest. Standardmäßig ist das jedoch nicht aktiviert. Möchten Sie diese Funktion aktivieren, müssen Sie in der Datei *header.php* noch `<?php comments_popup_script();?>` ergänzen.
- **Kommentare** (*comments.php*): Klickt man auf einen Link zu einem Kommentar, sieht man die Liste der Kommentare und kann einen neuen abgeben. Hier wird der Aufbau dieser Seite gesteuert – Sie können beispielsweise aus *eMail* das korrektere *E-Mail* machen.

- **Footer** (*footer.php*): Text für die Fußzeile Ihres Blogs – die Stelle, wo üblicherweise der Hinweis auf Wordpress und eventuell auf das verwendete Theme steht.
- **Header** (*header.php*): Kopfbereich des Blogs, hier steht die Dokumentypangabe, die Metatags, Skripte werden eingebunden etc.
- **Hauptindex-Template** (*index.php*): Dies ist die Basisdatei, die die anderen Dateien wie *header.php* und *footer.php* einbindet. Dazwischen wird der sogenannte »Wordpress-Loop« aufgerufen, der dafür sorgt, dass die richtigen Seiten auf die richtige Art angezeigt werden.
- **Seiten-Template** (*page.php*) steuert die Anzeige der statischen Seiten (zu statischen Seiten siehe ***Abschnitt 5.5.6***).
- **Suchergebnisse** (*search.php*): Die Seite, die nach einer Suche angezeigt wird und die Suchergebnisse präsentiert.
- *searchform.php*: nur das Formularfeld für die Suche
- *sidebar.php*: die Seitenleiste mit Navigation und Links
- **Einzelner Artikel** (*single.php*): Aufbau der Einzelansicht eines Artikels

Diese Dateien finden Sie im Wordpress-Standardtheme Kubrick. Andere Themes kommen mit weniger Dateien aus, dann werden hier die Standarddateien verwendet.

TIPP

Die Hintergrundbilder finden Sie üblicherweise in einem eigenen Unterordner *images* im jeweiligen Themes-Ordner. So können Sie ein Bild hier austauschen, ohne eine Datei zu editieren. Speichern Sie ein Bild einfach unter demselben Namen ab, den das ursprüngliche Hintergrundbild hatte.

Eine schnelle optische Anpassung erreichen Sie beim Standard-Theme Kubrick unter dem Punkt HEADERGRAFIK UND -FARBEN: Hier legen Sie die Schriftfarbe und die obere und die untere Farbe für den Farbverlauf fest. Bei ERWEITERT lassen sich Farben alternativ hexadezimal angeben. Falls Sie eine individuelle Grafik eingebunden haben, bei der es stört, wenn ein Text darüber angezeigt wird, können Sie ebenfalls bei ERWEITERT über SCHRIFT AUSBLENDEN die Anzeige des Texts abschalten. Haben Sie sich hingegen bei den Farben vergriffen, stellt ZURÜCKSETZEN den ursprünglichen Zustand wieder her.

Abbildung 5.62
Auf die Schnelle lassen sich beim Standard-Theme Kubrick die Farben für die Header-Grafik anpassen.

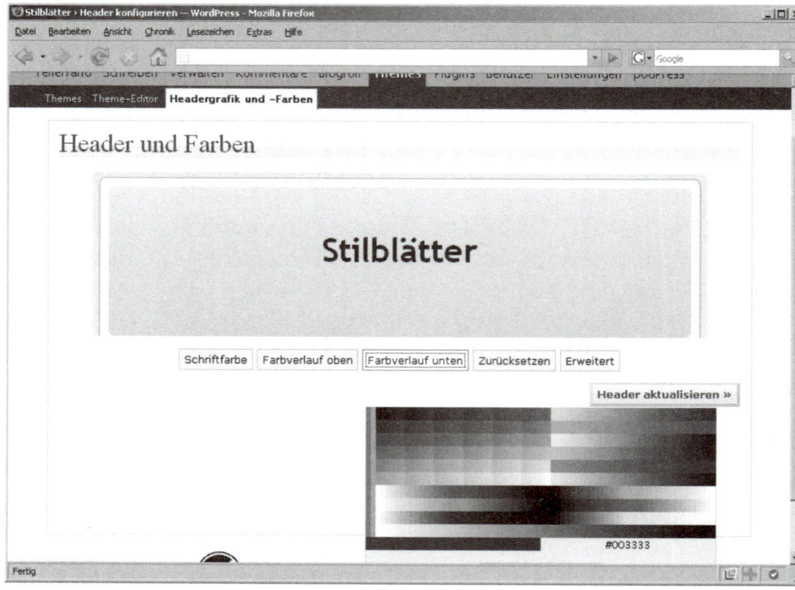

5.5.14 Wordpress aktualisieren

Der Update-Monitor meldet, dass es eine neue Version gibt und auch im Tellerrand haben Sie in den aktuellen News gelesen, wie wichtig es ist, auf die neue Version zu wechseln. Dann also los.

Beim Upgrade auf eine neue Wordpress-Version sollten Sie ein paar Dinge beachten.

Voraussetzungen prüfen

Überprüfen Sie zuerst, welche Voraussetzungen die neue Version hat: ob also eine höhere PHP- oder MySQL-Version vorausgesetzt wird und ob diese bei Ihrem Provider läuft. Ebenfalls sollten Sie sehen, ob Ihre wichtigsten Plug-ins mit der neuen Version kompatibel sind. Sicherheitshalber sollten Sie außerdem nachlesen, ob es irgendwelche Besonderheiten beim Upgrade zu beachten gibt, die von dem normalen hier beschriebenen Vorgehen abweichen.

Vollständiges Backup durchführen

Führen Sie unbedingt ein vollständiges Backup der bestehenden Installation durch. Auf diese Weise gehen auch im schlimmsten Fall, wenn das Upgrade scheitern sollte, Ihre Einträge nicht verloren. Zum vollständigen Backup gehören zum einen alle Dateien, die sich in Ihrem Wordpress-Verzeichnis befinden und die Sie mit Ihrem FTP-Programm herunterladen können. Zusätzlich müssen ebenfalls die Einträge in der Datenbank gespeichert werden – dort befinden sich Ihre Blog-Einträge, die Kommentare, die eingerichteten Benutzer etc. Diese Aufgabe können Sie sehr komfortabel über phpMyAdmin erledigen.

HINWEIS

Wenn Sie einen Webspace mit Datenbank gemietet haben, stellt Ihnen Ihr Provider häufig auch direkt phpMyAdmin zur Verwaltung zur Verfügung. Sollte das nicht der Fall sein, können Sie sich phpMyAdmin selbst installieren. Vielleicht sehen Sie auch erst einmal in der Verwaltungsoberfläche bei Ihrem Provider nach, ob eine andere Möglichkeit eines Datenbank-Backup vorgesehen ist.

Rufen Sie phpMyAdmin auf und wählen Sie die Datenbank mit Ihrer Wordpress-Installation aus. Klicken Sie auf EXPORTIEREN – je nach installierter phpMyAdmin-Version befindet sich diese Funktion an unterschiedlichen Stellen. Über den nebenstehenden Button IMPORTIEREN könnten Sie im Falle eines Falles das Backup der Datenbank wieder einspielen.

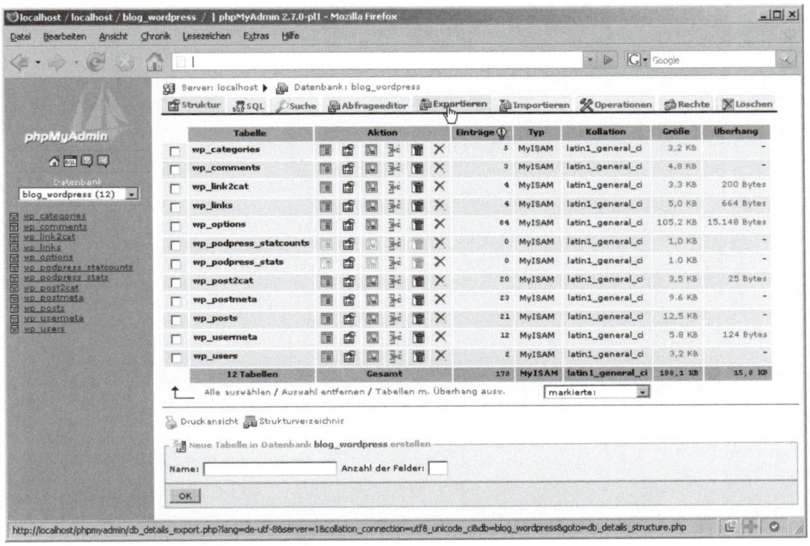

Abbildung 5.63
Die EXPORTIEREN-Funktion befindet sich in phpMyAdmin an zentraler Stelle.

Im nächsten Browser-Fenster legen Sie die Optionen für den Export fest. Wichtig ist, dass Sie alle Tabellen exportieren (ALLE AUSWÄHLEN) und als Format SQL angeben. Außerdem sollten bei STRUKTUR die Optionen MIT DROP TABLE, AUTO_INCREMENT-WERT HINZUFÜGEN und TABELLEN- UND FELDNAMEN IN EINFACHEN ANFÜHRUNGSZEICHEN gewählt werden. Bei DATEN muss auch ein Häkchen stehen. Klicken Sie nun auf OK.

Abbildung 5.64
Optionen für den Export

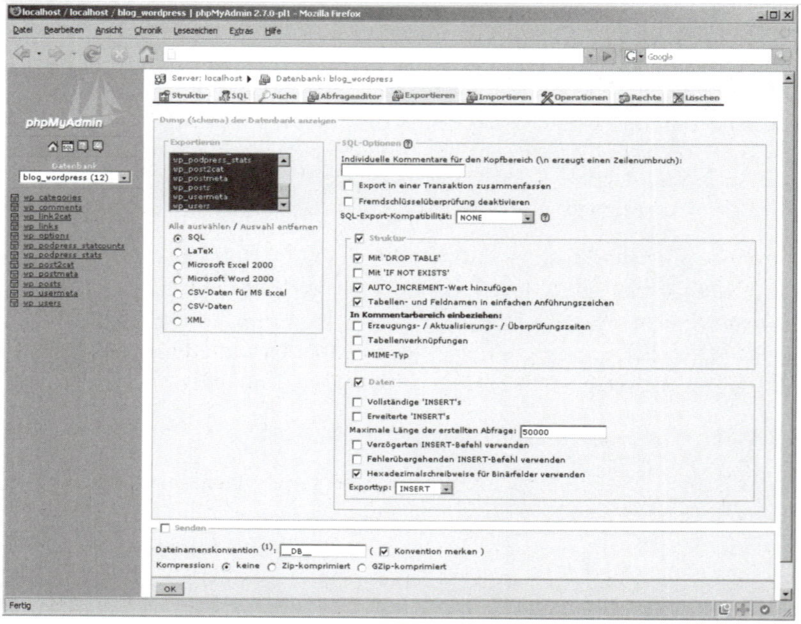

Sie erhalten alle zur Erstellung und Befüllung der Datenbank notwendigen SQL-Befehle in einem neuen Fenster angezeigt. Kopieren Sie sich den Inhalt, fügen Sie ihn in einen Editor ein und speichern Sie die Datei.

Abbildung 5.65
Alle notwendigen MySQL-Befehle, um die Datenbank wiederherzustellen und mit den ursprünglichen Inhalten zu füllen

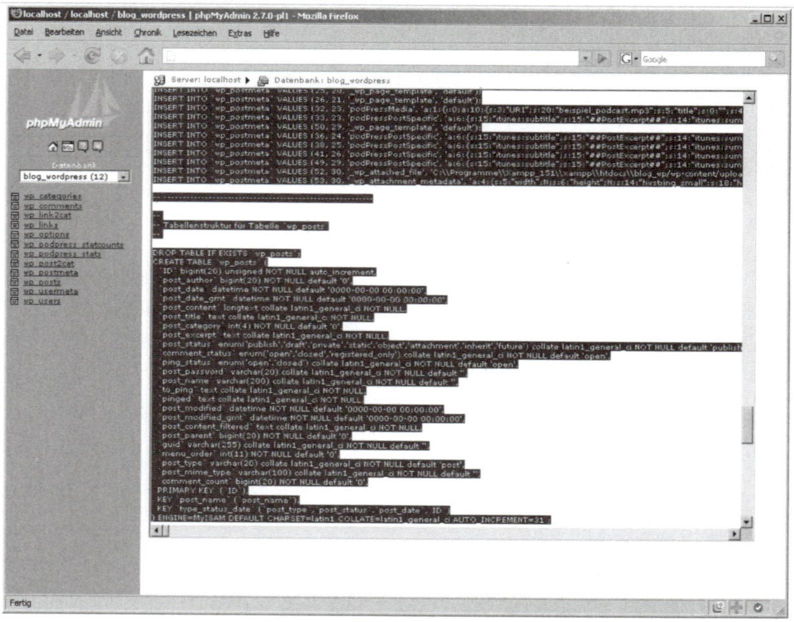

Plug-ins deaktivieren

Bevor Sie mit dem Upgrade-Vorgang beginnen, sollten Sie alle Plug-ins in Ihrer derzeitigen Version deaktivieren. Das ist wichtig, da ein nicht kompatibles Plug-in den Upgrade-Vorgang gefährden kann. Ihre Plug-ins deaktivieren Sie über den Menüpunkt PLUGIN in der Administrationsoberfläche.

Neue Version herunterladen und auf den Server hochspielen – außer wp-config

Übertragen Sie die neue Wordpress-Version auf Ihren Server. Überschreiben Sie aber nicht das Verzeichnis *wp_content*, das Ihre Plug-ins, Themes und hochgeladenen Dateien enthält. Ebenfalls erhalten bleiben muss die Datei *wp-config*, die Ihre Konfigurationsdaten beinhaltet, und die *.htaccess*-Datei, wenn Sie diese editiert haben.

wp-admin/upgrade.php aufrufen

Es gibt ein eigenes Skript, das Ihnen einen Assistenten für den Upgrade-Vorgang bietet. Es befindet sich im Unterverzeichnis *wp-admin* und heißt *upgrade.php*. Rufen Sie es in Ihrem Browser auf. Bei einer Installation auf der Domain *example.com* und im Ordner *blog* würde der Pfad *http://www.example.com/blog/wp-admin/upgrade.php* lauten.

Klicken Sie auf WORDPRESS AKTUALISIEREN – und im nächsten Browser-Fenster werden Sie schon informiert, dass alles geklappt hat.

Abbildung 5.66
Ein Assistent führt durch den Upgrade-Vorgang.

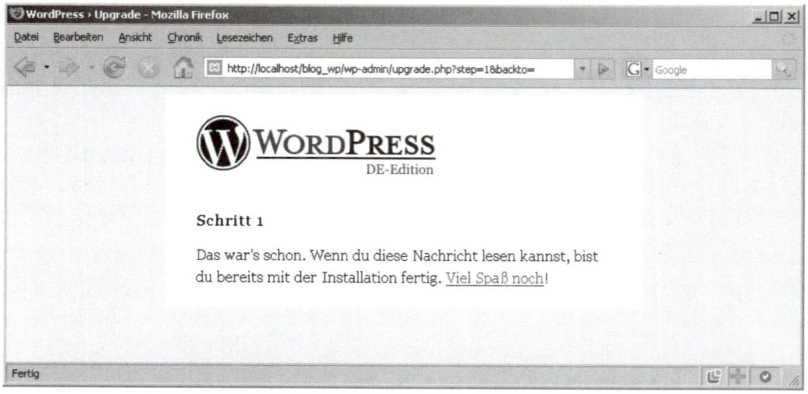

Abbildung 5.67
Und ehe es richtig begonnen hat, ist es schon abgeschlossen ...

Plug-ins aktivieren

Der letzte Schritt besteht darin, die Plug-ins wieder zu aktivieren. Sicherheitshalber sollten Sie diese einzeln aktivieren und jedes Mal prüfen, ob alles noch wie gewünscht funktioniert. Außerdem sollten Sie an dieser Stelle – sofern vorhanden – aktualisierte Theme-Dateien installieren.

Wenn Sie wissen, wie Sie Wordpress auf den neuesten Stand bringen, sind Sie auch bereit für die technische Seite von Web 2.0 – und genau darum dreht sich alles im nächsten Kapitel: Sie machen Bekanntschaft mit AJAX. Falls Sie das Putzmittel gut kennen, lesen Sie trotzdem weiter, denn hier geht es um ...

6 Kein Held und kein Putzmittel, aber überzeugend: AJAX

Redet man über die technische Seite von Web 2.0, fällt fast zwangsläufig der Begriff AJAX. Wenn Sie wissen möchten, was sich genau dahinter verbirgt, so sind Sie in diesem Kapitel richtig.

Nach einer allgemeinen Einführung sehen Sie an einem kleinen Beispiel einen direkten Vergleich zwischen der klassischen Formularverarbeitung und AJAX. Anschließend wird das Beispiel modifiziert. Sie erfahren, wie man Daten per POST und per GET übermittelt, welche Formate die Antwort des Servers haben kann, wie man Fehler findet und welche möglichen Probleme bei AJAX auftreten.

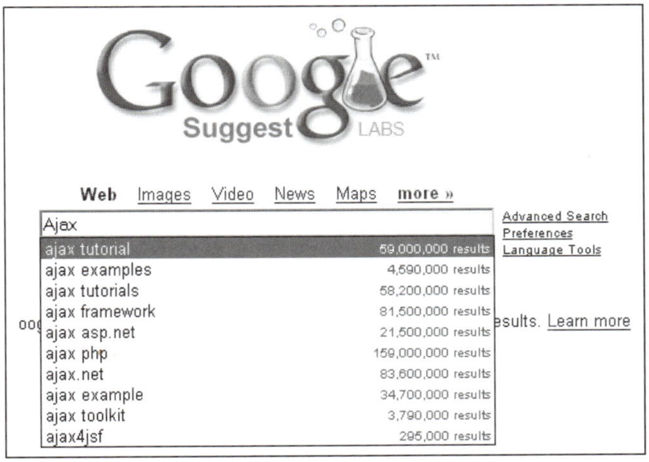

Abbildung 6.1
Google Suggest – eine klassische AJAX-Anwendung

6.1 AJAXifiziert!

Der Begriff AJAX geht auf Jesse James Garretts Artikel »AJAX: A New Approach to Web Applications« (*http://www.adaptivepath.com/publications/essays/archives/000385.php*) aus dem Jahr 2005 zurück – die zugrunde liegende Technik ist schon viel älter. Dass AJAX in aller Munde ist, liegt auch daran, dass es inzwischen einen so schönen griffigen Namen hat. Jesse James Garrett beschreibt den Grund für den Namen AJAX wie folgt: »I needed something shorter than »Asynchronous JavaScript+CSS+DOM+XMLHttp-Request« to use when discussing this approach with clients.« (Ich brauchte für die Gespräche mit Kunden etwas Kürzeres als Asynchronous JavaScript+ CSS+DOM+XMLHttpRequest.)

Bei Webseiten, die auf Benutzereingaben durch serverseitige Skripte reagieren, folgt der Ablauf üblicherweise einem festgelegten Schema.

1. Der Benutzer gibt etwas in ein Webformular ein und drückt den Absende-Button.
2. Die ursprüngliche Seite verschwindet und eine neue Seite mit dem Ergebnis wird aufgebaut.

Technisch stellt sich der Ablauf so dar:

Wenn der Benutzer den Absende-Button drückt, werden die Daten an den Server übermittelt, der die entsprechende Engine – wie beispielsweise den PHP-Parser – aufruft und ihr die eingegebenen Daten übergibt.

Die Engine verarbeitet die Daten und erstellt eine neue Ergebnisseite. Diese wird dem Server übergeben, der sie dem Browser ausliefert.

Verzögert sich die Antwort des Servers, kann das zu längeren Wartezeiten oder zum Abbruch der Anwendung führen.

Diese Vorgänge sind ganz anders, als Sie es von Desktop-Anwendungen wie einer Textverarbeitung oder einem Mail-Programm kennen: Dort klicken Sie auf Schaltflächen, öffnen Menüs, wählen etwas aus und es wird gleich ausgeführt. Der Bildschirminhalt verschwindet nicht jedes Mal.

Gehen wir einmal anders herum vor. Stellen Sie sich vor, das gewohnte Textverarbeitungsprogramm wäre eine klassische Webanwendung. Dann liefe das folgendermaßen:

- Sie klicken auf den SPEICHERN-Button.
- Der Bildschirminhalt verschwindet.
- Nach kurzer Zeit erscheint eine neue Seite mit der Meldung: IHR DOKUMENT WURDE GESPEICHERT. Außerdem befindet sich ein Menü auf der Seite, das Ihnen die Wahl lässt zwischen ZURÜCK ZUM DOKUMENT oder DOKUMENT SCHLIESSEN. Klicken Sie auf ZURÜCK ZUM DOKUMENT, verschwindet der Seiteninhalt.
- Und nach einem kurzen Moment ist der Bildschirm mit Ihrem Text wieder neu aufgebaut und Sie können weiterarbeiten.

Absurde Vorstellung! Dass uns das bei Webanwendungen aber weniger gestört hat, liegt zum einen daran, dass die Anwendungen einfacher sind/waren, und zum anderen an der erfolgreichen Webkonditionierung. Im Rahmen dieser Webkonditionierung akzeptierte man das Submit-Reload-Schema als Normalität. Dass es auch anders geht und wie es anders geht, zeigt AJAX.

AJAX selbst steht für die Kombination mehrerer Techniken:

- A wie Asynchronous
- JA wie JavaScript
- X wie XML

Die ersten drei Buchstaben sind die entscheidenden: asynchrone Abrufe per JavaScript.

Die Begriffe synchron und asynchron werden in diesem Zusammenhang etwas anders verwendet als im normalen Sprachgebrauch:

Synchrone Kommunikation bedeutet, dass »die Kommunikationspartner (Prozesse) beim Senden oder beim Empfangen von Daten immer synchronisieren, also *warten (blockiert)*, bis die Kommunikation abgeschlossen ist« (*http://de.wikipedia.org/wiki/Synchrone_Kommunikation*). Die synchrone Kommunikation ist also ähnlich wie ein Ping-Pong-Spiel, bei dem immer nur der etwas tun kann, der gerade den Ball hat.

Anders bei der asynchronen Datenübertragung: Bei der **asynchronen Kommunikation** erfolgt »das Senden und Empfangen von Daten zeitlich versetzt und ohne Blockieren des Prozesses durch bspw. Warten auf die Antwort des Empfängers« (*http://de.wikipedia.org/wiki/Asynchrone_Kommunikation*).

Bei AJAX könnte man also anstelle von asynchroner auch von »nicht synchronisierter« Datenübertragung sprechen. Konkret bedeutet das, dass die Daten bei AJAX im Hintergrund – für den Benutzer nicht merkbar – übertragen werden. Damit können auch einzelne Bereiche einer Webseite durch von der Serverseite abgerufene Informationen aktualisiert werden, ohne dass dafür die Seite ganz neu aufgebaut werden muss.

Kommen wir zum letzten Buchstaben von AJAX – XML. Daten, die vom Server geliefert werden, können im XML-Format vorliegen. Dazu gibt es jedoch Alternativen. Ist es beispielsweise nur ein Wert, der zurückgegeben wird, wäre der Einsatz von XML übertrieben. Dann lassen Sie sich einfachen Text zurückliefern. Oder Sie verwenden anstelle von XML JSON als Format für die Rückgabe, das selbst JavaScript-Objekte zurückgibt. Zu den unterschiedlichen Formaten für die Antwort vom Server sehen Sie nachher natürlich Beispiele.

Was sonst noch zu AJAX gehört:

- DOM: Um Elemente auf einer Webseite einzublenden, auszublenden, neu zu erzeugen oder zu löschen, setzt man bei JavaScript auf DOM. DOM steht für Document Object Model und ist eine Technik, um einzelne Elemente gezielt anzusprechen. DOM stellt spezielle Methoden und Eigenschaften zur Verfügung, um die Struktur von Webseiten oder von XML-Dokumenten zu verändern.

Früher brauchte man für die einzelnen Browser unterschiedliche Methoden, um auf HTML-Elemente zuzugreifen und diese zu bearbeiten. Inzwischen unterstützen moderne Browser DOM, was die Verarbeitung wesentlich erleichtert.

- CSS: Zur Darstellung von Elementen wird die Formatierungssprache CSS (Cascading Stylesheets) verwendet.
- Serverseitig: Bei AJAX werden Daten asynchron vom Server abgerufen. Demnach braucht es auch ein Skript auf dem Server, das diese Daten liefert – beispielsweise das Ergebnis einer Berechnung oder das Ergebnis einer Datenbankabfrage.

Vorzeigeanwendungen für AJAX gibt es viele, hierzu ein paar bekannte Beispiele:

Manche Anwendungen werden durch AJAX erst möglich: Beispielsweise ist eine Anwendung wie Google Suggest (*http://www.google.com/webhp?complete=1&hl=en*) mit dem herkömmlichen Submit-Reload-Schema nicht denkbar: Während Sie einen Suchbegriff eingeben, werden Ihnen bei Google Suggest unterhalb des Suchfelds Begriffe angezeigt, die in der Datenbank vorhanden sind oder so von anderen Besuchern eingegeben wurden und mit denselben Buchstaben beginnen.

In ähnlicher Weise kennen Sie das von der Autovervollständigen-Funktion im Browser, die die von Ihnen zuletzt eingegebenen Begriffe unterhalb des Eingabefelds anzeigt. So sehen Sie beispielsweise im Firefox 2 im Google-Suchfeld oberhalb der Trennlinie die von Ihnen eingegebenen Begriffe aus der Autovervollständigen-Funktion, darunter die von Google vorgeschlagenen.

Abbildung 6.2
Google Suggest im Firefox 2.0

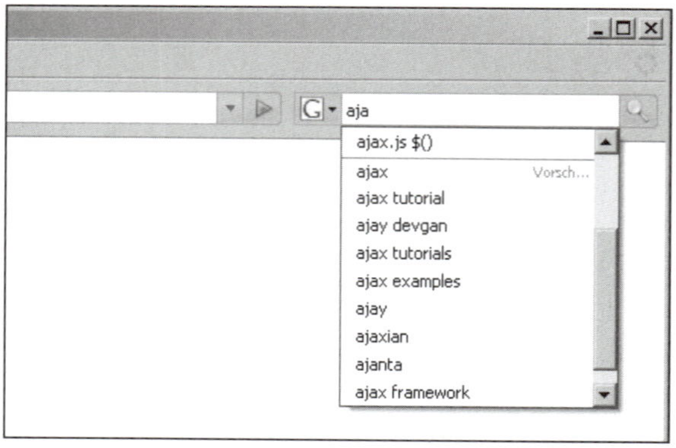

Eine vollständig auf AJAX basierende Webseite ist der Online-Desktop oder das Dashboard Netvibes unter *http://www.netvibes.com/*: Hier können Sie sich Ihre eigene Startseite ganz nach Ihren Wünschen konfigurieren. Sie haben die Wahl, welche Newsfeeds Sie sehen möchten, ob ein Wetterbericht, ein zusätzlicher Notizblock oder ein Kalender angezeigt werden soll. Auch auf Ihre E-Mail können Sie direkt zugreifen. Welche Komponenten Ihre Startseite beinhalten soll, legen Sie ganz bequem per Drag&Drop fest: Sie ziehen die gewünschten Bestandteile aus der linken Spalte (Abbildung 6.3) und positionieren sie an beliebiger Stelle im rechten Bereich. Ebenso intuitiv verändern Sie die Reihenfolge oder löschen Sie einzelne Bestandteile wieder.

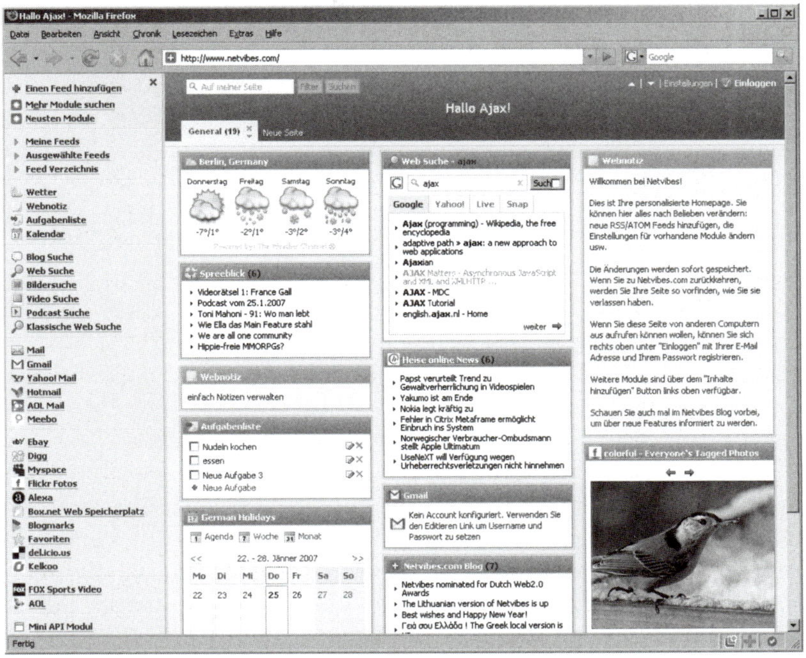

Abbildung 6.3
Volle AJAX-Power bei Netvibes

Die Überschrift der Seite können Sie direkt ändern, indem Sie hineinklicken und zu schreiben beginnen. Auch in Ihrem Notizblock tippen Sie in bester Desktop-Manier.

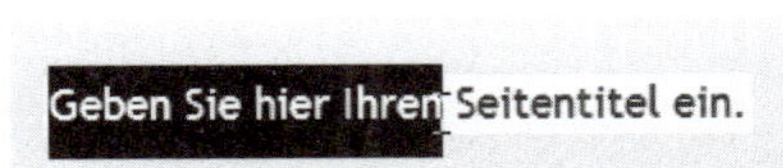

Abbildung 6.4
Der Seitentitel lässt sich bei Netvibes direkt editieren.

Für Netvibes brauchen Sie nicht angemeldet zu sein. Ihre Einstellungen werden automatisch per Cookie gespeichert. Möchten Sie die Startseite von verschiedenen Computern aus nutzen, müssen Sie sich hierfür anmelden.

Eine der ganz bekannten AJAX-Anwendungen ist Google Maps (*http://maps.google.de/*), mit einer überzeugenden Benutzeroberfläche: So können Sie beispielsweise in die Karte hineinzoomen, sie einfach per Drag&Drop verschieben – und das alles ohne Neuladen der Seite. Wie Sie Google Maps in Ihre Website integrieren, erfahren Sie in ***Kapitel 8***.

Abbildung 6.5
Google Maps

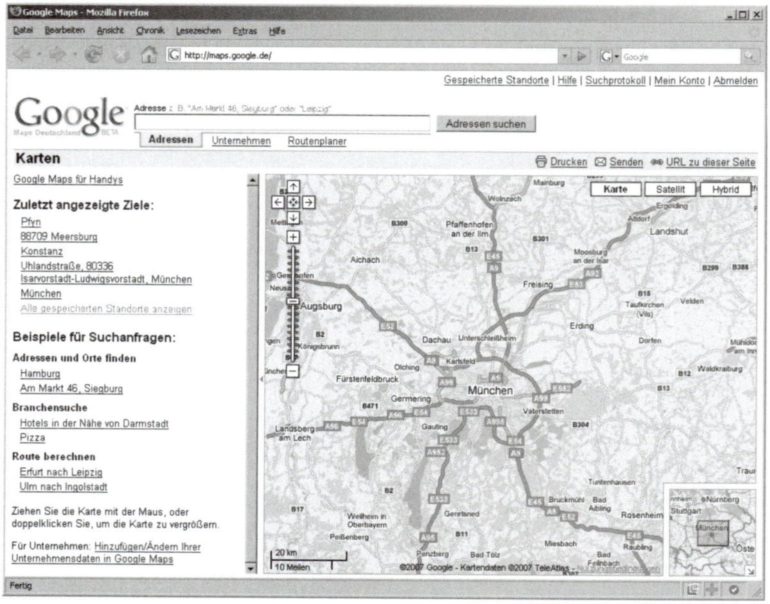

Apropos Desktop-Ähnlichkeit: Da AJAX-Anwendungen eine Benutzeroberfläche bieten, die man sonst von Desktop-Software her kennt, werden natürlich auch andere Anwendungen möglich wie Textverarbeitungs- und Tabellenkalkulationsprogramme – beispielsweise Google Text & Tabellen (*http://docs.google.com/*). Die Textverarbeitungskomponente hieß bis zum Aufkauf von Google übrigens noch Writely. Auch wenn die Textverarbeitung in ihrem Funktionsumfang natürlich nicht an Word oder OpenOffice Writer heranreicht, genügt sie doch für die am häufigsten verwendeten Aufgaben. Zur Benutzung ist nur ein Google Account erforderlich, den Sie spätestens für Google Maps in ***Kapitel 8*** brauchen.

Abbildung 6.6
Textverarbeitung online

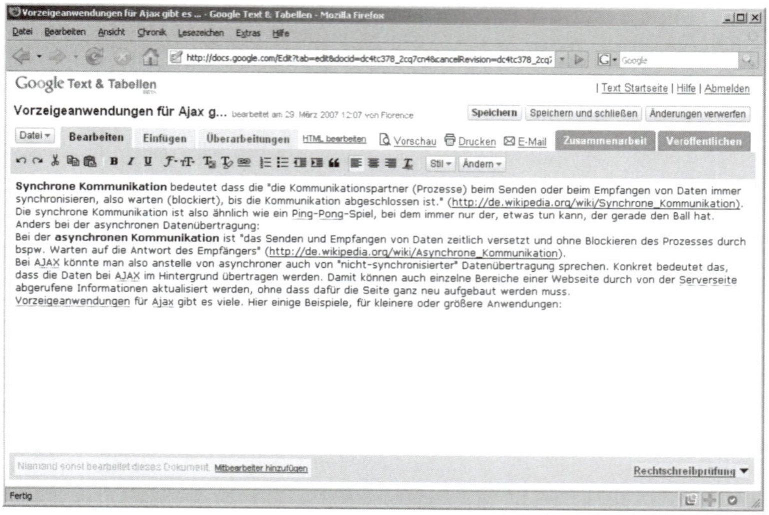

Sogar Bilder können Sie online bearbeiten: Sehen Sie sich einmal nexImage an unter *http://demo.neximage.com/*.

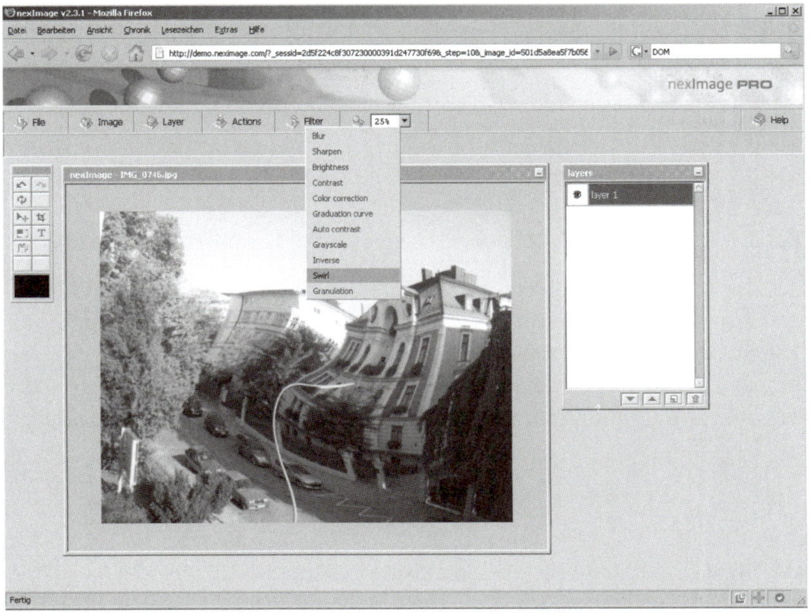

Abbildung 6.7
Bilder online bearbeiten mit nexImage

6.2 AJAX-Programmierung

Der Name AJAX beschreibt die Kombination von drei Techniken und legt natürlich die Vermutung nahe, dass AJAX-Anwendungen einiges an Programmieraufwand verlangen. Glücklicherweise gibt es aber Frameworks, die die Erstellung auch von komplexeren Anwendungen sehr erleichtern, wenn nicht sogar erst ermöglichen. Zwei Frameworks werden in ***Kapitel 7*** vorgestellt. Vor dem Einsatz von Frameworks sollte man sich mit den Grundlagen der AJAX-Programmierung vertraut machen. Etwas ungewohnt sind am Anfang einzelne notwendige Komponenten von AJAX-Programmen, die erforderlich sind, weil es sich um asynchrone und nicht um die gewohnt synchronen Abläufe handelt. Außerdem muss, wie nicht anders zu erwarten, auf gewisse Browser-Unterschiede Rücksicht genommen werden.

Da es bei AJAX um asynchrone Abfragen vom Server geht, brauchen Sie auch serverseitige Programmierung, beispielsweise ein Skript, das Ihnen die Daten liefert, die asynchron abgerufen werden. Als serverseitige Programmiersprache kommen prinzipiell alle gängigen serverseitigen Sprachen infrage. Da PHP eine große Verbreitung hat, kommt es in den vorliegenden Beispielen zum Einsatz.

Damit Sie PHP auf Ihrem Computer einsetzen können, brauchen Sie einen Server mit PHP-Unterstützung. Sofern Sie noch keine Testumgebung haben, sollten Sie sich jetzt eine installieren. Wenn Sie es sich einfach machen wollen, nehmen Sie das Komplettpaket XAMPP mit Apache, PHP und MySQL etc., dessen Installation in ***Kapitel 1*** beschrieben ist.

Was brauchen Sie sonst noch? Natürlich einen modernen Browser, am besten mehrere davon. Nehmen Sie auf jeden Fall Firefox und den Internet Explorer 6 oder 7.

6.2.1 Noch ein Blick zurück – die klassische Formularverarbeitung

An einem kleinen Beispiel soll das Prinzip von AJAX gezeigt werden. Die Aufgabe, die für die Demonstration ausgewählt wurde, ist sehr einfach gehalten. Es geht um einen Geburtstagsgrußgenerator: Auf einer Webseite kann ein Besucher zwischen verschiedenen Sprachen auswählen und erhält dann den Text »Alles Gute zum Geburtstag« in der entsprechenden Sprache angezeigt.

Zunächst soll gezeigt werden, wie das Beispiel auf die klassische Art ohne AJAX realisiert würde, um später den Unterschied zu verdeutlichen.

Zuerst einmal benötigen wir eine HTML-Seite mit einem Formular, in dem der Benutzer die gewünschte Sprache auswählen kann.

Listing 6.1: Das Formular zur Auswahl der Sprache - *grussgenerator_klassisch.html*

```
<!DOCTYPE html PUBLIC "-//W3C//DTD XHTML 1.0 Transitional//EN"
"http://www.w3.org/TR/xhtml1/DTD/xhtml1-transitional.dtd">
<html xmlns="http://www.w3.org/1999/xhtml" xml:lang="de" lang="de">
<head>
<meta http-equiv="Content-Type" content="text/html; charset=iso-8859-1" />
<title>Geburtstagsgruß-Generator</title>
<link rel="stylesheet" type="text/css" href="gruss.css" />
</head>
<body>
<h1>Geburtstagsgruß-Generator</h1>
<form method="get" action="grussgenerator.php">
  <label>Wählen Sie die gewünschte Sprache aus</label><br /><br />
  <select name="sprache">
    <option value="Deutsch">Deutsch</option>
    <option value="Baskisch">Baskisch</option>
    <option value="Italienisch" selected="selected">Italienisch</option>
    <option value="Finnisch">Finnisch</option>
    <option value="Gaelisch">Gälisch</option>
    <option value="Rumaenisch">Rumänisch</option>
  </select>
  <br /><br />
  <input type="submit" value="Abschicken" />
</form>
</body>
</html>
```

Sie sehen, ein ganz gewöhnliches Formular mit einer Auswahlliste. Dieses Formular wird an das im `form`-Start-Tag angegebene Skript `grussgenerator.php` geschickt. Die Daten werden über GET übertragen, so wie bei `action` im `form`-Start-Tag angegeben.

Das Skript `grussgenerator.php` erstellt eine neue Seite mit einem `div`-Container mit der `id="gruss"`, in dem der Geburtstagsgruß in der gewählten Sprache ausgegeben wird.

Listing 6.2: Das PHP-Skript zur Verarbeitung der Formulardaten - *grussgenerator.php*

```
<!DOCTYPE html PUBLIC "-//W3C//DTD XHTML 1.0 Transitional//EN"
"http://www.w3.org/TR/xhtml1/DTD/xhtml1-transitional.dtd">
<html xmlns="http://www.w3.org/1999/xhtml" xml:lang="de" lang="de">
<head>
<meta http-equiv="Content-Type" content="text/html; charset=iso-8859-1" />
<title>Geburtstagsgruß-Generator</title>
<link rel="stylesheet" type="text/css" href="gruss.css" />
</head>
<body>
<h1>Ergebnis</h1>
<p>Der Geburtstagsgruß lautet in der von Ihnen gewählten Sprache: </p>
<div id="gruss">
<?php
if (isset($_GET["sprache"])) {
  switch ($_GET["sprache"]) {
    case "Deutsch":
      echo "Alles Gute zum Geburtstag!";
      break;
    case "Italienisch":
      echo "Buon Compleanno!";
      break;
    case "Finnisch":
      echo "Hyvaa syntymapaivaa!";
      break;
    case "Gaelisch":
      echo "La breithe mhaith agat!";
      break;
    case "Baskisch":
      echo "Zorionak!";
      break;
    case "Rumaenisch":
      echo "La multi ani!";
      break;
    default:
      echo "Sprache leider nicht vorhanden";
  }
}
?>
</div>
</body>
</html>
```

Abbildung 6.8 Die klassische Variante ohne AJAX

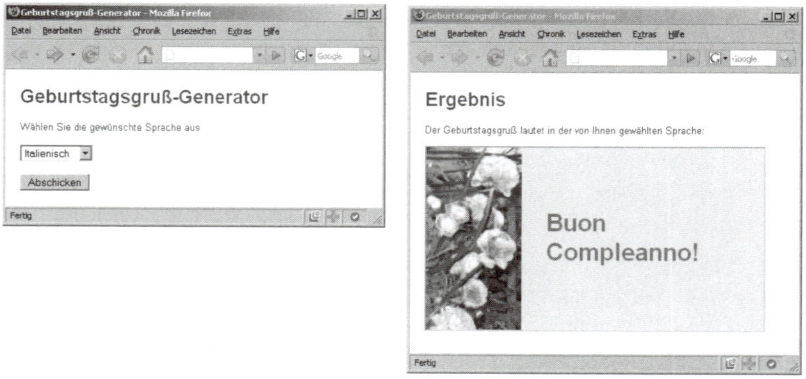

Bei der klassischen Methode sendet der Benutzer das Formular ab und es baut sich eine **neue Seite** mit dem Ergebnis auf. Ist die Internetverbindung langsam, wird man es deutlich merken, dass es eine neue Seite ist. Bei lokalen Tests mit schnellem Zugriff auf die Dateien, die sich auf der Festplatte befinden, ist das weniger störend.

TIPP

Dieses und die folgenden Beispiele, die mit einem serverseitigen Skript arbeiten, müssen Sie wirklich immer im Browser über den Server aufrufen: Die Adresse muss also bei einer lokalen Testumgebung immer mit *http://localhost* beginnen. Steht am Anfang *file:///* oder Ähnliches, wird es nicht funktionieren.

Im Beispiel wurde die Grußkarte noch per CSS etwas aufgepeppt, d.h. mit Farben und Hintergrundbild versehen.

Diese Angaben stehen in einer eigenen Datei *gruss.css*, die über

```
<link rel="stylesheet" type="text/css" href="gruss.css" />
```

eingebunden wird und so aussieht:

Listing 6.3: Etwas Farbe für den Geburtstagsgruß - *gruss.css*

```
body {
  font: 80% sans-serif ;
  color: #383C3B;
  background-color: #FFF;
  margin: 1.5em;
}
#gruss {
  color: #C1486B;
  font-weight: bold;
  font-size: 2.5em;
  padding: 2.5em 1em 1em 5em;
  border: 2px solid #8BB286;
  border-bottom-color: #BCE6B4;
  border-right-color: #BCe6B4;
  width: 8em;
  height: 4em;
  background: url(rosen.jpg) top left repeat-y #E2EFED;
}
```

Für dieses Beispiel ist die CSS-Formatierung mehr Spielerei, damit es etwas netter aussieht. Bei AJAX und so auch bei anderen Beispielen im nächsten Kapitel ist CSS hingegen oft eine wichtige Voraussetzung für die Benutzbarkeit der Komponente. Ohne die richtige Formatierung wäre beispielsweise nicht klar, dass sich einzelne Elemente per Drag&Drop verschieben lassen.

TIPP

Suchen Sie Informationen zu CSS, werden Sie im Internet beispielsweise unter *http://www.css4you.de/* (deutschsprachig, auch wenn der Name etwas anderes vermuten lässt) fündig. Möchten Sie hingegen lieber eine Einführung auf Papier, können Sie sich auch mein Buch »Jetzt lerne ich CSS« bei Markt+Technik (ISBN: 978-3827241900) ansehen.

Das ist die klassische Art, wie man sie von vielen Formularen kennt. Sehen wir uns jetzt an, wie man das mit AJAX realisieren würde. Und damit wenden wir uns jetzt dem Thema JavaScript zu.

6.2.2 JavaScript-Code einbinden

JavaScript ist eine objektbasierte Skriptsprache, die clientseitig, d.h. im Browser, ausgeführt wird. Obwohl der Name etwas anderes suggeriert, hat JavaScript herzlich wenig mit der Programmiersprache Java zu tun. JavaScript ist unter dem Namen ECMAScript durch die Ecma International standardisiert. Wenn Sie eine kurze Einführung in JavaScript suchen, so empfiehlt sich der entsprechende Artikel in der Wikipedia (*http://de.wikipedia.org/wiki/JavaScript*). Ansonsten hat auch Selfhtml einen JavaScript-Teil (*de.selfhtml.org/javascript/index.htm*) und es gibt ein OpenBook zu JavaScript von Christian Wenz (*http://www.galileocomputing.de/openbook/javascript_ajax/*).

JavaScript-Code kann an unterschiedlichen Stellen notiert werden – direkt im HTML-Dokument oder in einer gesonderten Datei.

In der HTML-Datei steht der JavaScript-Code innerhalb von `<script type="text/javascript"> ... </script>`, was häufig im `head`-Bereich eingefügt wird. Verwenden Sie HTML in der XHTML-Variante, die auch hier im Buch eingesetzt wird, sollten Sie die JavaScript-Befehle zusätzlich in einen CDATA-Bereich einfassen, der wiederum per JavaScript-Kommentar versteckt wird. Für JavaScript-Kommentare verwenden Sie `/* .... */` für einen mehrzeiligen Kommentar und `//` für einen einzeiligen Kommentar.

```
<script type="text/javascript">
/* <![CDATA[ */
.... und hier stehen die JavaScript-Befehle
/* ]]> */
</script>
```

JavaScript-Code kann auch direkt hinter Event-Handlern geschrieben werden. Event-Handler dienen dazu, eine Verbindung zwischen HTML und JavaScript herzustellen, und werden im Start-Tag von HTML-Elementen notiert.

Sie erkennen Event-Handler daran, dass sie mit `on` beginnen, beispielsweise `onclick` für »beim Mausklick auf dieses Element« oder `onchange` für »bei Änderung«. Dahinter steht dann nach einem Ist-gleich-Zeichen direkt der JavaScript-Code, d.h. das, was ausgeführt werden soll, oder der Name einer JavaScript-Funktion, die im Dokumentkopf definiert ist. Sie erinnern sich an die Buttons aus ***Kapitel 2***? Hier wurde der JavaScript-Code direkt nach einem Event-Handler eingefügt. Der folgende Code gibt bei einem Klick auf den Link ein Hinweisfenster mit dem Text »geklickt« aus:

```
<input type="button" value="Klick mich" onclick="alert('geklickt')" />
```

JavaScript-Code kann auch in externe Dateien ausgelagert werden. Um diese externen Dateien in eine Webseite einzubinden, schreiben Sie im `head`-Bereich:

```
<script type="text/javascript" src="pfad-zur-javascript-datei.js"></script>
```

Ich werde im Folgenden immer die eingesetzten wichtigsten JavaScript-Befehle kurz erläutern, aber dies kann natürlich keine Einführung in JavaScript ersetzen.

6.2.3 HTTP-Grundlagen

Wenn Sie sich mit AJAX beschäftigen, sind außerdem HTTP-Grundlagen praktisch, also Grundkenntnisse darüber, wie die Übertragung von Daten vom Client zum Server funktioniert. Wenn Sie im Browser die Adresse *http://www.maurice-web.de/index.php* in das Adressfeld eintippen und absenden, so stellt der Browser eine Anfrage, die folgendermaßen beginnt:

```
GET /index.php HTTP/1.1
Host: www.maurice-web.de
```

Zuerst steht die Übertragungsmethode, um Seiten anzufordern, GET ist die häufigste. Dann folgen der Name der angeforderten Datei und am Schluss die verwendete HTTP-Version. In der nächsten Zeile hinter `Host:` steht der eigentliche Domain-Name. Üblicherweise werden noch weitere Informationen mitgeschickt, wie über den verwendeten Browser etc.

Der Server schickt in seinem Antwort-Header verschiedene Informationen. Am Anfang stehen das Protokoll und der Statuscode:

```
HTTP/1.1 200 OK
```

Darauf folgen weitere Informationen wie der MIME-Typ des Dokuments, die Länge des Dokuments, verwendeter Server usw. Wichtig: Im Body der Antwort wird, wenn alles geklappt hat, das Dokument mitgesendet, das der Browser darstellt. Zu weiteren Details kommen wir noch im Laufe des Kapitels, die oben beschriebenen sind jedoch die wichtigsten.

Statuscode

Wenn die Anfrage vollständig abgearbeitet ist, sendet der Server an den Client einen Statuscode, um Einzelheiten der Bearbeitung der Anfrage mitzuteilen. Alle Statuscodes bestehen aus drei Zahlen, es sind noch nicht alle möglichen Zahlen vergeben.

Den Antwort-Header sehen Sie wie erwähnt über die Firefox-Erweiterung Web Developer Toolbar bei INFORMATIONEN/ANTWORT-HEADER ANZEIGEN. Der Statuscode mit der Statusmeldung folgt als Letztes.

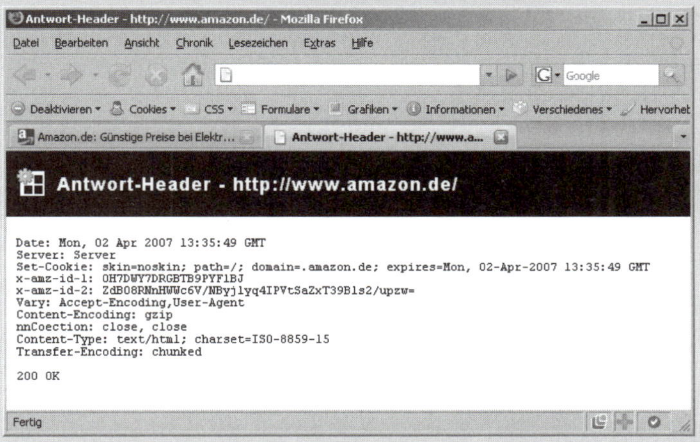

Abbildung 6.9: Den Antwort-Header kann man sich über die Web Developer Toolbar in Firefox anzeigen lassen.

Hier folgt nun eine Auflistung der wichtigsten Statuscodes, mehr Infos dazu finden Sie unter *http://de.wikipedia.org/wiki/HTTP-Statuscodes.*

`2..` bedeutet im Wesentlichen, dass es geklappt hat.

`200 OK` ist der am häufigsten verwendete Statuscode. Er sagt aus, dass die Anfrage verstanden und erfolgreich bearbeitet wurde.

`3..` steht unter anderem für Umleitungen.

`301 Moved Permanently`: Die Ressource hat sich geändert und befindet sich unter der im zusätzlichen `Location`-Feld angegebenen Adresse. Bei zukünftigen Anfragen wird die neue Adresse benutzt.

`4...` Fehler, für die eher der Client verantwortlich ist

`400 Bad Request`: Die Anfrage ist syntaktisch falsch.

`401 Unauthorized`: Die angeforderte Seite befindet sich in einem geschützten Bereich.

`404 Not Found`: der bekannteste Statuscode, die Datei wurde nicht gefunden.

`5..` Fehler, für die der Server verantwortlich gemacht wird

`500 Internal Server Error`: wird beispielsweise bei Fehlern in CGI-Skripten ausgegeben.

Den Anfrage-Header des Browsers und den Antwort-Header, den der Server zurückliefert, sehen Sie beim normalen Surfen nicht. Sie, können sie aber über die praktische Firefox-Erweiterung LiveHTTPHeaders (*http://livehttp-headers.mozdev.org/* und auf der Buch-CD) anzeigen lassen. Ist LiveHTTP-Headers installiert, rufen Sie es über ANSICHT/SIDEBAR/LIVEHTTPHEADERS oder über die Tastenkombination `Alt` + `L` auf.

Mit der Firefox-Erweiterung Web Developer Toolbar sehen Sie zumindest den Antwort-Header (*http://www.erweiterungen.de/detail/Web_Developer/* und auf der Buch-CD). Wählen Sie im Menü INFORMATIONEN den Punkt ANTWORT-HEADER ANZEIGEN.

6.2.4 Und jetzt das Ganze mit AJAX, bitte!

Normalerweise müssen Sie sich nicht um das Versenden von Anfragen an den Server kümmern, das erledigt der Browser automatisch für Sie. In dem Moment aber, in dem Sie AJAX-Anwendungen programmieren, erstellen Sie per JavaScript die Anfragen und müssen sich auch per JavaScript darum kümmern, ob die Anfrage geklappt hat, und die eventuelle Antwort verarbeiten.

Das Grußkartenbeispiel hatten Sie bereits kennengelernt. Wie soll jetzt die ajaxifizierte Version aussehen? Die Grußkarte soll auf derselben Seite angezeigt werden wie das Formular zur Auswahl der Sprache. Wenn jemand eine andere Sprache auswählt, soll der Grußkartentext automatisch modifiziert werden.

Technisch bedeutet das folgenden Ablauf:

- Wenn der Benutzer eine andere Sprache ausgewählt hat, wird eine JavaScript-Funktion aufgerufen. Nennen wir sie einmal `ajaxanfrage()`.
- Die JavaScript-Funktion `ajaxanfrage()` sendet eine Anfrage mit der gewählten Sprache per JavaScript an den Server. (Streng genommen weist die JavaScript-Funktion nur den Browser an, das zu tun.) Das und auch die nächsten Schritte geschehen im Hintergrund, der Benutzer sieht nichts davon.
- Der Server meldet laufend, wie weit er mit der Bearbeitung der Anfrage ist.
- Wenn die Bearbeitung abgeschlossen ist, liefert der Server eine Antwort: Im Header der Antwort stehen Informationen wie der Statuscode, anhand dessen man feststellen kann, ob alles geklappt hat. Außerdem liefert der Server die gewünschten Daten als Body der Antwort.
- Hat alles geklappt, wird der Text der Grußkarte durch den Glückwunsch in der ausgewählten Sprache ersetzt. Dies – und noch ein bisschen mehr – geschieht in der Funktion `grussausgeben()`. Jetzt sieht der Benutzer den geänderten Text. Eine neue Seite wird hierfür nicht benötigt, sondern der Inhalt wird direkt in der ursprünglichen Seite angepasst.

Ändern wir erst einmal die von JavaScript unabhängigen Bestandteile unserer Anwendung.

Änderungen am Formular

Sehen wir uns erst einmal das Formular an. Die Datenübertragung soll im Hintergrund stattfinden, es soll keine neue Seite aufgebaut werden, sondern die bestehende geändert werden. Das bedeutet, dass der `div`-Container für die Grußausgabe und das Auswahlfeld in derselben Seite untergebracht werden. Außerdem brauchen wir keinen `submit`-Button und kein Formular mehr – die Ausgabe des Grußtexts soll erfolgen, wenn die Auswahlliste geändert wird.

Um zu überprüfen, ob eine Sprache ausgewählt wurde – also bei der Auswahlliste etwas geändert wird –, kommt der Event-Handler `onchange` »bei erfolgter Änderung« zum Einsatz. Bei Änderung soll die JavaScript-Funktion `ajaxanfrage()` aufgerufen werden, der der Wert des ausgewählten Select-Felds über `this.value` übergeben wird.

```
<h1>Geburtstagsgruß-Generator</h1>
<label>Wählen Sie die gewünschte Sprache aus</label><br /><br />
<select name="sprache" onchange="ajaxanfrage(this.value)">
  <option value="Deutsch">Deutsch</option>
  <option value="Baskisch">Baskisch</option>
  <option value="Italienisch">Italienisch</option>
  <option value="Finnisch">Finnisch</option>
  <option value="Gaelisch">Gälisch</option>
  <option value="Rumaenisch">Rumänisch</option>
</select>
<br /><br />
<div id="gruss">Alles Gute zum Geburtstag!
</div>
```

Änderungen am PHP-Skript

Auch das PHP-Skript muss an die neue Situation angepasst werden. Es hat nur die Aufgabe, den Geburtstagsgruß je nach gewählter Sprache auszugeben. Hat es vorher eine gesamte HTML-Seite mit vollständigem HTML-Grundgerüst erstellt, muss es jetzt nur die Übersetzung liefern. Es ist also angenehm entschlackt:

Listing 6.4: Das PHP-Skript muss nur noch die Übersetzung liefern, aber keine ganze HTML-Seite erstellen - *grussgenerator_ajax.php.*

```
<?php
header("content-type: text/html; charset=ISO-8859-1");
if (isset($_GET["sprache"])) {
  switch ($_GET["sprache"]) {
    case "Deutsch":
     echo "Alles Gute zum Geburtstag!";
     break;
    case "Italienisch":
     echo "Buon Compleanno!";
     break;
    case "Finnisch":
     echo "Hyvaa syntymapaivaa!";
     break;
    case "Gaelisch":
     echo "La breithe mhaith agat!";
```

```
      break;
    case "Baskisch":
      echo "Zorionak!";
      break;
    case "Rumaenisch":
      echo "La multi ani!";
      break;
    default:
      echo "Sprache leider nicht vorhanden";
  }
}
?>
```

Den Gruß, der vom PHP-Skript ausgegeben wird, liefert der Server als Antwort im Body zurück.

6.2.5 XMLHttpRequest-Objekt erstellen

Und jetzt zum JavaScript-Teil: Wir brauchen zuerst einmal eine Möglichkeit, per JavaScript HTTP-Anfragen zu stellen. Hierfür ist die Programmierschnittstelle bzw. das Objekt XMLHttpRequest zuständig. Es ist das Herz jeder AJAX-Anwendung.

XMLHttpRequest wurde zuerst in Form einer ActiveX-Komponente von Microsoft für den Internet Explorer 5 eingeführt und danach auch in anderen Browsern implementiert: In den Gecko-Browsern steht es ab Netscape 7, Mozilla 1.0 oder Firefox zur Verfügung. In Safari wird es ab Version 1.2 unterstützt, in Opera seit Version 7.6. Damit unterstützen es alle modernen Browser.

HINWEIS

Genaue Informationen zu XMLHttpRequest gibt es bei den einzelnen Browser-Herstellern.

- **Internet Explorer:** *http://msdn.microsoft.com/library/default.asp?url=/library/en-us/xmlsdk/html/7924f6be-c035-411f-acd2-79de7a711b38.asp*
- **Gecko-Browser:** *http://www.xulplanet.com/references/xpcomref/ifaces/nsIXMLHttpRequest.html*
- **Das W3C hat zwar eine eindeutige Spezifikation zur Standardisierung vorgeschlagen, die letzte zur Drucklegung aktuelle Version vom 27. Februar 2007 ist jedoch noch im Zustand eines Arbeitsentwurfs (*http://www.w3.org/TR/XMLHttpRequest/*).**

Das Zauberobjekt für AJAX-Anwendungen können Sie über

```
new XMLHttpRequest();
```

erzeugen. Leider geht's natürlich nicht ganz so einfach, denn der Internet Explorer unter Version 7 hat das XMLHttpRequest nicht als natives Objekt, sondern als ActiveX-Komponente implementiert.

Für den Internet Explorer unter Version 7 gibt es mehrere mögliche ActiveX-Komponenten, die sich in ihrem Funktionsumfang unterscheiden. Benutzt werden für AJAX-Anwendungen üblicherweise nur zwei: `Msxml2.XMLHTTP` und `Microsoft.XMLHTTP`, die sich wie folgt erstellen lassen:

```
new ActiveXObject("Msxml2.XMLHTTP");
```

Die ältere Variante lautet:

```
new ActiveXObject("Microsoft.XMLHTTP");
```

Daneben existieren noch neuere Varianten: MSXML2.XMLHttp.3.0, MSXML2.XMLHttp.4.0 und MSXML2.XMLHttp.5.0. Wie bereits erwähnt, werden normalerweise aber nur Msxml2.XMLHTTP und Microsoft.XMLHTTP berücksichtigt.

Das ergibt insgesamt drei Möglichkeiten, ein XMLHttpRequest-Objekt zu erstellen: zwei für die Microsoft-Browser und eine für die anderen. Damit wir uns aber bei der weiteren Arbeit mit dem Request-Objekt nicht mehr um die Browser-Unterschiede kümmern müssen, wird das Ergebnisobjekt in einer Variablen mit dem Namen `anfrage` gespeichert.

Um festzustellen, welche Art der Erstellung wir benötigen, verwenden wir eine `try-catch`-Anweisung. Diese versucht auf eine bestimmte Art, das benötigte Objekt zu erstellen (`try`). Schlägt sie fehl, würde das einen Fehler auslösen (»werfen«). Dieser Fehler wird mit `catch` abgefangen und es wird auf eine weitere Art versucht, das benötigte Objekt zu erstellen. `catch` verlangt einen Parameter, wofür häufig `e` eingesetzt wird. Sie könnten ihn aber auch ganz anders benennen. Über diese Variable kontrolliert man die Reaktion des Skripts auf den aktuellen Zustand. Für unsere Zwecke wird sie nicht weiterverwendet.

Der JavaScript-Code wird im Beispiel direkt im HTML-Dokument im `head`-Bereich notiert:

```
<head>
<script type="text/javascript">
/*<![CDATA[*/
//XMLHttpRequest erzeugen
var anfrage = null;
  try {
  anfrage = new XMLHttpRequest();
  }
  catch (e) {
    try {
      anfrage = new ActiveXObject("Msxml2.XMLHTTP");
    }
    catch (e) {
      try {
        anfrage = new ActiveXObject("Microsoft.XMLHTTP");
      }
      catch (e) {
```

```
            anfrage = null;
        }
      }
    }
/*]]>*/
</script>
</head>
```

Nach diesen Codezeilen beinhaltet `anfrage` eine Instanz von XMLHttpRequest oder den Wert `null`. Diese mühsame Erstellung ist jedoch nur einmal erforderlich, Sie können dies danach auslagern und in Ihre Skripte einbinden.

Drei Methoden und Eigenschaften von XMLHttpRequest

Das Objekt XMLHttpRequest verfügt über mehrere Methoden und Eigenschaften, die bei der AJAX-Programmierung zum Einsatz kommen. Uns interessieren erst einmal drei:

- die Methode `open()`, um eine Verbindung zu initalisieren
- die Methode `send()`, um eine Anfrage wirklich zu senden
- die Eigenschaft `onreadystatechange`, um auf Zustandsänderungen der Anfrage reagieren zu können

Auf Methoden und Eigenschaften greifen Sie in JavaScript über die sogenannte Punktsyntax zu: Zuerst steht der Name des Objekts und nach einem Punkt folgt die Methode bzw. Eigenschaft.

Die Methode `open()` initiiert eine Verbindung. Sie erwartet drei Parameter: die Übertragungsmethode, die Adresse und als dritten Parameter, ob die Übertragung asynchron (`true`) oder synchron (`false`) erfolgen soll. Lassen Sie den dritten Parameter weg, erfolgt die Übertragung asynchron.

HINWEIS

Als Übertragungsmethode wird üblicherweise GET oder POST benutzt. Zu den Unterschieden erfahren Sie gleich mehr. Daneben gibt es noch weitere:

- **DELETE zum Löschen von Dateien**
- **HEAD, wie GET mit dem Unterschied, dass nur der HTTP-Header angefordert wird**
- **OPTIONS für Informationen über die vom Zielserver unterstützten Kommunikationsoptionen**
- **PUT zum Ablegen von Daten auf dem Server**
- **TRACE zum Debuggen von Anwendungen**

Wenn wir in unserem Beispiel das PHP-Skript mit dem Namen *grussgenenerator_ajax.php* aufrufen wollen, können wir `open` wie folgt einsetzen – wir werden das aber gleich noch verfeinern:

```
anfrage.open("GET", "grussgenerator_ajax.php", true);
```

HINWEIS

Aufgrund von Sicherheitseinstellungen der Browser können Sie hier nur URLs von Dateien derselben Domain angeben. Sie können aber wie sonst auch absolute oder relative URLs benutzen.

Außerdem müssen Sie angeben, was geschehen soll, wenn es einen Zustandswechsel bei der Anfrage gibt. Bei der asynchronen Kommunikation ist der Server recht geschwätzig, er informiert immer über Zustandsänderungen und es gibt mehrere Zustandsänderungen, bis die Anfrage vollständig abgearbeitet ist. Über `onreadystatechange` können Sie sich informieren lassen, wenn es einen Zustandswechsel gibt. `onreadystatechange` weisen Sie als Wert den Namen der Funktion zu, die aufgerufen werden soll bei einer Zustandsänderung, bei uns ist das die Funktion `grussausgeben`. Achten Sie darauf, dass die Funktion ohne Klammern geschrieben wird.

```
anfrage.onreadystatechange=grussausgeben;
```

Diese Anfrage wird nun über die Methode `send()` gesendet. `send()` erwartet als Parameter die zu sendenden Daten. Da in diesem Beispiel GET benutzt wird, geben wir `null` an, denn die Daten werden per URL übertragen.

```
anfrage.send(null);
```

Zusammengefasst sind drei Schritte notwendig:

- Verbindung initialisieren
- definieren, welche Funktion aufgerufen werden soll, wenn eine Zustandsänderung eintritt
- Abfrage absenden

Damit sehen die drei Codezeilen so aus:

```
anfrage.open("GET", "grussgenerator_ajax.php", true);
anfrage.onreadystatechange=grussausgeben;
anfrage.send(null);
```

Anfrage senden

Gehen wir nun daran, die Funktion `ajaxanfrage()` zu erstellen – einen großen Teil haben wir ja schon. Diese Funktion wird unterhalb des Codes zur Erstellung der XMLHttp-Request-Objekts geschrieben.

```
<head>
<script type="text/javascript">
/*<![CDATA[*/
//XMLHttpRequest erzeugen:
/* ...
wie oben */

function ajaxanfrage(wahl) {
  var url="grussgenerator_ajax.php";
  anfrage.open("GET", url, true);
```

```
  anfrage.onreadystatechange=grussausgeben;
  anfrage.send(null);
}
/*]]>*/
</script>
</head>
```

Eine Sache ist noch zu ergänzen: Wir müssen dem PHP-Skript die ausgewählte Sprache mitteilen. Im Beispiel wird GET als Übertragungsmethode eingesetzt. Ein wesentlicher Unterschied zwischen den beiden Übertragungsmethoden GET und POST ist, dass bei GET die Daten an den URL angehängt werden, bei POST hingegen werden sie mit dem Dokumentkörper gesendet. Schon im ursprünglichen Beispiel ohne AJAX wurde GET eingesetzt – haben Sie den URL beachtet, als das Formular abgesendet wurde?

Abbildung 6.10
Bei der Übertragung per GET werden die Werte an den URL angehängt: Hinter dem URL sehen Sie zuerst das Fragezeichen und dann `Schlüssel=Wert`, hier `sprache=Italienisch` – der Name des Formularelements und der ausgewählte Wert.

Das müssen wir gleich noch nachbilden.

Wählt der Benutzer beispielsweise *Italienisch*, soll der URL folgendermaßen aussehen:

```
grussgenerator_ajax.php?sprache=Italienisch
```

Der URL muss also mit den Parametern ergänzt werden. Im Beispiel wird eine neue Variable mit Namen `parameter` eingeführt, der der Text `?sprache=` zugewiesen wird, an den die Variable `wahl` angehängt wird. In der Variable `wahl` steht beim Aufruf der Funktion `ajaxanfrage()` der Wert des ausgewählten `select`-Felds. Das Verknüpfen von Texten und/oder Variablen geschieht in JavaScript mit dem Pluszeichen.

```
var parameter = "?sprache="+ wahl;
```

Falls Sonderzeichen vorhanden sind, sollen diese für den URL entsprechend kodiert werden, wofür die Funktion `encodeURI()` sorgt. Damit wird die obere Zeile noch etwas erweitert:

```
var parameter = "?sprache="+encodeURI(wahl);
```

Die Parameter werden an den URL angehängt. `url +=parameter` ist eine verkürzte Schreibweise für `url = url + parameter`:

```
url += parameter;
```

Damit sieht die Funktion nun folgendermaßen aus – die Zeilen, die hinzugekommen sind, wurden hervorgehoben:

```
<head>
<script type="text/javascript">
/*<![CDATA[*/
//XMLHttpRequest erzeugen:
/* ...
wie oben */

function ajaxanfrage(wahl) {
  var url="grussgenerator_ajax.php";
  var parameter = "?sprache="+encodeURI(wahl);
  url += parameter;
  anfrage.open("GET", url, true);
  anfrage.onreadystatechange=grussausgeben;
  anfrage.send(null);
}
/*]]>*/
</script>
</head>
```

Ermitteln, wann die Antwort da ist, und die Antwort verarbeiten

Wenn sich der Zustand der Anfrage ändert, soll die Funktion `grussausgeben()` aufgerufen werden. Diese müssen wir jetzt noch erstellen.

```
<head>
<script type="text/javascript">
/*<![CDATA[*/
//XMLHttpRequest erzeugen:
/* ...wie oben  ...*/

function ajaxanfrage(wahl) { /* ...wie oben  ...*/ }

function grussausgeben() {

}
/*]]>*/
</script>
</head>
```

Jetzt kommen noch ein paar Besonderheiten, die mit der asynchronen Datenübertragung zu tun haben. Die Funktion `grussausgeben()` wird immer aufgerufen, wenn sich der Bereitschaftszustand ändert, das haben wir über die Zeile

```
anfrage.onreadystatechange=grussausgeben;
```

definiert.

Es gibt nun aber verschiedene Bereitschaftszustände und wir wollen den Gruß erst dann ausgeben, wenn der Server die Antwort zurückgesendet hat.

Auslesen können Sie die Bereitschaftszustände über die Eigenschaft `readyState`, die Ihnen eine Zahl zurückliefert, die den Zustand angibt. Tabelle 6.1 erklärt, was die Zahlen bedeuten.

Tabelle 6.1: Verschiedene Werte für die Bereitschaftszustände

readyState	Bedeutung
0	Die Verbindung ist noch nicht initialisiert.
1	Die Verbindung wird initialisiert über open.
2	Die Anfrage wurde gesendet.
3	»interaktiv«, Serverantwort empfangen
4	abgeschlossen

Wir wollen nur etwas ausgeben lassen, wenn die Anfrage vollständig abgearbeitet wurde, `readyState` also den Wert 4 hat. Um auf Gleichheit zu überprüfen, brauchen Sie in JavaScript das doppelte Ist-Gleich-Zeichen – das einfache Ist-Gleich (=) würde hingegen einen Wert zuweisen.

```
<head>
<script type="text/javascript">
/*<![CDATA[*/
//XMLHttpRequest erzeugen:
/* ...wie oben  ...*/

function ajaxanfrage(wahl) { /* ...wie oben  ...*/ }

function grussausgeben() {
  if (anfrage.readyState == 4) {

  }
}
/*]]>*/
</script>
</head>
```

Dann können wir sicher sein, dass die vollständige Antwort vom Server da ist. Die Antwort des Servers besteht aus einem Header mit Informationen über Erfolg oder Misserfolg und zusätzlich eventuell den Daten im Body.

Der Antwort-Header kann ganz unterschiedlich ausfallen, er könnte auch lauten: `404 Not Found` – wenn die Seite nicht gefunden wurde. Auf diesen Statuscode, den der Server liefert, können Sie ebenfalls zugreifen, und zwar über `anfrage.status`. Uns interessieren nur die Guten, d.h. wenn die Seite gefunden wurde. Dieser Statuscode hat die Nummer 200.

```
if (anfrage.status==200) {

}
```

Die beiden Überprüfungen werden ineinander verschachtelt, denn nur wenn die Bearbeitung der Anfrage abgeschlossen ist, kann man prüfen, ob der Statuscode im Antwort-Header 200 lautet.

```
<head>
<script type="text/javascript">
/*<![CDATA[*/
//XMLHttpRequest erzeugen:
```

```
/* ...wie oben  ...*/

function ajaxanfrage(wahl) { /* ...wie oben  ...*/ }

function grussausgeben() {
  if(anfrage.readyState== 4) {
    if (anfrage.status==200) {
    /* nur wenn beides zutrifft, kann die Grußkarte aktualisiert werden */
    }
  }
}
/*]]>*/
</script>
</head>
```

Um auf die im Body der Server-Antwort zurückgegebenen Daten zuzugreifen, ist eine weitere nützliche Eigenschaft des XMLHttpRequest-Objekts vorgesehen: `responseText`. In unserem Fall beinhaltet `responseText` das, was im PHP-Skript mit `echo` ausgegeben wird. Die Antwort wird einer Variablen mit Namen `uebersetzt` zugewiesen.

```
var uebersetzt = anfrage.responseText;
```

Mit diesem Text muss das Element aktualisiert werden. Welches Element? Genau – das Element mit `id="gruss"`. Dieses sprechen Sie über `document.getElementById()` an, Sie übergeben den Namen der `id` in runden Klammern.

```
document.getElementById("gruss")
```

Um den Inhalt zu ändern, können Sie die Eigenschaft `innerHTML` benutzen und dem Inhalt den in der Variablen `uebersetzt` gespeicherten `responseText` zuweisen.

```
document.getElementById("gruss").innerHTML = uebersetzt;
```

Damit sind alle Bestandteile der Funktion `grussausgeben()` vollständig:

```
<head>
<script type="text/javascript">
/*<![CDATA[*/
//XMLHttpRequest erzeugen:
/* ...wie oben  ...*/

function ajaxanfrage(wahl) { /* ...wie oben  ...*/ }

function grussausgeben() {
  if(anfrage.readyState== 4) {
    if (anfrage.status==200) {
      var uebersetzt = anfrage.responseText;
      document.getElementById("gruss").innerHTML = uebersetzt;
    }
  }
}
/*]]>*/
</script>
</head>
```

Hier sehen Sie die Datei in ihrer Gesamtheit. In der Funktion `ajaxanfrage()` wird zusätzlich noch überprüft, ob das XMLHttpRequest-Objekt überhaupt erstellt werden konnte.

Listing 6.5: Die Variante mit AJAX - *grussgenerator_ajax.html*

```
<!DOCTYPE html PUBLIC "-//W3C//DTD XHTML 1.0 Transitional//EN"
"http://www.w3.org/TR/xhtml1/DTD/xhtml1-transitional.dtd">
<html xmlns="http://www.w3.org/1999/xhtml" xml:lang="de" lang="de">
<head>
<meta http-equiv="Content-Type" content="text/html; charset=iso-8859-1" />
<title>Geburtstagsgru&szlig;-Generator</title>
<link rel="stylesheet" type="text/css" href="gruss.css" />
<script type="text/javascript">
/*<![CDATA[*/
//XMLHttpRequest erzeugen:
var anfrage = null;
  try {
  anfrage = new XMLHttpRequest();
  }
  catch (e) {
    try {
      anfrage = new ActiveXObject("Msxml2.XMLHTTP");
    }
    catch (e) {
      try {
        anfrage = new ActiveXObject("Microsoft.XMLHTTP");
      }
      catch (e) {
        anfrage = null;
      }
    }
  }
function ajaxanfrage(wahl) {
  if(anfrage != null) {
    var url="grussgenerator_ajax.php";
    var parameter = "?sprache="+encodeURI(wahl);
    url += parameter;
    anfrage.open("GET", url, true);
    anfrage.onreadystatechange=grussausgeben;
    anfrage.send(null);
  }
  else {
    alert("XMLHttpRequest-Objekt konnte nicht erstellt werden");
  }
}
function grussausgeben() {
  if(anfrage.readyState== 4) {
    if (anfrage.status==200) {
      var uebersetzt = anfrage.responseText;
      document.getElementById("gruss").innerHTML = uebersetzt;
    }
  }
}
```

```
/*]]>*/
</script>
</head>
<body>
<h1>Geburtstagsgruß-Generator</h1>
<label>Wählen Sie die gewünschte Sprache aus</label><br /><br />
<select name="sprache" onchange="ajaxanfrage(this.value)">
  <option value="Deutsch">Deutsch</option>
  <option value="Baskisch">Baskisch</option>
  <option value="Italienisch">Italienisch</option>
  <option value="Finnisch">Finnisch</option>
  <option value="Gaelisch">Gälisch</option>
  <option value="Rumaenisch">Rumänisch</option>
</select>
<br /><br />
<div id="gruss">Alles Gute zum Geburtstag!
</div>
</body>
</html>
```

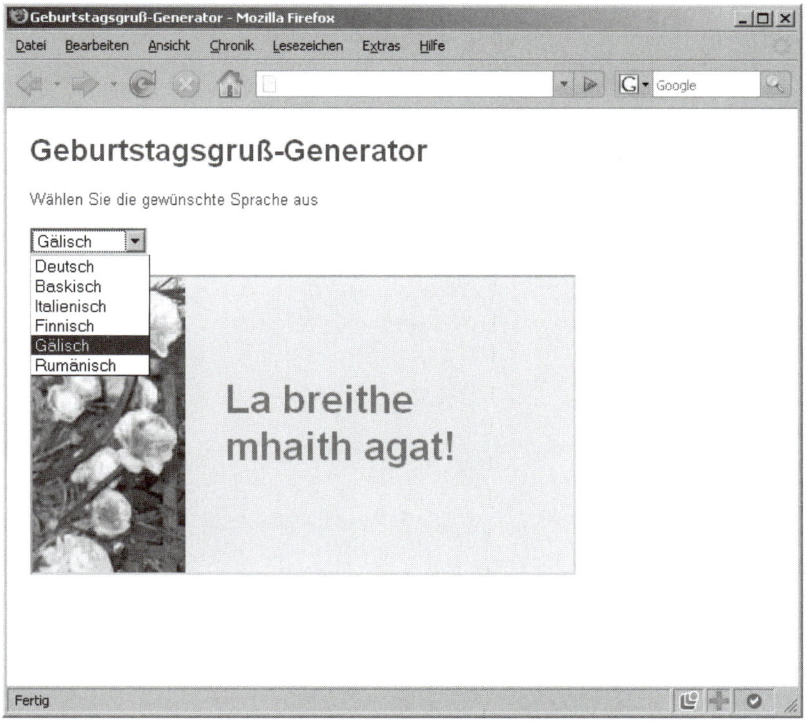

Abbildung 6.11
Die ajaxifizierte Variante: Wählt man eine andere Sprache aus, wird die Grußkarte automatisch angepasst.

Testen Sie einmal das Beispiel!

Nach diesen grundlegenden Dingen geht es nun um kleinere Varianten, d.h., was man ändern muss, wenn POST anstelle von GET verwendet wird, und wie man mit anderen Rückgabeformaten als Text, nämlich XML oder JSON, arbeitet.

6.2.6 Ab die POST

Im Beispiel wurde als Übertragungsmethode bisher immer mit GET gearbeitet. Sie können aber auch POST einsetzen.

Die Unterschiede zwischen POST und GET sind folgende:

- Bei GET erfolgt die Übertragung der Daten im URL, bei POST hingegen werden sie im Dokument-Body versendet. In beiden Fällen werden die Daten als Wertpaare verschickt, beispielsweise `sprache=Baskisch`.
- Die Datenmenge, die versendet werden kann, ist bei POST nicht beschränkt, bei GET dagegen schon – bei den meisten Systemen auf 1024 Byte.
- Bei GET kann es zu Caching-Problemen kommen, die bei POST so nicht auftreten.
- Es gibt weitere Unterschiede zwischen GET und POST, die jedoch nur beim normalen Formularversand, nicht dagegen bei AJAX relevant sind, beispielsweise lassen sich GET-Anfragen als Lesezeichen speichern.

Soll im Beispiel POST anstelle von GET eingesetzt werden, müssen Sie folgende Änderungen durchführen – die Änderungen betreffen nur die Funktion `ajaxanfrage()`. Sie ändern die Übertragungsart von GET in POST:

```
anfrage.open("POST", url, true);
```

Der `url` wird von den Parametern befreit, d.h., Sie streichen:

```
url += parameter; /* brauchen wir für POST nicht */
```

Die Variable `parameter` enthält nur die Parameter ohne `?` am Anfang:

var parameter = »sprache=«+encodeURI(wahl);

Die Daten, die gesendet werden, schreiben Sie bei `send()` dort, wo vorher `null` stand:

```
anfrage.send(parameter);
```

Davor – ein ganz wichtiger Punkt – müssen Sie aber den Content-Header setzen, damit der Server den Inhalt richtig interpretieren kann.

```
anfrage.setRequestHeader("Content-Type", "application/x-www-form-urlencoded");
```

Damit sieht die Funktion `ajaxanfrage()` so aus – die geänderten Stellen wurden noch einmal hervorgehoben:

Listing 6.6: Die geänderte Funktion `ajaxanfrage()`. Das vollständige Listing finden Sie auf der CD - *grussgenerator_ajax_post.html*

```
function ajaxanfrage(wahl) {
  if(anfrage != null) {
    var url="grussgenerator_ajax_post.php";
    var parameter = "sprache="+encodeURI(wahl);
    anfrage.open("POST", url, true);
    anfrage.onreadystatechange=grussausgeben;
    anfrage.setRequestHeader("Content-Type", "application/
    x-www-form-urlencoded");
    anfrage.send(parameter);
```

```
  }
  else {
    alert("XMLHttpRequest-Objekt konnte nicht erstellt werden");
  }
}
```

Vielleicht haben Sie im Beispiel gesehen, dass sich auch der Skriptname, der bei `url` angegeben ist, geändert hat: *grussgenerator_ajax_post.php* verweist auf das PHP-Skript, bei dem zweimal `$_GET[]` durch `$_POST[]` ersetzt wurde, so dass es die POST-Daten auch verarbeiten kann.

Listing 6.7: So klappts mit POST-Daten - Ausschnitt aus *grussgenerator_ajax_post.php*

```
if (isset($_POST["sprache"])) {
  switch ($_POST["sprache"]) {
....
  }
}
```

6.2.7 XML-Daten verwenden

Bisher wurde nur Text vom Server zurückgeliefert. Sie können aber, damit der Name AJAX einmal seine volle Berechtigung erhält, auch XML-Daten ausgeben lassen. Wann und warum ist das sinnvoll?

Bisher hat unser Beispiel nur einen Text zurückgeliefert. Was aber ist, wenn es mehrere Werte zurückliefern soll? Angenommen, neben der Übersetzung des Grußes wird noch eine zufällige Farbangabe zurückgeliefert, in der die Grußkarte eingefärbt wird. Dann stellt sich beim Einsatz von `responseText` die Frage, wie man diese beiden Werte – den übersetzten Gruß und die Farbangabe – voneinander trennen kann. Bei zwei Werten könnte man natürlich auf ein besonderes Trennzeichen zurückgreifen, das sonst nicht vorkommt, wie beispielsweise die Pipe |, und die Daten dann im JavaScript-Teil über die JavaScript-Funktion `split()` wieder auseinanderdividieren. Das mag für zwei Werte noch eine akzeptable Lösung sein, je mehr Werte aber übergeben werden, desto mehr verlangt das nach einer anderen klaren Lösung. Dabei muss deutlich sein, welcher Wert für was steht. Und genau hier kommt XML ins Spiel.

Das XML-Dokument könnte im Beispiel wie folgt aussehen:

```
<?xml version="1.0" encoding="ISO-8859-1"?>
<gruss>
  <text>Hyvaa syntymapaivaa!</text>
  <farbe>#93487A</farbe>
</gruss>
```

Jetzt ist klar ersichtlich, was der übersetzte Geburtstagsgruß ist und was die Farbe. Es ließen sich noch viele weitere Informationen ergänzen: Solange sie immer diesem klaren Schema folgen, dass die Werte innerhalb von Elementen stehen, die den Inhalt benennen, wäre die Zuordnung immer eindeutig.

Erinnern Sie sich noch an die Eigenschaften von XML aus dem Newsfeed-Kapitel (***Kapitel 4***)? XML-Dokumente beginnen normalerweise mit der XML-Deklaration wie auch dieses Dokument in der ersten Zeile. Darauf folgt das

Wurzelelement, das alle anderen Elemente umfasst, im Beispiel `gruss`. Darin stehen die einzelnen Elemente. Die genauen und im Vergleich zu HTML wesentlich strengeren Regeln von XML finden Sie im ***Abschnitt 4.2.1***.

Anhand dieses Beispiels soll nun die Verwendung von XML bei der Antwort des Servers demonstriert werden.

Zuerst einmal muss das PHP-Skript so abgeändert werden, dass es nicht mehr reinen Text, sondern XML zurückliefert. An dieser Stelle wird nicht auf besondere XML-Funktionen von PHP zurückgegriffen, sondern das XML-Dokument per Hand erstellt. Hier ist es schon einmal:

Listing 6.8: Das PHP-Skript gibt dieses Mal das Ergebnis als XML-Dokument zurück - *grussgenerator_ajax_xml.php*

```
<?php
if (isset($_GET["sprache"])) {
  switch ($_GET["sprache"]) {
  case "Italienisch":
   $uebersetzung = "Buon Compleanno!";
   break;
  case "Finnisch":
   $uebersetzung =  "Hyvaa syntymapaivaa!";
   break;
  case "Gälisch":
   $uebersetzung =  "La breithe mhaith agat!";
   break;
  case "Baskisch":
   $uebersetzung =  "Zorionak!";
   break;
  case "Rumänisch":
   $uebersetzung =  "La mul&#355;i ani!";
   break;
  default:
  $uebersetzung =  "Sprache leider nicht vorhanden";
  }
}
else {
  $uebersetzung = "Keine Sprache angegeben";
}

//Farben für die Grußkarte
$farben = array ("#FFE6BF", "#BF9960", "#FFF5E6", "#FFCC80",
                 "#BFE4FF", "#FFBFDC", "#BF608A", "#FFE6F1", "#FF80B8");
//Anzahl der Farben im Array ermitteln
$max = count($farben);
//Zufallszahl
$zufall = rand(0, $max-1);
//Zufällige Farbe aus dem Array
$zufallsfarbe = $farben[$zufall];
header("Content-Type: text/xml");
echo "<?xml version=\"1.0\" encoding=\"ISO-8859-1\"?>";
?>
<gruss>
  <text><?php echo $uebersetzung; ?></text>
  <farbe><?php echo $zufallsfarbe; ?></farbe>
</gruss>
```

Was sich sonst noch geändert hat: Die Übersetzungen werden nicht mehr per `echo` direkt innerhalb der `switch-case`-Anweisung ausgegeben, sondern erst einmal in die Variable `$uebersetzung` geschrieben.

Außerdem wird ein Array mit ein paar Farben für die Grußkarten erstellt und über die Funktion `rand()` eine zufällige Zahl zwischen 0 (erste Position im Array) und `$max-1` (Anzahl der Array-Elemente -1, d.h. letzter Index) ermittelt und darüber in der nächsten Zeile eine Farbe aus dem Array zufällig ausgewählt.

Am Schluss wird mit diesen beiden Werten, der Übersetzung und der Zufallszahl, das XML-Dokument geschrieben und erstellt. Wenn Sie die Datei *grussgenerator_ajax_xml.php* im Browser aufrufen (über *localhost*, versteht sich), sehen Sie schon einmal, dass die XML-Generierung geklappt hat. Da das Skript ohne Daten aufgerufen wird, erscheint im Element `text` aber nur »Keine Sprache angegeben«.

ACHTUNG

Wenn Sie XML ausgeben lassen, denken Sie daran, dass Sie die aus HTML gewohnten benannten Entities wie `ä` nicht verwenden dürfen, außer Sie definieren sie in einer DTD (Dokument-Type-Definition). Numerische Entities wie `ä` für `ä` sind hingegen erlaubt. An sich können Sie Sonderzeichen auch direkt schreiben. Sie müssen dann nur dafür sorgen, dass das Skript im entsprechenden Zeichensatz auch abgespeichert wird und die Zeichensätze des serverseitigen Skripts und der Ausgabedatei zusammenpassen.

Wenn Sie viel mit Sonderzeichen arbeiten, sollten Sie prinzipiell bei allen beteiligten Daten UTF-8 einsetzen. Wie das geht, erfahren Sie unter *http://www.ajax-community.de/probleme-loesungen/3027-problem-umlaute-zeichensatz.html*.

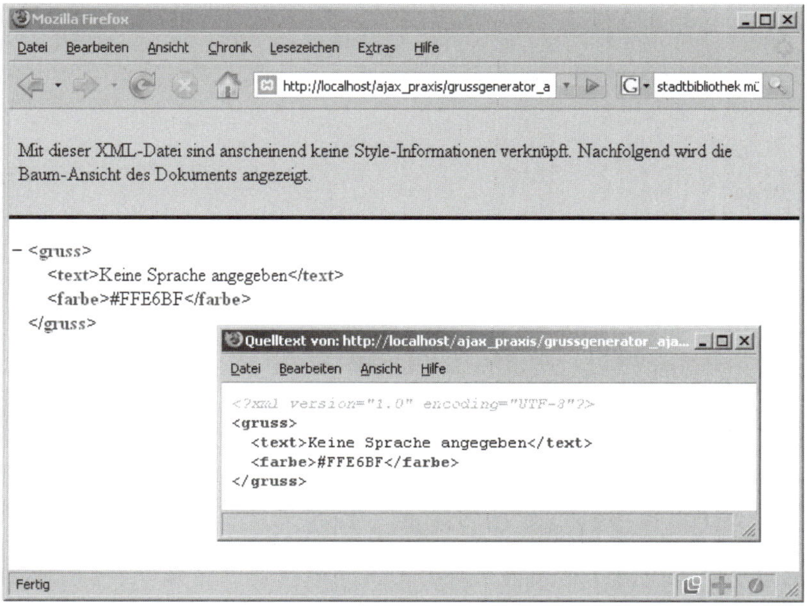

Abbildung 6.12
Die per PHP erstellte XML-Datei

Nun zurück zur AJAX-Seite, die ja eigentlich hier interessiert.

Es ändert sich – wenn man einmal vom URL absieht, der innerhalb der Funktion `ajaxanfrage()` angepasst wird – in diesem Fall nur die Funktion `grussausgeben()`.

Um auf die zurückgesendeten XML-Daten als DOM-Objekte zugreifen zu können, verwenden Sie anstelle von `responseText` die Eigenschaft `responseXML`. Diese wird einer neuen Variablen mit Namen `xmlDoc` zugewiesen:

```
var xmlDoc = anfrage.responseXML;
```

Nun können Sie über DOM-Methoden und -Eigenschaften auf die einzelnen Elemente zugreifen.

DOM

Über das DOM können Sie mithilfe verschiedener Methoden auf einzelne Elemente im Dokument zugreifen.

`getElementById("name-der-id")` haben Sie bereits kennengelernt. Damit greifen Sie auf ein Element anhand seiner ID zu.

`getElementsByTagName("name-des-Elements")` dient zum Zugriff auf Elemente über ihren Elementnamen wie `p`, `h1` in HTML oder sonst einen möglichen Elementnamen in XML. Theoretisch könnte es immer mehrere Elemente mit diesem Namen geben. Möchten Sie auf das erste Element mit diesem Namen zugreifen, notieren Sie dahinter in eckigen Klammern eine 0. Für das zweite Element wäre es eine 1 etc.

```
document.getElementsByTagName("p")[0]; /*Greift auf das erste Element mit
dem Namen p im Dokument zu */
```

Innerhalb von DOM gibt es mehrere praktische Eigenschaften wie `firstChild` oder `nodeValue`.

`firstChild` dient zum Zugriff auf den ersten Kindknoten – im folgenden Beispiel wäre `<p>Ein erster Absatz</p>` der erste Kindknoten von `div`.

```
<div>
  <p>Ein erster Absatz</p>
  <p>Und es geht weiter</p>
</div>
```

`nodeValue` greift auf den Wert eines Knotens zu. Handelt es sich um einen Textknoten (das ist der textliche Inhalt eines Elements), so greift man mit `nodeValue` auf den Textinhalt zu. Bei Attributknoten wird auf den zugewiesenen Attributwert zugegriffen.

Zuerst einmal die Übersetzung selbst. Diese steht im Element mit dem Namen `text` und es ist das erste Element seiner Art.

```
var xmlUebers = xmlDoc.getElementsByTagName("text")[0];
```

Um den Textinhalt auszulesen, greifen Sie mit `firstChild` auf den ersten Kindknoten – hier den Text – zu und können den Textinhalt mit `nodeValue` auslesen:

```
var uebersetzung = xmlUebers.firstChild.nodeValue;
```

Und dies wird wie gehabt dem Element mit der `id="gruss"` zugewiesen:

```
document.getElementById('gruss').innerHTML = uebersetzung;
```

Genauso geht's mit den Farben. Die zufällige Farbe steht im Element mit dem Namen `farbe`, das das erste seiner Art ist.

```
var xmlFarbe = xmlDoc.getElementsByTagName("farbe")[0];
```

Der textliche Inhalt wird in der Variablen `farbe` gespeichert:

```
var farbe = xmlFarbe.firstChild.nodeValue;
```

Nur beim Zuweisen wollen Sie die Farbe nicht als Textinhalt zuweisen, sondern als Hintergrundfarbe für das Element. Dies erreichen Sie über `style.backgroundColor`:

```
document.getElementById('gruss').style.backgroundColor=farbe;
```

Hier die Funktion `grussausgeben` gesamt.

```
function grussausgeben() {
  if(anfrage.readyState== 4) {
    if (anfrage.status==200) {
      var xmlDoc = anfrage.responseXML;
      var xmlUebers = xmlDoc.getElementsByTagName("text")[0];
      var uebersetzung = xmlUebers.firstChild.nodeValue;
      document.getElementById('gruss').innerHTML = uebersetzung;
      var xmlFarbe = xmlDoc.getElementsByTagName("farbe")[0];
      var farbe = xmlFarbe.firstChild.nodeValue;
      document.getElementById('gruss').style.backgroundColor=farbe;
    }
  }
}
```

Listing 6.9: Die zur Verarbeitung der XML-Daten geänderte Funktion `grussausgeben()` - Ausschnitt aus *grussgenerator_ajax_xml.html*

Abbildung 6.13
Viel anders sieht es nicht aus, bis darauf, dass die Hintergrundfarbe der Box nun wechselt. Das Entscheidende ist jedoch, dass dieses Mal der Server XML-Daten zurückgibt.

6.2.8 Cache-Probleme

Testen Sie das Beispiel zunächst einmal im Firefox: Sie sehen, der Gruß wird wie gewünscht in verschiedenen Sprachen angezeigt. Und die Hintergrundfarben ändern sich. Testen Sie dann das Beispiel einmal im Internet Explorer – dasselbe Bild: der fremdsprachige Gruß und bunter Hintergrund. Also alles in Ordnung, oder? Testen Sie noch einmal das Beispiel im Internet Explorer und – ja, da haben Sie Recht. Ein seltsames Phänomen: Die Sprachen ändern sich, aber die Hintergrundfarben wechseln nur, wenn man die Sprache ändert, d.h. wenn der italienische Gruß beim ersten Aufruf einen orangefarbenen Hintergrund hat, ist dieser auch bei späteren Aufrufen beim Italienischen immer orange.

Der Grund hierfür ist, dass der Internet Explorer die Anfrage im Browser-internen Cache speichert. Und damit speichert er auch die Zufallsfarbe, die beim ersten Mal beim Aufruf dieser Sprache ermittelt wurde.

Um dieses Cachen zu verhindern, gibt es mehrere Möglichkeiten:

- Sie verwenden POST anstelle von GET. POST-Anfragen werden nicht gecacht.
- Sie generieren eine zufällige Zahl, die Sie an den GET-URL dranhängen. Hier empfiehlt sich beispielsweise der aktuelle Zeitpunkt in Millisekunden seit dem 1.1.1970. Diesen ermitteln Sie mit `new date().getTime();`. Dieser Wert wird einem weiteren, an den URL angehängten Parameter zugewiesen, der ansonsten keinerlei Funktionen erfüllt.

Nehmen wir die zweite Möglichkeit, so sieht die Funktion `ajaxanfrage()` so aus:

Listing 6.10: Cachen verhindert - *grussgenerator_ajax_xml_oc.html*

```
function ajaxanfrage(wahl) {
  if(anfrage != null) {
    var url="grussgenerator_ajax_xml.php";
    var parameter = "?sprache="+encodeURI(wahl)+"&datum="+new Date().getTime();
    url += parameter;
    anfrage.open("GET", url, true);
    anfrage.onreadystatechange=grussausgeben;
    anfrage.send(null);
  }
  else {
    alert("XMLHttpRequest-Objekt konnte nicht erstellt werden");
  }
}
```

Cachen ist an sich ein gutes Verhalten, da es Bandbreite spart. Deswegen sollten Sie die Vorkehrungen zum Verhindern des Cachen nicht prinzipiell treffen, sondern nur dann, wenn Sie es wirklich abschalten müssen.

TIPP

Beim Testen kann das Cache-Verhalten der Browser auch ärgerlich sein. Den Cache können Sie im Firefox bei installierter Web Developer Toolbar ganz einfach löschen: Unter dem Menüpunkt VERSCHIEDENES finden Sie PRIVATE DATEN LÖSCHEN/CACHE.

Im Internet Explorer gibt es ebenfalls eine hilfreiche Toolbar für die Entwicklung: die Internet Explorer Developer Toolbar. Dieses kostenlose Werkzeug erhalten Sie am einfachsten, wenn Sie unter *http://www.microsoft.com/downloads/* im Suchfeld *Developer Toolbar* eingeben. Nach der Installation finden Sie die Cache-Einstellungen unter dem gleichnamigen Menüpunkt CACHE.

6.2.9 JSON

JSON steht für JavaScript Object Notation und wird Jason ausgesprochen. Es ist ein alternatives Rückgabeformat zu XML. Der Vorteil von JSON ist, dass es sich um ein kompakteres Format mit weniger Overhead handelt. Und da es JavaScript ist, lassen sich die Daten einfach weiterverarbeiten.

Um den Unterschied zwischen XML und JSON zu demonstrieren, einmal ein paar Adressdaten und wie man sie in XML darstellen könnte.

```
<?xml version="1.0" encoding="UTF-8"?>
<daten>
  <adresse>
    <name>Bien</name>
    <vorname>Beate</vorname>
    <ort>Wablingen</ort>
  </adresse>
  <adresse>
    <name>Van der Larven</name>
    <vorname>Marie</vorname>
    <ort>Schmetterling</ort>
  </adresse>
</daten>
```

Und hier einmal dieselbe Information in JSON:

```
{ "daten" :
  [
   {
     "name":"Bien",
     "vorname":"Beate",
     "ort":"Wablingen"
   },
   {
     "name":"Van der Larven",
     "vorname":"Marie",
     "ort":"Schmetterling"
   }
  ]
}
```

In JSON werden die Informationen in Schlüssel-Wert-Paare aufgedröselt, die immer durch einen Doppelpunkt verbunden sind. Objekte werden in geschweiften Klammern eingefasst, Arrays in eckigen. Listen von Werten werden durch Komma getrennt.

Die Daten aus unserem Beispiel würden dementsprechend in JSON so aussehen:

```
{ "text" : "Zorionak", "farbe": "red" }
```

Wenn man JSON einsetzen möchte, muss man natürlich dafür sorgen, dass die gewünschten Daten vom serverseitigen Skript auch im JSON-Format geliefert werden. Hierfür gibt es verschiedene fertige Lösungen – für PHP ist beispielsweise seit der Version 5.2 eine JSON-Bibliothek integriert, die standardmäßig aktiviert ist.

Um rasch herauszufinden, welche PHP-Version bei Ihnen installiert ist, erstellen Sie folgendes Skript und rufen es dann im Browser auf.

```
<?php
phpinfo();
?>
```

Sie erhalten die Version von PHP angezeigt und weiter unten auch, ob JSON aktiviert ist.

Abbildung 6.14
Grünes Licht: Wenn Sie diese Information finden, können Sie die JSON-Bibliothek nutzen.

json

json support	enabled
json version	1.2.1

TIPP

Auch für ältere PHP-Versionen gibt es selbstverständlich Lösungen, beispielsweise JSON-PHP . Sie finden eine Version auf CD, ansonsten steht JSON-PHP unter *http://mike.teczno.com/json.html* zum Download bereit.

Ein Beispiellisting, das die Verwendung von JSON-PHP zeigt, befindet sich unter dem Namen *grussgenerator_ajax_json_2.php* auf der Buch-CD.

Haben Sie kontrolliert, dass Sie die JSON-Bibliothek einsetzen können, können Sie darangehen, das Skript anzupassen. Der erste Teil bleibt wie gehabt. Entscheidend ist der Schluss – die Ausgabe der Informationen in JSON-Notation:

Listing 6.11: PHP-Skript gibt JSON zurück - *grussgenerator_ajax_json.php*

```
<?php
if (isset($_GET["sprache"])) {
  switch ($_GET["sprache"]) {
  case "Italienisch":
    $uebersetzung = "Buon Compleanno!";
    break;
  case "Finnisch":
    $uebersetzung =  "Hyvaa syntymapaivaa!";
```

```
    break;
  case "Gaelisch":
    $uebersetzung =  "La breithe mhaith agat!";
    break;
  case "Baskisch":
    $uebersetzung =  "Zorionak!";
    break;
  case "Rumaenisch":
    $uebersetzung =  "La multi ani!";
    break;
  default:
  $uebersetzung =  "Sprache leider nicht vorhanden";
  }
}
else {
  $uebersetzung = "Keine Sprache angegeben";
}
$farben = array ("#FFE6BF", "#BF9960", "#FFF5E6", "#FFCC80",
                 "#BFE4FF", "#FFBFDC", "#BF608A", "#FFE6F1", "#FF80B8");
$max = count($farben);
$zufall = rand(0, $max-1);
$zufallsfarbe = $farben[$zufall];

//Werte in JSON-Format konvertieren
$werte = array("text" => $uebersetzung,
               "farbe" => $zufallsfarbe);
$output = json_encode($werte);
echo $output;
?>
```

In der JavaScript-Datei wird zuerst einmal in der Funktion `ajaxanfrage()` der Pfad zur PHP-Datei geändert:

```
var url="grussgenerator_ajax_json.php";
```

Die entscheidenden Änderungen finden in der Funktion `grussausgeben()` statt:

Listing 6.12: Ausschnitt aus *grussgenerator_ajax_json.html*

```
function grussausgeben() {
  if(anfrage.readyState== 4) {
    if (anfrage.status==200) {
      var jsonDaten = eval("(" + anfrage.responseText + ")");
      var uebersetzung = jsonDaten.text;
      document.getElementById('gruss').innerHTML = uebersetzung;
      var farbe = jsonDaten.farbe;
      document.getElementById('gruss').style.backgroundColor=farbe;
    }
  }
}
```

Die entscheidende Zeile ist:

```
var jsonDaten = eval("(" + anfrage.responseText + ")");
```

Der zurückgelieferte Text wird der Funktion `eval()` übergeben und das Ergebnis wird in der Variablen `jsonDaten` gespeichert. Ist das erst einmal geschehen, ist der Rest ganz einfach. Danach können Sie über `jsonDaten.text` direkt auf den `text` zugewiesenen Wert zugreifen oder über `jsonDaten.farbe` auf den `farbe` zugewiesenen Wert.

ACHTUNG

`eval()` ist an sich eine gefährliche Funktion, da sie Code ausführen kann. Wenn Sie der Quelle Ihrer JSON-Daten nicht unbedingt vertrauen, sollten Sie auf `eval` verzichten und einen JSON-Parser wie beispielsweise unter *http://www.json.org/js.html* verwenden.

Sie müssen dann dieses Skript nach dem Herunterladen zuerst einbinden, wenn Sie es im selben Verzeichnis abgespeichert haben:

```
<script type="text/javascript" src="json.js"></script>
```

und können dann anstelle der Zeile mit `eval` Folgendes schreiben:

```
var jsonDaten = anfrage.responseText.parseJSON();
```

Mehr Informationen zu JSON finden Sie auf der inoffiziellen Webseite *http://json.org/* und auf *http://www.very-clever.com/json.php*. Auf diesen Webseiten finden Sie auch Links für weitere JSON-Implementierungen für verschiedene Programmiersprachen.

6.2.10 XMLHttpRequest – Methoden und Eigenschaften im Überblick

In der nun folgenden Tabelle finden Sie noch einmal alle besprochenen Methoden und Eigenschaften des Objekts XMLHttpRequest im Überblick.

Tabelle 6.2: Die im Kapitel beschriebenen Eigenschaften und Methoden von XMLHttpRequest

Methoden	Beispiel	Beschreibung
`open()`	`anfrage.open ("GET", "verarbeitung.php", true)`	Initialisiert die Verbindung. Erwartet die Parameter Übertragungsart und den URL. `true` wird oft bei einer asynchronen Übertragungsart angegeben, obwohl das dem Standard entspricht.
`setRequest-Header()`	`anfrage.setRequest-Header( "Content-Type", "application/x-www-form-urlencoded")`	Setzt einen Header für die Anfrage, dient beispielsweise dazu, bei POST-Daten den `Content-Type` anzugeben
`send()`	`anfrage.send(null)`	Sendet die Anfrage ab. Erwartet bei POST die zu sendenden Daten, bei GET hingegen `null`.
`onreadystate-change`	`anfrage.onreadystatechange =verarbeitung;`	Die dieser Eigenschaft zugewiesene Funktion wird bei jeder Zustandsänderung der Anfrage aufgerufen.

Methoden	Beispiel	Beschreibung
`readyState`	`if (anfrage.readyState== 4) { }`	Wenn die Bearbeitung der Anfrage abgeschlossen ist, hat `readyState` den Wert 4.
`status`	`if (anfrage.status==200) { }`	Enthält den Statuscode des Servers, der eine dreiziffrige Zahl ist.
`statusText`	`alert( anfrage.statusText);`	Enthält den Text des Statuscodes, beispielsweise `OK` beim Statuscode 200.
`responseText`	`alert( anfrage.responseText);`	Die im Body geschickte Antwort des Servers als Text.
`responseXML`	`var xmlDoc=responseXML;`	Die im Body geschickte Antwort des Servers als XML-Objekt.

6.3 Fehler aufspüren

Nicht immer funktioniert alles wie gewünscht, eine geschweifte Klammer im JavaScript-Code vergessen und schon geht gar nichts mehr. Da ist es hilfreich, sich die Fehlermeldungen im Browser anzeigen zu lassen.

Im Firefox öffnen Sie die Fehler-Konsole über EXTRAS/FEHLER-KONSOLE. Alternativ dazu geben Sie in der Adresszeile `javascript:` ein.

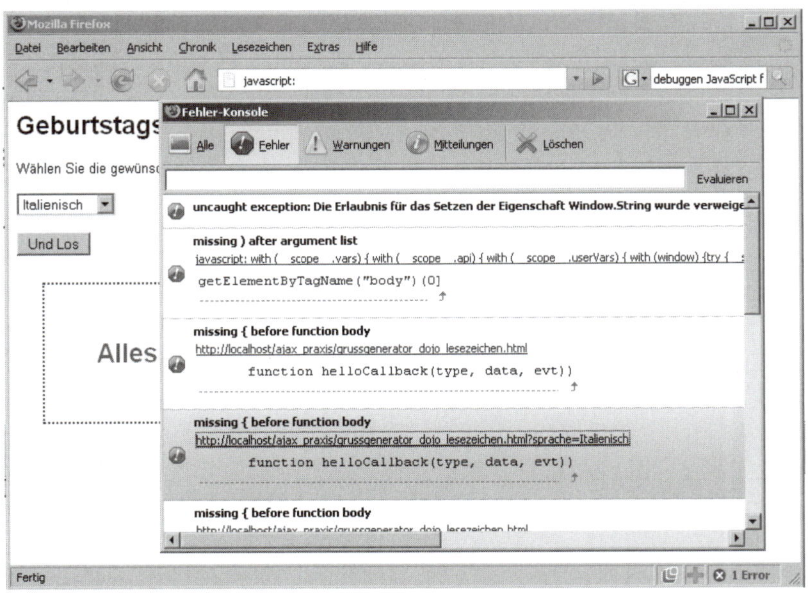

Abbildung 6.15
Die Fehler-Konsole im Firefox: Klicken Sie auf den URL des Skripts bei einer Fehlermeldung, öffnet sich in einem neuen Fenster das Skript, in dem die entsprechende Stelle markiert ist.

Im Internet Explorer aktivieren Sie die Fehlermeldungen über EXTRAS/INTERNETOPTIONEN/ERWEITERT/SKRIPTFEHLER ANZEIGEN. Die Fehlermeldungen sind jedoch wenig aussagekräftig.

Wesentlich mehr Komfort beim Aufspüren von Fehlern und Analysieren von Anwendungen bietet die Firefox-Erweiterung mit dem treffenden Namen Firebug, (*http://www.getfirebug.com/*), die Sie auch auf der Buch-CD finden. Sie können Firebug zum Debuggen von JavaScript einsetzen oder aber die Kommunikation von Browser und Server verfolgen. Am schnellsten rufen Sie Firebug, wenn Sie es installiert haben, über F12 auf.

Firebug bietet viele äußerst nützliche Funktionen, für die Arbeit mit AJAX sind insbesondere die folgenden interessant:

- Bei Console werden JavaScript-Fehlermeldungen ausgegeben. Hierfür muss unter Option Show JavaScript Errors aktiviert sein. Unterhalb der Fehlermeldung zeigt Firebug einen Ausschnitt der JavaScript-Datei, wo der Fehler aufgetreten ist. Klicken Sie darauf, springt Firebug automatisch zur entsprechenden Stelle im Skript.
- Der Tab HTML zeigt Ihnen die HTML-Elemente Ihrer Webseite – und im Gegensatz zur normalen Quellcode-Ansicht sehen Sie auch die dynamisch per JavaScript erstellten HTML-Elemente.

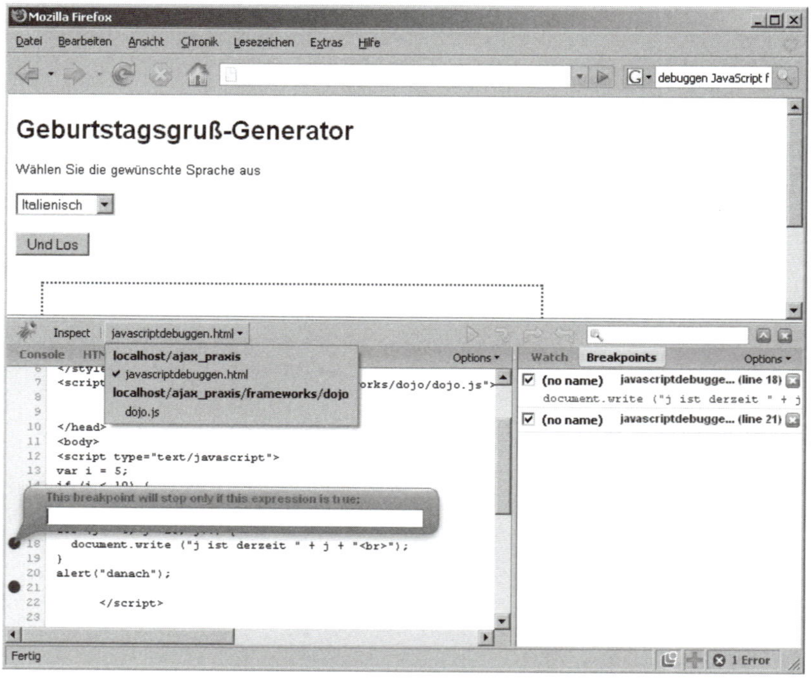

Abbildung 6.16
Über den Tab Script kann man die verschiedenen benutzten Skripte inspizieren und Haltepunkte, auch bedingte, setzen.

- Eine Ansicht der benutzten JavaScript-Dateien sehen Sie im Tab Script. Sind es mehrere JavaScript-Dateien, so können Sie die entsprechende in der Titelzeile von Firebug neben Inspect auswählen. Wenn Sie neben eine Zeile im Skript klicken, setzen Sie damit einen Haltepunkt. Klicken Sie mit der rechten Maustaste auf einen Haltepunkt, so können Sie noch eine Bedingung für diesen angeben. Sie müssen nun Ihr Skript neu laden, damit der Haltepunkt aktiv wird.

- Um die Kommunikation zwischen Server und Browser mitzuverfolgen, klicken Sie auf CONSOLE. Nun werden die einzelnen Abfragen aufgeführt, die Details sehen Sie, wenn Sie auf das Plus oder die Adresse klicken. Alternativ klicken Sie auf NET und dann oben auf XHR. XHR – Sie ahnen es – steht für XMLHttpRequest.

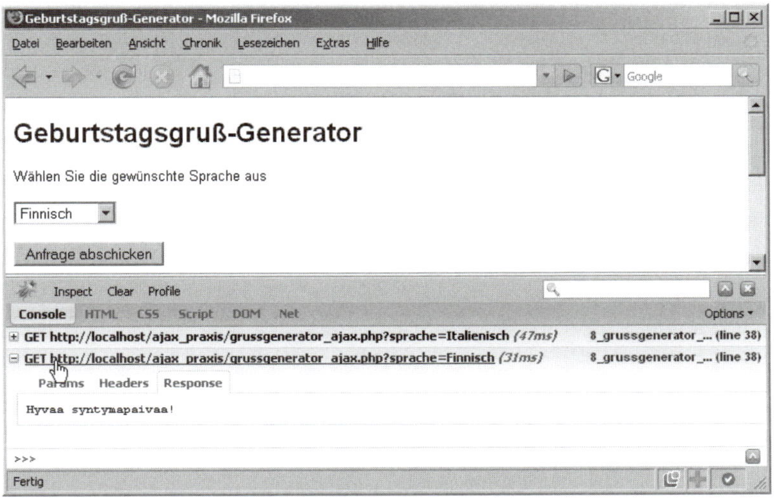

Abbildung 6.17
Die einzelnen Abfragen werden aufgeführt. Details erfahren Sie, wenn Sie eine Adresse expandieren.

Dann können Sie sich die HEADERS anzeigen lassen, die Parameter PARAMS, die bei GET übergeben werden, oder auch die Antwort des Servers (RESPONSE). Bei Post-Anfragen finden Sie anstelle des Reiters PARAMS den Reiter POST mit den dort übergebenen Daten.

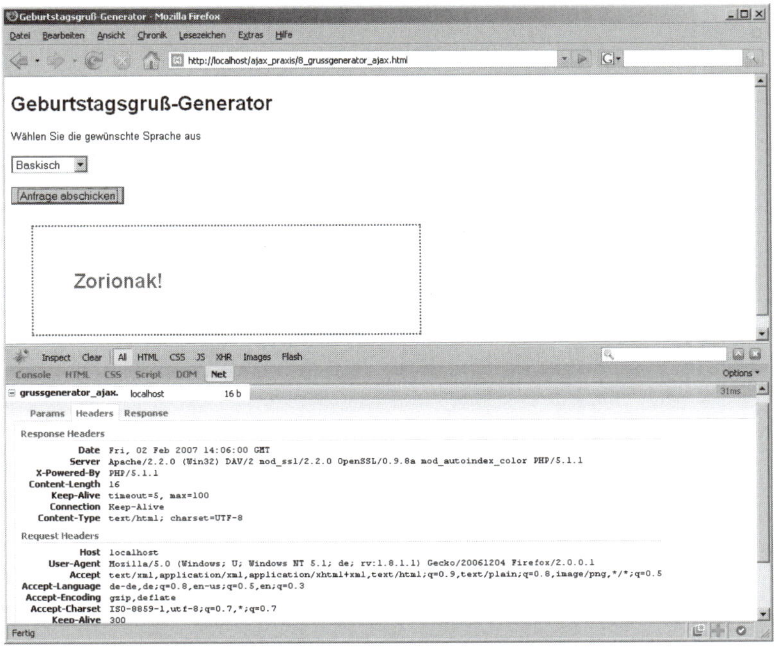

Abbildung 6.18
Firebug zeigt die Headers an: die vom Browser gesandten Request-Headers genauso wie die Response-Headers des Servers.

Der Reiter RESPONSE, also die Antwort des Servers, ist auch sehr hilfreich, wenn sich ein Fehler in Ihrem PHP-Skript eingeschlichen hat: Wenn das PHP-Skript einen Fehler ausgibt, den Sie auf Ihrer HTML/AJAX-Seite gar nicht sehen – dann erkennen Sie ihn, wenn Sie auf RESPONSE klicken.

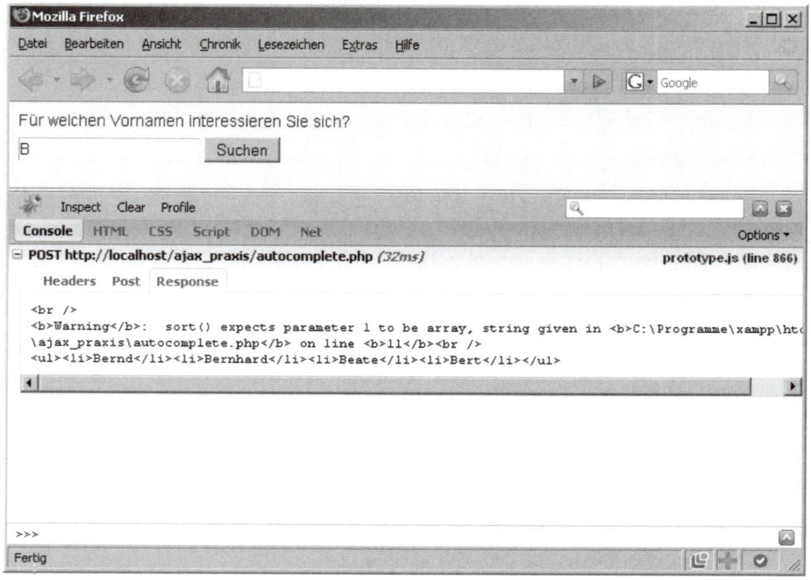

Abbildung 6.19
Das kann passieren: Das Skript funktioniert nicht, liefert aber keine Fehlermeldung. Der Fehler liegt im serverseitigen Skript, die Fehlermeldung finden Sie ebenfalls über RESPONSE.

- Mehr über die Kommunikation zwischen Server und Client erfahren Sie über den Tab NET – hier sehen Sie jede Datei, die geladen wurde, und wie lange es gedauert hat. Aufschlussreich ist das auch gerade, wenn Sie umfangreiche JavaScript-Bibliotheken einsetzen.

6.4 AJAX – Nachteile und Probleme

An einem kleinen Beispiel haben Sie gesehen, wie AJAX prinzipiell funktioniert. Außerdem haben Sie erfahren, wie man Daten auf zwei Arten vom Browser zum Server übertragen kann – GET und POST – und wie man Daten in drei verschiedenen Formaten vom Server zurückerhalten kann – Text, XML und JSON. Im nächsten Kapitel geht es darum, wie man sich durch den Einsatz von Frameworks für AJAX die Arbeit erleichtern kann. Aber davor ist es der richtige Zeitpunkt, die möglichen Probleme bei AJAX einmal anzusehen.

6.4.1 Deaktiviertes JavaScript

AJAX setzt auf JavaScript. JavaScript kann aber jederzeit im Browser des Benutzers deaktiviert werden und wird es auch manchmal aus Sicherheitsgründen. Was dann?

Für diesen Fall müssen zusätzliche Vorkehrungen getroffen werden, damit die Webseite so weit wie möglich trotzdem benutzbar ist. Das Online-Textverarbeitungsprogramm Google Doc wird man ohne JavaScript nicht zum Laufen bringen. In manchen Fällen aber kann man sich behelfen.

In unserem Beispiel könnte das folgendermaßen gehen:

- Zuerst baut man um die Auswahlliste ein ganz normales Formular mit einem Submit-Button. Dieser schickt in bester klassischer Manier die Daten an ein PHP-Skript, das eine neue Seite mit dem Ergebnis aufbaut.
- Im zweiten Schritt sorgt man per JavaScript dafür, dass das Formular bei aktiviertem JavaScript nicht an das klassische PHP-Skript geschickt wird, sondern dass die Daten per AJAX übertragen werden.
- Zusätzlich würde es sich empfehlen, per JavaScript den Submit-Button auszublenden.

Außerdem haben Sie natürlich die Möglichkeit, einen `noscript`-Bereich einzubinden. Alles, was innerhalb von `<noscript>` und `</noscript>` steht, wird nur von Browsern ausgelesen, bei denen JavaScript deaktiviert ist. Hier könnten Sie beispielsweise auch einen Link auf die Version der Webseite ohne AJAX einbauen.

Ebenfalls sollten Sie bedenken, dass die Robots der Suchmaschinen JavaScript nicht ausführen – Inhalte, die darüber erzeugt werden, werden also nicht von Suchmaschinen erfasst.

6.4.2 Polling-Problem

Die AJAX-Anwendung muss immer beim Server nachfragen, um den aktuellen Stand bei der Bearbeitung der Anfrage zu erfahren – dies nennt man Polling. Das führt zu einer ganz anderen Auslastung des Webservers als beim normalen Request-Response-Ablauf.

6.4.3 AJAX und Barrierefreiheit

Barrierefrei sind Webseiten, die auch von Menschen mit Behinderungen genutzt werden können, für Webseiten der öffentlichen Hand ist die Barrierefreiheit in Deutschland sogar vorgeschrieben.

Barrierefreiheit und AJAX ist ein problematisches Thema, zwei Beispiele dazu:

Für die Drag&Drop-Funktionalität, die mit AJAX gut möglich ist und gerne eingesetzt wird, müssten alternative Möglichkeit bereitgestellt werden für Menschen, die anstelle der Maus nur die Tastatur verwenden können.

Eine weitere Herausforderung stellen AJAX und von Sehbehinderten benutzte Screenreader dar. Dabei handelt es sich um Programme, die Bildschirminhalte vorlesen. Zwar können manche Screenreader wie JAWS oder IBM Homepage Reader JavaScript auswerten, aber problematisch ist, dass Benutzer von Screenreadern nicht informiert werden, wenn sich Seitenbereiche geändert haben usw.

Eine interessante Diskussion zum Thema AJAX und Barrierefreiheit finden Sie bei *http://www.vorsprungdurchwebstandards.de/theory/ajax-vs-accessibilty/.*

Interessieren Sie sich allgemein für das Thema AJAX und Barrierefreiheit, sollten Sie sich einmal den Accessibility-Blog von *http://www.einfach-fuer-alle.de/* ansehen, in dem immer wieder Linktipps zum Thema vorgestellt werden – *http://www.einfach-fuer-alle.de/blog/tags/AJAX.*

6.4.4 Zurück-Button und Lesezeichen

Da bei AJAX das Konzept der Webseite nicht mehr in der klassischen Weise gilt – denn Änderungen am Inhalt heißen nicht, dass es eine neue Seite mit einem neuen URL gibt – funktionieren zwei Klassiker nicht mehr: der Zurück-Button und die Aufnahme in die Lesezeichen.

Klickt man in einer AJAX-Anwendung auf den Zurück-Button, nachdem man viele Änderungen durchgeführt hat, kommt man zur Seite, die man vor der AJAX-Anwendung besucht hat – was die meisten Benutzer wohl anders erwartet hätten.

Genauso lässt sich nicht per se ein bestimmter Zustand in einem Lesezeichen abspeichern, denn durch alle Änderungen ändert sich die Seitenadresse nicht – denken Sie daran, dass in unserem Beispiel unabhängig von der ausgewählten Sprache, der URL immer gleich geblieben ist. Auch hier gibt es Abhilfe, aber es ist Handarbeit und zusätzlicher Programmieraufwand angesagt, z.B. durch die Modifikation des URL durch zusätzliche Anker (*http://www.example.com/ajax.html#zustand1*) oder/und durch den Einsatz von unsichtbaren Iframes. Informationen hierzu finden Sie z.B. unter *http://dev2dev.bea.com/pub/a/2006/01/ajax-back-button.html.* Auch manche Frameworks bieten Möglichkeiten, diese Standard-Browser-Funktionalität wiederherzustellen. Man sollte aber dabei berücksichtigen, dass natürlich nicht bei allen AJAX-Anwendungen eine Wiederherstellung des Zurück-Buttons oder die Möglichkeit, einen Zustand in einem Lesezeichen zu speichern, unbedingt notwendig ist und erwartet wird – so beispielsweise nicht bei Anwendungen wie Google Suggest.

6.4.5 AJAX und Usability

Ein Kritikpunkt an der Benutzbarkeit von AJAX-basierten Webseiten lautet, dass eine AJAX-Anwendung nicht automatisch benutzerfreundlich ist, denn die Benutzer sind das klassische Submit-Reload-Schema gewöhnt. Stimmt das so? Sicher stimmt es, dass man die Benutzer über nicht offensichtliche Änderungen am Seiteninhalt informieren muss, da die Aktualisierung ja im Hintergrund stattfindet. Beim klassischen Submit/Reload-Schema hingegen wird der Hinweis, dass etwas aktualisiert wird, ja überdeutlich durch den Browser (Ladebalken in der Statusleiste, neuer Seitenaufbau) angezeigt.

Ich würde aber bezweifeln, dass wirklich alle Benutzer sich so an das Submit/Reload-Schema gewöhnt haben – gerade Einsteigern ist es meiner Erfahrung nach gar nicht immer klar, warum sie auf einen Button klicken müssen und warum dann die Seite verschwindet. Zudem kennen gerade Einsteiger gar nicht unbedingt den Unterschied zwischen einer Desktop-Applikation und einer Anwendung im Internet.

Die Kritik an der Usability betrifft darüber hinaus auch die gerade erwähnte Problematik mit dem Zurück-Button und die Aufnahme in die Lesezeichen, wofür man bei Bedarf Abhilfe schaffen kann.

Sicher ist es korrekt, wie bei allen Techniken, dass man AJAX nicht immer und in jeder Situation einsetzen sollte, sondern nur da, wo es auch passend ist und einen Mehrwert für den Besucher bringt – aber davon gibt es viele. Und eine AJAX-Anwendung ist dann benutzerfreundlich, wenn ein User gar nicht merkt, dass es sich um eine besondere Technik handelt.

An dieser Stelle noch der Hinweis, dass die sogenannten Rich Internet Application, wie sie sich mit AJAX realisieren lassen, teilweise ebenfalls über Flash realisiert werden können. Aber das ist natürlich auch das Schöne an AJAX im Gegensatz zu Flash: Es ist keinerlei Plug-in erforderlich, alles für AJAX Notwendige beherrscht ein moderner Browser von Haus aus.

Nach diesem ersten Einblick in die Funktionsweise von AJAX wird's jetzt einfacher: Im nächsten Kapitel lernen Sie zwei Frameworks kennen, die Ihnen die Arbeit bei der Erstellung von AJAX-Applikationen abnehmen.

7 Arbeitserleichterung: Frameworks für AJAX

Sie könnten nun mit Recht einwenden, dass das Erstellen der XMLHttp-Request-Objekte auf verschiedene Arten ziemlich mühselig ist. Und auch der Zugriff auf die einzelnen Elemente einer Website über DOM erfolgt umständlich. Das muss doch einfacher gehen. Geht es auch: mit einer Reihe von wunderbaren Frameworks, d.h. wiederverwendbarer JavaScript-Bibliotheken, die Ihnen fast die ganze AJAX-Arbeit und noch mehr abnehmen. Wie das funktioniert, erfahren Sie in diesem Kapitel am Beispiel von zwei ausgewählten Frameworks – Prototype und Script.aculo.us.

Abbildung 7.1
Das Framework Prototype ist die Basis für viele weitere Frameworks.

7.1 Am Anfang war Prototype

Prototype ist ein für den privaten und kommerziellen Gebrauch kostenloses JavaScript-Framework, das die Arbeit mit AJAX erleichtert und den Zugriff auf einzelne Elemente einer Webseite vereinfacht. Prototype bildet die Basis einiger weiterer Frameworks wie beispielsweise von Script.aculo.us, um das es im nächsten Abschnitt geht.

Auf der offiziellen Webseite *http://www.prototypejs.org/* steht Prototype zum Download bereit. Auf der Buch-CD finden Sie es ebenfalls.

Wenn Sie die Datei kopiert haben, müssen Sie die Bibliothek zuerst einbinden. Wenn sich die Datei in einem Unterordner *prototype* befindet, der im Ordner *frameworks* ist, sieht das so aus:

```
<script type="text/javascript" src="frameworks/prototype/prototype.js">
</script>
```

7.1.1 Grußkarte à la Prototype

Wie Sie Prototype benutzen, soll wieder am Geburtstagsgrußgenerator gezeigt werden, damit Sie einen direkten Vergleich haben, wie viel und welche Arbeit Ihnen Prototype abnimmt.

Im HTML-Teil wird die Funktion `ajaxpro()` (für AJAX-Prototype) aufgerufen und das Auswahlfeld mit einer `id` versehen. Wofür Letzteres gut ist, wird sich gleich zeigen:

```
<body>
<h1>Geburtstagsgruß-Generator</h1>
<label>Wählen Sie die gewünschte Sprache aus</label><br /><br />
<select name="sprache" id="sprache" onchange="ajaxpro()">
  <option value="Deutsch">Deutsch</option>
  <option value="Baskisch">Baskisch</option>
  <option value="Italienisch">Italienisch</option>
  <option value="Finnisch">Finnisch</option>
  <option value="Gaelisch">Gälisch</option>
  <option value="Rumaenisch">Rumänisch</option>
</select>
<br /><br />
<div id="gruss">Alles Gute zum Geburtstag!
</div>
</body>
```

Nun zum eigentlichen Einsatz von Prototype.

Zur AJAX-Programmierung gibt es in Prototype das Objekt `Ajax`. Um eine Anfrage zu starten, erstellen Sie eine neue Instanz von `Ajax.Request`. Diese erwartet als Parameter mindestens den Pfad zum serverseitigen Skript und die Übertragungsmethode:

```
function ajaxpro() {
  new Ajax.Request("grussgenerator_ajax.php", { method:"get"});
}
```

Anonyme Objekte als Literale

Zur Übergabe von Optionen an Objekte werden Sie häufig die oben angeführte Art sehen, bei der mehrere Schlüssel-Wert-Paare in geschweifte Klammern gefasst werden. Schlüssel und Wert werden jeweils durch Doppelpunkt verbunden, mehrere Schlüssel-Wert-Paare werden durch Komma getrennt, hinter dem letzten Schlüssel-Wert-Paar steht hingegen kein Komma.

Falls Sie Details interessieren, diese Schreibweise ist eine verkürzte Art, Objekte zu erstellen. Ein Objekt `kunde` mit einer Nummer und einem Namen erstellen Sie wie folgt:

```
kunde = new Object();
kunde.nr = 123;
kunde.name = "Haribald";
```

In der verkürzten Schreibweise, wie sie oben benutzt wird, sieht das hingegen so aus:

```
kunde = { nr: 123, name: "Haribald" }
```

Zugreifen kann man in beiden Fällen über:

```
alert(kunde.nr); /* erzeugt ein Meldungsfenster mit 123 */
```

Im obigen Beispiel spricht man von anonymen Objekten, da diese keinen Namen erhalten.

Um die Rückgabe zu verarbeiten, ergänzen Sie hinter `onSuccess` die Funktion, die ausgeführt werden soll, wenn alles geklappt hat. Parallel dazu existiert `onFailure`, wo Sie eine Fehlermeldung ausgeben können.

```
function ajaxpro() {
new Ajax.Request("grussgenerator_ajax.php",
  {
    method:"get",
    onSuccess: function(transport){
      var response = transport.responseText || "keine Antwort";
    },
    onFailure: function(){ alert("Etwas ist schief gegangen ...") }
  });
}
```

Anonyme Funktionen

Sie können in JavaScript, anstelle eine Funktion aufzurufen, den Code direkt hinter dem Schlüsselwort `function` notieren. Da die Funktion dabei keinen Namen erhält, nennt man sie anonyme Funktion. Im Beispiel stand

```
onFailure: function(){ alert("Etwas ist schief gegangen ...") }
```

Stattdessen können Sie ohne Einsatz einer anonymen Funktion schreiben:

```
onFailure: fehlermeldung;
```

Und die Funktion `fehlermeldung()` getrennt definieren:

```
function ajaxpro() {
new Ajax.Request("grussgenerator_ajax.php",
  {
    method:"get",
    onSuccess: function(transport){
      var response = transport.responseText || "keine Antwort";
    },
    onFailure: fehlermeldung
  });
}
function fehlermeldung() {
  alert("Etwas ist schief gegangen ..")
}
```

In der Variable `response` steht nun der zurückgegebene Text. Fehlen noch die Parameter, die übergeben werden. Hierfür gibt es eine weitere Option mit dem Namen `parameters`. Sie schreiben die Parameter in geschweifte Klammern, jeweils als Schlüssel-Wert-Paare mit Komma. So könnte das mit mehreren Parametern aussehen:

```
parameters: { text: "Buon Compleanno", farbe: "red" }
```

In unserem Beispiel gibt es nur einen Parameter, der aus der Select-Liste stammt. Da Formularelemente die Standardquelle für Parameter sind, stellt Prototype hierfür einen vereinfachten Zugriff darauf bereit. Verwenden Sie die Hilfsmethode `Form.Element.serialize()`, bei der Sie die `id` des Select-Felds angeben:

```
parameters: Form.Element.serialize("sprache")
```

HINWEIS

Um alle Werte eines Formulars zu übergeben, würden Sie entsprechend

```
parameters: Form.serialize("meinformular"),
```

schreiben, wobei wiederum in Klammern die `id` des Formulars angegeben wird.

Jetzt muss nur noch die Antwort an die richtige Stelle, nämlich das Element mit der `id="gruss"`, geschrieben werden. Sie erinnern sich, wie das von Hand per DOM ging? `document.getElementById("id")`? Genau.

Prototype stellt Ihnen zum Zugriff auf ein Element über `id` die nützliche Funktion `$("id")` zur Verfügung, der Sie in Klammern die `id` übergeben. Ja, wirklich: Die Funktion besteht nur aus einem Dollarzeichen. Die folgende Zeile sorgt dafür, dass die Antwort des Servers in den `div`-Container mit der `id="gruss"` geschrieben wird.

```
$("gruss").innerHTML = response;
```

Damit sieht der Grußkartengenerator beim Einsatz von Prototype so aus:

Listing 7.1: Viel weniger Code zu schreiben beim Grußkartengenerator unter Einsatz von Prototype - *grussgenerator_prototype.html*

```
<!DOCTYPE html PUBLIC "-//W3C//DTD XHTML 1.0 Transitional//EN"
"http://www.w3.org/TR/xhtml1/DTD/xhtml1-transitional.dtd">
<html xmlns="http://www.w3.org/1999/xhtml" xml:lang="de" lang="de">
<head>
<meta http-equiv="Content-Type" content="text/html; charset=iso-8859-1" />
<title>Geburtstagsgruß-Generator</title>
<link rel="stylesheet" type="text/css" href="gruss.css" />
<script type="text/javascript" src="frameworks/prototype/prototype.js"></
script>
<script type="text/javascript">
/*<![CDATA[*/
function ajaxpro() {
new Ajax.Request("grussgenerator_ajax.php",
  {
    method:"get",
    parameters: Form.Element.serialize("sprache"),
    onSuccess: function(transport){
```

```
      var response = transport.responseText || "keine Antwort";
      $("gruss").innerHTML = response;
    },
    onFailure: function(){ alert("Etwas ist schief gegangen.") }
  });
}
/*]]>*/
</script>
</head>
<body>
<h1>Geburtstagsgruß-Generator</h1>
<label>Wählen Sie die gewünschte Sprache aus</label><br /><br />
<select name="sprache" id="sprache" onchange="ajaxpro()">
  <option value="Deutsch">Deutsch</option>
  <option value="Baskisch">Baskisch</option>
  <option value="Italienisch">Italienisch</option>
  <option value="Finnisch">Finnisch</option>
  <option value="Gaelisch">Gälisch</option>
  <option value="Rumaenisch">Rumänisch</option>
</select>
<br /><br />
<div id="gruss">Alles Gute zum Geburtstag!
</div>
</body>
</html>
```

Es geht aber noch einfacher. Im Beispiel wurde `Ajax.Request` benutzt, weil das das Standardobjekt ist. Für den hier benötigten Fall, in dem ein Inhalt geändert wird, gibt es `Ajax.Updater`. Dieser erhält als erstes Argument die `id` des Elements, dessen Inhalt dynamisch geändert werden soll. Die anderen Optionen bleiben, aber `onSuccess` etc. können Sie sich sparen:

Listing 7.2: Noch kürzer durch den Einsatz von `Ajax.Updater` — Ausschnitt aus *grussgenerator_prototype_2.html*

```
function ajaxpro() {
new Ajax.Updater("gruss", "grussgenerator_ajax.php",
  {
    method:"get",
    parameters: Form.Element.serialize("sprache"),
    onFailure: function(){ alert("Etwas ist schief gegangen.") }
  });
}
```

TIPP

Bis jetzt wird der Inhalt immer ersetzt, man kann aber auch zusätzlichen Inhalt einfügen lassen, wofür die weitere Option `insertion:` dient.

`insert: Insertion.Top` **– fügt den Inhalt am Anfang ein.**

`insert: Insertion.Bottom` **– ergänzt den Inhalt am Ende.**

7.1.2 Inhalte aktualisieren: Feedreader mit Prototype

Wenn Sie nach einer Möglichkeit suchen, regelmäßig automatisch neue Inhalte zu laden, so sollten Sie `Ajax.PeriodicalUpdater` verwenden. `Ajax.PeriodicalUpdater` wird wie `Ajax.Updater` benutzt, bietet aber zwei weitere Optionen: `frequency` bestimmt das Intervall in Sekunden, nach dem erneut eine Abfrage durchgeführt werden soll. `decay` hilft, die Serverlast zu reduzieren: Die hier angegebene Zahl bestimmt den Faktor, mit dem das Intervall multipliziert wird, wenn die gerade erhaltene Antwort der vorherigen entspricht. Wenn jedes Mal neuer Inhalt zurückgeliefert wird, spielt `decay` keine Rolle.

Man kann auf diese Art Newsfeeds einbinden, die per AJAX ein automatisches Update erfahren.

Abbildung 7.2
Die News-Anzeige wird automatisch aktualisiert – im unteren Bereich sehen Sie in Firebug die automatischen Aufrufe im Hintergrund.

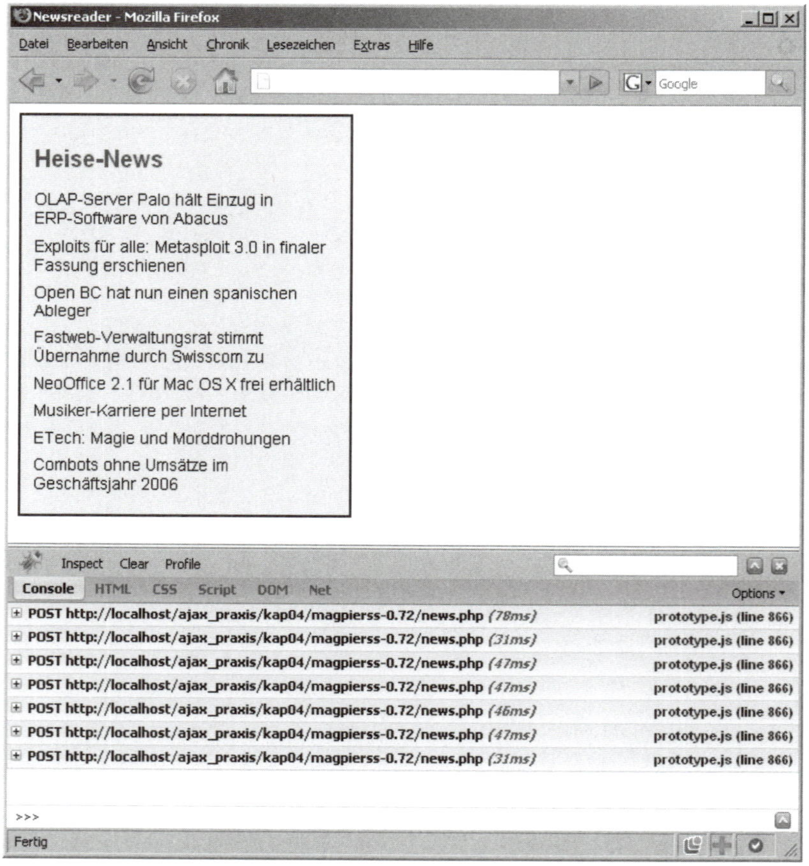

Sie erinnern sich noch an MagpieRSS (***Kapitel 4***)? Sie können die Rückgabe von MagpieRSS nun per AJAX in eine Webseite integrieren und dafür sorgen, dass es automatisch aktualisiert wird – wir brauchen hier MagpieRSS, da man über AJAX ja nicht direkt einen anderen URL außerhalb der eigenen Domain aufrufen kann.

HINWEIS

Eine andere Möglichkeit, eine News-Anzeige per AJAX zu erstellen, bietet die Google AJAX Feed API: *http://code.google.com/apis/ajaxfeeds/documentation/*. Wie Sie eine andere API von Google, nämlich Google Maps, einsetzen, erfahren Sie in *Kapitel 8*.

Im folgenden Beispiel gibt es im Body nur ein `div`-Element mit der `id="news"`, in diesem Container sollen die News angezeigt werden. Der JavaScript-Teil besteht aus einer Funktion `newsausgeben()`, in der eine neue Instanz von `Ajax.PeriodicalUpdater` erstellt wird. Dieser wird die `id` des Felds, in dem die Inhalte angezeigt werden sollen, und der Pfad zum serverseitigen Skript übergeben. Außerdem wird als Übertragungsmethode POST festgelegt und es soll alle 50 Sekunden nach Neuerungen geschaut werden. POST wurde hier nur gewählt, um das Caching-Problem im Internet Explorer zu umgehen – alternativ könnten Sie auch GET benutzen und eine Zufallszahl anhängen, wie in ***Kapitel 6*** gezeigt.

Listing 7.3: Newsreader per AJAX - *prototype_newsfeed.html*

```
<!DOCTYPE html PUBLIC "-//W3C//DTD XHTML 1.0 Transitional//EN"
"http://www.w3.org/TR/xhtml1/DTD/xhtml1-transitional.dtd">
<html xmlns="http://www.w3.org/1999/xhtml" xml:lang="de" lang="de">
<head>
<meta http-equiv="Content-Type" content="text/html; charset=ISO-8859-1" />
<title>Newsreader</title>
<link type="text/css" rel="stylesheet" href="newsreader.css" />
<script type="text/javascript" src="frameworks/prototype/prototype.js"></
script>
<script type="text/javascript">
/* <![CDATA[ */
function newsausgeben() {
new Ajax.PeriodicalUpdater("news", "../4_newsfeeds/news.php",
  {
    method:"post",
    frequency: 50
  });
}
window.onload = newsausgeben;
/* ]]> */
</script> </head>
<body>
<div id="news">Ladet gerade ...</div>
</body>
</html>
```

Das angegebene Skript *news.php* gibt eine Liste von acht News vom Heiseverlag in Form einer ungeordneten Liste aus, wobei die Titel mit dem eigentlichen Artikel verlinkt sind – mehr Informationen zur Arbeit mit MagpieRSS lesen Sie in ***Kapitel 4***.

Listing 7.4: *news.php* verwendet MagpieRSS

```
<?php
header("content-type: text/html; charset=ISO-8859-1");
//benötigte Datei einbinden/Pfad evtl. anpassen
echo "<h1>Heise-News</h1>";
require_once("magpierss/rss_fetch.inc");
//URL des Newsfeeds - anpassen
$url = "http://www.heise.de/newsticker/heise.rdf";
$num_items = 8;
$rss = fetch_rss($url);

$items = array_slice($rss->items, 0, $num_items);
echo "\n<ul>\n";
foreach ($items as $item) {
  $href = $item["link"];
  $title = $item["title"];
  echo "<li><a href='$href'>$title</a></li>\n";
}
echo "</ul>\n";
?>
```

Die Ausgabe wird per CSS in der externen eingebundenen Datei *newsreader.css* formatiert:

Listing 7.5: Die CSS-Formatierungen für den Newsreader - *newsreader.css*

```
body {
  font: 90% sans-serif ;
}
#news {
  width: 18em;
  background-color: #EEE;
  border: 2px solid blue;
  padding: 0.8em;
}
#news ul {
  list-style-type: none;
  padding: 0;
  margin: 0;
}
#news li {
  padding-bottom: 0.5em;
}
#news a:link, #news a:visited {
  text-decoration: none;
  color: #000;
}
#news a:hover {
  text-decoration: underline;
}
h1 {
  font-size: 1.4em;
  color: red;
}
```

In diesem Beispiel, wie in weiteren in diesem Kapitel, wird eine ungeordnete Liste per CSS formatiert. Bei `#news ul` sorgt `list-style-type: none` für ein Ausblenden der Aufzählungspunkte, `padding` und `margin` werden auf 0 gesetzt. Dass beide Werte – der Innenabstand (`padding`) und der Außenabstand (`margin`) – explizit gesetzt werden, ist wichtig, um Browser-Unterschiede auszugleichen.

Alle Breitenangaben wurden im Beispiel in em angegeben – eine Einheit, die sich auf die gewählte Schriftgröße bezieht. Im Standardfall können Sie davon ausgehen, dass 1em 16px entspricht. Wenn Sie die Breite von Bereichen in em angeben, hat das den Vorteil, dass diese in der Größe mitwachsen, wenn die Schrift vergrößert wird.

Außerdem werden die Links – denn die Schlagzeilen sind Links, die zu dem ganzen Artikel bei Heise führen – per CSS gestaltet: `#news a:link` und `#news a:visited` sorgen dafür, dass die Formatierungen nur für Links innerhalb eines Bereichs mit der `id="news"` gelten, und zwar für die normalen und die besuchten. Hier wird die Unterstreichung per `text-decoration: none` entfernt und eine Schriftfarbe festgesetzt. Beim Hovern (`#news a:hover`) darf die Unterstreichung hingegen wieder erscheinen – `text-decoration: underline`.

HINWEIS

Das, was Sie hier gesehen haben, ist natürlich längst nicht alles, was Prototype so zu bieten hat. Mehr Informationen finden Sie einerseits natürlich auf der offiziellen Prototype-Seite unter *http://www.prototypejs.org/*, aber auch unter *http://www.sergiopereira.com/articles/prototype.js.html*.

7.2 Script.aculo.us

Script.aculo.us (*http://script.aculo.us/*) erhält aufgrund seines Namens schon einmal eine hohe Web 2.0-Punktzahl. Nun, ernsthaft: Script.aculo.us ist eine mächtige JavaScript-Bibliothek, die auf Prototype aufsetzt. Sie ermöglicht die für Desktop-ähnliche Anwendungen notwendige Drag&Drop-Funktionalität, die einfache Erstellung sortierbarer Listen, die Implementierung einer Google-Suggest-ähnlichen Funktion mit ein paar Codezeilen und bietet eine große Anzahl von überwältigenden visuellen Effekten und vieles mehr.

Da Script.aculo.us auf Prototype aufbaut, müssen Sie zuerst Prototype und dann Script.aculo.us in Ihren Dokumenten einbinden. Wenn sich die Bibliothek Script.aculo.us im Ordner *frameworks* in einem Unterordner *scriptaculous* befindet, lautet die Angabe folgendermaßen:

```
<script type="text/javascript" src="frameworks/scriptaculous/lib/
prototype.js"></script>
<script type="text/javascript" src="frameworks/scriptaculous/src/
scriptaculous.js"></script>
```

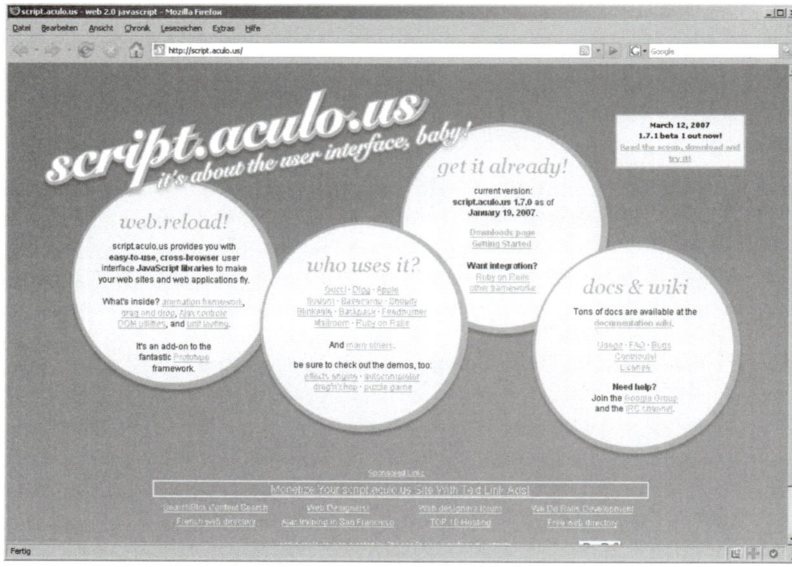

Abbildung 7.3
Auch wenn Sie die Bibliothek auf der Buch-CD finden, lohnt sich ein Besuch auf der Website von script.aculo.us, da Sie gleich einen ersten Eindruck von den möglichen Effekten erhalten.

TIPP

Übrigens wird Prototype bei Script.aculo.us immer mitgeliefert und um sicherzugehen, dass Sie die richtige Version verwenden, sollten Sie auch diese mitgelieferte Version benutzen.

7.2.1 Sortierbare Liste mit Script.aculo.us

Erinnern Sie sich an Ning aus ***Kapitel 2***? Hier konnte man die Anordnung der gewünschten Features per Drag&Drop bestimmen. Auch bei blogger.com aus ***Kapitel 4*** gab es eine ähnliche Funktionalität. Drag&Drop ist eine sehr intuitive Möglichkeit, eine Reihenfolge zu bestimmen. Wie man so etwas implementiert, soll am Beispiel einer Liste mit Filmtiteln gezeigt werden, deren Reihenfolge der Benutzer komfortabel per Drag&Drop bestimmen kann. Eine Liste sortierbar zu machen, ist per Hand ein mühsames Unterfangen. Mit Script.aculo.us geht es verblüffend einfach.

Nehmen wir an, Sie haben folgende Liste:

```
<ul id="filme">
  <li>Casablanca</li>
  <li>Eyes Wide Shut</li>
  <li>Odyssee im Weltraum</li>
  <li>M*A*S*H</li>
  <li>Herr der Ringe Trilogie</li>
  <li>Amelies Welt</li>
</ul>
```

Mithilfe von Script.aculo.us kann diese Liste ganz einfach sortierbar gemacht werden. Hierfür benötigen Sie `Sortable.Create`, der Sie die `id` des zu sortierenden Inhalts sowie weitere Optionen übergeben.

```
Sortable.Create("filme", optionen);
```

Die oben angeführte Liste kann dann so sortierbar gemacht werden:

Listing 7.6: Sortierbare Liste mit Script.aculo.us - *sortierbare_liste_basis.html*

```
<!DOCTYPE html PUBLIC "-//W3C//DTD XHTML 1.0 Transitional//EN"
"http://www.w3.org/TR/xhtml1/DTD/xhtml1-transitional.dtd">
<html xmlns="http://www.w3.org/1999/xhtml">
<head>
<title>Sortierbare Liste</title>
<meta http-equiv="Content-Type" content="text/html; charset=iso-8859-1" />
<script type="text/javascript" src="frameworks/scriptaculous/lib/
prototype.js"></script>
<script type="text/javascript" src="frameworks/scriptaculous/src/
scriptaculous.js"></script>
</head>
<body>
<h2>Große Kinofilme - Sortieren Sie sie nach Ihrer Priorität</h2>
<ul id="filme">
  <li>Casablanca</li>
  <li>Eyes Wide Shut</li>
  <li>Odyssee im Weltraum</li>
  <li>M*A*S*H</li>
  <li>Herr der Ringe Trilogie</li>
  <li>Amelies Welt</li>
</ul>
<script type="text/javascript">
/* <![CDATA[ */
Sortable.create("filme",
{
constraint:false
});
/* ]]> */
</script>

</body>
</html>
```

Über `constraint: false` legen Sie fest, dass es keine Beschränkung bezüglich der Richtung gibt, in der die Listenpunkte gezogen werden. Mit `constraint: "vertical"` beispielsweise würden sich die Punkte hingegen nur vertikal verschieben lassen.

Testen Sie das Beispiel einmal. Es funktioniert schon erstaunlich gut, aber ein Benutzer wird nicht wissen, dass er die einzelnen Punkte verschieben kann. In Abbildung 7.4 sehen Sie, wie ein Punkt gerade verschoben wird, und dass gleichzeitig aber der normale Mauscursor zum Auswählen von Text angezeigt wird.

Abbildung 7.4
Im Prinzip sortierbar

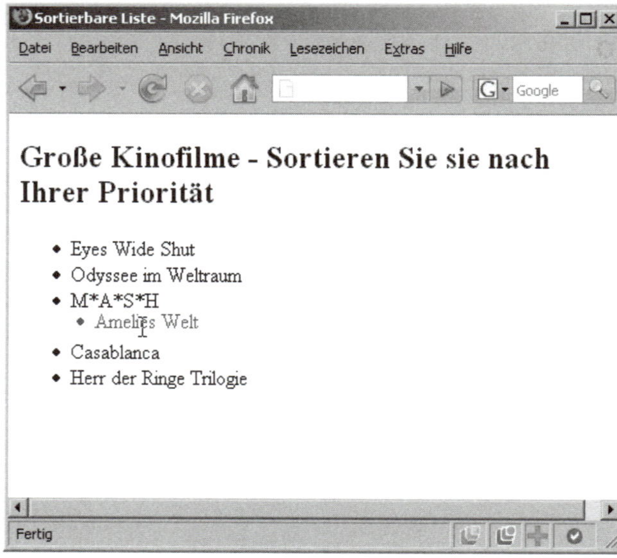

Deswegen sollten Sie das Ganze noch mit CSS verfeinern. Die Mindestanforderung lautet, für die einzelnen Listenpunkte den Mauscursor zu ändern, damit auch dieser anzeigt, dass sich die einzelnen Punkte verschieben lassen.

In der folgenden Tabelle finden Sie alle Mauscursor, die Sie per CSS festlegen können – bei AJAX braucht man sie häufiger. Die Werte werden jeweils der Eigenschaft `cursor` zugewiesen.

Tabelle 7.1:
Verschiedene Mauscursor per CSS festlegen

Beispiel	Wert	Erklärung
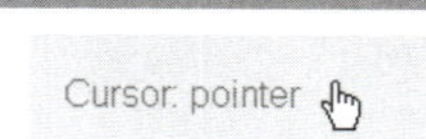	`pointer`	Derselbe Mauszeiger wie bei Links
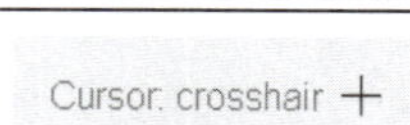	`crosshair`	Fadenkreuz
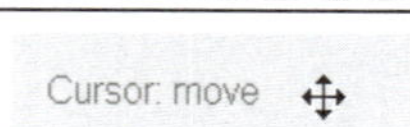	`move`	Verschieben
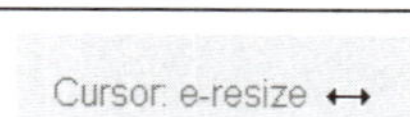	`e-resize`, `ne-resize`, `nw-resize`, `n-resize`, `se-resize`, `sw-resize`, `s-resize`, `w-resize`	Doppelpfeil zur Anzeige, dass eine Größenänderung bei einem Element stattfindet. Die Buchstaben vor `resize` sind jeweils eine Abkürzung der Himmelsrichtung, in die die Größenänderung vorgenommen wird. `e-resize` bedeutet östlich, also eine Verschiebung nach rechts. Entsprechend bedeutet `w`: links, `n`: oben und `s`: unten. Sie zeigen also jeweils die Richtung des Pfeils an.
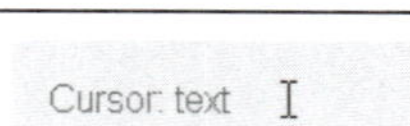	`text`	Textcursor, der zeigt, dass Text ausgewählt werden kann

Beispiel	Wert	Erklärung
Cursor: wait	`wait`	Warten (meist Sanduhr)
Cursor: help	`help`	Hilfezeiger (Fragezeichen)
Cursor: progress	`progress`	Wie `wait` Wartevorgang. Währenddessen kann der Benutzer aber mit dem System interagieren.

In unserem Fall benötigen wir also `cursor: move`. Nach ein paar Formatierungen in einem externen Stylesheet, das in das Listing *sortierbare_liste_formatiert.html* eingebunden wurde, sieht die Liste nun aus wie in Abbildung 7.5 gezeigt.

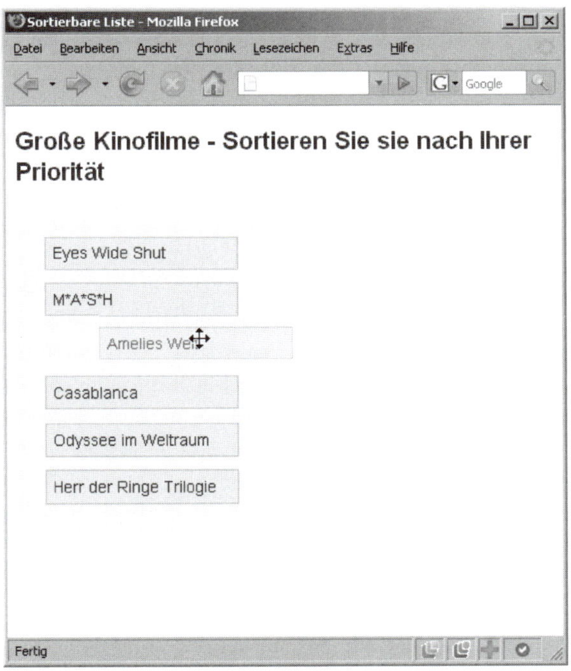

Abbildung 7.5
Sortierbare Liste mit CSS formatiert – dieses Mal auch mit dem richtigen Mauscursor

Und die dazugehörige CSS-Datei:

Listing 7.7:
Formatierungen für die Liste – *sortierbar.css*

```
body {
  font-size: 90%;
  font-family: sans-serif;
  color: #001F7A;
  background-color: #FFF;
}
#filme ul {
  padding: 0.8em;
  margin: 0;
}
```

```
#filme li {
  list-style-type: none;
  background-color: #E6ECFF;
  width: 11em;
  border: 1px solid #FFCC00;
  margin: 0.8em;
  padding: 0.4em;
  cursor: move;
}
#filme  {
  margin: 0;
  background-color: #FFFAE6;
  width: 13em;
  padding: 1em;
}
```

Neben den üblichen Formatierungen wie Schriftgröße und Farben sind ein paar Punkte hervorzuheben: `list-style-type: none` bei den Listenpunkten innerhalb eines Bereichs mit `id="filme"` (`#filme li`) sorgt dafür – Sie erinnern sich –, dass die Aufzählungspunkte entfernt werden. `cursor: move` versieht die Listenpunkte mit dem richtigen Cursor.

Wenn Sie das Listenbeispiel betrachten und anmerken, dass das natürlich eigentlich nichts mit AJAX zu tun hat, dann haben Sie natürlich Recht. Aber das lässt sich ändern – ganz einfach, indem man die neu sortierte Liste asynchron an den Server sendet und dort speichern lässt.

Am HTML-Teil müssen ein paar Änderungen vorgenommen werden: Die einzelnen Listenpunkte benötigen `ids`, wobei der Wert in der Form `string_inhalt` angegeben werden muss. Verwendet wird dann nur der Teil nach dem Unterstrich, also in diesem Fall nur `inhalt`. Außerdem wird ein Button benötigt, der den Speichervorgang auslöst. Unter dem Ganzen befindet sich ein Ausgabefeld, das die Antwort des Servers zurückgibt. Damit sieht der HTML-Code so aus:

```
<ul id="filme">
  <li id="f_Casablanca">Casablanca</li>
  <li id="f_Eyes">Eyes Wide Shut</li>
  <li id="f_Odyssee">Odyssee im Weltraum</li>
  <li id="f_MASH">M*A*S*H</li>
  <li id="f_Ringe">Herr der Ringe Trilogie</li>
  <li id="f_Amelie">Amelies Welt</li>
</ul>
<input type="button" value="Liste speichern" onclick="speichern()" />
<div id="ausgabe"></div>
<script type="text/javascript">
/* <![CDATA[ */
Sortable.create("filme",
{
constraint:false
});
/* ]]> */
</script>
```

Sie sehen, auch an der eigentlichen Sortierfunktion hat sich nichts geändert. Weiter geht es mit dem Speichern. Als Übertragungsart soll POST eingesetzt werden und Script.aculo.us soll für eine automatische Serialisierung der Daten sorgen:

```
function speichern() {
  var uebergabe = Sortable.serialize("filme");
  new Ajax.Request("speichern.php", {
    method: "post",
    postBody: uebergabe,
    onSuccess: function(transport) {
      var antwort = transport.responseText;
      $("ausgabe").innerHTML = antwort;
   }
  })
}
```

Listing 7.8: Ausschnitt aus Listing *sortierbare_liste_speichern.html*

Die wundersame Serialisierung erfolgt über `Sortable.serialize()()`, in Klammern notieren Sie die `id` der Liste. Im Beispiel wird darüber ein String in der folgenden Form erstellt:

```
filme[]=Casablanca&filme[]=Eyes&filme[]=Odyssee&filme[]=
MASH&filme[]=Ringe&filme[]=Amelie
```

Ansonsten kommt wieder `Ajax.Request` zum Einsatz, dieses Mal mit der Übertragungsmethode `post`. Bei `postPody` geben Sie an, was per Post verschickt werden soll. Das war's, der Rest ist genauso wie im vorherigen Beispiel.

Fehlt noch das Skript *speichern.php*, das oben dasteht, aber noch nicht erstellt wurde. Was soll mit den Daten geschehen? Im Normalfall wird man sie zur besseren Weiterverarbeitung in eine Datenbank speichern. Hier soll's einfach vonstatten gehen: Die Daten werden in die Textdatei *filme.txt* gespeichert – eine Zeile pro Film und die Filmnamen sind durch Komma getrennt. Das Skript gibt außerdem zurück, wie viele Stimmen bereits gezählt wurden, sprich, wie viele Zeilen in der Textdatei stehen. Da jeder beliebig oft abstimmen kann, wäre dies im richtigen Einsatz nicht sinnvoll, es zeigt aber, dass die Datenübertragung in beide Richtungen funktioniert.

Sie sehen, es ist eine eher einfach gehaltene Version auch ohne Überprüfung, ob in den POST-Daten korrekte und nicht manipulierte Daten stehen. Als einziges wird überprüft, ob die Datei *filme.txt* existiert und beschreibbar ist. Für beides sollten Sie also beim Testen sorgen:

```
<?php
if (isset($_POST["filme"])) {
  if (file_exists("filme.txt") AND is_writable("filme.txt") ) {
    $filme = $_POST["filme"];
    $filme = implode($filme, ", ");
    file_put_contents("filme.txt", $filme . "\n", FILE_APPEND);
    $alles = file("filme.txt");
    $anzahl = count($alles);
    echo "Bisher schon $anzahl Stimmen";
  }
```

Listing 7.9: Einfaches Speichern der Listenelemente in ihrer neuen Reihenfolge in einer Textdatei - *speichern.php*

```
  else {
   echo "Probleme beim Beschreiben der Datei";
  }
}
?>
```

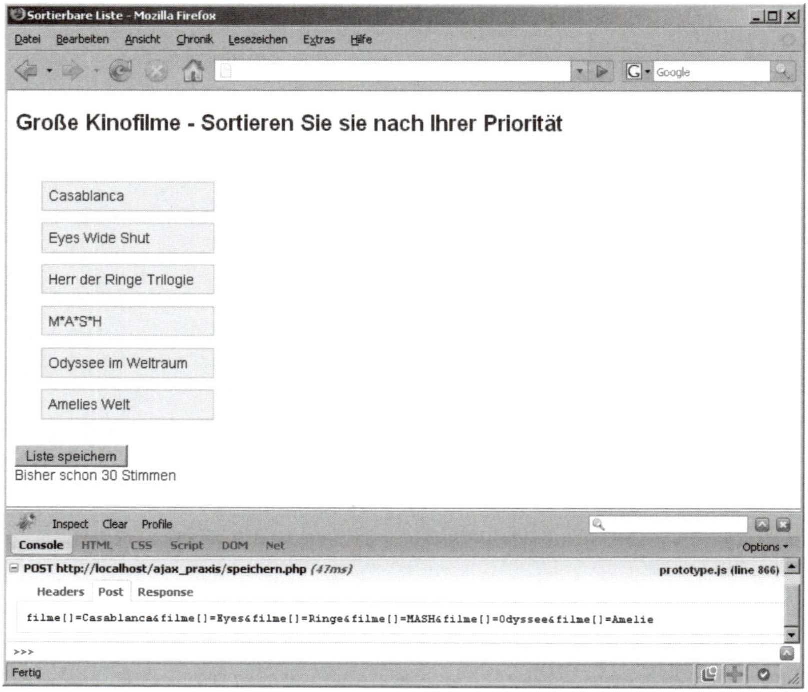

Abbildung 7.6 Sortierbare Liste mit Speicheroption – unten im Firebug sehen Sie, wie die Daten per POST übergeben werden.

7.2.2 Vorschlagsliste mit Script.aculo.us

Sie erinnern sich an Google Suggest? Die Grundfunktionalität von Google Suggest lässt sich äußerst einfach mit Script.aculo.us nachbasteln. Das Prinzip ist Folgendes: In einem Suchfeld beginnt ein Surfer mit der Eingabe eines Begriffs und wenn er anfängt zu tippen, klappt das Suchfeld nach unten auf und präsentiert passende Suchbegriffe, die mit den eingegebenen Buchstaben beginnen. Klickt der Besucher auf einen Suchbegriff, wird dieser automatisch in das Suchfeld übernommen.

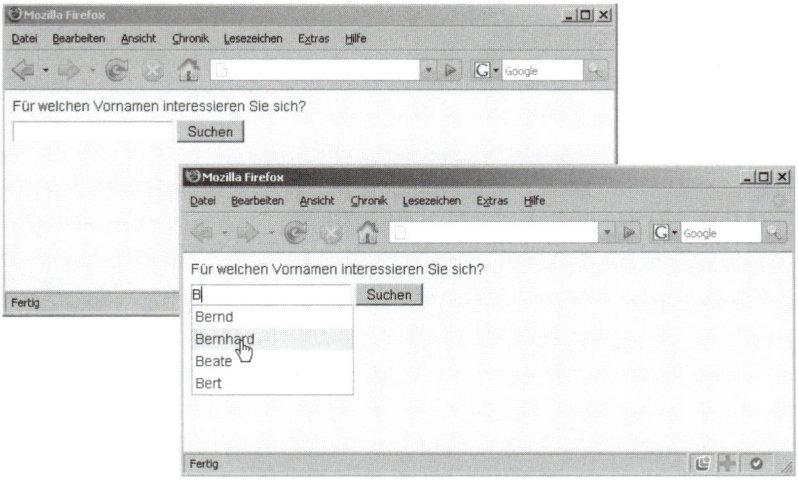

Abbildung 7.7
Tippt der Besucher einen Buchstaben in das Suchfeld, klappt eine Liste mit Vorschlägen aus.

Gibt der Besucher weitere Buchstaben ein, wird die Liste der Vorschläge kleiner, da nur noch die jetzt passenden ausgegeben werden.

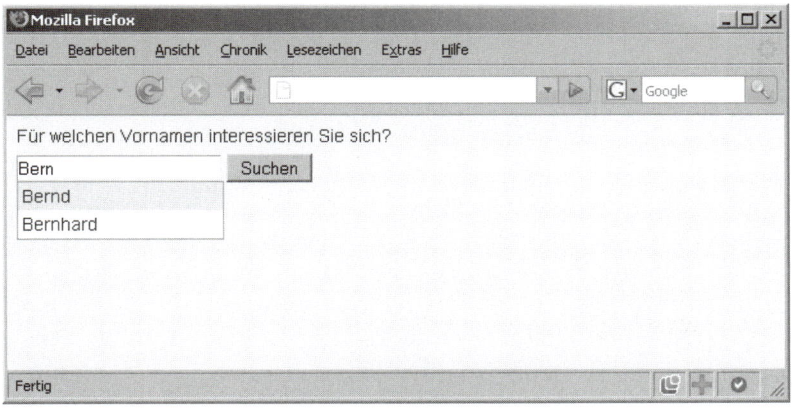

Abbildung 7.8
Bei mehr eingegebenen Buchstaben wird die Liste der Vorschläge kleiner.

Sinnvoll ist so eine Anwendung, um dem Besucher bei einer seiteninternen Suche eine Suchhilfe an die Hand zu geben – wenn er nicht genau weiß, wie ein Wort geschrieben wird, bei Synonymen, oder aber er erfährt mögliche andere Begriffe, die eventuell zum gewünschten Ergebnis führen.

Serverseitig brauchen Sie zwei Skripte:

- eines, das aus einer Datenbank zu den eingegeben Buchstaben passende Suchbegriffe herausfiltert
- ein zweites, das die eigentliche Suche durchführt, wenn jemand auf den Suchen-Button klickt

Der zweite Punkt hat nichts mit AJAX zu tun und soll hier außen vor bleiben – Skripte für Suchfunktionen gibt es viele, z.B. ht://Dig unter *http://www.htdig.org/* oder Phpdig *http://www.phpdig.net/*.

Normalerweise werden die Daten aus einer Datenbank stammen, da es hier aber schwerpunktmäßig um den AJAX-Part geht, verwenden wir nur ein Array mit einer Liste von vorgegebenen Begriffen. Das PHP-Skript *vorschlaege.php* sieht folgendermaßen aus:

Abbildung 7.9
Ein paar Vornamen als Basis - *vorschlaege.php*

```
<?php
$vorschlaege=array("Bernd", "Bernhard", "Beate", "Bert", "Norbert", "Mark",
"Julian", "Julie", "Amelie");
if (isset($_POST["vorname"]) && $_POST["vorname"] != "") {
  $suche = $_POST["vorname"];
  foreach ($vorschlaege as $el) {
     if(stripos($el, $suche) === 0) {
        $fund .= "<li>$el</li>";
     }
  }
  echo "<ul>$fund</ul>";
}
?>
```

`$vorschlaege` enthält die Liste der Vornamen. In der `if`-Bedingung wird geprüft, ob per POST Daten übergeben wurden. Ist dies der Fall, wird in einer `foreach`-Schleife das Array durchlaufen und mit dem Suchbegriff verglichen. Dies geschieht über die Funktion `stripos()`, die zwei Parameter erwartet: zuerst den »Heuhaufen«, sprich, wo gesucht wird, und danach die »Nadel«, d.h. wonach gesucht wird. `stripos()` berücksichtigt im Gegensatz zur Schwesterfunktion `strpos()` die Groß- und Kleinschreibung nicht.

Zurückgegeben wird die Position, an der die Nadel gefunden wurde. Wurde sie ganz am Anfang entdeckt, dann ist das `0`. `false` hingegen wird zurückgegeben, wenn der Suchstring nicht gefunden wurde. Da `0` als `false` ausgewertet wird, muss mit einem dreifachen Gleichheitszeichen zusätzlich nach dem Datentyp überprüft werden. Wird etwas gefunden, wird es an den String `$fund` in Form einer ungeordneten Liste angehängt. Dass hier eine ungeordnete Liste verwendet wird, liegt daran, dass die für Autocomplete in Script.aculo.us verantwortliche Klasse genau dieses erwartet. Das Ergebnis wird am Schluss ausgegeben.

Jetzt zur HTML/JavaScript-Seite:

```
<form method="get" action="">
<label for="vorname">Für welchen Vornamen interessieren Sie sich?</label><br />
<input type="text" id="vorname" name="vorname" />
<div id="vorschlag" class="complete"></div>
<input type="submit" value="Suchen" />
</form>
```

Sie benötigen ein Formular mit einem Input-Feld für die Eingabe des Suchbegriffs – hier des Vornamens – und außerdem einen `div`-Container, der die Vorschlagsliste aufnehmen wird. Beide brauchen, damit man sie mit Script.aculo.us ansprechen kann, noch jeweils eine `id`. Im Start-Tag des Formulars stehen die Parameter für die eigentliche Suche, hier die Methode `get`. `action` hingegen hat keinen Wert, Sie würden das Skript angeben, das die Suche dann durchführt.

Jetzt zum JavaScript-Teil, der fast schon zu einfach ist:

```
<script type="text/javascript">
/*<![CDATA[*/
new Ajax.Autocompleter("vorname", "vorschlag", "vorschlaege.php", {});
/*]]>*/
</script>
```

Eine neue Klasse `Ajax.Autocompleter` wird erstellt. Sie benötigt drei Parameter:

- die ID des Suchfelds
- die ID des Containers für die Vorschläge
- den Pfad zum serverseitigen Skript

In geschweiften Klammern können Sie noch weitere Optionen angeben, beispielsweise über `minChars: 2`, dass erst nach zwei Buchstaben eine Liste der Vorschläge ausgegeben werden soll.

Damit sieht der Quellcode so aus:

Listing 7.10: Das Skript für das automatische Ausfüllen, noch ganz ohne Formatierung – *autocomplete_ohne_css.html*

```
<!DOCTYPE html PUBLIC "-//W3C//DTD XHTML 1.0 Transitional//EN"
"http://www.w3.org/TR/xhtml1/DTD/xhtml1-transitional.dtd">
<html xmlns="http://www.w3.org/1999/xhtml">
<head>
<title>Autocomplete</title>
<meta http-equiv="Content-Type" content="text/html; charset=iso-8859-1" />
<script type="text/javascript" src="frameworks/scriptaculous/lib/
prototype.js"></script>
<script type="text/javascript" src="frameworks/scriptaculous/src/
scriptaculous.js"></script>
</head>
<body>
<form method="get" action="">
  <label for="vorname">Für welchen Vornamen interessieren Sie sich?</
label><br />
  <input type="text" id="vorname" name="vorname" />
  <div id="vorschlag" class="complete"></div>
  <input type="submit" value="Suchen" />
</form>

<script type="text/javascript">
/*<![CDATA[*/
new Ajax.Autocompleter("vorname", "vorschlag", "vorschlaege.php", {});
/*]]>*/
</script>
</body>

</html>
```

Das Beispiel funktioniert – aber nur, wenn man weiß, was die Listenpunkte unter dem Suchfeld bedeuten und dass man sie per Klick auswählen kann. Der Cursor liefert keinen Hinweis.

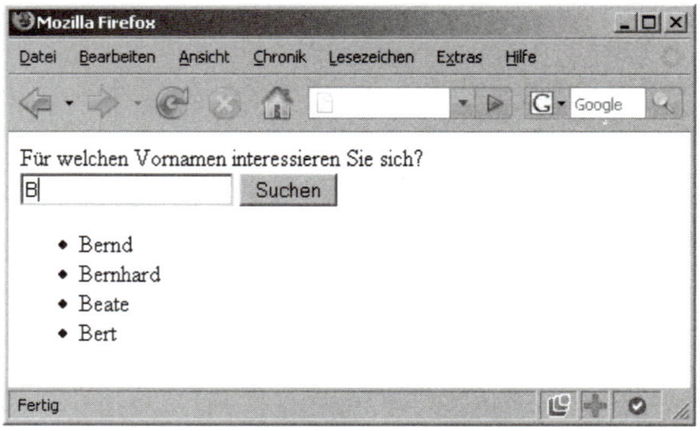

Abbildung 7.10 Funktioniert, sieht aber noch nicht schön aus

Es fehlt also noch die Formatierung per CSS. Für das Layout aus Abbildung 7.7 wird folgendes Stylesheet verwendet.

Listing 7.11: CSS-Teil vom Listing – *autocomplete.html*

```
body {
  background-color: #FFF5E6;
  font-size: 90%;
  font-family: sans-serif;
  color: #00248F;
}
#vorname {
  margin-top: 0.5em;
  width: 12em;
  height:1.5em;
  border-color: #BF9960 #FFE6BF #FFE6BF #BF9960;
  border-width: 1px;
  border-style: solid;
}
.complete {
  background-color:  #FFF;
  border: 1px solid #BF9960;
}
.complete ul {
  list-style-type: none;
  margin: 0;
  padding: 0;
}
.complete ul li.selected {
  background-color: #FFE6BF;
}
.complete ul li {
  display: block;
  margin: 0;
  padding: 3px;
  cursor: pointer;
}
```

Die wichtigsten Formatierungen sind:

Die ungeordnete Liste innerhalb des `div`-Containers mit der Klasse `complete` wird über `.complete ul` angesprochen. `list-style-type: none` entfernt die Aufzählungspunkte. Zudem werden die Abstände per `margin: 0` und `padding: 0` auf 0 gesetzt.

Über `.complete ul li.selected` wird die Hintergrundfarbe für das ausgewählte Element der Vorschlagsliste festgelegt. Die Klasse `selected` wird von Script.aculo.us automatisch auf das Element angewendet – an Ihnen ist es, sich per CSS um die entsprechende Formatierung zu kümmern.

Bei den einzelnen Listenpunkten sorgt `padding: 3px` für einen Abstand und – ganz wichtig – `cursor: pointer` verändert den Cursor in ein Händchen und zeigt damit dem Benutzer, dass der entsprechende Punkt ausgewählt werden kann. Wie das Ganze dann aussieht, zeigen Abbildung 7.7 und Abbildung 7.8.

TIPP

Ein Beispiel, wie man gleich die Suchergebnisse in dieser Vorschlagsliste anzeigen lassen kann, finden Sie in dem schönen Tutorial von *http://www.developer-tutorials.com/tutorials/php/google-suggest-with-php-050525/page1.html* erklärt.

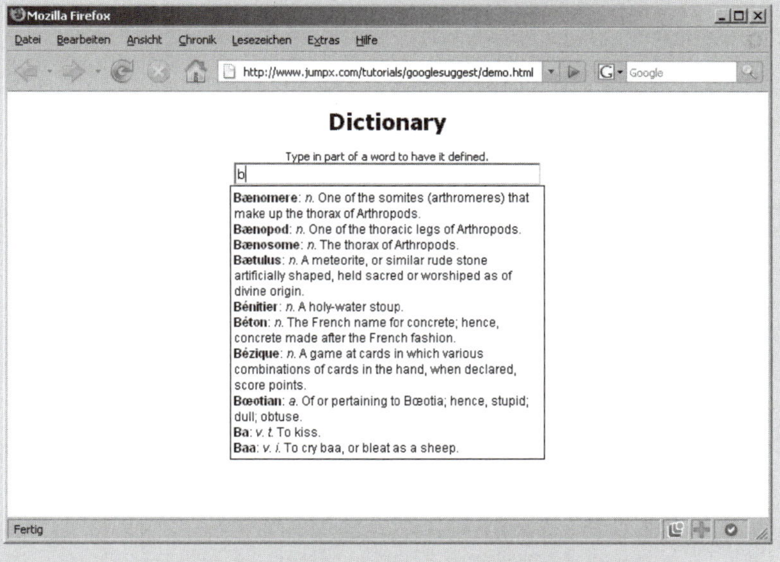

Abbildung 7.11: Ein Wörterbuch, über die Suggest-Funktionalität realisiert

7.2.3 Effekte, Effekte, Effekte

Eine weitere Stärke von Script.aculo.us sind die Effekte.

Die Verwendung ist wieder verblüffend einfach, Sie notieren hierfür die Anweisung:

```
Effect.Effektname("id_des_elements");
```

Außerdem können Sie noch verschiedene Optionen in geschweiften Klammern angeben, wie beispielsweise die Dauer in Sekunden (`duration`). Die folgende Zeile bestimmt für das Element mit der `id="element"` den Effekt BlindDown und gibt an, dass er 2 Sekunden dauern soll.

```
Effect.BlindDown('element', {duration: 2})
```

Das folgende Beispiel demonstriert einige der Script.aculo.us-Effekte. Es beinhaltet Links, die den Effekt auslösen und gleichzeitig den Namen des Effekts tragen. Der Effekt wird direkt hinter dem Event-Handler `onclick` geschrieben. Auf verschiedene Arten wird ein `div`-Container mit der `id="element"` aus- und eingeblendet. Wenn Sie das Beispiel testen, müssen Sie für Ausblende- und Hervorhebungseffekte immer einen Effekt zum Einblenden einsetzen.

Listing 7.12: Ein paar Beispieleffekte aus Script.aculo.us - *effekte.html*

```
<!DOCTYPE html PUBLIC "-//W3C//DTD XHTML 1.0 Strict//EN"
"http://www.w3.org/TR/xhtml1/DTD/xhtml1-strict.dtd">
<html xmlns="http://www.w3.org/1999/xhtml">
<head>
<title>Effekte</title>
<meta http-equiv="Content-Type" content="text/html; charset=iso-8859-1" />
<script type="text/javascript" src="frameworks/scriptaculous/lib/
prototype.js"></script>
<script type="text/javascript" src="frameworks/scriptaculous/src/
scriptaculous.js"></script>
<style type="text/css">
/*<![CDATA[*/
body {
  background-color: #FFD9BF;
  color: #12127D;
  font-family: sans-serif;
  font-size: 100.01%;
}
p {
  font-weight: bold;
  width: 400px;
}
div {
  width: 160px;
  height: 160px;
  background-color: #FF6600;
  margin: 20px;
  font-size: 2em;
  font-weight: bold;
  border: 2px #1919B3 dotted;
```

```
  text-align: center;
  padding: 20px;
}
/*]]>*/
</style>
</head>
<body>
<p>Vor den Ausblenden- &amp; Hervorhebungs-Effekten die Box immer
mit einem der Effekte erscheinen lassen </p>
<ul>
<li>Erscheinen
  <ul>
    <li><a href="#" onclick="Effect.Appear('element')">Effect.Appear</a></li>
    <li><a href="#" onclick="Effect.Grow('element')">Effect.Grow</a></li>
    <li><a href="#" onclick="Effect.BlindDown('element', {dura-
tion:2})">Effect.BlindDown</a></li>
  </ul>
</li>
<li>Hervorheben/Bewegen
  <ul>
    <li><a href="#" onclick="Effect.Shake('element')">Effect.Shake</a></li>
    <li><a href="#" onclick="new Effect.Highlight('element',
    {startcolor:'#BFFFFF', endcolor:'#FF6600'})">Effect.Highlight</a></li>
    <li><a href="#" onclick="Effect.Pulsate('element')">Effect.Pulsate</a></li>
  </ul>
</li>
<li>Ausblenden
  <ul>
    <li><a href="#" onclick="Effect.Fade('element')">Effect.Fade</a></li>
    <li><a href="#" onclick="Effect.Puff('element')">Effect.Puff</a></li>
    <li><a href="#" onclick="Effect.DropOut('element')">Effect.DropOut</a></li>
    <li><a href="#" onclick="Effect.SwitchOff('element')">Effect.SwitchOff
    </a></li>
    <li><a href="#" onclick="Effect.Squish('element')">Effect.Squish</a></li>
  </ul>
</li>
</ul>
<div id="element" style="display: none; ">Effektvoll</div>
</body>
</html>
```

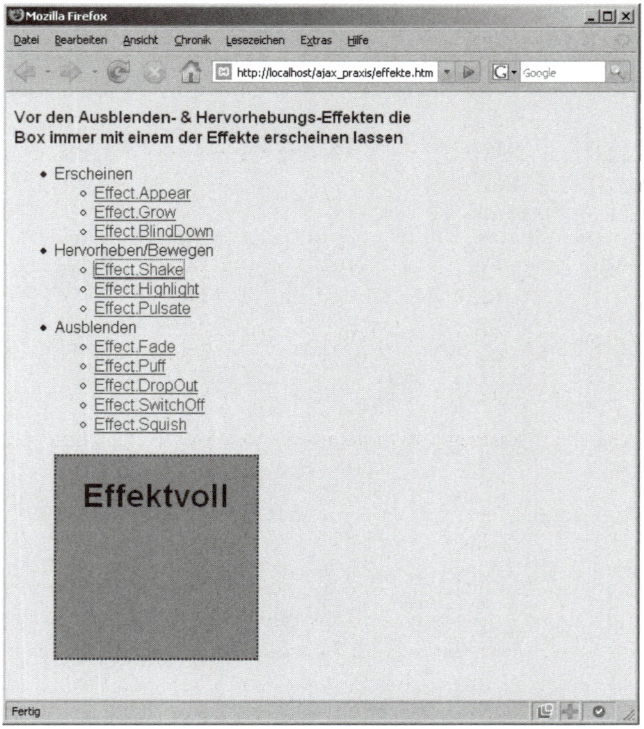

Abbildung 7.12
Die Ausgabe von Listing 7.12 mit eingeblendeter Box

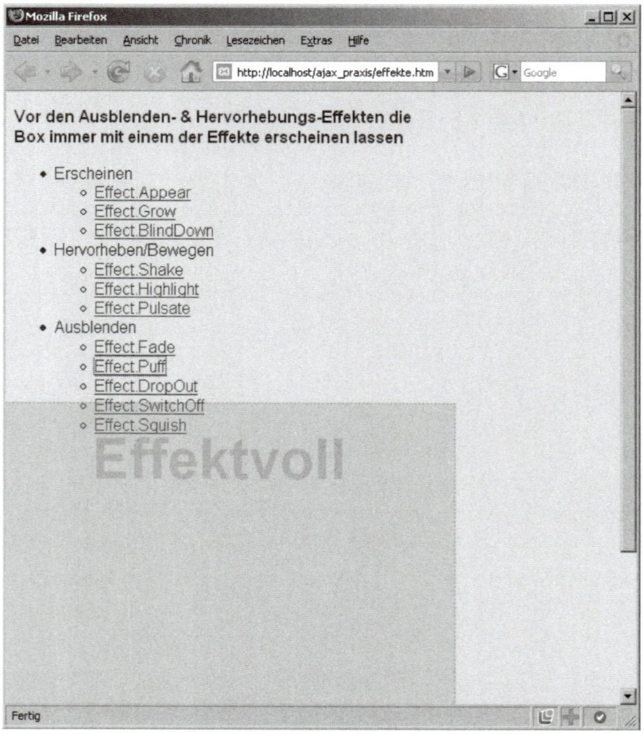

Abbildung 7.13
Der Effekt »Puff« in Aktion

Die Effekte wurden in drei Gruppen geteilt, die ersten drei Effekte dienen dazu, das Element erscheinen zu lassen: Appear (Einblenden), Grow (Element wächst), BlindDown (rollt ein Element von oben nach unten). Drei weitere Effekte zeigen Beispiele, wie sich eingeblendete Elemente hervorheben lassen: Shake (Wackeln), Highlight (Hervorhebung durch Farbe), Pulsate (Blinken). Diese Effekte sind wichtig, da sie es ermöglichen, Benutzer über Änderungen zu informieren.

Für das Verschwindenlassen von Elementen gibt es fünf Beispiele: Fade (Ausblenden), Puff (Element wird vergrößert und transparenter), DropOut (Element fällt nach unten), SwitchOff (Element wird zusammengeschoben), Squish (Element wird kleiner und zur oberen linken Ecke zusammengezogen). Am deutlichsten werden die Effekte, wenn Sie sie sich einmal ansehen!

Vielleicht ist Ihnen beim Listing aufgefallen, dass der Aufruf des Highlight-Effekts mit `new` erfolgt:

```
<a href="#" onclick="new Effect.Highlight('element', {startcolor:'#BFFFFF',
endcolor:'#FF6600'})">Effect.Highlight</a>
```

Diese andere Syntax gilt für alle Grundeffekte, nicht hingegen für die zusammengesetzten Effekte, wofür die anderen aufgeführten Effekte Beispiele sind. Neben Highlight gibt es noch vier weitere Grundeffekte: Opacity (Änderung der Transparenz), Scale (Größe), MoveBy (Verschiebung) und Parallel zur Kombination von mehreren Effekten. Beispiele und Erläuterungen der einzelnen Effekte finden Sie im Script.aculo.us-Wiki unter *http://wiki.script.aculo.us/scriptaculous/show/VisualEffects*.

7.3 Mehr Frameworks

Hier wurden zwei Frameworks für AJAX bzw. JavaScript vorgestellt. Es gibt selbstverständlich noch viele, viele mehr und natürlich ganz verschiedene. Zu unterscheiden hat man erst einmal zwischen den JavaScript-AJAX-Frameworks wie Prototype und Script.aculo.us und beispielsweise PHP-AJAX-Frameworks. Hier ein paar Beispiele.

Dojo? Yes, I do. Stopp, natürlich ist Dojo der Name eines AJAX-Framework. Es ist dafür gedacht, ganze Benutzeroberflächen zu erstellen, und bietet in punkto AJAX sehr interessante Features. Beispielsweise sieht es Funktionen vor, um einzelne Zustände in die Lesezeichen aufzunehmen, und ebenso eine Funktionalität für den Zurück-Button. Sie erinnern sich? Das sind beides mögliche Stolpersteine bei AJAX-Anwendungen in Bezug auf die Usability. Dojo finden Sie übrigens auch auf der CD, probieren Sie da einmal den Unterordner *demos*, es gibt spannende Dinge zu entdecken. Zum Beispiel das Fischaugen-Menü ...

Abbildung 7.14
Fischaugen-Menü in Dojo

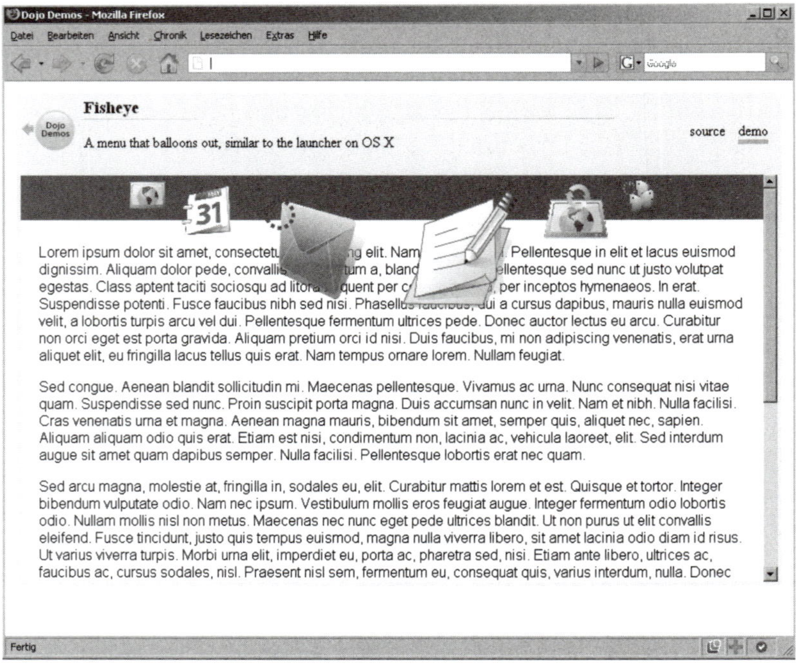

Noch ein paar Links zu Dojo:

- *http://dojotoolkit.org/* – die offizielle Homepage
- *http://dojo.jot.com/Tutorials/HelloWorld* – für AJAX-Anfragen ist das Paket dojo.io zuständig, hier finden Sie ein einführendes Beispiel dazu.
- *http://archive.dojotoolkit.org/nightly/tests/undo/test_browser.html* – Testseite für die Zurück-Button-Funktionalität
- *http://archive.dojotoolkit.org/nightly/tests/undo/test_browser_bookmark.html* – und dazu die Testseite für das Lesezeichen

Immer wieder war hier von Google die Rede und ausführlich wird eine Google-API im nächsten Kapitel behandelt. Dabei ist auch gerade Yahoo sehr aktiv im Bereich moderner Webapplikationen. Sehr überzeugend ist die **Yahoo! User Interface Library** (*http://developer.yahoo.com/yui/*). Sie bietet die bei AJAX notwendigen optische Effekte und einen AJAX-Kern. Sie finden auch diese Bibliothek auf der CD. Nach den Entpacken können Sie sich zuerst einmal im Ordner *example* die Beispiele für die Verwendung von YUI ansehen.

Ein Newcomer unter den Frameworks aus dem Jahr 2006 ist **jQuery**. Diese JavaScript-Bibliothek wird beispielsweise im Content Management-System Drupal verwendet, bei Technorati oder Feedburner. Die offizielle Webseite von jQuery ist *http://jquery.com/*, Sie finden es zum Austesten aber auch auf der Buch-CD.

Neben diesen Frameworks, die in JavaScript geschrieben sind und Ihnen das Schreiben von JavaScript erleichtern, gibt es noch serverseitige Frameworks. Wenn PHP Ihre Lieblingssprache ist, dann ist vielleicht **xajax** (*http://www.xajaxproject.org/*) das Richtige für Sie. Das Prinzip dahinter: Sie schreiben PHP und xajax schreibt für Sie den notwendigen JavaScript-Code.

Für diejenigen, die mit ASP.NET entwickeln, lohnt sich ein genauerer Blick auf **ASP.NET AJAX**. Dieses ehemals unter dem Namen Atlas bekannte Framework von Microsoft bietet clientseitige Bibliotheken für browserunabhängige DHTML-Funktionalität und deren Integration in ASP.NET 2.0. Die offizielle Webseite ist *http://ajax.asp.net/*.

Für einen Überblick über AJAX-Frameworks sollten Sie einmal im Wiki *http://ajaxpatterns.org/Frameworks* vorbeischauen. Im Frühjahr 2007 werden dort mehr als 150 AJAX-Frameworks aufgeführt, übrigens praktischerweise geordnet in verschiedenen Kategorien.

8 APIs – zum Beispiel Google Maps

Ein wichtiger Bestandteil von Web 2.0 ist die große Anzahl an frei verfügbaren APIs. API steht für Application Programming Interface, zu Deutsch Programmierschnittstelle. Die Verwendung einer API soll am Beispiel von Google Maps gezeigt werden, da diese auch häufig die Basis von Mashups darstellen. Mashups? Das ist die Zusammenmischung von mehreren Diensten zu etwas Neuem. Bevor Sie erfahren, welchen Code Sie schreiben müssen, um eine Karte auf einer Webseite darzustellen und mit Funktionen auszustatten, lernen Sie, wie es auch ganz ohne Code-Fummelei geht: mit den Google-Assistenten.

Abbildung 8.1
Ausschnitt aus einer Google-Karte

8.1 Google macht Spaß – Assistenten für Karten, Seitenleisten mit aktuellen News und mehr

Google bietet eine AJAX Search API, d.h. eine Schnittstelle, über die Sie dynamisch Ergebnisse von Google-Suchen in Ihre Website einbinden können. Sehr komfortabel können Sie die Grundfunktionen direkt über Assistenten erstellen lassen. Sie benötigen dazu nur ein AJAX Search API Key, wofür ein kostenloser Google-Account notwendig ist. Dieser AJAX Search API Key ist gültig für alle Unterseiten einer Domain. Für mehrere Websites mit unterschiedlichen Domains benötigen Sie mehrere Search API Keys.

Ach ja, es gibt noch eine weitere Besonderheit: Die Webseite, auf der Sie dann die Google-Suchfunktion einbinden, muss öffentlich zugänglich sein. Sie können die Funktionalität also nicht wie bei den anderen Beispielen in diesem Kapitel auf einem lokalen Webserver testen, sondern müssen das Dokument auf Ihren Webspace im Internet hochladen. Übrigens können Sie diese Google-Ergebnisse auch auf kommerziellen Seiten einbinden – die Bedingung ist jedoch, dass die Webseiten allgemein zugänglich sind. Auf Webseiten, die nur zahlenden Kunden zugänglich sind, ist die Einbindung nicht erlaubt.

Sollten Sie noch keinen Google-Account haben, können Sie sich unter *http://www.google.com/accounts/* anmelden. Die Assistenten zur Erstellung der Suche finden Sie unter *http://code.google.com/apis/ajaxsearch/wizards.html.*

Das Vorgehen bei der Verwendung der Assistenten folgt jedes Mal dem gleichen Schema: Zuerst konfigurieren Sie die Suche, das Ergebnis können Sie sich anzeigen lassen. Dann geben Sie die Domain an, wo die Funktion eingebunden wird, und lassen von Google den Code erzeugen, den Sie in die Webseite einbinden. In diesem Code ist der API-Key bereits fest notiert.

Google bietet derzeit Assistenten für mehrere Funktionen:

Landkarte/Stadtplan: Sie können eine Google Map mit einem Ort Ihrer Wahl einblenden, mit der Ihre Besucher die Umgebung durchsuchen können. Der Ort, den Sie als Startpunkt angeben, wird mit einer Stecknadel und einer Info-Sprechblase markiert.

Sie bestimmen die Größe der Karte, den Zoomfaktor und den eigentlichen Ort durch die Adresse. Für die Info-Sprechblase legen Sie einen Namen und den URL fest, der aufgerufen werden soll, wenn man auf den Namen klickt.

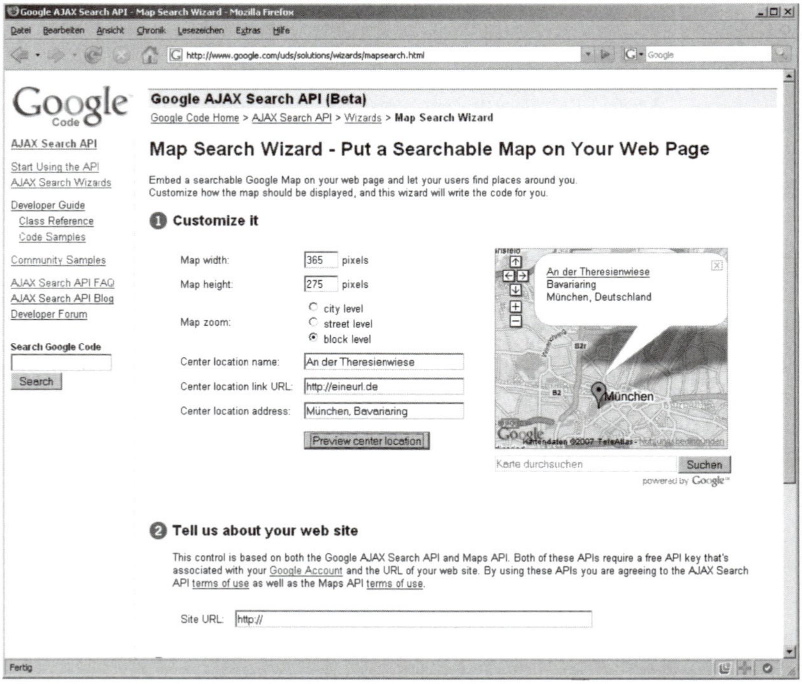

Abbildung 8.2 Eine Karte mit Suchfunktion lässt sich in drei Schritten erstellen ... Beachten Sie auch, was für einen schönen Schatten die Info-Sprechblase wirft.

Möchten Sie das Aussehen Ihrer Karte genauer bestimmen, dann lesen Sie weiter: Darum geht es gleich in ***Abschnitt 8.2***.

News Bar: Um aktuelle Nachrichten zu einem bestimmten Thema einzubinden, verwenden Sie den News Bar-Assistenten. Sie geben die Ausrichtung, ob die News Bar vertikal oder horizontal angeordnet werden soll, die Suchausdrücke und den Titel an. Lassen Sie sich unbedingt die News Bar anzeigen, um die Suche eventuell zu verfeinern. Möchte man sich beispielsweise aktuelle News zum Web 2.0-Thema AJAX ausgeben lassen, so ist die Eingabe von »Ajax -Amsterdam« sinnvoll, um nicht mit Nachrichten über die Fußballmannschaft überschwemmt zu werden.

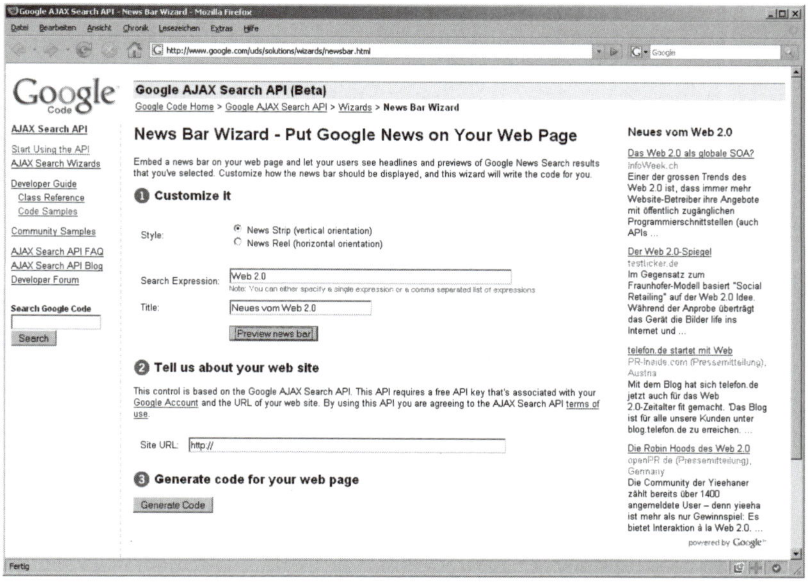

Abbildung 8.3
News Bar mit Nachrichten zum Thema Web 2.0 – hier die vertikale Variante im rechten Teil des Browser-Fensters

Ebenso einfach lassen sich Videos zu bestimmten Suchbegriffen oder eine Videoleiste mit Suchfunktion erstellen. Die Besucher können die Videos mit einem Klick ansehen, ohne dass sie Ihre Webseite dazu verlassen müssen.

Abbildung 8.4
Eine Leiste mit themenbezogenen Videos ist eine weitere Möglichkeit, für die Google einen Assistenten anbietet.

8.2 Google Maps API verwenden

Sie haben eben gesehen, wie Sie über einen Assistenten eine einfache Karte mit Suchfunktion für Ihre Website einbauen. Wenn Sie Google Maps jedoch an Ihre Bedürfnisse anpassen wollen, beispielsweise Info-Sprechblasen mit mehreren Tabs erstellen, die angezeigten Steuerelemente bestimmen, Verbindungslinien zwischen einzelnen Punkten ziehen, so verwenden Sie die Google Maps API. Voraussetzung hierfür ist wieder lediglich ein Map-Key, den Sie kostenlos anfordern können.

Die Bedingungen für Google Maps stehen unter *http://www.google.com/apis/maps/signup.html*:

- Es gibt keine Begrenzung für die Anzahl der Seitenaufrufe, jedoch ist die Zahl der Geocode-Anfragen auf 50.000 pro Tag beschränkt. Geocoding bedeutet die Konvertierung einer Adresse in exakte Koordinaten.
- Derzeit ist noch keine Werbung integriert, was sich ändern kann.
- Die Karte muss für alle zugänglich sein – Gegenbeispiel wäre das Intranet.
- Keine Anzeige illegaler Orte – das Erstellen einer Karte mit Orten, wo beispielsweise Drogen verkauft werden, ist nicht erlaubt.

Übrigens können Sie – zumindest im Frühjahr 2007 – die Maps API ohne gültigen Key zum lokalen Ausprobieren verwenden. Sie können also die Datei lokal abspeichern und mit Doppelklick oder über DATEI/ÖFFNEN in Ihrem Webbrowser öffnen. Es funktioniert hingegen nicht, wenn Sie die Datei über Ihren lokalen Webserver aufrufen. In dem Moment, wo Sie Ihre Dateien jedoch ins Internet übertragen, erhalten Sie ohne gültigen Key nur eine Fehlermeldung.

Die Basisfunktion zur Einbindung sieht folgendermaßen aus:

Listing 8.1: Die Basiskarte - *google_maps_basis.html*

```
<!DOCTYPE html PUBLIC "-//W3C//DTD XHTML 1.0 Strict//EN"
    "http://www.w3.org/TR/xhtml1/DTD/xhtml1-strict.dtd">
<html xmlns="http://www.w3.org/1999/xhtml">
<head>
<meta http-equiv="content-type" content="text/html; charset=utf-8" />
<title>Google Maps JavaScript API Beispiel</title>
<style type="text/css">
/* <![CDATA[ */
#karte { width: 400px; height: 400px; }
/* ]]> */
</style>
<script src="http://maps.google.com/maps?file=api&amp;v=2&amp;key=Ihr-Key"
type="text/javascript"></script>
<script type="text/javascript">
//<![CDATA[

function load() {
  if (GBrowserIsCompatible()) {
    var map = new GMap2(document.getElementById("karte"));
    map.setCenter(new GLatLng(48.1299047035462, 11.5584328729573), 14);
   }
}

//]]>
</script>
</head>
<body onload="load()" onunload="GUnload()">
  <div id="karte"></div>
</body>
</html>
```

Um dieses Beispiel auszuprobieren, müssen Sie sich einen API-Key erstellt haben und diesen hinter `key` an die Stelle kopieren, wo `Ihr-Key` steht. Zu Beginn wird die Google-Bibliothek eingebunden. Das bedeutet, dass Sie, um das Beispiel auszuprobieren, online sein müssen.

Im Beispiel wird die Karte in einem `div`-Element mit der `id="karte"` dargestellt, das über CSS eine Breite von 400 Pixel und eine Höhe von ebenfalls 400 Pixel erhält. Die Funktion `load` ist für das Laden der Karte zuständig. Sie überprüft zuerst, ob es sich um einen kompatiblen Browser handelt. Unterstützt werden derzeit Internet Explorer ab Version 6, Firefox ab 0.7, Safari ab 1.24 und Opera ab 8.02. Sie könnten an dieser Stelle in einem `else`-Zweig noch eine Alternative für nichtkompatible Browser einfügen – beispielsweise eine Beschreibung oder eine nichtdynamische Karte als Bild ergänzen.

Wenn der Browser kompatibel ist, wird die Variable `map` für das Kartenelement gesetzt. Im zweiten Schritt wird das Zentrum der Karte definiert.

```
map.setCenter(new GLatLng(48.1299047035462, 11.5584328729573), 14);
```

Hier geben Sie zuerst den Längengrad und dahinter den Breitengrad an. Der weitere Parameter von `map.setCenter()` bestimmt den Zoomfaktor. Er kann einen Wert zwischen 1 und 17 annehmen. Je größer der Faktor, desto mehr Details sehen Sie.

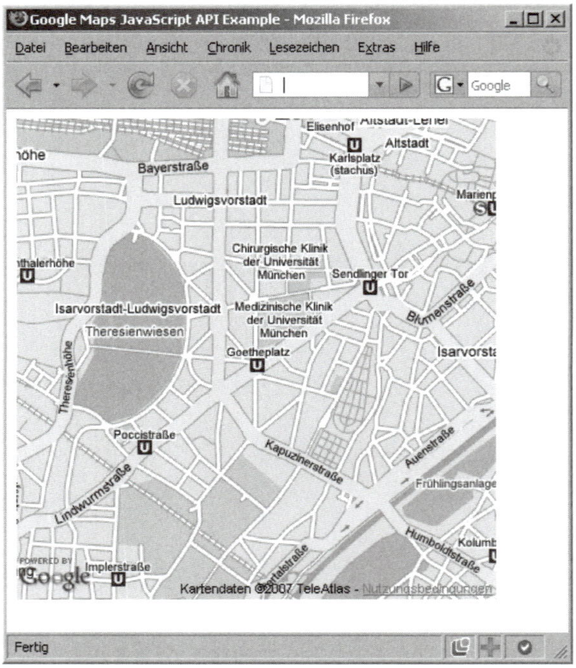

Abbildung 8.5
Eine einfache Karte ist im Handumdrehen erstellt.

Um das Beispiel an Ihre Bedürfnisse anzupassen, brauchen Sie Längen- und Breitengrad des gewünschten Orts. Diese erhalten Sie beispielsweise bei *http://www.travelgis.com/geocode/*. Wenn Sie eine Adresse bei TravelGIS eingeben und auf den Button GEOCODE klicken, werden unten die Werte für LONGITUDE (Längengrad) und LATITUDE (Breitengrad) ausgegeben. Diese beiden Werte müssen Sie nun nur noch kopieren und bei `map.setCenter(new GLatLng(`**Längengrad, Breitengrad**`), 14)` einsetzen – zuerst der Längengrad, dann der Breitengrad.

Wenn Sie sich hingegen direkt mit Zoom und Klick zum Ort bewegen wollen, können Sie *http://mapki.com/getLonLat.php* benutzen – Basiskenntnisse der Geografie werden vorausgesetzt ;-). Letzteres Beispiel verwendet Google Maps selbst, d.h., Sie können es auch als Beispiel nehmen, wie eine solche Funktion über Google Maps programmiert wird.

TIPP

Wenn Sie eine Karte zu einer festen Adresse anzeigen lassen möchten, sollten Sie Breitengrad und Längengrad aber unbedingt einmal ermitteln und dann direkt in den Code hineinschreiben, wie das auch in den folgenden Beispielen geschieht. Die Alternative hingegen, dass Sie die Adresse nehmen und über Google bei jedem Aufruf Breitengrad und Längengrad ermitteln lassen, wäre ineffektiv, da das Rechenleistung beansprucht und die Anzahl der Geocoding-Anfragen an Google beschränkt ist, wie oben erwähnt.

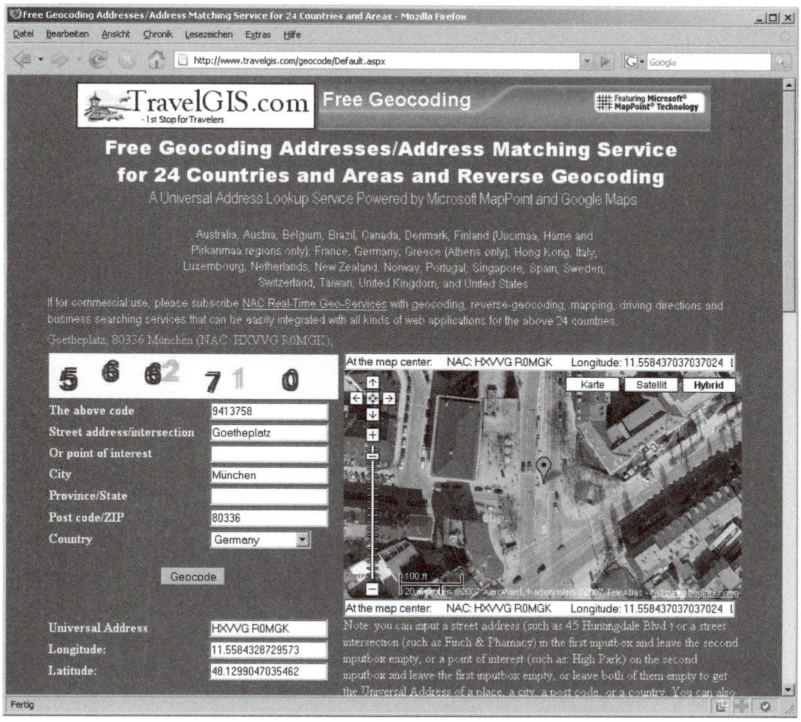

Abbildung 8.6
TravelGis ermittelt Ihnen zu einer beliebigen Adresse die zugehörigen Längen- und Breitengrade.

Die Funktion wird per `onload` – beim Laden der Seite – aufgerufen. Zusätzlich wird bei `onunload` (beim Verlassen des Dokuments) die von Google zur Verfügung gestellte Funktion `GUnload()` aufgerufen, um mögliche Speicherlecks zu vermeiden – insbesondere im Internet Explorer.

8.2.1 Bedienelemente

Abbildung 8.1 zeigt eine Minimalversion. Der Benutzer kann zwar per Drag&Drop die Karte verschieben, aber weitere Bedienelemente oder auch die praktischen Info-Sprechblasen fehlen noch. Das lässt sich ändern.

```
map.addControl(new GSmallMapControl());
```

bindet ein Bedienelement ein, damit der Besucher selbst zoomen kann. `GSmallMapControl` wird dafür einfach an eine Instanz der Klasse `GMap2` gebunden. Die möglichen Bedienelemente, die über dieselbe Syntax eingebunden werden, führt die Tabelle 8.1 auf.

Tabelle 8.1: Die möglichen Steuerelemente für Google Maps

Bedienelement	Code	Funktion
	GSmallZoomControl	Nur zum Zoomen
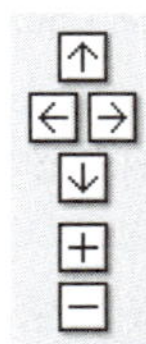	GSmallMapControl	Kleines Element zum Zoomen und Verschieben
	GLargeMapControl	Großes Bedienelement zum Zoomen und Verschieben
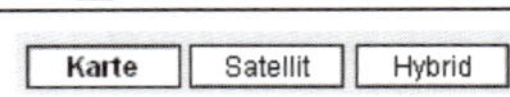	GMapTypeControl	Bedienelement zum Wechseln des Kartentyps. Hybrid ist eine Mischform.
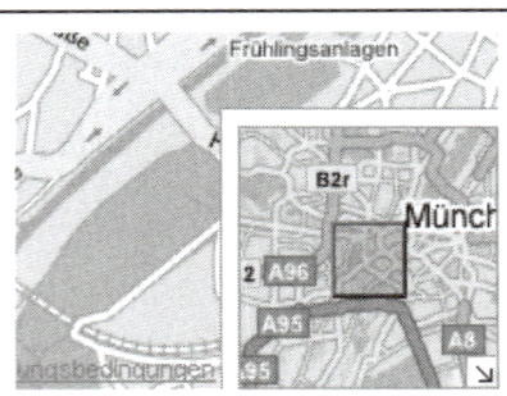	GOverviewMapControl	Kleine Umgebungskarte, die standardmäßig rechts unten angezeigt wird. Wird die Karte bewegt, bewegt sich die Ausschnittsmarkierung in der kleinen Karte ebenfalls mit.

TIPP

Standardmäßig wird die Kartenansicht angezeigt. Möchten Sie hingegen die hybride Version verwenden, so schreiben Sie:

```
map.setMapType(G_HYBRID_TYPE);
```

Für die Satellitenansicht benutzen Sie die Konstante `G_SATELLITE_TYPE`.

8.2.2 Stecknadeln und Info-Sprechblase

Sie können nun zu Ihrer Karte auch »Marker« hinzufügen, das sind die kleinen Stecknadeln, die zur Markierung von ausgewählten Punkten dienen. Sie benötigen die `GMarker`-Klasse, der Sie die gewünschten Koordinaten übergeben. Mit der Methode `addOverlay()` der `GMap2`-Klasse wird die Markierung der Karte hinzugefügt:

```
var point = new GLatLng(48.1299047035462, 11.5584328729573);
var marker = new GMarker (point);
map.addOverlay(marker);
```

Die Methode `addOverlay()()` sorgt automatisch dafür, dass die Inhalte an der richtigen Stelle bleiben, auch wenn die Karte bewegt oder gezoomt wird.

Häufig werden Sie aber nicht nur einzelne Punkte markieren, sondern auch zusätzliche Informationen dazu angeben wollen. Hierfür gibt es die Info-Sprechblasen.

Zur Erstellung einer Info-Sprechblase dient die Methode `openInfoWindowHtml()()` der Klasse `GMap2`. Sie erwartet zwei Angaben: die Koordinaten und den Text, der auch HTML beinhalten kann. Das folgende Beispiel zeigt eine Karte mit Markierungspunkt und Info-Sprechblase.

HINWEIS

Platzieren Sie die Info-Sprechblase so, dass sie nicht genügend Platz hat, wird automatisch die Karte verschoben, so dass sie ganz dargestellt werden kann.

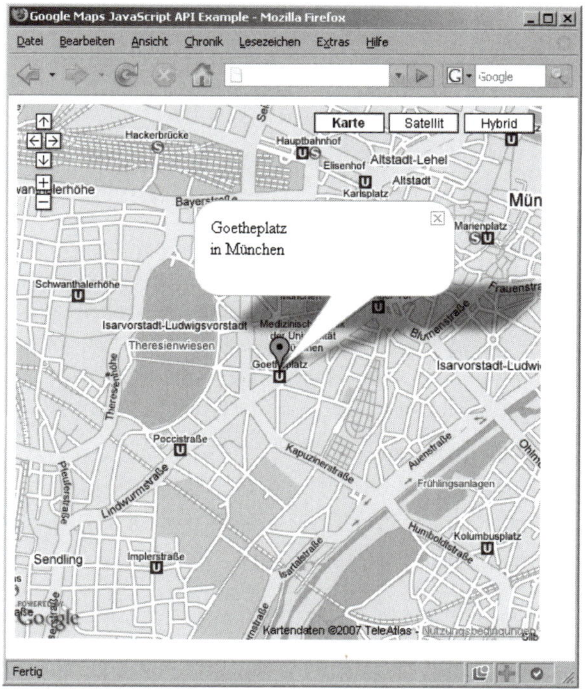

Abbildung 8.7
Karte mit Marker und Info-Sprechblase

Listing 8.2: Karte mit Marker und Info-Sprechblase - *google_maps_erweitert.html*

```
<!DOCTYPE html PUBLIC "-//W3C//DTD XHTML 1.0 Strict//EN"
    "http://www.w3.org/TR/xhtml1/DTD/xhtml1-strict.dtd">
<html xmlns="http://www.w3.org/1999/xhtml">
<head>
<meta http-equiv="content-type" content="text/html; charset=utf-8" />
<title>Google Maps JavaScript API Beispiel</title>
<style type="text/css">
/* <![CDATA[ */
#karte { width: 500px; height: 500px; }
/* ]]> */
</style>
<script src="http://maps.google.com/maps?file=api&amp;v=2&amp;key=Ihr-Key"
 type="text/javascript"></script>
<script type="text/javascript">
//<![CDATA[

function load() {
  if (GBrowserIsCompatible()) {
    var map = new GMap2(document.getElementById("karte"));
    var point = new GLatLng(48.1299047035462, 11.5584328729573);
    var marker = new GMarker (point);
    map.addControl(new GSmallMapControl());
    map.addControl(new GMapTypeControl());
    map.setCenter(point, 14);
    map.addOverlay(marker);
    map.openInfoWindowHtml(point, "Goetheplatz<br /> in M&uuml;nchen");
  }
}

//]]>
</script>
</head>
<body onload="load()" onunload="GUnload()">
  <div id="karte"></div>
</body>
</html>
```

Im Beispiel wird die Info-Sprechblase automatisch eingeblendet. Sie können das Beispiel aber auch so umschreiben, dass die Einblendung erst erfolgt, wenn der Benutzer auf einen Marker klickt. `GEvent` dient zum Abfangen von Anwenderereignissen und wird beispielsweise benötigt, wenn sich per Mausklick auf eine Stecknadel eine Info-Sprechblase öffnen soll. Verwenden Sie hierfür `GEvent.addListener()`, dem Sie die Quelle, das Ereignis und einen Handler, d.h. das, was geschehen soll, übergeben:

```
GEvent.addListener(marker, "click", function() {
  marker.openInfoWindowHtml("Goetheplatz");
});
```

HINWEIS

`click` ist sicher das am häufigsten benutzte Ereignis. Daneben gibt es beispielsweise noch:

- `drag`: Ziehen (Drag&Drop) der Karte
- `infowindowclose`: Schließen einer Info-Sprechblase
- `infowindowopen`: Öffnen einer Info-Sprechblase
- `move`: Veränderung an der Ansicht der Karte
- `zoomend`: Auswahl eines neuen Zoom-Levels

Eine vollständige Liste der möglichen Ereignisse finden Sie in der Referenz unter *http://www.google.com/apis/maps/documentation/reference.html.*

Die entsprechend modifizierte `load`-Funktion zeigt das folgende Listing:

Listing 8.3: Ausschnitt aus Listing *google_maps_erweitert_click.html*

```
function load() {
  if (GBrowserIsCompatible()) {
    var map = new GMap2(document.getElementById("karte"));
    var point = new GLatLng(48.1299047035462, 11.5584328729573);
    var marker = new GMarker (point);
    map.addControl(new GSmallMapControl());
    map.addControl(new GMapTypeControl());
    map.setCenter(point, 14);
    map.addOverlay(marker);
    GEvent.addListener(marker, "click", function() {
      marker.openInfoWindowHtml("Goetheplatz<br /> in M&uuml;nchen");
    });
  }
}
```

8.2.3 Info-Sprechblase mit zwei Tabs

Haben Sie mehr Informationen, können Sie auch eine Info-Sprechblase mit zwei Tabs erstellen.

Hierfür benötigen Sie die Methode der Klasse GMarker `openInfoWindowTabsHtml()`, der Sie zwei Objekte des Typs `GInfoWindowTab` übergeben. Bei der Erstellung von `GInfoWindowTab` schreiben Sie zuerst den Namen des Tabs und an zweiter Stelle den Inhalt. Im Beispiel werden diese in einer eigenen Variable `infoTabs` gespeichert.

Abbildung 8.8
Info-Sprechblase mit zwei Tabs

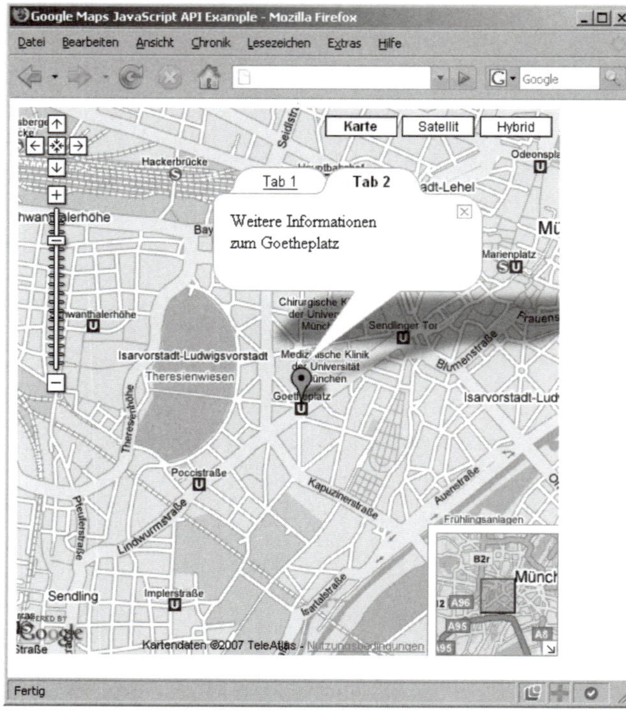

Der Rest des Beispiels ist wie gehabt. Beachten Sie aber, dass dieses Mal das Steuerelement `GOverviewMapControl` eingebunden ist, das Sie auch in Abbildung 8.8 in der rechten unteren Ecke sehen.

Listing 8.4: Info-Sprechblase mit zwei Tabs - *google_maps_tabbed_info.html*

```
<!DOCTYPE html PUBLIC "-//W3C//DTD XHTML 1.0 Strict//EN"
    "http://www.w3.org/TR/xhtml1/DTD/xhtml1-strict.dtd">
<html xmlns="http://www.w3.org/1999/xhtml">
  <head>
    <meta http-equiv="content-type" content="text/html; charset=utf-8" />
    <title>Google Maps JavaScript API Beispiel</title>
<style type="text/css">
/* <![CDATA[ */
#karte { width: 500px; height: 500px; }
/* ]]> */
</style>
<script src="http://maps.google.com/maps?file=api&amp;v=2&amp;key=Ihr-Key"
type="text/javascript"></script>
<script type="text/javascript">
//<![CDATA[

function load() {
  if (GBrowserIsCompatible()) {
    var map = new GMap2(document.getElementById("karte"));
    var point = new GLatLng(48.1299047035462, 11.5584328729573);
    var infoTabs = [
      new GInfoWindowTab("Tab 1", "Goetheplatz"),
```

```
      new GInfoWindowTab("Tab 2", "Weitere Informationen <br />zum
      Goetheplatz")
    ];
    map.addControl(new GLargeMapControl());
    map.addControl(new GMapTypeControl());
    map.addControl(new GOverviewMapControl());
    map.setCenter(point, 14);
    var marker = new GMarker(point);
    GEvent.addListener(marker, "click", function() {
      marker.openInfoWindowTabsHtml(infoTabs);
    });
    map.addOverlay(marker);
  }
}
//]]>
</script>
</head>
<body onload="load()" onunload="GUnload()">
  <div id="karte"></div>
</body>
</html>
```

8.2.4 Mehr Marker ... und Flickr!

Häufig will man nicht einen Punkt, sondern mehrere markieren und mit Informationen versehen.

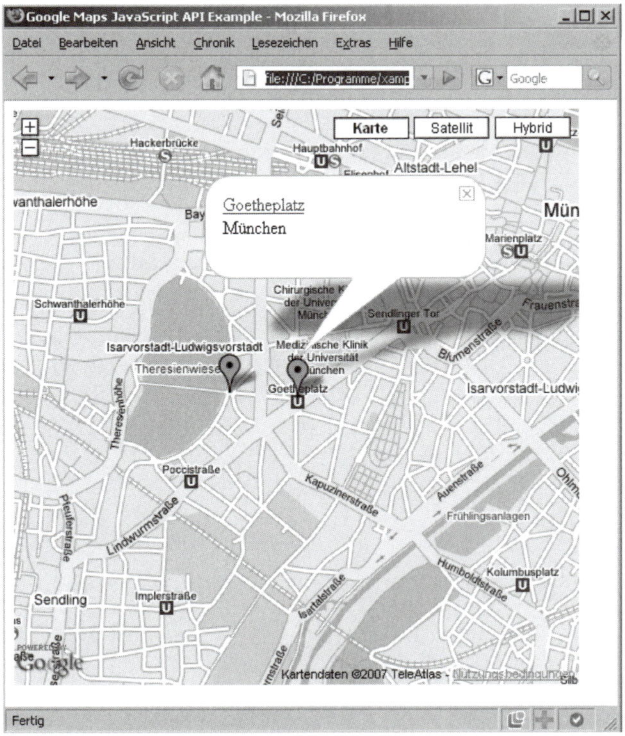

Abbildung 8.9
Mehrere Marker, deren Info-Sprechblase sich auf Mausklick öffnen

Ein Beispiel hierfür zeigt das folgende Listing, in dem die Erstellung des Markers und der Info-Sprechblase in eine Funktion ausgelagert ist, der die Koordinaten und der Textinhalt der Info-Sprechblase übergeben werden. Wieder sehen Sie hier abgedruckt nur den zentralen Ausschnitt des Listings – das vollständige Beispiel finden Sie selbstverständlich auf CD.

Listing 8.5: Mehrere Marker - *google_maps_mehrmarker.html*

```
function load() {
  if (GBrowserIsCompatible()) {
      var map = new GMap2(document.getElementById("karte"));
      var point = new GLatLng(48.1299047035462, 11.5584328729573);
      var point2 = new GLatLng(48.1301369299779, 11.5533016933434);
      map.addControl(new GSmallZoomControl());
      map.addControl(new GMapTypeControl());
      map.setCenter(point, 14);
      function createMarker(p, text) {
        var marker = new GMarker(p);
        GEvent.addListener(marker, "click", function() {
          marker.openInfoWindowHtml(text);
        });
       return marker;
      }
      map.addOverlay(createMarker(point, "<a href=
      'http://www.example.com/'>Goetheplatz</a><br />M&uuml;nchen"));
      map.addOverlay(createMarker(point2, "Eingang Theresienwiese<br />
      M&uuml;nchen"));
  }
}
```

Selbstverständlich können Sie auf die oben beschriebene Art auch mehrere Punkte einfügen. Dazu brauchen Sie nur weitere Variablen zu definieren und `map.addOverlay()` wie im Beispiel aufzurufen.

Im Beispiel sehen Sie außerdem, dass der Methode `openInfoWindowHtml()` wirklich HTML übergeben werden kann – hier beispielsweise ein anklickbarer Link.

Genauso gut können Sie auch ein Bild hinzufügen – beispielsweise ein Foto aus Flickr.

Listing 8.6: Info-Sprechblase mit Foto aus Flickr - Ausschnitt aus *google_maps_flickr.html*

```
map.addOverlay(createMarker(point2, "Eingang Theresienwiese<br />
<a href='http://www.flickr.com/photos/53567622@N00/439627800/' title=
'Photo Sharing'><img src='http://farm1.static.flickr.com/188/
439627800_8f25b4a228_t.jpg' width='75' height='100' alt=
'Theresienwiese' style='border:none' /></a>"));
```

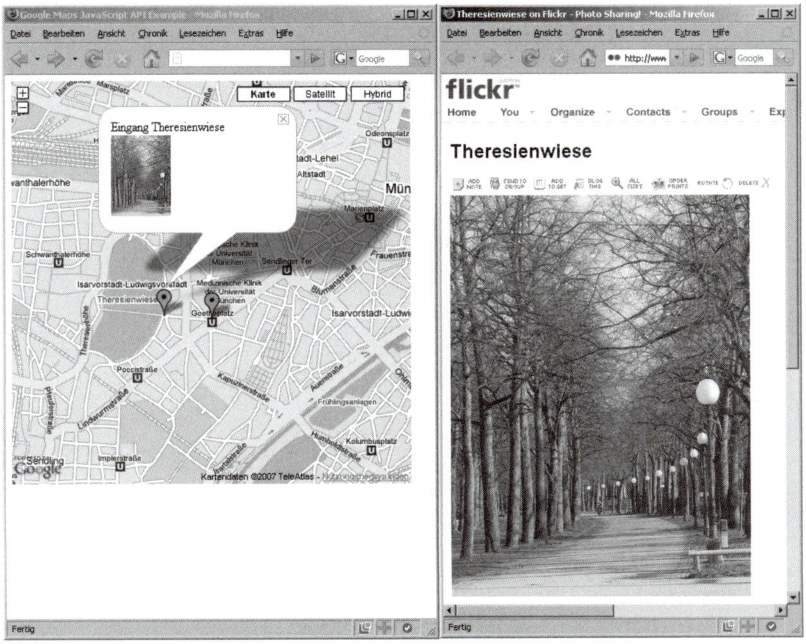

Abbildung 8.10
Google Map mit Foto aus Flickr – klickt man auf das kleine Bild in der Info-Sprechblase (links) kommt man zum Originalfoto bei Flickr (rechts).

8.2.5 Verbindungslinien

Für Wegbeschreibungen können Sie Verbindungslinien, die bei Google Maps **Polylines** genannt werden, zeichnen lassen.

Abbildung 8.11
Mit Polylines kann man Verbindungs- oder auch Begrenzungslinien auf einer Karte einzeichnen lassen.

Hierfür sind nur wenige Zeilen Code erforderlich:

```
var poly = new GPolyline( [point, point2], "#900", 3, 0.5);
map.addOverlay(poly);
```

`GPolyline` übergeben Sie zuerst die Koordinaten als Array, dann folgen Angaben zur Art der Linie: die Farbe in Hexadezimalschreibweise, die Strichstärke in Pixeln und der Transparenzgrad als Wert zwischen 0 und 1.

Damit das Ganze auch im Internet Explorer funktioniert, müssen zwei weitere Modifikationen vorgenommen werden: Sie müssen einen zusätzlichen Namensraum im `html`-Start-Tag einfügen und eine weitere Ergänzung bei Ihren CSS-Angaben vornehmen.

HINWEIS

Google Maps setzt auf VML (Vector Graphic Language) zum Zeichnen von Vektorgrafiken im Internet Explorer. Auf VML weist auch der zusätzlich definierte Namensraum. Die Stylesheet-Angaben definieren ein zusätzliches Verhalten für mit dem Präfix v versehene Elemente. `behavior` ist eine microsoft-spezifische Erfindung, die mit dem Internet Explorer 5.5 eingeführt wurde, siehe hierzu *http://msdn.microsoft.com/workshop/author/VML/ref/appendix.asp* und *http://msdn.microsoft.com/workshop/author/dhtml/reference/properties/behavior_1.asp.*

Listing 8.7: Verbindungslinien - *google_maps_polyline.html*

```
<!DOCTYPE html PUBLIC "-//W3C//DTD XHTML 1.0 Strict//EN"
    "http://www.w3.org/TR/xhtml1/DTD/xhtml1-strict.dtd">
<html xmlns="http://www.w3.org/1999/xhtml" xmlns:v="urn:schemas-
microsoft-com:vml">
<head>
<meta http-equiv="content-type" content="text/html; charset=utf-8" />
<title>Google Maps JavaScript API Beispiel</title>
<style type="text/css">
/* <![CDATA[ */
#karte { width: 500px; height: 500px; }
v\:* {
  behavior:url(#default#VML);
}
/* ]]> */
</style>
<script src="http://maps.google.com/maps?file=api&amp;v=2&amp;key=Ihr-Key"
type="text/javascript"></script>
<script type="text/javascript">
//<![CDATA[

function load() {
  if (GBrowserIsCompatible()) {
      var map = new GMap2(document.getElementById("karte"));
      var point = new GLatLng(48.1299047035462, 11.5584328729573);
      var point2 = new GLatLng(48.1301369299779, 11.5533016933434);
      var poly = new GPolyline( [point, point2], "#900", 3, 0.5);
      map.addControl(new GSmallZoomControl());
      map.addControl(new GMapTypeControl());
      map.setCenter(point, 14);
      function createMarker(p, text) {
        var marker = new GMarker(p);
        GEvent.addListener(marker, "click", function() {
          marker.openInfoWindowHtml(text);
        });
       return marker;
      }
      map.addOverlay(createMarker(point, "<a href='http://www.example.com/'>
      Goetheplatz</a><br />M&uuml;nchen"));
      map.addOverlay(createMarker(point2, "Eingang Theresienwiese<br />
      M&uuml;nchen"));
      map.addOverlay(poly);
```

```
  }
}

//]]>
</script>
</head>
<body onload="load()" onunload="GUnload()">
  <div id="karte"></div>
</body>
</html>
```

8.2.6 Andere Icons

Sie können auch eigene Grafiken als Marker nehmen oder einen anderen Marker als den Standardmarker einsetzen. Eine Übersicht darüber, welche Grafiken es bei Google gibt und wo sie zu finden sind, bietet Ihnen *http://mapki.com/wiki/Available_Images*.

Erstellen Sie zuerst eine neue Instanz der `GIcon`-Klasse und legen Sie dann die Eigenschaften fest.

Listing 8.8: Ausschnitt aus dem Listing *google_maps_icons.html*

```
var icon = new GIcon();
icon.image = "http://labs.google.com/ridefinder/images/mm_20_purple.png";
icon.shadow = "http://labs.google.com/ridefinder/images/mm_20_shadow.png";
icon.iconSize = new GSize(24, 40);
icon.shadowSize = new GSize(44, 40);
icon.iconAnchor = new GPoint(6, 40);
```

Bei `image` notieren Sie den Pfad zum Bild – im Beispiel wird der purpurne Marker von Google eingesetzt, aber Sie können genauso gut auch einen relativen Pfad zu einer Grafikdatei angeben. `shadow` legt den Pfad für den Schatten fest, `iconSize` die Größe, `shadowSize` passenderweise die Schattengröße. Über `iconAnchor` bestimmen Sie dann die genaue Position – gemessen von der linken oberen Ecke des Bilds.

Abbildung 8.12
Das Icon aus Abbildung 8.8 - es ist purpurfarben, auch wenn Sie das im Druck nicht sehen, und doppelt so groß.

HINWEIS

Weitere Informationen zu Google Maps API finden Sie bei Google, aber nicht nur:

- *http://www.google.com/apis/maps/documentation/index.html* - Dokumentation mit vielen netten Beispielen
- *http://www.google.com/apis/maps/documentation/reference.html* - Referenz
- *http://mapki.com/* - Wiki zum Thema Google Maps API
- *http://www.econym.demon.co.uk/googlemaps/* - viele äußerst hilfreiche Tutorials

8.3 Mehr APIs!

... gibt's natürlich. Alleine von Google wären da noch einige zu nennen (*http://code.google.com/*), Yahoo hat ebenfalls Karten (*http://developer.yahoo.com/maps/*), Suchfunktionen *http://developer.yahoo.com/search/* und außerdem vieles mehr. Und natürlich Amazon, eBay, Flickr und und und. Eine aktuelle Auflistung von APIs stellt die Webseite *http://www.programmableweb.com/* zur Verfügung. Im Frühling 2007 existieren über 400 APIs und 1725 Mashups. Und jeden Tag kommen durchschnittlich drei neue Mashups dazu.

Und vielleicht haben Sie ja auch eine Idee für Ihre neue Mischung? Google als »Mutter aller Mashups« (so Frank Westphal von Qype in einem Interview in der iX, 7/2006, S. 56) bietet auf jeden Fall eine gute Basis dafür. Viel Spaß!

A Inhalte der CD im Überblick

Hier finden Sie einen Überblick über die Inhalte der CD – die Programme sind alphabetisch sortiert. Sie erhalten außerdem einen Hinweis, in welchem Ordner sich das Programm befindet. Darüber hinaus sehen Sie die Homepage, wo Sie eventuell eine aktuellere Version herunterladen können.

Die Listings finden Sie im gleichnamigen Ordner *Listings*, jeweils in einzelnen Unterordnern zu den jeweiligen Kapiteln.

Name	Ordner	Betriebssystem	Homepage
Audacity	*newsfeeds/audacity*	Windows/Macintosh	*http://www.audacity.de/*
Dojo	*ajax_frameworks/dojo*		*http://dojotoolkit.org/*
Feedcreater-Class	*newsfeeds/feedcreator_class*		*http://www.bitfolge.de/rsscreator-en.html*
Feedreader	*newsfeed/feedreader*	Windows	*http://www.feedreader.com/*
Filezilla	*ftp-programm*	Windows/Linux	*http://www.filezilla.de/*
Firebug	*firefox-erweiterungen/firebug*		*http://www.getfirebug.com/*
Firefox	*browser/firefox*	Windows/Linux	*http://www.firefox-browser.de/*
Flock	*browser/flock*	Windows/Linux/ Macintosh	*http://www.flock.com/download/*
JSON-PHP	*ajax/json-php*		*http://mike.teczno.com/json.html*
Juice	*newsfeeds/juice*	Windows/Macintosh	*http://juicereceiver.sourceforge.net/*
LiveHttpHeaders	*firefox-erweiterungen/ livehttpheaders*		*http://livehttpheaders.mozdev.org/*
MagpieRSS	*newsfeeds/magpierss*		*http://magpierss.sourceforge.net/*
Operator	*firefox-erweiterungen/operator*		*https://addons.mozilla.org/de/firefox/ addon/4106*
phpMyAdmin	*phpmyadmin*		*http://www.phpmyadmin.net/*
Prototype	*ajax_frameworks/prototype*		*http://prototype.conio.net/*
RSS Editor	*firefox-erweiterungen/rss_editor*		*https://addons.mozilla.org/de/firefox/ addon/344*
Scriptaculous	*ajax_frameworks/scriptaculous*		*http://script.aculo.us/*
Serendipity	*blog/serendipity*		*http://www.s9y.org/*
Tails	*firefox-erweiterungen/tails*		*http://blog.codeeg.com/tails-firefox-extension-03/*

Name	Ordner	Betriebssystem	Homepage
Tails Export	*firefox-erweiterungen/ tails_export*		*https://addons.mozilla.org/de/firefox/ addon/2240*
Web Developer Toolbar	*firefox-erweiterungen/ webdeveloper*		*http://www.erweiterungen.de/detail/ Web_Developer/*
Wordpress	*blog/wordpress*		*http://wordpress-deutschland.org/*
XAMPP	*server/xampp*	Windows/Linux/ Macintosh	*http://www.apachefriends.org/de/*
YUI	*frameworks/yui*		*http://developer.yahoo.com/yui/*

Stichwortverzeichnis

B

C

D

E

F

G

H

I

J

R

S

T

U

V

W

X

Y

Z